Die Letzten Zeugen

Das Vermächtnis der Holocaust-Überlebenden

Impressum

Verlag: Verein Lernen aus der Zeitgeschichte, Ungargasse 71, A-1030 Wien
Bestelladresse: www.LetterToTheStars.at

Idee, Konzept & Redaktion: Andreas Kuba
Redaktionsteam: Barbara Foglar-Deinhardstein, Marie-Christine Hartig, Andreas Kuba, Katja Seidel
MitarbeiterInnen: Martha-Cecilia Dietrich, Kimberly Harris, Brigitte Lendl, Anton Mikolasch, Josef Neumayr, Markus Priller
Lektorat: Tilman Seidel
Grafisches Konzept: Roman Magin & Peter Kratzer
Produktion: Christian Gutschi

Druck: Neografia, Slowakei, 2008
ISBN: 978-3-9501836-1-0

Bildnachweis:
Cover: Cornelia Krebs, Rückseite: Hans Hrabal
Elisabeth Brauner: 144o, 185, 252, 309o, 330, 350o, 351o, 351u, 353o, 354u, 356o, 357o, 358o, 367o, 368u; Matias Damjanovic und Josef Gassebener: 107, 314ul, 331o; Marie-Christine Hartig:158, 159, 167; Philipp Horak: 377o; Hans Hrabal:154, 155, 156, 157u; Clemens Göller: 373m (Grafik); Dominik Gubi: 45, 60, 71, 103, 132, 182, 202, 204o, 204u, 226, 256, 302, 352o, 352m, 352u, 354o, 357m, 358u, 359o, 359u, 360o, 362m, 362u, 363u, 364u, 365o, 365m, 367u, 368o; Cornelia Krebs: 31m, 32, 37, 38, 47, 48, 49, 77, 130, 236, 237, 138u, 306m, 307, 356u, 377u, 379o, 379u, 380, 381, 370o, 370u, 371o, 371u, 372, 373o, 373u, 374; Gerald Lechner: 376u, Brigitte Lendl: 34, 57, 106, 137, 147, 153, 188, 254u; Alexandra Lux: 19, 111, 219, 244u., 293, 350u, 378, 379m; Robert Newald: 243; Andreas Scheiblecker: 4; Katja Seidel: 21, 26o, 26u, 28, 30u, 31o, 31u, 33l, 40, 42, 46, 50, 52, 54, 55, 59, 62, 63, 65u, 68, 69, 70, 75, 76, 79, 80, 82, 83, 84, 85o, 87, 88, 90, 93u, 101, 104, 110, 112, 113, 115u, 116, 117o, 117u, 119, 122, 123, 127o, 127u, 128, 132or, 139o, 144u, 169, 172, 191, 192, 200, 201, 204, 210, 213, 222, 223, 228, 232, 242, 244o, 245, 249, 250, 258, 259, 263, 271u, 273, 294, 295, 296u, 299, 301, 304, 305, 309u, 310, 311, 312, 314or, 316, 317, 319, 320, 321, 322, 332, 333, 334, 335, 337, 338, 339, 341, 343, 345, 351m, 353u, 355o, 357u, 358m, 361o, 363o, 364o, 382;
Alle weiteren Bilder wurden uns aus dem Privatbesitz der Überlebenden und ihrer Familien sowie von LehrerInnen und SchülerInnen zur Verfügung gestellt.

A Letter To The Stars

Die Letzten Zeugen

Das Vermächtnis der Holocaust-Überlebenden

Sie waren Kinder und Jugendliche, als sie gedemütigt, verfolgt, vertrieben und ihre Familien ermordet wurden. Jetzt erzählen die österreichischen Holocaust-Überlebenden, die heute in aller Welt leben, ihre Lebensgeschichten.

Dieses Buch ist ihr Vermächtnis.
Das Vermächtnis der »Letzten Zeugen«.

www.lettertothestars.at

Das Vermächtnis der »Letzten Zeugen«

Peter Rabl über die Begegnungen zwischen österreichischen Holocaust-Überlebenden und Jugendlichen.

Peter Rabl ist Sprecher des Projekts »A Letter To The Stars«, in dem SchülerInnen die Lebensgeschichten von österreichischen Opfern und Überlebenden des Holocaust dokumentieren.

200 »Letzte Zeugen«. 200 Menschen, denen unendliches Leid widerfahren ist, haben 70 Jahre nach dem Einmarsch der Nationalsozialisten den Mut gehabt, wieder in das Land der Täter zu kommen. Sie sind der Einladung im Projekt »38/08« nach Österreich gefolgt, um hier junge Menschen zu treffen und ihre Lebensgeschichte zu erzählen. Sie haben sich am Wiener Heldenplatz versammelt, genau dort, wo dereinst Hitler vor zigtausenden Jubelnden die »Ostmark heim ins Reich geholt« hatte, um ihr Vermächtnis zu hinterlassen. Sie haben den Jugendlichen in ihrer früheren Heimat an vielen hundert Schulen Zeugnis darüber abgelegt, was ihnen in diesem Land angetan wurde. Damals, als sie so alt waren wie ihre Zuhörer heute sind.

Manche der Überlebenden hatten diese Erfahrung bereits gemacht, für andere war diese Reise in die Vergangenheit eine neue große Herausforderung, aber wohl kaum jemandem war bewusst, was sie durch ihr Sprechen hier in Österreich bei den jungen Menschen bewegt haben.

Eine 18-jährige Schülerin etwa meinte nach mehreren persönlichen Begegnungen mit einem KZ-Überlebenden: »In den Gesprächen der letzten Tage ist mir bewusst geworden, dass die Begriffe Täter und Opfer es mir erleichtert haben, mich von der Zeit des Nationalsozialismus zu distanzieren. Damit habe ich die Geschichte von mir weggeschoben, konnte mich als Nicht-Täterin und Nicht-Opfer in eine ferne Ecke schwindeln. Durch meine Begegnung mit diesem besonderen Menschen ist mir bewusst geworden, dass all dieses Grauen gerade erst passiert ist, dass beide Seiten – die Verfolger und Mörder genauso wie die Verfolgten und Ermordeten – Menschen waren, so wie ich Mensch bin. In mir steckt sowohl die potentielle Täterin als auch das potentielle Opfer. Jetzt beginne ich langsam wirklich zu verstehen, was ich mit dieser Geschichte zu tun habe.«

Sätze einer jungen Frau, die nachdenklich stimmen und zeigen, wie wichtig es ist, sich in Österreich mit dieser so lange ver- und beschwiegenen Thematik immer wieder neu auseinander zu setzen, weil sie Teil unserer Identität ist, die von zu vielen immer noch weggeschoben und verdrängt wird. Auch weil nicht verstanden wird, wie viel Produktives, wie viel gesellschafts- und sozialpolitisch Relevantes aus dieser Auseinandersetzung erwachsen kann. Die Gäste aus aller Welt, die im Mai 2008 auf Einladung von Schülern, Lehrern und Eltern im Projekt »A Letter To The Stars« nach Öster-

reich gekommen sind, haben ihre Lebensgeschichten als »Letzte Zeugen« ohne Schuldzuweisung erzählt, sie haben berichtet, wie sie den Holocaust überleben und danach weiterleben konnten, und sie haben den Jugendlichen ihr Vermächtnis weitergegeben.

Die Ehrlichkeit, die Herzlichkeit und die Offenheit, mit der die Vertriebenen den ProjektteilnehmerInnen begegneten, der sprühende Witz, der immer wieder aufflackerte, machten die Einladungen zu einem freudigen Ereignis, aber sie machten auch schmerzlich bewusst, was für Österreich mit Ihnen verloren gegangen ist.

In diesem Buch möchten wir mehr als 100 österreichische Holocaust-Überlebende zu Wort kommen lassen und gleichzeitig in Ansätzen zeigen, was all die Teilnehmer bewegt hat und was sie bewegt haben.

Es scheint, als wäre es wirklich gelungen, dass alle Beteiligten für ihren Einsatz ein besonderes Geschenk erhalten haben.

Die Schüler haben – gemeinsam mit ihren engagierten Lehrkräften – mit enormer Kreativität an einer Ausstellung für die Opfer des Nationalsozialismus gearbeitet und mit ihren Beiträgen eine Gedenkveranstaltung der besonderen Art ermöglicht. Als beim Anti-Rassismus-Rap einer Schulband einige der zum Teil im Rollstuhl sitzenden Gäste begeistert immer wieder ihre Hände während des Refrains in die Höhe rissen, hat der offene Betrachter die Dynamik dieser Begegnungen nur staunend bewundern können. Viele der Beziehungen zwischen den Überlebenden, den Lehrenden und den Schülern haben sich in ihrer Korrespondenz und schließlich in ihrer Begegnung so intensiviert, dass Freundschaften über Generationen und Kontinente hinweg entstanden sind.

Durch die Begegnung bewusst geworden, dass all dieses Grauen gerade erst passiert ist.

Die Überlebenden wiederum haben berichtet, dass sie vor allem durch die fruchtbaren Begegnungen mit den Jugendlichen des Landes, das sie damals vertrieben und viele ihrer Familienmitglieder ermordet hat, ein Gefühl der Versöhnung verspüren. Die Briefe, die wir nach dem Projekt von den Gästen erhalten haben, enthielten einen Grundtenor: Ich habe das Gefühl, ein Kreis hat sich geschlossen! Ein schöneres Kompliment könnte man all den engagierten jungen Menschen, ihren Lehrern und all den freiwilligen Helfern, die zum Gelingen beigetragen haben, wohl kaum machen. Danke!

Inhalt

Weitere Lebensgeschichten, Dokumente
und Filme von Letzten Zeugen finden Sie auf

www.lettertothestars.at

Da stand »Juden und Hunde verboten«

Ernesto Allerhand musste nach Bolivien emigrieren. Dabei meinte sein Vater: »Lieber Straßenkehrer in Wien als Millionär in N.Y.«.

Ernesto Allerhand wird 1923 als Ernst Otto in Wien geboren. Sein Vater wird in der »Reichskristallnacht« im November 1938 ins KZ Dachau verschleppt. Die Familie wird aus der Wohnung geschmissen. Nach drei Monaten Haft kommt der Vater frei, kann Schiffskarten und Visa für ein für sie unbekanntes Land – Bolivien – besorgen. Unter schwersten Entbehrungen gelingt es zu überleben. Später wandert Ernesto Allerhand mit seiner Frau und den beiden Kindern nach Argentinien aus.

Die **KMS Oskar-Spielgasse** in Wien mit Lehrerin **Gabriele Kaplan** war im Mai 2008 Gastgeber für Ernesto Allerhand.

Ernesto Allerhand wurde am 1. Oktober 1923 in Wien geboren. Seine Eltern stammten ebenfalls aus dem alten Österreich. Der Vater, Karl Ludwig Allerhand, stammte aus Czernowitz, der Hauptstadt der Bukowina. Die Mutter, Flora Wagmann, kam aus Lemberg, der Hauptstadt der Provinz Galizien. Als Österreich den 1. Weltkrieg verlor, zogen die Eltern nach Wien, wo sie 1918 heirateten.

Seit Ernestos Geburt lebte die Familie in der Albertgasse 55 in der Josefstadt, dem 8. Wiener Gemeindebezirk.

Die Familie Allerhand gehörte zum Mittelstand. Der Vater war Rechtsanwalt mit einer eigenen Kanzlei. Er verdiente genug, um der Familie etwas bieten zu können. Man konnte sich im Sommer einen Urlaub leisten, ein Mal reichte das Geld sogar, um eine Reise nach Italien zu machen. Trotzdem hatten sie selten Geld, weil sie immer alles ausgaben. Ernesto erzählte dazu: *»Meine Eltern haben alles Geld immer ganz ausgegeben. Nicht, weil sie Verschwender waren, sondern weil Wien damals so unwahrscheinlich viel geboten hat.»*

Die Eltern waren immer sehr elegant. Sie besuchten Theater, Konzerte, Opern oder Operetten. Man tanzte viel und liebte die Musik. Die Mutter besaß einen Bösendorfer-Flügel, den Ernesto noch heute vor sich sieht. Auch er musste vier Jahre Klavierspielen lernen, obwohl er es eigentlich nicht wollte. Er spielte lieber Fußball.

Ein besonderes Verhältnis hatte Ernesto auch zu seinem Großvater, der seinen einzigen Enkel sehr liebte. Dieser besuchte häufig die Trabrennbahn in der Krieau, wohin er Ernesto meistens mitnahm. Ernesto sagt zu dieser Zeit: *»Für uns war Wien die schönste Stadt der Welt.»*

Gleich gegenüber dem Wohnhaus befand sich damals eine Volksschule, die Ernesto vier Jahre lang besuchte. Anschließend besuchte er das Realgymnasium in der Albertgasse, das ab 1935 »Robert-Hamerling-Bundesrealgymnasium» hieß. In den Jahresberichten, die sich im Archiv des Gymnasiums befinden, sind die Jahrgänge und die Klassen noch vermerkt, die Ernesto Allerhand damals besuchte. Vom Schuljahr 1933/34 – 1936/37 ging er in die 1A – 4A. Im Schuljahr 1937/38 besuchte er die 5B. Die Jahresberichte zeigen auch, dass die Klassenschülerhöchstzahlen damals über 40 Schüler betrugen.

Ernesto Allerhand mit SchülerInnen seiner Gastgeber-Schule, der KMS Oskar-Spielgasse, vor seinem Denk.Mal am Wiener Heldenplatz.

Ernesto erzählt über sich selbst, er sei kein besonders braves Kind gewesen: »*Ich war für ein jüdisches Kind ein ziemlich schlimmer Bub. Ich habe in der zweiten Gymnasialklasse sechs polizeiliche Anzeigen bekommen ... und das Pech gehabt, dass ich alle Polizisten im Bezirk gekannt habe, aber sie mich auch. Ich war sehr schnell, aber sie haben mich gleich gehabt. Ich war so weit, dass ich sie gebeten habe, die Anzeige meinen Eltern zu schicken. Aber sie haben gesagt: ›Bei euch Juden geschieht nix. Ihr werdet immer von euren Eltern beschützt. Du bekommst die Anzeige in die Schule. Da wirst du bestraft!‹*«

Er hat uns die schreckliche Zeit so erzählt, dass wir uns jetzt vorstellen können, wie es war. (Nico)

Er selbst liebte von eh und je den Sport weit mehr als die Schule. Er war Anhänger des damaligen Fußballclubs Vienna. Das größte Stadion war die Hohe Warte. Das Praterstadion wurde gebaut, als er ein Kind war. Dort sah er viele schöne Spiele. Er liebte aber auch die Austria, die im Mitropa-Cup spielte und fast immer gewann. Er erzählte, dass er die Aufstellung des damaligen Wunderteams immer noch aufsagen könne.

Er selbst schrieb in seinem Brief über diese Zeit: »*Ich war der einzige Sohn meiner Eltern und darf behaupten, dass ich eine schöne, normale Kindheit verbrachte.*«

Dann wurde der Himmel immer dunkler und das Leben der Familie Allerhand durch die drohende Gefahr des Nationalsozialismus und des ständig stärker werdenden Antisemitismus immer schwerer. »*Niemand wollte es glauben*», schreibt Ernesto in seinem Brief, »*aber am 11. März 1938 überfielen deutsche Truppen das Land. Was wir besonders tragisch empfanden, war, dass von einem Tag zum anderen plötzlich alle Österreicher begeisterte Nazis waren. Alle Häuser waren mit dieser scheußlichen Hakenkreuzfahne geschmückt und das Volk jubelte. Und für uns war es aus. Von einem Tag zum anderen wurden wir rechtlos, Freiwild, Ausgesetzte. Man durfte nicht mehr studieren oder arbeiten, im Falle meines Vaters. Man konnte sich nicht einmal mehr auf eine Bank im Park setzen, da stand ›Juden und Hunde verboten‹. Mehr als menschenunwürdig!*«

Ich habe gelernt, dass Hass auf eine andere Hautfarbe oder Religion nichts bringt. (Nada)

Auch in der Schule änderte sich vieles. Der Englischlehrer namens Mächle war damals Kommissar der Schule. Die jüdischen Schüler wurden in den Schulhof gerufen, wo ihnen mitgeteilt wurde, dass sie von nun an nur noch Gäste seien und sich entsprechend zu benehmen hätten. Zuerst wurden die jüdischen Schüler in den einzelnen Klassen in die letzten Reihen gesetzt, wobei zwischen ihnen und den anderen Schülern eine Reihe frei bleiben musste. Doch schon bald wurden eigene »Judenklassen« gegründet. Für sie begann der Unterricht 30 Minuten später und auch die Pausen fanden zeitversetzt statt. Für jüdische Schüler gab es sogar eigene Toiletten, damit sie ja nicht mit »arischen« Schülern zusammentrafen.

Und in der Reichskristallnacht vom 9. zum 10. November 1938 wurde alles noch schlimmer. Über 6000 Juden wurden in dieser Nacht verhaftet und zum Großteil in den folgenden Tagen ins Konzentrationslager Dachau verschleppt. Darunter auch Ernestos Vater. »*Alle Juden wurden auf der Straße gehetzt und aufgegriffen und in Viehwagen in Konzentrationslager verschleppt. Darunter auch mein Vater. Und in dieser furchtbaren Nacht läutete es um 3 Uhr an unserer Wohnungstür. ›Aufmachen, Gestapo!‹*«

Alle Juden des Hauses mussten in eine einzige Wohnung zusammenziehen. Die Familie hatte genau eine Stunde Zeit, um alle Habseligkeiten zwei Stockwerke hinunter zu schleppen. Der 15-jährige Ernesto hatte damals eine Sportoperation hinter sich und konnte kaum gehen, der Großvater war schwer asthmakrank. Anschließend wurde die Wohnung versiegelt. »*Mein kranker Großvater, Mutter und ich schleppten Matratzen und Bettzeug und etwas Wäsche zum Anziehen hinunter. In keinem Gruselfilm kann so etwas passieren.*« In den nächsten Tagen lief Frau Allerhand zur Gestapo, um zu erfahren, wie sie ihren Mann befreien könnte. Sie musste für alle ein Visum für ein Land besorgen, das bereit war, Juden aufzunehmen. Zudem mussten Schiffkarten bezahlt werden. Dazu schreibt Ernesto: »*Hier ist zu bemerken, dass uns kein Land, vor allem nicht die großen Demokratien, haben bzw. damit unser Leben retten wollte. Einzig Bolivien konnte man mit Schmiergeld wählen.*«

Ernesto Allerhand besuchte mit seiner Tochter, die ihn auf der Reise von Südamerika in die alte Heimat begleitete, auch Graz. In Wien ging es auch zum Heurigen: »Für uns war Wien damals die schönste Stadt der Welt«.

In Rumänien lebten damals zwei Schwestern des Vaters, durch die die Familie die verlangten Papiere erhielt. Trotzdem dauerte es drei Monate, bis Herr Allerhand aus Dachau entlassen wurde. »*Als er eines Morgens an unsere Tür läutete – inzwischen durften wir wieder in unserer Wohnung hausen – machte ich ihm nicht auf, denn ich erkannte ihn nicht. Er war vollkommen verschmutzt, der Kopf abrasiert und um rund 20 kg abgemagert*«, schrieb uns Ernesto.

In den nächsten Tagen kamen immer wieder Menschen vorbei, die sich bei Ernestos Vater bedankten, dass er sie durch seinen Humor und seinen eigenen starken Lebenswillen am Leben erhalten habe.

Die Familie war nie wirklich religiös. Ernestos Vater erzählte nach der Entlassung aus dem Konzentrationslager dazu folgende Begebenheit: »*Er sagte zu seinen Mitgefangenen ›Hiermit will ich ein Gelübde ablegen. Wenn ich mit dem Leben davonkomme, werde ich mein ganzes Leben jeden Samstag in den Tempel gehen und dem lieben Gott dafür danken.‹ Darauf haben sie ihm gesagt: ›Sie irren sich, Doktor. Freitagabend wird gebetet.‹*»

»Das nächste Mal sage ich meine Meinung ...«

Die Lehrerin Gabriele Kaplan über die Begegnung mit Ernesto Allerhand.

Die Begegnung mit Herrn Allerhand, aber auch mit seiner Tochter, war sowohl für die SchülerInnen als auch für uns Lehrerinnen etwas ganz Besonders. Die SchülerInnen, die erst 12 Jahre alt sind und die 2. Klasse besuchen, schrieben bereits Wochen vor dem Treffen Lebensläufe und schickten sie nach Argentinien. Als ein sehr witziger Brief und ein Lebenslauf an die Schüler zurückkamen, waren sie bereits sehr neugierig und stellten die unterschiedlichsten Fragen an mich. Bereits das erste Treffen am Heldenplatz zwischen Herrn Allerhand und den SchülerInnen verlief sehr vertraut. Die SchülerInnen stellten an ihn interessante und überlegte Fragen, die wir mit den Kindern nicht vorbereitet hatten. Sie wurden ganz spontan gestellt. Es kam aber auch zu persönlichen Gesprächen über Argentinien, Sport und vor allem über Fußball. Kaum betrat Herr Allerhand am Dienstag den Festsaal unserer Schule, war er von Schülern umringt. Da er auch Fotos von seiner Kindheit und seinen Eltern mitbrachte, kam es bereits vor der Gesprächs- und Fragerunde, die mit den Kindern vorbereitet war, zu Gesprächen und zu fröhlichem Gelächter. Als Herr Allerhand sah, dass wir einen sehr großen Teil ausländischer Kinder in den Klassen haben, ging er bei seinen Berichten besonders darauf ein, dass es für ihn schwer war, in einem neuen Land ohne Freunde, ohne die Sprache zu können neu anfangen zu müssen. Viele unser SchülerInnen, die vor Jahren mit ihren Familien ebenfalls vertrieben wurden, verstanden ihn sehr gut. Längst verdrängte Gefühle wurden auf allen Seiten wach. Herrn Allerhands Lebensgeschichte hat den Schülern die Zeit des Nationalsozialismus lebendig dargestellt. Kein Lehrer kann Ereignisse so erzählen und darstellen wie ein Zeitzeuge (ich weiß das aus eigener Erfahrung, denn ich hatte als Schülerin die Möglichkeit, die KZ-Überlebende Dagmar Ostermann kennen zu lernen.) Die SchülerInnen sagten bei den Nachbesprechungen immer wieder, wie aufgewühlt sie waren, und dass sie nicht verstehen können, dass Menschen so grausam zu anderen sein können. Andere SchülerInnen brachten die Erzählungen mit eigenen, teilweise frühkindlichen Erlebnissen in Zusammenhang. Natürlich gab es bei den SchülerInnen teilweise Assoziationen zu Fremdenfeindlichkeit – die sie manchmal selbst erlebt haben und jetzt den Mut haben, darüber zu sprechen, aber auch zu Zivilcourage. Ich hörte manchmal Sätze wie »Vielleicht hätte ich helfen können!« oder »Das nächste Mal sage ich meine Meinung, wenn ich wieder ausländerfeindliche Beschimpfungen höre!«

Ich hoffe, dass das Treffen und die Gespräche mit Herrn Allerhand bei den SchülerInnen eine langfristige Wirkung zeigen. Mir hat die neuerliche Begegnung mit Herrn Allerhand sowohl persönlich als auch historisch viel gegeben. Seine Lebensgeschichte hat mich tief berührt, vor allem aber auch, dass er trotz all dem, was er erlebt hat, so fröhlich und ein patriotischer Wiener geblieben ist.

Diese **LehrerInnen** und **SchülerInnen** der **KMS Spielgasse** haben am Projekt »A Letter To The Stars« teilgenommen und Ernesto Allerhand eingeladen.

Klasse 2 A. von links nach rechts.
Stehend: Gitti, Helga.
Mittlere Reihe: Laura, Maria, Okan, Petra, Nicole, Dorian, Gamze, Nebojsa, Gaby, Moshe.
Vorderste Reihe: Marcel, Halil.

Klasse 2 B. von links nach rechts.
Stehend: Gabriele, Aleksandar, Manuel, Darko, Niko, Gracia, Cansu, David
Sitzend: Ömer, Jacqueline, Judith, Zeynep, Jannette, Isabella, Betül, Kevin, Kartik, Mehmet.

Ernestos Eltern hatten die Situation nie richtig ernst genommen. Eine Auswanderung war für sie nie ein Thema. Ernesto schrieb uns in seinem Brief dazu: »*Wir waren die größten österreichischen Patrioten. Mein Vater sagte einst, er wäre lieber Straßenkehrer in Wien als Millionär in New York.*« Und trotzdem blieb der Familie nichts anderes übrig, als ihre geliebte Heimat zu verlassen. Sie wurden mit Gewalt gezwungen, das Land zu verlassen, um das nackte Leben zu retten.

Ich habe gelernt, dass wir alle etwas dagegen machen können. (Kartik)

Ende November 1938 gab es nur noch zwei Zufluchtsorte, die Juden aufnahmen. Das waren Shanghai und Bolivien. Mit Hilfe der Schwestern des Vaters, die in Rumänien lebten, gelang es ein Visum für Bolivien zu bekommen. Bolivien war damals wie die meisten südamerikanischen Länder korrupt.

Am 1. April 1939, also wenige Monate vor Ausbruch des 2. Weltkrieges, bestieg die Familie Allerhand in Hamburg das deutsche Schiff »Patria«.

Mit 10 Mark in der Tasche fuhren sie einer mehr als ungewissen Zukunft entgegen. Auch dass sie sich bis zur Landung in Südamerika auf deutschem Boden befanden, war nicht gerade ein beruhigendes Gefühl. Trotzdem wurden sie von der Besatzung des Schiffes gut behandelt. Über diese Fahrt erzählte uns Ernesto ein Ereignis, über das er noch heute lacht: »*Am 20. April, des ›Führers Geburtstag‹, gab es ein großes Festessen mit Tanz. Und die arischen Kellner gaben den verfolgten Juden ein Bankett. In meiner Erinnerung war diese Schiffsreise schön und angenehm, die Besatzung ließ uns nie merken, dass wir Verfolgte sind.*«

Und dann kam die Landung in Arica, einem kleinen chilenischen Hafen. Die Ankunft war ein Schock. Arica war damals nicht einmal ein richtiger Hafen. Das Schiff musste weiter draußen ankern. Dann kamen kleine Kähne, auf die man aufspringen musste, um an Land zu kommen. »*Es war ein furchtbarer Kontrast, meine Mutter hat sofort Depressionen bekommen. Wir konnten es da nicht aushalten.*«

Mit dem Zug ging die Fahrt weiter nach La Paz in Bolivien. Man sagte der Familie, dass nur die Fahrt mit dem Schlafwagen halbwegs erträglich sei, aber der Schlafwagen ging erst in einer Woche wieder. Die Eltern erkundigten sich nach einem Personenzug und erfuhren, dass es 1. und 2. Klasse gab. Ernesto hatte sich schon immer gewünscht, einmal erste Klasse zu fahren, also erfüllten ihm die Eltern diesen Wunsch. Wie jeder Junge in seinem Alter es gemacht hätte, lief auch Ernesto sofort in den Zug. Doch was sah er dort? Es war wie ein richtiger Stall, schmutzig, staubig, das konnte höchstens die dritte Klasse sein. Er lief durch den Waggon und riss

Ich habe gelernt, andere Leute zu verstehen, und dass es für alles eine Lösung gibt. (Nicole)

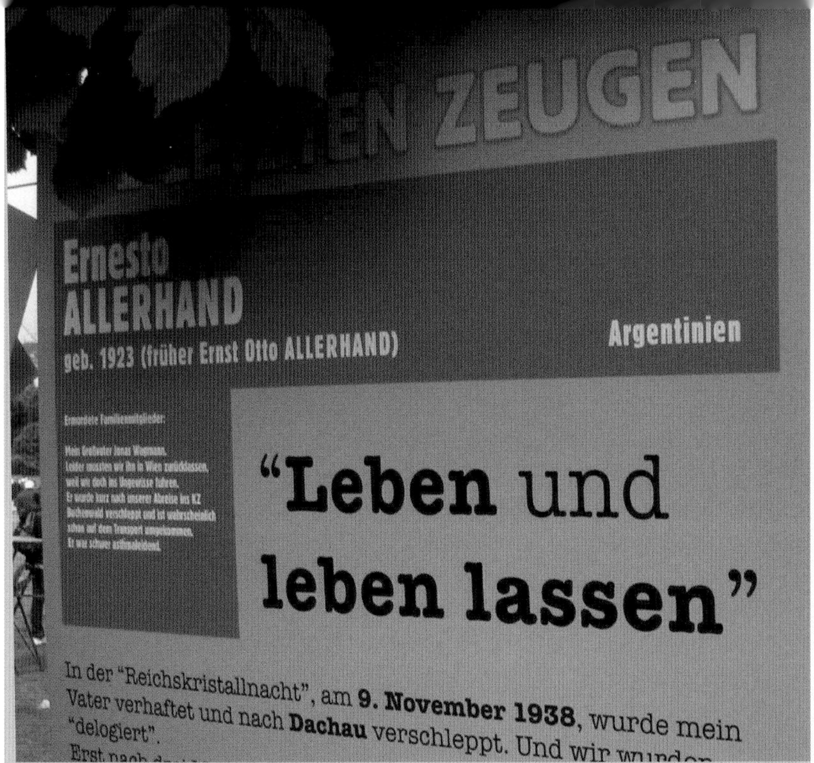

Was SchülerInnen nach der Begegnung sagten

Der 2. Tag mit Herrn Allerhand war für mich etwas ganz Besonders. Es war echt interessant und auch aufregend, all die Geschichten aus seinem Leben zu hören. Ich kann mir jetzt die damalige Geschichte viel besser vorstellen. Danke Herr Allerhand, dass Sie für uns da waren und all unsere Fragen so geduldig beantwortet haben. Ich fand es auch schön, dass Sie mit uns gescherzt haben und auch etwas aus unserem Leben wissen wollten. Auch Ihre Tochter ist eine liebe Frau! *Alles Gute Zeynep*

Lieber Herr Allerhand, danke, dass Sie zu uns gekommen sind. Ihre Antworten auf unsere Fragen waren sehr interessant. Am meisten hat mich beeindruckt, als Sie uns erzählten, wie Sie Ihre erste lange Hose bekommen haben und wie stolz Sie darauf waren. Für uns sind unsere modernen Jeans selbstverständlich und wenn wir eine schönere oder bessere sehen, wollen wir sie gleich haben und werfen die andere in eine Ecke. Es war schön, dass wir mit Ihnen so vieles unternehmen durften. Leider können wir Sie in Argentinien nicht besuchen. *Von Ömer*

Es wurde auch mitgefilmt, weil Herr Allerhand ein Zeitzeuge ist. Jeder von uns durften eine oder zwei Fragen stellen. Herr Allerhand, wir sind froh, dass wir Sie kennenlernen durfen, und dass wir soviel von Ihnen gelernt haben. *Von Betül*

die nächste Tür auf. Da saßen Hunderte von Indios auf dem Boden. Das war die 2. Klasse. Die vermeintliche 3. Klasse war doch die 1. Klasse.

Sie fuhren in der Nacht über 5000 Meter bergauf. Es war unwahrscheinlich kalt. Viele Leute vertrugen den Druck nicht, Blut kam aus Nasen und Ohren. So kam die Familie in La Paz an. Ernesto erzählt über die Ankunft: »*Ich könnte viele Seiten füllen, wie stark der Kontrast war, als wir diesen Erdteil betraten. Sauerstoffmangel war noch das wenigste. Der damals herrschende Mangel an Zivilisation, Kultur, Hygiene ... war ein schrecklicher Schock. Es genügt zu erzählen, dass man in Bolivien kein Toilettenpapier kannte. Und dass 90% der Bevölkerung Analphabeten waren.*«

Nach dieser anstrengenden Zugfahrt liefen die Eltern zuerst hilflos umher. Zum Glück hatte die Familie das Landungsgeld. Bolivien verlangte es von jedem Einreisenden. Es waren pro Person 36 englische Pfund. Für drei Personen machte das 108 englische Pfund. Das war damals ein kleines Vermögen, das der Vater von der Zentralbank in bolivischer Währung abholte und der Familie über die ersten Monate hinweg half.

Der Beruf eines Anwalts ist für eine Emigration wohl sehr schlecht geeignet. Die Umstellung war sehr schwer und die Unkenntnis der Landessprache erschwerte die Situation auch noch. Am Anfang erhielt Südamerika, so auch Bolivien, viel nazistische Propaganda. Durch die anfänglichen Erfolge der Nazis gab es auch hier Anhänger, die Juden verspotteten. Doch der Großteil der Bevölkerung war nett. Sie waren bescheiden, aber gute Menschen. Da die Emigranten lesen und schreiben konnten, sahen die Einheimischen oft zu ihnen auf.

Ernesto war damals gerade 15 Jahre, aus dem Studium herausgerissen und ohne andere Kenntnisse. In der ersten Zeit litten sie häufig unter Entbehrungen und wurden oft nicht richtig satt. Gemeinsam mit anderen jüdischen Emigranten versuchten sie dies und das. So hatte zum Beispiel ein ehemaliger Bankdirektor aus Wien ein Geheimrezept für einen Liptauer. Er hatte das Rezept, Ernestos Vater das Geld. Der Käse wurde in einem schönen Papier ein bisschen verpackt und Herr Allerhand ging auf die Straße um ihn zu verkaufen. Aber davon konnte man nicht wirklich leben. Auch Marmelade, die Frau Allerhand einkochte, wurde auf diese Art verkauft. Das Geld reichte für Essen, aber mehr konnte sich die Familie am Anfang nicht leisten.

Sehr betroffen gemacht, dass in Jugoslawien so etwas Ähnliches passiert ist. (Jannette)

Ernesto arbeitete als Elektrikerlehrling bei einem Emigranten. Dazu erzählte er uns: »*Er schuldet mir noch heute 13 Wochengehälter, welche genau 25 Dollarcent pro Woche betrugen.*« Später arbeitete er als Hilfselektriker am Bau. Nach zwei Jahren merkte er, dass man als ungelernter Arbeiter kaum etwas verdienen konnte. Aus diesem Grund suchte er sich einen kaufmännischen Posten. So wurde Ernesto Angestellter in der damals größten Konfektionsfabrik. Er begann von ganz unten und arbeitete sich hinauf. Er wurde später zum Vertrauensmann und Prokuristen des Besitzers. Viel später wurden die beiden sogar persönlich Freunde.

Positiv an Bolivien war für Ernesto, wie er sagt, dass sich alle Emigranten zusammenschlossen und sich gegenseitig halfen. Langsam gelang es ihnen, ein bescheidenes kulturelles Leben aufzubauen. Es gab einen österreichischen Club, in dem sich die Österreicher trafen. Später, als es allen ein wenig besser ging, gab es hier viel gutes Kabarett, Kleinkunst, aber auch Feste mit Tanz. Ernestos Vater war inzwischen ein bekanntes und beliebtes Mitglied der jüdischen Gemeinde, die er mitbegründen half. Er war auch der Vorsitzende des jüdischen Schiedsgerichtes, denn Emigranten konnten

Ernestos größtes Hobby war der Sport, den er trotz der Höhe problemlos ausüben konnte. Fußball, Tennis, Leichtathletik ... In all diesen Sportarten war er erfolgreich. Die Jugend gründete 1939 den Sportclub »Maccabi«, der der einzige Club für alle jungen Menschen oder Sportler war und der sich einen guten Namen machte. Viele Jahre waren die Mitglieder z.B. in Ping-Pong oder Schach ungeschlagen. Auch die 4 x 100 Meter-Staffel wurde nie besiegt. Ernesto erzählte: »*Als ich damals in Bolivien ankam, wusste ich nicht einmal wie Fußballschuhe aussehen. Aber ich kämpfte mich in die erste Mannschaft unseres jüdischen Sportclubs Maccabi. Es gelang unserer Fußballmannschaft sogar eine Klasse höher aufzusteigen. Und am Ende wurde ich sogar Kapitän der Elf.*« Fast noch besser erging es ihm im Tennis. Er gehörte zur 1. Klasse in Bolivien. Als die besten Doppel jedes Clubs gegeneinander spielten, gewann er mit seinem Partner die Meisterschaft. Der bolivianische Landespräsident überreichte ihnen persönlich den Pokal.

Ich habe gelernt, dass man keine Vorurteile haben darf. (Zeynep)

Auch in der Leichtathletik war Ernesto erfolgreich. Er erzählte darüber: »*Obwohl ich klein von Statur bin, war ich immer schnell auf den Beinen. Unsere Leichtathletikmannschaft war kaum zu schlagen.*« Vor allem die 4 x 100 Meter-Staffel war erfolgreich. Ernesto war dabei der Starter.

Diese jungen Jahre der Emigration waren für Ernesto teilweise wirklich glücklich. »*Es sind wirklich schöne und glückliche Erinnerungen an diese Zeit für mich*«, schrieb uns Ernesto in einem seiner vielen Briefe.

Auch gesellschaftlich hatte er Erfolg. Er war beliebt, ein guter Tänzer und ein ausgezeichneter Gesellschafter. Sein Vater war der beste Witz-Erzähler der Stadt und hat seinem Sohn etwas davon mitgegeben.

Trotzdem schlug das Schicksal noch mehrmals zu. Am Beginn des Jahres 1950 starb seine Mutter jung an einem Herzleiden, das sie sich vermutlich als Folge der Entbehrungen und Aufregungen zugezogen hatte.

Ernesto heiratete kurz darauf eine jüdische Einwanderin aus Deutschland, mit der er schon länger befreundet war.

Er verdiente damals schon gut genug um eine Familie gründen zu können und es reichte sogar für ein Auto. Zwei Jahre später wurde dem Ehepaar eine Tochter geboren, fünf Jahre später kam ein Sohn zur Welt.

Anfang 1962 ergriff er die Chance, bei seinem Freund, dessen Vater gestorben war, als Sozius in dessen Importfirma einzutreten. Diese Firma hatte für ganz Bolivien die Alleinvertretung von Tobler- und Suchard-Schokolade aus der Schweiz. 1970 starb Ernestos Vater, der bis dahin im Haus seines Sohnes wohnte. Nur zehn Monate später schlug das Schicksal erneut zu. Der Sohn verunglückte tödlich. Inzwischen maturierte seine Tochter und Ernesto und seine Frau schickten sie nach Buenos Aires zur Weiterbildung.

Durch den Tod des Sohnes zog sich seine Frau ein Herzleiden zu, durch das sie die extreme Höhe von La Paz nicht mehr vertrug. Sie mussten La Paz verlassen und zogen zu ihrer Tochter nach Argentinien. Die Tochter hatte inzwischen geheiratet und Frau und Herr Allerhand durften die Geburt von zwei Enkelsöhnen miterleben. Doch das Herzleiden seiner Frau wurde schlimmer und seit fast 20 Jahren ist Ernesto nun Witwer. Er lebt seither, auf eigenes Verlangen hin, bei seiner Tochter.

Die Woche mit Herrn Allerhand war für mich die aufregendste Schulwoche. (Darko)

Kontakt zu Österreich hatte er nur zu einem katholischen Onkel, der mit der Schwester seines Vaters verheiratet war und in Österreich lebte. Sie blieben die einzigen Überlebenden der einst großen Familie.

Trotz seines Schicksals blieb Ernesto fröhlich und allem Neuen gegenüber aufgeschlossen. Er war, wie er selbst sagt, nie eine »*traurige Figur*« und bezeichnet sich als Gewinner. »*Ich bin aus allem als Gewinner hervorgegangen. Ihr kennt das englische Sprichwort ›Everybody loves the winner‹. Zum Glück trifft dies auf meine Person zu. Warum ›Winner?‹ Weil ich sozusagen in La Paz unter Null begann. Und mit viel Arbeit, Fleiß und Optimismus erstieg ich langsam, aber sicher die Treppen des Erfolges. Und dann frage ich mich, ob ich in Wien – ich wollte Anwalt werden und die Kanzlei meines Vaters übernehmen – je wirtschaftlich so weit gekommen wäre.*« Er gab auch sein Lebensmotto an uns weiter: »*Ich lebe nach dem Motto, das ich euch hier geben will: Glücklich ist, wer nie verlor im Kampf des Lebens den Humor.*«

Auf unsere Frage nach einer Entschädigung von österreichischer Seite berichtete er uns, dass erst, als das Land die eigene Schuld zugab, begonnen wurde, die Verfolgten zu entschädigen. Er bekam zuerst 5.000 Schilling für Studien-Entfall und heute bekommt er eine kleine Pension, von der man nur knapp leben könne.

Dieses **Denk.Mal** wurde von SchülerInnen als Kunstwerk gegen das Wegschauen, für Zivilcourage und Mitmenschlichkeit gestaltet.

Eine Reise aus der Vergangenheit

Jack Altbush ist mit seinem Enkel Jake aus New York zu Besuch in seine alte Heimat gekommen – und »seelisch frei« zurück gefahren.

Jack Altbush wird 1925 in Wien als Hans Altbuch geboren. Seine Eltern haben ein Modewarengeschäft, er besucht das heutige Rainergymnasium. Sein Vater wird nach dem Anschluss gequält, die Eltern können Hans Altbuch im Alter von 13 Jahren auf einem Kindertransport nach England schicken. Von dort kommt er über Kanada nach New York, wo er auch heute lebt.

Barbara Guschelbauer, Schülerin am **Rainergymnasium** in Wien, ist Jack Altbush im April 2007 im Projekt »Botschafter der Erinnerung« in New York begegnet und hat seine Lebensgeschichte dokumentiert. Im Mai 2008 war Jack Altbush im Projekt 38/08 zu Gast an seiner früheren Schule, dem Rainergymnasium mit Lehrer **Anton Kroh** und Direktorin **Traude Mori**.

Ich sitze mit Jack Altbush im österreichischen Restaurant »Die blaue Gans« im Herzen von Manhattan. Erst vor einer Stunde habe ich ihn das erste Mal im »Museum of Jewish Heritage« persönlich getroffen. Wir haben davor bereits einige E-Mails ausgetauscht und ein sehr nettes Telefongespräch geführt. Und trotzdem bin ich noch sehr nervös, denn endlich werde ich, kann ich ihn nun persönlich kennen lernen.

Jack Altbush wurde in Wien 4 als Hans Altbuch geboren. Er und sein eineiiger Zwillingsbruder Erich besuchten das damalige Elisabethgymnasium und jetzige Rainergymnasium, das ich heute ebenfalls besuche.

1938 flohen Hans und Erich im Alter von 13 Jahren mit Hilfe eines Kindertransports nach England und mussten ihre Eltern zurücklassen, ohne zu wissen, ob sie sie je wiedersehen würden.

Mehr weiß ich bisher nicht und ich bin sehr gespannt, mehr zu erfahren. Mister Altbush beginnt von seiner Kindheit zu erzählen, seiner Wohnung in der Blechturmgasse, von deren Balkon er den Sportplatz der Schule beobachten konnte und natürlich von den Streichen, die er und sein Bruder immer gespielt haben. Schmunzelnd berichtet er mir in einer Mischung aus Englisch und Wienerisch, wie sein Bruder Erich, der Hans zum Verwechseln ähnlich sah, bei einem Theaterstück sein Spiegelbild darstellte und sie so die Lacher des Publikums auf ihrer Seite hatten.

Jack Altbush denkt manchmal zurück an seine Zeit am Elisabethgymnasium, er meint sogar, er profitiert heute noch von den drei Jahren, die er dort in die Schule gegangen ist.

Er berichtet, dass der Antisemitismus in Wien auch schon vor 1938 spürbar gewesen ist. Jakob Altbuch, der Vater von Hans und Erich, betrieb ein Wäschegeschäft auf der Wiedner Hauptstraße. Ein Stückchen weiter gab es ein ähnliches Geschäft mit den gleichen Preisen, das aber einen weit größeren Umsatz machte. Und warum? Weil der Besitzer kein Jude war und die Wiener deshalb dort ihre Hemden kauften.

Es wird Zeit aufzubrechen, Herr Altbush bringt mich zurück zu unserer New Yorker Jugendherberge. Unser für Montag geplantes Treffen fällt wegen eines Jahrhundertregens in New York beinahe ins Wasser. Doch zum Glück hört es bald auf zu regnen und unser Treffen kann wie geplant stattfinden. Mister Altbush will mir das berühmte Museum of Modern Art

Jack Altbush ist an die Plätze seiner Kindheit in Wien zurückgekommen. »Das Projekt hat mein Leben verändert. Die Erinnerungen bleiben mit uns.«

zeigen. Auf dem Weg dorthin erzählt er mir von seinen Erlebnissen nach dem Anschluss.

Eines Tages wurden sein Bruder und er von anderen jungen Buben, die sie eigentlich gar nicht kannten, mit Pflastersteinen beworfen. Plötzlich hatten sie ihre Freunde verloren. Sie waren über Nacht aus der Gesellschaft ausgeschlossen worden.

Plötzlich hatten sie ihre Freunde verloren, waren aus der Gesellschaft ausgeschlossen worden.

Herr Buresch, der langjährige Angestellte des Vaters, ohne den, wie Mister Altbush sagt, »der Tag nicht angefangen und nicht beendet werden konnte«, begann plötzlich einen Hakenkreuzanstecker zu tragen. Das Geschäft von Jakob Altbush fiel der Arisierung zum Opfer und wurde Herrn Buresch übertragen.

Der Vater und der Großvater von Jack Altbush wurden während eines

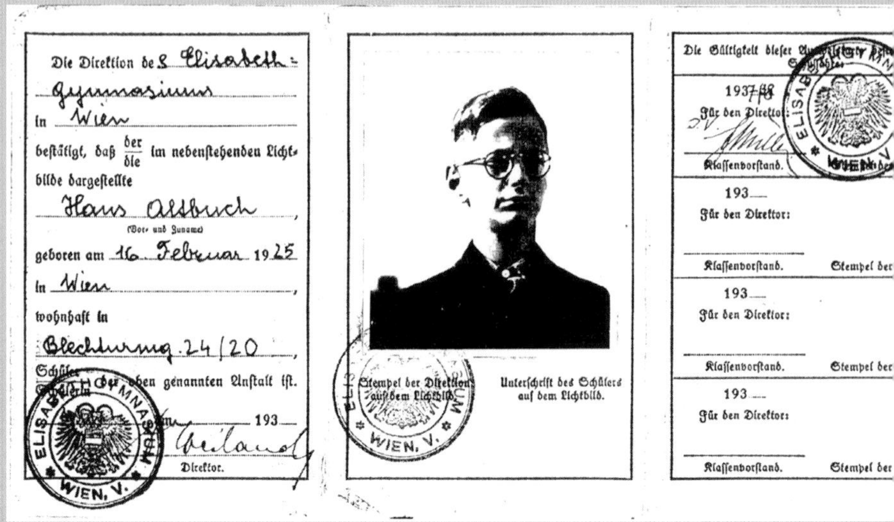

Die Direktion des Elisabeth-Gymnasiums
in Wien
bestätigt, daß der/die im nebenstehenden Lichtbilde dargestellte
Hans Altbuch,
(Vor- und Zuname)
geboren am 16. Februar 1925
in Wien,
wohnhaft in
Blechturmg. 24/20,
Schüler der oben genannten Anstalt ist.
193_
Direktor.

Stempel der Direktion auf dem Lichtbild.

Unterschrift des Schülers auf dem Lichtbild.

Die Gültigkeit dieser Ausweiskarte
1937/38
Für den Direktor:
Klassenvorstand.
193_
Für den Direktor:
Klassenvorstand. Stempel der
193_
Für den Direktor:
Klassenvorstand. Stempel der
193_
Für den Direktor:
Klassenvorstand. Stempel der

Erinnerungen. Das Bild ganz oben zeigt Hans Altbuch noch in Wien mit seiner Mutter. Daneben die Schülerausweiskarte. Unten: Jack Altbush 1940 in England.

Spaziergangs von Nationalsozialisten auf der Wiedner Hauptstraße aufgegriffen. Den Großvater ließ man laufen, den Vater nicht.

Er wurde zum Zirkus Renz gebracht, wo er und andere Juden tagelang dicht gedrängt stehen mussten, ohne Essen, ohne Trinken.

Bis heute weiß Jack Altbush nicht, was seinem Vater damals widerfahren ist. Er weiß nur, dass die dort stehenden Juden dann in zwei Reihen geteilt wurden. Eine Reihe wurde direkt ins KZ und damit in den nahezu sicheren Tod geschickt. Jack Altbushs Vater kam in die andere Reihe.

Er musste Papiere unterschreiben, in denen er versprach, das Land innerhalb kürzester Zeit zu verlassen.

Jack Altbushs Mutter wurde verhaftet, als sie versuchte, die notwendigen Papiere für einen Flug aus Wien zu bekommen. Erst nach langem Betteln und Flehen konnte sie zu ihrer Familie zurückkehren.

Wir sind im »Museum of Modern Art« angekommen. Mister Altbush führt mich durch das riesige Museum und während wir an Klimts, Rembrandts und Van Goghs Werken vorbeigehen und in der Cafeteria etwas essen, erzählt er von seiner Flucht nach England.

Er hat die Szenen vom Bahnhof noch ganz genau in Erinnerung: Eltern, die ihren dreijährigen Kindern möglichst viele Habseligkeiten mitgeben wollten, damit aber deren Leben riskierten, unzählige schreiende Kinder. Jack Altbush erzählt, wie er einem kleinen Buben all die umgehängten Kostbarkeiten abnahm und den weinenden Eltern zurückgab, die damals nicht verstehen konnten, dass sie damit das Leben ihres Kindes gefährdeten.

Der Zug fuhr durch Deutschland und Jack schildert, was für ein großer

Rainergymnasium. Jack Altbush hat zu seinem Gespräch mit SchülerInnen und LehrerInnen seiner früheren Schule seine »Schülerausweiskarte« aus 1937/38 mitgebracht.

Stein ihnen vom Herzen fiel, als sie das »Dritte Reich« endlich hinter sich gelassen hatten.

In England angekommen, wurden die Kinder in Hotels eines Badeortes untergebracht. Es war Dezember und die Hotels waren für diese Jahreszeit nicht ausgestattet und die Kinder mussten frieren. Jack erinnert sich, dass er in diesen Tagen das erste Mal das Meer gesehen hat.

Ihr Onkel kam sie besuchen, denn er war schon davor nach England gekommen und brachte gute Neuigkeiten. Eine entfernt verwandte Familie aus London würde die Zwillingsbrüder aufnehmen.

Hans und Erich verbrachten dort eine schöne Zeit und konnten die Schule besuchen. Mit Englisch hatten die beiden keine Probleme. Bereits in Wien hatte ihre Mutter sehr darauf geachtet, dass sie die Sprache lernten.

In ihrer Freizeit nahmen die beiden an Schwimmwettbewerben teil, denn im Wasser waren sie den englischen Kindern weit überlegen. Noch heute stehen die Pokale davon bei Mister Altbush zuhause.

Vater wurde zum Zirkus Renz gebracht, wo er tagelang stehen musste, ohne Essen und Trinken.

Endlich erhielt der Vater von Jack Altbush eine Stelle in England in einer Puppenfabrik und auch die Mutter konnte schließlich Wien verlassen und nach England nachkommen, da sie einen Job als Hausmädchen bekommen hatte.

Als die ersten deutschen Bomben über London fielen, wurde Hans und Erichs Schule, wie so viele andere, aufs Land evakuiert.

Die Mutter holte sie schließlich jedoch heim, in ihre kleine Wohnung in

Schüler 1938, Schüler 2008. Die SchülerInnen der Klasse 8a des Rainergymnasiums haben im Festsaal Jack Altbush, der hier bis 1938 Schüler war, in die Mitte genommen. Unten: Jack Altbush im Gespräch mit Barbara Guschelbauer.

London. Und so erlebten die beiden Buben die Bombardements hautnah mit. Nach jedem Angriff stand ein anderes Haus in der Nachbarschaft nicht mehr. Doch sie hatten Glück.

Endlich wurden ihre Visa für die USA genehmigt. Auf einem Schiff überquerten sie den Atlantik, immer in Angst, von deutschen U-Booten angegriffen zu werden.

Sie kamen in New Brunswick, Kanada, an, und von dort nahmen sie den Zug nach New York, ihrer neuen Heimat.

Wir verlassen das Museum und zum Abschied führt mich Mister Altbush noch zu seinem Lieblingsitaliener nahe dem Theaterviertel.

Ich überreiche ihm das »Paket der Erinnerungen« – eine Schachtel, gefüllt mit kleinen Andenken an Wien und im Speziellen an den 4. und 5. Bezirk.

Mister Altbush scheint sich zu freuen. Er meint, in den nächsten Tagen wird er sich die Box in Ruhe ansehen.

Zurück in Wien erwartet mich bereits eine E-Mail von Mister Altbush.

Wir werden weiterhin in Kontakt bleiben und vielleicht wird es ihm ja bald möglich sein, mich in Wien zu besuchen.

Ich bin stolz und froh, an diesem Projekt teilnehmen zu können und dass Jack Altbush mich an seinen guten wie schlechten Erfahrungen teilhaben hat lassen. Denn so kann ich ein Stück Geschichte bewahren.

»Danke Österreich, auf Wiedersehen«.

Wie Jake Bender, der Enkel von Jack Altbush, die Reise nach Österreich erlebt hat.

Mein Name ist Jake Bender. Ich bin das älteste der drei Enkelkinder meiner Großeltern. Ich habe meinen Großvater Jack Altbush auf seiner Reise nach Wien begleitet.

Während meines Aufenthalts in Österreich habe ich ein Tagebuch geführt, und dies ist der letzte Eintrag – ein Rückblick auf den gesamten Trip:

Diese Zeilen zu schreiben, ist traurig. Es sind meine letzten, und ich wünschte, es wäre nicht so, aber alles geht zu Ende. Auf dieser Reise habe ich vieles gemacht, das die meisten Menschen nie werden machen können und das auch ich wahrscheinlich nicht wieder machen werde. Ich habe auch Menschen getroffen, die ich nie wieder sehen werde. Diese Reise war schön, aber auch schwierig. Ich musste über Dinge nachdenken, über die ich nicht nachdenken wollte: die Ermordung von Mitgliedern meiner Familie, die unschuldig getöteten Kinder, Hitler, Nazis und vieles mehr. Ich habe nicht nur an der Oberfläche gekratzt, ich bin tief eingedrungen. Diese Tiefe hat dazu geführt, dass ich die Vergangenheit meiner Familie sowie meine Herkunft nun besser verstehen kann.

Ich habe die guten und die schlechten Seiten gesehen, die es auf der Welt gibt. Die schlechten sind offensichtlich: Ich bin hierher gekommen, um mehr über den Holocaust zu erfahren. Die guten waren allgegenwärtig und wunderbar. Was »A Letter To The Stars« bei meinem Großvater ausgelöst hat, ist unglaublich. Er war so glücklich, dass er zu einem Projekt-Mitarbeiter gegangen ist und vor Freude geweint hat. Er war einfach überwältigt.

Sowohl die Mitarbeiter als auch die Schüler, die am Heldenplatz waren, kümmerten sich tatsächlich sehr um uns, es war sichtbar, dass sie wirklich interessiert und betroffen waren. Bei der Gedenkveranstaltung am Heldenplatz dachte ich, dass es unglaublich ist, dass hier, wo jetzt ich stand, Hitler gestanden hatte und ihm Hunderttausende Österreicher mit dem Hitlergruß zujubelten. Ich dachte, dass es wirklich unglaublich ist, dass heute, 70 Jahre danach, so viele Menschen der Ermordeten des NS-Regimes gedachten und die Überlebenden des Holocaust ehrten.

Die Reise hat mir auch vieles gezeigt, das ich nicht vergessen werde: verschiedene Sehenswürdigkeiten, die Berge, und vieles mehr. Und sie gab mir auch die Möglichkeit, viele großartige Mehlspeisen und Desserts zu kosten. So sage ich danke, Österreich, auf Wiedersehen, goodnight.

Besuch mit Enkel. Jack Altbush im Bild oben inmitten österreichischer Holocaust-Überlebender auf der Gedenkveranstaltung am Wiener Heldenplatz. Unten: mit Enkel Jake, der mit nach Wien gekommen ist.

»Wir gehen mit neuer Hoffnung nach Hause!«

Das Tagebuch einer Reise: Jack Altbush über seine Erfahrungen in Österreich.

29. April 2008. *Mein Enkel Jake und ich verbringen die Wartezeit mit unseren Gedanken. Diese Reise ist eigentlich eine Fahrt ins Blaue – wo führt sie hin, was erwartet uns?*

30. April, früh morgens. *Die jungen Frauen und Männer des »A Letter To The Stars«-Teams empfangen uns mit einer Liebe und Zärtlichkeit, so dass man sich wieder selbst erkennt. Wir sind wieder in Wien! Eine kurze Zeit später sind Jake und ich in der wunderbaren Schönbrunner Gartenanlage. Wir entdecken das Schloss und die Menschenmasse, der wir uns ein paar Tage später anschließen werden. Wir sind wirklich in Wien!*

2. Mai. *Meine Gefühle am Tag des Belvedere-Besuchs sind eine Berg- und Talfahrt: Mein Zwillingsbruder, Erich (dann Eric) und ich wohnten sehr nahe am Margaretengürtel und waren mit unserer Mutter und Freunden täglich beim Belvedere. Ich erkenne jeden Schritt, jede Ecke. Plötzlich bin ich wieder neun oder zehn Jahre alt. Später gehen Jake und ich den Gürtel entlang und finden, ohne Fehler, unseren Weg zur Blechturmgasse, unserem letzten Wohnplatz in Wien. Jake sieht mein ernstes und trauriges Gesicht und geht wortlos mit. Langsam kommen die Lebenserfahrungen der Hitlerzeit völlig in den Kopf. Ich zeige ihm das Haus, den Balkon im 4. Stock, wo wir oft waren (genau so noch da), und dann um die Ecke den Draschepark, damals für uns ein riesengroßer Fußballplatz und eine Eislauffläche. Jetzt, natürlich, ein schöner Garten mit Kindern und Eltern. Jake hört sich alles an, stellt viele Fragen. Es ist sehr schwer und traurig. Um die Ecke geht es zum Rainergymnasium, damals Elisabethgymnasium, wo mein Bruder und ich Schüler waren. Und vis-à-vis, an der Wiedner Hauptstraße, das Kleiderwarengeschäft meines Vaters, jetzt eine große Bank, wo ich oft meinen Vater besuchte und helfen durfte.*

4. Mai. *Ich treffe meine »Botschafterin der Erinnerung«, Barbara Guschelbauer. Unser Kontakt begann 2007 mit Anrufen, Briefen und E-Mails und setzte sich später mit einem persönlichen Besuch in New York fort. Sie ist ein intelligentes, sympathisches, charmantes Mädchen! Sie hat unsere Zeit in Wien verschönert, und ihre Eltern, Peter und Eva Guschelbauer, haben Jake und mich herzlich empfangen, nicht nur mit einer wunderbaren Mahlzeit und einem freundlichen Abend in ihrem Heim, sondern auch mit einem ereignisreichen Tag am Kahlenberg und in Grinzing – zwei Plätze, über die Barbara mich sprechen hörte. Meine Eltern haben oft schöne Tage mit uns dort verbracht, und die Blicke auf Wien und die Donau führten mich wieder mehr als siebzig Jahre zurück. Eine wirkliche Fahrt ins Blaue, für die ich ihnen weiter dankbar bleibe.*

5. Mai. *Wir sind alle im Parlament. Die Stimmung ist düster, trüb, ernst. Der Präsident des Bundesrates begrüßt uns, die Präsidentin des Nationalrates beginnt mit einem erschütternden Programm, das einzelne Namen von*

Kindern zeigt, die ermordet wurden. Es gibt keine trockenen Augen in diesem historischen Gebäude. Es ist für mich schwer, konnten mein Bruder und ich konnten doch kaum aus diesem Land flüchten.

Danach gehen wir durch den Volksgarten zur Gedenkveranstaltung am Heldenplatz. Zusammen mit Tausenden Schülern werden wir von Bundespräsident, Bundeskanzler und Vizekanzler empfangen. Ihre Reden sind wichtig und bedeutend. Ich habe dauernd das Gefühl, dass alles ein Traum ist: Wir Überlebende sitzen am Heldenplatz und werden geehrt. Die jungen Schüler stehen neben uns, während Soldaten Getränke und Brötchen bringen. Und das Team von »A Letter To The Stars« ist immer bei uns. Ihre Gegenwart ist beruhigend. Das Programm endet mit Beiträgen vieler Schülern und Survivors, die schon längere Zeit zusammen gearbeitet hatten, und mit musikalischen Aufführungen von Schülergruppen. Ich fühlte mich am Ende des Tages am Heldenplatz willkommen, seelisch frei, endlich erfüllt von Hoffnung auf eine bessere Welt.

***7. Mai.** Mein Besuch am Rainergymnasium. Professor Anton Kroh wartet auf uns in der Lobby des Parkhotels. Er bringt mich und meinen Enkel Jake zum Rainergymnasium auf der Wieden. Ein schlanker, gutaussehender, sehr liebenswürdiger Mann. Ich bin tief in meinen Gedanken und Erinnerungen, als wir uns meiner alten Nachbarschaft nähern. Mein letzter Schultag – 1938. 70 Jahre später öffnet Prof. Kroh das (für mich) neue Glas-Tor. Er bringt uns zuerst zu Direktorin Traude Mori, dann werden wir auch Prof. Brigitte Grosse, Klassenvorstand der 8. Klasse, vorgestellt. Wie kann man die Gefühle schildern – 70 Jahre später reiche ich Direktorin Mori eine Kopie meiner Schülerausweiskarte. »Hans Altbuch, Elisabeth Gymnasium, Österreich (Wien)«, gestempelt und gültig für das Schuljahr 1937-38. Schließlich bin ich doch noch ihr Schüler!*

Prof. Kroh, Jake und ich steigen die hohen Stufen zur 8. Klasse hinauf. Meine Zeit mit den jungen Leuten geht furchtbar schnell vorbei. Ich verteile mehrere Schülerausweiskarten und Bilder von uns Zwillingsbrüdern und meiner Familie. Ich erzähle über unser Leben in Wien vor und nach dem Anschluss, unsere Flucht via Kindertransport nach England und unser Schicksal danach. Es gibt Fragen und Antworten. Die Schüler sind besonders aufmerksam und mitfühlend. Ein Mittagessen beendet einen denkwürdigen, unvergesslichen Tag. Unsere neuen Freundschaften werden fortgesetzt.

***8. Mai.** Abschied von Wien. Der Tag ist da.*

Die Gäste sind in ihre Gedanken vertieft. Wir dürfen mit Hilfe des Teams die Zeit vor dem Flug in der Lounge verbringen.

Sie haben unser Leben geändert. Wir gehen mit neuer Hoffnung nach Hause. Die Erinnerungen bleiben mit uns.

Mit geliebter Heimat Frieden geschlossen

Erwin Auspitz konnte als Kind nach Argentinien flüchten. Im Projekt »A Letter To The Stars« kam er wieder nach Wien.

Erwin Auspitz wird 1928 in Wien geboren. Nach dem Anschluss wird er gedemütigt, sein Vater verhaftet. Im Jänner 1939 kann die Familie von Hamburg aus mit dem Schiff nach Buenos Aires emigrieren. Erwin Auspitz ist 17, als der Krieg aus ist. Mit 24 heiratet er, erlebt auch die Militärdiktatur in seiner neuen Heimat und beginnt, sich mit seinen lange verdrängten Wurzeln auseinander zu setzen.

Die Landwirtschaftliche Fach- und Berufsschule für Gartenbau Ehrental war im Mai 2008 Gastgeber für Erwin Auspitz.

Im März 1938 war ich etwas über neun Jahre alt, Schüler der 4. und letzten Klasse der Volksschule der Lehrerbildungsanstalt in der Kundmanngasse im 3. Bezirk. Wir waren, wenn ich nicht irre, vier jüdische Kinder unter ca. 30 Buben.

Ich war immer ein recht guter Schüler gewesen und hatte nie, soweit ich mich erinnere, Schwierigkeiten mit meinen Mitschülern oder Lehrern, die auf mein Judentum zurückzuführen gewesen wären.

Am ersten Schultag nach dem Anschluss kam mein Lehrer mit erhobenem Arm und Hitlergruß in die Klasse und sämtliche Schüler wussten, dass es von nun ab »Heil Hitler« und nicht mehr »Guten Morgen« hieß.

Auch war es allen klar – wieso eigentlich, dass man die jüdischen Mitschüler nun nicht mehr grüßt und überhaupt ignoriert. Zu Ehren meines Lehrers, dessen Namen ich vergessen habe, sei gesagt, dass er am ersten Schultag nach dem Anschluss mit Nachdruck gesagt hatte, er würde es nicht zulassen, dass die jüdischen Kinder belästigt würden. So konnte ich mein Schuljahr und meine Volksschule auf »normale« Weise, wenn auch abgesondert, absolvieren.

In anderen Situationen funktionierten die Dinge auf ähnliche Art und Weise. Wir hatten zum Beispiel Nachbarn, die Familie Anisic, deren Sohn Walter etwa in meinem Alter war. Jahrelang waren wir Spielkameraden gewesen, von Balkon zu Balkon, und auch da war es, als ob ich mich plötzlich in Luft verwandelt hätte.

Endgültig vorbei waren die Sonntagnachmittage, an denen mein Vater mich mitnahm nach Hütteldorf, zum Fußballplatz, wo wir zusammen für unsere geliebte Rapidmannschaft bangten. Vorbei war auch diese einzigartige Möglichkeit, meinen Vater für mich, nur für mich zu haben.

Einige Jahrzehnte später begann ich mich zu fragen, wie das alles vor sich gegangen war, wie kann man das erklären? Von einem Moment zum anderen wechselten Tausende Menschen ihr Verhalten. Was bis zum gestrigen Tag gewöhnlich war, galt heute als verpönt, oder auch umgekehrt, und sicher war es nicht notwendig, die Leute zu instruieren. Ebenso eigentümlich war mein eigenes Benehmen. Soweit ich zurückdenken kann war es mir vollkommen klar, dass sich meine Welt verändert hatte, obwohl meine

Sabine Hasenbichler, Schülerin aus Klagenfurt, stellt am Wiener Heldenplatz »ihren Gast« **Erwin Auspitz** vor.

Eltern mit mir nicht über die neuen Umstände sprachen. Wahrscheinlich konnten sie sich selbst auch nicht zurecht finden. Ich war verängstigt, verschüchtert, traurig. Aber nie kam mir der Gedanke, all dies wäre heller Wahnsinn, gegen jeden Anstand, Moral und Menschlichkeit. Ich akzeptierte die neuen Tatsachen, als wären sie die natürlichsten Dinge der Welt, ohne jeden Protest.

Vorbei waren die Sonntagnachmittage, an denen mein Vater mich mitnahm nach Hütteldorf ...

Im übrigen: das war auch später so. Wir lebten schon viele Jahre in Buenos Aires, dreißig Jahre oder auch mehr, als ich mir zum ersten Mal die Frage stellte, wie wohl mein Leben ohne Hitler und Emigration gewesen wäre.

Oder anders betrachtet: wie haben eben diese Tatsachen mein Leben umgestaltet? Noch etwas: warum dauerte es so lange, bis ich es wagte, mich mit diesen Überlegungen auseinander zu setzen? Ich bin mir nicht sicher, aber wahrscheinlich konzentrierte ich meine ganze Energie auf den Aufbau meines neuen Lebens und schob dieses Problem auf instinktive Weise weit, weit weg.

Wie schon erwähnt, ich konnte meine Volksschule beenden. Während der Sommerferien erlebten wir den ersten Arrest meines Vaters. Er wurde mit weiteren Juden von einem Kaffeehaus auf die Straße getrieben, musste zum Spaß der Umstehenden den Bürgersteig waschen und verblieb ein paar Wochen im Arrest. Wir mussten die Wohnung aufgeben, ich entsinne mich nicht des genauen Datums, lebten eine, ich glaube, kurze Zeit bei einer Tante, und dann, bis zur Emigration, in Untermiete bei einer Frau Weber in der Biberstrasse.

Bücher haben mir immer schon Spaß und Freude bereitet. Aber in diesen Monaten flüchtete ich fanatisch in alle mögliche Literatur. Schillers Wilhelm Tell las ich wieder und wieder, zu großen Teilen konnte ich das Werk auswendig. Als wir bei meiner Tante wohnten, stöberte ich in der Bibliothek meiner ältesten Kusine. Sie war bedeutend älter als ich, damals schon eine junge Ärztin. Zum ersten Mal kam ich da mit sozial-politischer Literatur in Kontakt. Ich erinnere mich zum Beispiel an die vielen Romane von Upton Sinclair, die mir eine neue Welt offenbar machten.

Mein Vater wurde auf die Straße getrieben, zum Spaß der Umstehenden ...

In jene Zeit fallen auch die wenigen Wochen, oder vielleicht waren es ein paar Monate, in welchen ich mich bewusst jüdisch fühlte, selbst in einem gewissen religiösen Sinn. Religion hatte in meiner Familie nie eine besondere Rolle gespielt. Mein Vater war ungläubig, meine Mutter ging ein oder zwei Mal im Jahr in den Tempel (zu den Feiertagen) – und nicht viel mehr. Religionsunterricht war ja damals obligatorisch, so wusste ich natürlich, dass es Unterschiede gab, aber ich erinnere mich nicht, dass mich

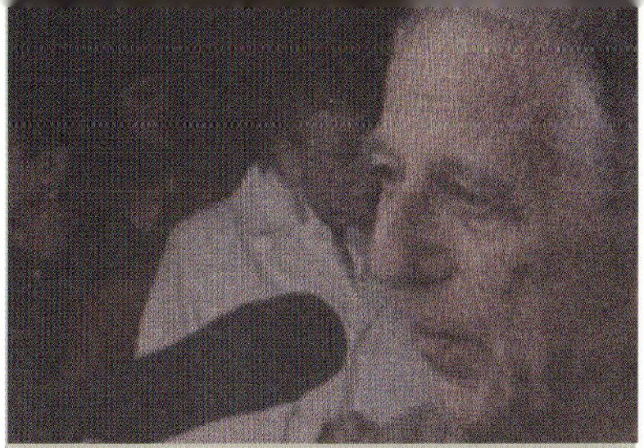

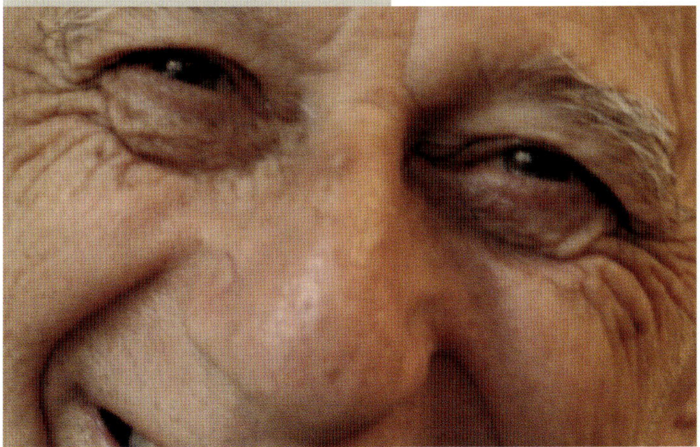

Erwin Auspitz bei seiner Rede auf dem Wiener Heldenplatz. Seine Gattin Musia (links mit Martha Cecilia Dietrich vom Projektteam) verfolgt bewegt den Auftritt.

diese Begebenheit im Laufe der Jahre beschäftigt hätte. Plötzlich wurde das anders. Gleichzeitig kam das Thema einer eventuellen Auswanderung nach Palästina zur Sprache, und zwar sollten nur wir Kinder dort mit einem Transport hinkommen. Ich denke, die Notwendigkeit, an irgendetwas zu glauben, sich an irgendetwas festzuhalten, bestimmte meine damalige Reaktion. Auf nur kurze Zeit. Ab jener Zeit, und bis zu den heutigen Tagen, war ich mir meiner Zugehörigkeit bewusst. Was nicht bedeuten soll, dass dies immer die selbe Einstellung gewesen wäre.

Meiner bescheidenen Meinung nach ist die Frage der Zugehörigkeit zum Judentum und die der möglichen Assimilation eine sehr komplizierte. Heute bin ich überzeugt, dass uns – selbstverständlich auch ohne Hitler – eine Menge historischer und kultureller Tatsachen den Stempel des Judentums aufgedrückt haben.

Doch möchte ich zwei Begebenheiten festhalten. Die eine wäre der Morgen des 10. November 38, in der überfüllten 1. Klasse des Chajes-Gymnasiums. Die Väter von uns allen waren an diesem Tag verhaftet worden, ebenso alle männlichen Lehrer. Die Bedrücktheit und Traurigkeit, die uns alle heimsuchten und vor allem das absurde Schamgefühl, als ob wir etwas verbrochen hätten, all dies ist noch heute irgendwo in mir verpflanzt.

Die andere Episode bezieht sich auf meinen täglichen Weg ins Gymnasium. Um uns ein wenig sicherer zu fühlen, gingen wir in kleinen Gruppen, zwei bis vier Kinder, zusammen. Trotzdem kam es vor, dass einige Hitlerjungen, ca. 15 bis 17 Jahre alt, uns auf alle nur mögliche Art und Weise belästigten. Manchmal fuchtelten sie uns mit ihren Dolchen vor der Nase herum. Auf der Scheide stand, ich glaube mich richtig zu erinnern, »Blut und Ehre«.

Wenn ich heute an diese Episoden zurückdenke, sage ich mir zweierlei. Dieses widerstandslose Akzeptieren der Gewalt bestimmte für mein ganzes Leben ein gestörtes Verhältnis zu den Behörden. Andererseits frage ich mich: was tut »normalerweise« ein Junge, ein Halbwüchsiger, dem man einen Dolch in die Hand drückt und sagt: Geh, Du bist die Macht. Gäbe es viele, die sich weigern würden? Ich bezweifle es. Im Januar 1939 schifften wir uns in Hamburg auf dem Dampfer M.S. Monte Rosa der Gesellschaft Hamburg-Süd ein. Im Großen und Ganzen war es eine recht schöne Reise. Doch wir waren auf deutschem Boden, und deshalb war es unzulässig, dass ich, ein zehnjähriger Junge, eine Lederhose trug. Laut dem Gesichtspunkt eines Schiffsoffiziers wäre dies eine Beleidigung für das deutsche Volk. Ich kam auch ohne Lederhose gesund in Buenos Aires an.

Aber Diskriminierung gab und gibt es auch anderer Art. Nicht nur die

DIE LETZTEN ZEUGEN

Erwin AUSPITZ

geb. 1928 Argentinien

Ermordete Familienmitglieder:

Berta HANKAM, geb. GR N, Tante
Alfred HANKAM, Onkel

"Natürlich ist es äußerst wichtig, die Geschichte jener horrenden Jahre zu lernen, zu wissen, was geschah, zur Kenntnis zu nehmen, wer wie und wann daran teilgenommen hat. Aber dies ist nur der Anfang, die Voraussetzung dafür.
Die Tatsachen zu kennen ermöglicht uns lediglich, sich mit diesen auseinander zu setzen. Und darauf kommt es an. **Sicher, es gehört Mut dazu, sich zu fragen, welche Rolle man selbst gespielt und wie man das eigene Leben in jener fürchterlichen Zeit gestaltet hätte**.
Auch die Frage, was man an Stelle der Familienangehörigen, der Mitmenschen, ja selbst an Stelle der Verbrecher und deren Opfer gedacht, gefühlt oder getan hätte? Ich fürchte, ja, ich weiß: Es gibt unendlich viele Fragen und kaum klare und definitive Antworten.

Doch der Schmerz, den diese Überlegungen verursachen, **diese aufrichtige Suche nach Wahrheit** – ich meine nicht nur die historische, sondern jene jedes Einzelnen – wird **wie ein Samen in fruchtbarer Erde** wirken. Und **unsere Tränen** werden den Samen in gute Ernte verwandeln. Ein festes Gefühl für **Anstand und Menschlichkeit** – das wird unsere Ernte sein.

Haben wir nicht an Anstrengung gespart, haben wir unser Möglichstes getan, so dürfen wir uns freuen auf unsere Ernte. Dann können wir unsere **Hoffnungen** bewahren, **uns in die Augen schauen, uns an den Händen nehmen** und **träumen: Nie wieder!"**

A LETTER TO THE STARS

Das Denk.Mal. Diese Tafel mit dem »Vermächtnis« von Erwin Auspitz (oben) wurde im Mai 2008 mit 120 weiteren Botschaften von österreichischen Holocaust-Überlebenden am Heldenplatz in Wien installiert.

»Dann können wir uns in die Augen schauen«

Rede von Erwin Auspitz am 5. Mai 2008 auf dem Wiener Heldenplatz

Ich stehe vor Euch in Trauer und Tränen. Die 6 Millionen Schwestern und Brüder der Shoa, die 6 Millionen unschuldiger Menschen, die von den Nazis brutal vernichtet wurden, sie sind der Rahmen unseres Treffens. Ich verbeuge mich zu ihrem Gedenken.

Doch zu jeder Zeit, an jedem Ort, der Mensch hat es immer verstanden, seinen Menschenbruder zu peinigen, zu demütigen, zu ermorden.

Argentinien, das Land, das meine Familie und mich aufnahm, als wir Österreich und das geliebte Wien verlassen mussten, erlebte und erlitt vor ca. 30 Jahren eine fürchterliche Militärdiktatur. 30.000 Menschen verschwanden. Los desaparecidos. Sie waren nicht am Leben, aber niemand grub ihnen ihr Grab.

Was tun angesichts so vieler Gewalt?

Wir Überlebende wissen es möglicherweise besser als so mancher, Gewalt führt nur zu mehr Gewalt. Nicht zu Lösungen.

Doch es bleibt uns ein Weg. Die Suche nach Wahrheit. Ich möchte sagen, nach wahrer, nackter und unbeschönigter Wahrheit. Suchen wir in uns selbst. Was hätten wir getan, wären wir anstatt anderer gewesen. An Stelle unserer Familie, unserer Nachbarn, Kollegen, ja selbst an der der Verbrecher und deren Opfer? Was hätten wir gedacht, gemacht, gefühlt ?

So viele, unendlich viele Fragen. Und keine klare Antwort. Aber unsere Suche, unsere schmerzvolle und ehrliche Suche nach der Wahrheit, sie wird uns Erfolg spenden: Anstand und Menschlichkeit, dies wird unser Erfolg sein. Und dann, dann dürfen wir uns freuen. Und dann können wir uns in die Augen schauen, uns an den Händen nehmen, und träumen:

NIE WIEDER !

Nazis und/oder die Deutschen waren dazu fähig. In Lissabon stiegen Portugiesen ein. Sie emigrierten nach Brasilien. Einfache Leute, meist Fischer. Sicherlich, ihre Körperpflege ließ viel zu wünschen übrig, und die Düfte, die sich auf dem Sektor verbreiteten, beleidigten die jüdisch/deutschen Nasen. Den Vorschlag eines jungen Ehepaars folgend, unterschrieben die jüdischen Emigranten ein an den Kapitän adressiertes Gesuch, die Portugiesen in einem anderen Sektor des Schiffs unterzubringen. Die sofortige Reaktion des Kapitäns bestimmte, sämtliche Juden, die das Gesuch unterschrieben hatten, am ersten Hafen auszuschiffen und sie zurück nach Deutschland zu bringen. Unter den betroffenen »Verbrechern« befanden sich auch meine Schwester und ich. Meine Eltern waren nicht darunter, denn sie waren seekrank, als die Forderung verfasst wurde. Schließlich beschränkte sich der Kapitän darauf, »nur« das Ehepaar auszuschiffen, das die ursprüngliche Idee gehabt hatte.

Während der Überfahrt sollte ich Spanisch lernen, aber ich weigerte mich ständig.

Während der Überfahrt sollte ich Spanisch lernen, aber ich weigerte mich ständig. Warum, ist wohl Thema der Psychologie.

Schließlich, dank der Bemühungen, erlernte ich die Zahlen, konnte also von eins bis hundert auf Spanisch zählen, als wir am 14. Februar 1939 in Buenos Aires ankamen.

Wenige Wochen später, Anfang März, begann die Schule. Meine Eltern schulten mich in einer argentinischen öffentlichen Schule ein. In Folge dessen befand ich mich plötzlich in einer Gruppe von ca. 25 Jungens, die mich mit verständlicher Neugierde anschauten. Europa, eine andere Sprache, jemand, der nicht verstehen konnte, was man ihm sagte, andere Kleidung, andere Sitten, alles war sicher sehr sonderbar, nicht nur für mich als der »leidende« Teil, auch für alle Mitschüler. Aber diese nicht geplante Rosskur erwies sich als sehr nützlich. Ich erlernte die spanische Sprache in erstaunlich kurzer Zeit, und spreche sie ohne jeden Akzent. Ein paar Monate später glaubte man mir nicht, dass ich Ausländer wäre. Im übrigen, ich habe eine schöne Erinnerung an dieses Schuljahr. Wohl machten sich meine Schulkameraden so manchen Spaß mit mir, ich war nun eben irgendwie anders, doch anderseits wurde ich ohne Widerstand akzeptiert. Ich war einer mehr, beim Fußball oder sonstigen Spielen.

Da wir über keinerlei finanzielle Mittel verfügten, war Geldverdienen die erste Priorität, und jeder machte nach seinen Möglichkeiten mit. Meine Mutter und meine Schwester erstellten Handarbeiten, meine Mutter, sie war eine besonders gute Köchin, erzeugte Torten, Süßigkeiten u.a.m., und mein Vater verkaufte das alles. Meine Arbeit war das Austragen. So fuhr ich durch die fremde große Stadt und lernte sie rasch kennen.

Im Laufe der Jahre ging es dann besser, und obwohl mein Heim immer ein bescheidener Haushalt war, nie fehlte es am Unerlässlichen. Mein Vater lebte ca. 14 Jahre in Buenos Aires und ist im Alter von 62 Jahren gestorben.

Von der materiellen Seite abgesehen, der seelische Schaden war tief und beständig. Die Art der Beschäftigung, die er ausführte, war seiner nicht würdig. Ich muss einräumen, andere haben es verstanden, aber er konnte sich nie eine Tätigkeit aufbauen, die seinen Möglichkeiten entsprach. Er war ein äußerst intelligenter, liebenswerter und charmanter Mann. Nie konnte ich verstehen, dass ein Mann, der den damaligen Umständen tapfer in die Augen sah, dem es gelang, sich und seine Familie in Sicherheit zu bringen, allen Schwierigkeiten zum Trotz, dann plötzlich nicht mehr die Kraft und/oder den Willen hatte, für sich selbst um ein besseres Leben zu kämpfen.

In mir lebt der Schmerz bis zum heutigen Tag und wird es sicherlich immer tun.

Ich bin der Ansicht, dass sich meine Assimilation in der neuen Heimat rascher als bei den meisten Emigrantenkindern vollzog. In den ersten Jahren hatte ich noch stellenweise Kontakt mit österreichischen oder deutschsprechenden Kreisen. Später beschränkte sich dieser auf einige Freunde meiner älteren Schwester und ich lebte mich immer mehr in argentinische Kreise ein. Erst viele Jahre später wurde mir bewusst, dass meine österreichische Herkunft tief in mir verwurzelt war.

Erst später wurde mir bewusst, dass meine Herkunft tief in mir verwurzelt war.

Als 1945 der Krieg zu Ende ging, war ich noch nicht 17 Jahre alt. Natürlich waren wir begeistert, erfreut. Nicht nur, dass die Nazis den Krieg verloren hatten, wir, ich meine, viele meiner Generation, waren in unserer Naivität überzeugt, eine neue, ideale, schöne und gerechte Welt würde

»Innerhalb weniger Stunden Freunde gewonnen«

Lehrer Ronald Pistrol über die Begegnung mit Erwin Auspitz.

Im Herbst 2007 wurde die FS4-Klasse im Rahmen des Deutsch- und Kommunikationsunterrichtes zum ersten Mal mit »A Letter To The Stars« konfrontiert. Im Zuge der Vorbereitungen auf das Projekt 1938/2008 wurde im November 2007 gemeinsam mit dem Deutsch- und Kommunikationslehrer Ronald Pistrol die Gedenkstätte des ehemaligen KZ Mauthausen besucht. Tief beeindruckt und bestärkt, jetzt erst recht am Einladungs-Projekt der Organisation »A Letter To The Stars« mitzuwirken, kehrten alle an diesem Tag nach Klagenfurt zurück.

Im Dezember 2007 konnte erstmals der Kontakt zum zukünftigen Gast, Erwin Auspitz, der mit seiner Familie im Jänner des Jahres 1939 Österreich verlassen musste, hergestellt werden. Im Laufe der kommenden Monate entstand ein reger E-Mail-Briefverkehr, durch den wir Erwin Auspitz und seine Lebensgeschichte kennenlernen konnten und er umgekehrt Informationen von allen SchülerInnen der FS 4 in Form von Steckbriefen bekam.

Am 05. Mai 2008, dem Nationalen Gedenktag gegen Gewalt und Rassismus, reiste die FS 4 gemeinsam mit ihrem Klassenvorstand Marlene Stummer sowie Ronald Pistrol an und besuchte die Gedenkveranstaltung am Wiener Heldenplatz. Unter anderem sprachen auch Erwin Auspitz und Sabine Hasenbichler, Schülerin der FS 4, von der Bühne zu den etwa 10.000 Besuchern.

Im Anschluss an die Veranstaltung begleiteten uns Erwin Auspitz und seine Frau Musia mit dem Zug nach Klagenfurt. Am nächsten Tag konnten sich die SchülerInnen der FS 3 und der FS 4 im Rahmen einer Vormittagsveranstaltung in der Gartenbauschule ein genaueres Bild des Lebens von Erwin Auspitz machen, der gemeinsam mit seiner Frau in sehr eindrucksvollen und nachdenklich stimmenden Worten zu den versammelten SchülerInnen und LehrerInnen sprach. Der Nachmittag dieses Tages war Diskussionen und Gesprächen zwischen der Familie Auspitz und SchülerInnen der FS 4 vorbehalten. Nachdem unsere Gäste am kommenden Tag auch unsere Sommerblumenverkaufsausstellung besucht hatten, folgte der sehr persönliche und berührende Abschied, da unsere Gäste wieder nach Wien zurückreisen mussten.

Wir hatten innerhalb weniger Stunden Freunde gewonnen, die wir nur ungern wieder ziehen lassen mussten. Mit den Kernaussagen von Erwin Auspitz – »Alles vor dem Setzen einer Handlung nochmals zu überdenken« und »Immer beide Seiten zu sehen, sich in die Lage des Anderen zu versetzen« – werden sicherlich alle diesen außergewöhnlichen Herrn Erwin, der sein Leben im fernen Argentinien fortsetzen musste, und seine nette Frau Musia im Gedächtnis behalten.

Freundschaft. Erwin Auspitz und seine Frau Musia haben in Österreich mit SchülerInnen, LehrerInnen und ProjektmitarbeiterInnen (in der Bildmitte Martha Cecilia Dietrich) Freundschaft geschlossen.

unsere Zukunft kennzeichnen. Langsam, aber ständig, ohne Unterbrechungen, belehrten uns die Begebenheiten eines Besseren. So lange der Krieg andauerte, war es einfach: Die Nazis waren die Bösen, die Alliierten die Guten, es gab keine Zweifel. Das wurde dann anders. Es war schmerzlich, äußerst schmerzlich, sich einzugestehen, dass Anstand nur bis zu einem gewissen Grad mit Ideologie zu tun hat. Bis zum heutigen Tag mache ich es mir zur Aufgabe, so objektiv wie möglich zu sein, immer Meinungsverschiedenheiten zu respektieren.

Anfang 1953 habe ich, 24 Jahre alt, meine Lebensgefährtin geheiratet. Sie war damals 21 Jahre alt, kam in Buenos Aires zur Welt, ihre Eltern waren in Russland geboren. Unsere Eltern sahen sich anfangs »schief« an. Für meine Eltern waren die ihrigen »Ostjuden«. Für ihre waren meine »Jekes«. Im Laufe der Jahre lernten sie sich lieb zu haben, aber, ein Mal mehr, wurde mir bewusst, dass Diskriminierung und Vorurteile überall vorhanden sind.

Wie schon erwähnt dauerte es ca. 30 Jahre, also mehr oder weniger bis in die 70er-Jahre, bis ich begann, mich ernstlich mit meiner Vergangenheit und Geschichte auseinander zu setzen. Unter anderem waren die politischen Umstände in Argentinien, eine fürchterliche Militärdiktatur mit 30.000 Menschen, die einfach verschwanden, entscheidend. Es waren schwere Jahre. Gewalt beiderseits, obwohl das natürlich nicht gleichzustellen ist. Aber kompliziert genug, um uns ein verwirrtes Leben zu bereiten.

Es dauerte noch einige Jahre, bis ich mich im Jahre 1985 endlich zu einer Reise in die Heimat aufraffte.

Zu diesem Zeitpunkt war es mir klar, was ich wissen wollte. Kann sich die Geschichte wiederholen? Was denken die Menschen über die Begebenheiten von damals? Gab es immer noch Antisemitismus? Es waren 40 Jahre nach dem Kriegsende vergangen und ich war entschlossen, alles Mögliche zu tun, um Antworten zu erhalten. So verpasste ich keine Gelegenheit, auf der Straße, in Geschäften, Restaurants etc., etc. meinen jeweiligen Gesprächspartner wissen zu lassen, dass ich 1939 das Land verlassen musste. Fast ohne Ausnahme war die Antwort entweder Schweigen, so zu tun, als ob man nicht gehört hätte, oder, meistens, mir zu erzählen, wie schwer die Kriegsjahre für sie selbst gewesen waren, was sicherlich absolut wahr war. Von den vielen Erinnerungen, die ich von den damaligen Besuch in Österreich habe, möchte ich zwei Episoden erzählen.

Kann sich die Geschichte wiederholen?
Was denken die Menschen über damals?

Ich wollte gerne die Wohnung, in der ich meine Kindheit verbrachte, sehen. So machten Musia und ich uns eines Samstagnachmittags auf und fuhren in die Hainburgerstrasse im 3. Bezirk. Gerne würde ich die Gedanken und Gefühle mit euch teilen, die mir durch den Kopf gingen, als ich vor dem Eingang stand. Es ist mir nicht möglich. Ich weiß nur, dass ich sehr verwirrt und aufs Äußerste gespannt war. Schließlich läutete ich, und ein Mann, ein paar Jahre älter als ich, öffnete uns und sah uns recht freundlich an. In wenigen Worten erklärte ich ihm meinen Wunsch. Wenn Sie es uns erlauben, würden wir gerne die Wohnung ansehen, denn ich lebte hier bis 1938, dann mussten ich und meine Familie auswandern. Seine Antwort war: Gerne, kommen Sie weiter, aber, sagen Sie mir, Sie sagten, 1938 mussten Sie auswandern? Also sind Sie Jude! Sie können es mir ruhig sagen. Ich bin Sozialist! Ich denke, er hätte keine klarere Art und Weise finden können, mich wissen zu lassen, dass es weiter Antisemitismus in Österreich gab, und zwar in bedeutendem Ausmaß.

Wir verbrachten mit dem Mann und seiner Frau eine interessante und freundliche Stunde. Immer wieder lud er mich ein, die Wohnung anzusehen, was im übrigen recht einfach war, denn es handelte sich um eine kleine Zwei-Zimmer-Küche-Bad-Wohnung. Beide waren freundlich und recht nett und aufmerksam mit uns. Beide erzählten uns viele aufschlussreiche Begebenheiten aus ihrem Leben, besonders von den Kriegsjahren. Aber keiner fragte nach meinem Leben in der Emigration.

Also sind Sie Jude! Sie können es mir ruhig sagen. Ich bin Sozialist!

Ein paar Tage später genossen wir einen kurzen Aufenthalt in Tirol, in einem kleinen Ort, Igls, ganz in der Nähe von Innsbruck. Ich war begeistert und glücklich, ich hatte meinen geliebten Wald wieder. So machten wir eine Menge Spaziergänge und erfreuten uns der Hasen und Eichhörnchen, die uns über den Weg liefen. Eines Tages, ca. zur Mittagszeit, kamen wir zu einem wunderschönen Platz, umgeben von herrlichen, beschneiten Bergen. Wir fühlten uns im Paradies und beschlossen in einem dortigen Restaurant etwas zu essen. Wir teilten uns einen Tisch mit einem Ehepaar, mit dem wir rasch ins Gespräch kamen. Wie üblich tischte ich meine Botschaft auf. Die sofortige Reaktion, mit Pathos: ja, wir haben von all dem nichts gewusst. Absolut nichts gewusst. Und dann, wie üblich, die eigene Geschichte. Er war Offizier der Luftwaffe gewesen und machte als solcher den Krieg mit. Und er erzählte, wie er an der russischen Front Bombermissionen ausführte. Es war nicht leicht für Musia, hat sie doch dort ihre Familie verloren, dies alles anzuhören. Doch das Essen verlief friedlich und wir hörten eine Menge hochinteressanter Dinge über das damalige Österreich, das schöne Leben dieses Ehepaars, und vieles andere mehr.

Als es zum Aufbruch kam, beschlossen wir, zusammen bergab zu gehen. Einer dummen Tradition folgend, gingen wir Männer voran und die zwei Frauen hinterher. Bei dieser Gelegenheit kam es zu einem sehr schwer wiederzugebenden Gespräch. Es sei vorausgeschickt, es fiel ihm unerhört schwer zu sagen, was er sagen wollte. Er unterbrach sich selbst ständig, wurde stellenweise unzusammenhängend.

Also, plötzlich, wie aus heiteren Himmel, sagte er: Wissen Sie, mein Vater musste aus Innsbruck weg, als die Deutschen kamen. Und warum? Ja, mein Vater war Schuster und war bei der »Roten Winterhilfe« tätig. Und wohin ging er? Nach Polen (ich erinnere mich nicht mehr an den Namen des Ortes), dort lebte ein Cousin von ihm, Schuster wie er selbst. Besuchten Sie ihren Vater während des Krieges? Ja, ein oder ein anderes Mal. Und einmal, wissen Sie, einmal gab er mir ein Paket mit.

An diesem Punkt angelangt, wusste ich nicht mehr, was er mir erzählen wollte. Alles war sehr konfus. Aber schließlich teilte er mir folgende Tatsache mit. Der Cousin des Vaters hatte seinerseits einen Sohn, der aus politischen Gründen in einem Lager war. Und ihm, dem Sohn, sollte er ein Paket mit Lebensmitteln, oder sonstigem, ins Lager bringen. Und was taten Sie, fragte ich. Na, ich nahm das Paket in Empfang und gestehe Ihnen, der erste Impuls war, es verschwinden zu lassen. Aber, zu guter Letzt, riss ich mich zusammen und brachte es ins Lager. Wie ging es Ihnen da? Anfangs wollten sie das Paket in Empfang nehmen, um es angeblich später auszuhändigen, aber ich bestand darauf, ihn zu sehen und konnte es auch erreichen. Wahrscheinlich dank der Uniform eines Offiziers der Luftwaffe, die ich trug. Also musste ich eine gute Weile warten, und dann kam mein Cousin. Ich gab ihm das Paket, das sein Vater gesandt hatte und wusste nichts zu sagen. So rasch ich konnte entledigte ich mich meiner Aufgabe. Und ich sage Ihnen, nie, nie in meinem ganzen Leben fühlte ich mich so erleichtert wie in dem Moment, als ich hörte, dass sich das Tor des Lagers hinter mir schloss.

Es war mir klar, dass die meisten Vorfahren dieser jungen Leute damals aktive Nazis waren ...

Dieser Mann, derselbe Mann, hatte zwei oder drei Stunden vorher mit erhobenen Armen zum Himmel geschaut und beteuert: Wir haben von all dem nichts gewusst!

Ich will es nicht unterlassen, über eine einzige Ausnahme zu berichten. Auf der Fahrt von Wien nach Salzburg lernten wir Brigitta Fritsch kennen. Sie war allein, hatte einen ihrer Söhne in Wien besucht, und auf dem Weg nach Hause. Sie und wir waren allein in einem Abteil, und wir kamen bald ins Gespräch.

Brigitta war ca. ein Jahr älter als ich, sehr religiös (katholisch). In Salzburg ansässig, arbeitete sie in den Kriegsjahren im Privathaus eines Lageroffiziers und hatte so Gelegenheit, so manches zu sehen und zu hören. Ich erinnere mich, dass sie beschrieb, wie sie und die Frau des Offiziers einem Häftling, den ihr Mann das eine oder andere Mal zur Arbeit nach Hause brachte, heimlich ein Stück Brot zusteckte. In Ängsten, wie sie sagte.

Brigitta hat es verstanden, uns über unser Leben in der Emigration auszufragen. Mit offenem Verstand und – vor allem – mit offenem Herzen.

Wir wurden Freunde und die Freundschaft dauerte an.

Ende 2007 kam die Einladung von »A Letter To The Stars«, vom 1. bis zum 8. Mai 2008 nach Wien zu kommen. Ich könnte nicht sagen, was größer war, die Überraschung oder die Freude? Die Vorbereitung der Reise, ich meine das stetige Überdenken der Aufgabe, die mich erwartete, füllte mich gänzlich aus. Insbesondere der Vorschlag, meine Lebenserfahrung mit

Jugendlichen einer Schule zu teilen, hat mich begeistert.

Meinen Lebenslauf anderen, besonders Jugendlichen, mitzuteilen, ist schon an sich eine schöne Aufgabe und kann sicherlich denselben recht nützlich sein. Doch ich wollte mehr.

Es genügte mir absolut nicht, die Schüler nur zum Zuhören, nein, ich setzte mir zum Ziel, sie zum Überlegen zu bringen. Ich wollte versuchen, sie zu ermuntern, sich an die Stelle anderer, auch an die von mir und vieler anderer, zu denken. Es war mir klar, dass mit Sicherheit die meisten Vorfahren dieser jungen Leute damals aktive Nazis waren, oder im besten Fall passiv und wahrscheinlich mit Sympathie den damaligen Umständen zusahen. Ich war absolut nicht gewillt, diese Tatsachen zu verheimlichen. Im Gegenteil, ich wollte sie ans Tageslicht bringen, selbstverständlich ohne irgend jemandem weh zu tun. Dieses Vorhaben füllte mich voll und ganz aus und es verging kaum ein Tag, ohne dass ich daran dachte.

Die Korrespondenz, die ich mit Ronald Pistrol, dem Lehrer meiner Gastgeber-Schule, hatte, war ein schönes Vorzeichen für die unvergesslichen zwei Tage, die wir mit ihm, seinen Kollegen und den Schülern in Klagenfurt verbrachten.

Der Vorschlag von »A Letter To The Stars«, ein paar Worte für ein Plakat zu schreiben, war eine weitere Überraschung. Ich war sehr gerührt und habe mir den Text lange überlegt. Als mir dann in Wien angeboten wurde, am Heldenplatz zu sprechen, wusste ich plötzlich nicht mehr aus und ein. Ich habe diese Tage praktisch an nichts Anderes gedacht, aber zum Ende war ich zufrieden mit dem Text, den ich dann sprach.

Die Verantwortung, die ich auf mich genommen hatte, lag schwer auf meinen Schultern. Würde es mir gelingen, den Seelen der Menschen, die mich anhörten, nahe zu kommen? Nie werde ich das Vertrauen, das ihr und auch viele andere, vor allem meine Familie, mir entgegenbrachten, vergessen.

1985 kehrte ich verbittert und skeptisch zurück nach Buenos Aires. Diesmal war ich freudig.

1985 kehrte ich verbittert und skeptisch zurück nach Buenos Aires. Diesmal war ich freudig und fühlte, in gewissen Sinn hatte ich mit meiner geliebten Heimat Frieden geschlossen.

Schon sind wieder viele Monate vergangen, seit wir von unserer Reise zurück nach Buenos Aires kamen. Aber, ob Ihr es glaubt oder nicht, für mich und ich traue mich zu sagen für uns, kam sie noch nicht zu einem Ende. Ständig empfange ich die verschiedensten Signale. Alle möglichen Momente hallen wieder und bereichern mein Leben.

Die Hoffnung, meiner Umwelt und meinen Mitmenschen, wenn auch nur in ganz kleinem Ausmaß, etwas gegeben, irgendjemandem gut getan zu haben, spendet mir Glück und Zufriedenheit ! Danke!

Was nicht geschrieben wird, geht verloren

Benjamin Ben Rechav kam mit vier Jahren ins KZ Theresienstadt, als 10-Jähriger wanderte er nach Israel aus, wo sein Leben begann.

Benjamin Ben-Rechav wird 1938 in Wien geboren. Im Oktober 1942 wird er mit seiner Familie im Transport Nr. 1252 ins das KZ Theresienstadt deportiert. Viele seiner Familienmitglieder werden ermordet. Nach der Befreiung 1945 kommt Benjamin Ben-Rechav in »Displaced-Persons«-Camps in Deutschland und Frankreich. 1948 emigriert er nach Israel, studiert und gründet selbst eine Familie.

Agnes Vana ist im März 2008 im Projekt »Botschafter der Erinnerung« Benjamin Ben-Rechav in Israel begegnet und hat seine Lebensgeschichte dokumentiert. Im Mai 2008 war Benjamin Ben-Rechav zu Gast im **Sperlgymnasium**, in dem er als Kind im Sammellager war.

Georg Schwarz alias Benjamin Ben-Rechav, geboren am 9. August 1938. Nur zwei von etwa neun Identitäten, die dieser Mann innerhalb nur eines Jahres angenommen hatte, als er im Alter von 10 Jahren gemeinsam mit seinem Bruder auf der Suche nach Heimat war.

Angefangen hat es mit Georg Schwarz, der im Jahre 1938 ein Baby war. Im August geboren, kannte er »normales Leben«, wie wir es verstehen, nicht. In seiner Heimat Österreich hatte seit wenigen Monaten ein Mann das Sagen, dessen Namen noch heute mit Schrecken und Ekel und meist nur hinter vorgehaltener Hand ausgesprochen wird.

Adolf Hitler, Gigant des Grauens.

Er hatte am 13. März die Macht in Österreich übernommen und so die Heimat von Georg Schwarz, die auch die Heimat von Adolf Hitler selbst war, »ins große Deutsche Reich heimgeführt«.

In diesem nun »Ostmark« genannten Land galten neue Regeln und Gesetze, neue Lehren und Gebote.

Dem schon lange schwelenden Antisemitismus wurde fester Grund gegeben, Öl in die Glut geschüttet und den Menschen eine Rassenlehre vermittelt, die in Hitlers Kopf ihren Ursprung hatte und Millionen von Menschen das Leben kostete.

Mensch war nicht mehr gleich Mensch.
Georg Schwarz – ein blonder Bub zwar,
aber ein jüdisches Baby.
Kein »Herrenmensch«.

An seinen Vater hat er keine Erinnerung. Nur aus Erzählungen kennt er den Mann, der schon 1939 nach England ging, in der Hoffnung, möglichst rasch die nötigen Papiere und Zertifikate zu bekommen, die ihm erlauben würden, Frau und Söhne wie auch seinen Neffen nachzuholen und in Sicherheit zu bringen.

Dazu aber sollte es nie kommen. Als in Deutschland der Krieg ausbrach, wurden alle deutschen Staatsbürger in Großbritannien festgenommen und nach Kanada und Australien in Gefangenenlager deportiert.

Georgs Vater war unter ihnen – Heimat und Familie sah er nie wieder. Wie er diese Zeit als Georg Schwarz überlebte, ist Benjamin Ben Rechav heute selbst ein Rätsel.

Benjamin Ben-Rechav war mit seiner Frau im Mai 2008 zu Besuch in seiner alten Heimat Österreich, aus der er 1938 deportiert wurde.

Die Einschränkungen und Demütigungen im täglichen Leben, die Jüdinnen und Juden in Wien erfuhren: Ausgehverbot, Beschimpfungen, wachsender Hass, Brandmarkung durch den Judenstern etc. konnte der kleine Georg noch nicht einordnen. Erst vier Jahre war er alt, als er 1942 mit Mutter und Bruder vom Sammellager in einer Schule im zweiten Wiener Gemeindebezirk abtransportiert wurde. Den Weg von der Zugstation ins Lager Theresienstadt mussten sie zu Fuß zurücklegen.

Die kleinen kurzen Kinderfüße trugen ihn in ein Leben hinter Mauern.

Die kleinen kurzen Kinderfüße trugen ihn in ein Leben hinter Mauern, die Grausamkeiten der SS …

Die Grausamkeiten der SS, die er und Tausende Andere daraufhin erfuhren, waren und bleiben unbeschreiblich. Benjamin Ben Rechav ist nicht der Einzige, der sich rückblickend fragt, wie diese Bestien, die distanziert von jeglicher Menschlichkeit ihre »Arbeit« verrichteten, zu Frau und Kindern nach Hause gehen konnten. »*Wenn man Menschen nicht mehr als Menschen sieht, nur dann kann man so mit ihnen umgehen, wie es geschehen ist. Der Mensch*«, sagt Benjamin Ben Rechav heute, »*ist die schrecklichste Bestie, die man sich vorstellen kann. Das ist schon bewiesen.*«

Zum sechsten Geburtstag bekam er ein »Geschenk« – den Judenstern, den er von diesem Tag an immer tragen musste. Er hat ihn immer noch – durch alle Wirrnisse, die noch kommen sollten, hindurchgerettet, als Zeichen dessen, was Menschen damals voneinander unterschied – ein gelber Stern aus Stoff.

Die Seife zum Waschen, die es im Lager gab, war wertvoll, grün und hart. »Judenseife« hieß sie, »Judenseife« stand darauf. Man war froh, ein Minimum an Hygiene bewahren zu können. Alle Arten von Krankheiten breiteten sich ohnehin mit rasender Geschwindigkeit aus. Man wusch sich, wenn es Wasser gab. Was man nicht wusste: es war nicht nur Seife für Juden, es war Seife aus Juden, die das Lager nicht überlebt hatten.

Verhungert, vergast, erschossen, zu Seife gemacht.

Einmal kam eine Kommission des Roten Kreuzes ins Lager, um es zu begutachten. Da gab es plötzlich Schokolade für die Kleinen und Roller, mit denen sie über den freien Platz fahren durften. Natürlich waren die Kinder begeistert, wie lange hatten sie darauf verzichten müssen. Die kleinen ausgehungerten Mägen vertrugen die Schokolade schlecht, aber das Rote Kreuz war zufrieden mit dem, was es sah .

Der Mensch ist die schrecklichste Bestie, die man sich vorstellen kann.

Zwei Kindertransporte wurden in Folge in die Schweiz geschickt, für die Zurückbleibenden rückten Roller und Schokolade wieder in unerreichbare Ferne, und das Leben ging weiter, als hätte keine Kommission je ihren Fuß über die Schwelle von Theresienstadt gesetzt.

Wie enttäuscht der hungrige kleine Georg war, als eines Tages Säckchen

mit Sandwiches verteilt wurden – ein Leckerbissen, den nur einige Auserwählte bekamen, die von allen anderen dafür beneidet wurden.

Georg ging leer aus.

Das rettete ihn.

Das Sandwich war der Proviant für den letzten Weg dieser Kinder.

Den Weg nach Auschwitz.

Den Weg in den Tod.

Heute lacht Benjamin Ben Rechav erleichtert, wenn er von den Geschehnissen nach der Befreiung erzählt. Auf der Fahrt von Theresienstadt nach Deggendorf wurden sie ohne Essen in einem Waggon eingesperrt, weil die Franzosen sie Deutsch sprechen gehört hatten und dachten, sie seien Nazis oder Sudetendeutsche. In München erst konnten sie den Amerikanern verständlich machen, dass sie Juden sind. Aus dieser Zeit rührt auch die Schwäche von Benjamin Ben Rechav für den Geruch von gekochten Erdäpfeln. Damals die erste feste Nahrung, nach zu langer Zeit der Entbehrung.

Benjamin Ben-Rechav im Turnsaal jener Wiener Schule, die 1938 als Sammellager für die Deportation verwendet wurde. »Der Kreis schließt sich«.

Georgs Mutter beschloss nach den Schrecklichkeiten des Krieges, dass es für sie und ihre Kinder nur noch einen Ort gäbe: Palästina.

Im Sammellager in Marseille lag Georg in einem Zimmer mit vielen Frauen, auf Betten, von denen einige noch nicht einmal Bretter im Rahmen hatten, von Matratzen wagte man nicht einmal zu träumen. Manche schliefen am Boden unterm Bettgestell und die Phantasie des 7-Jährigen flüchtete sich in die Vorstellung, sie wären im Unterseeboot.

Im Lager, Sammelplatz für all jene, die nach Palästina auswandern wollten, glaubte der sieben Jahre ältere Bruder zu hören, dass der Weitertransport gar nicht nach Palästina, sondern nach Paris ginge, also tauchte er kurzerhand mit dem jüngeren Georg unter.

Ein halbes Jahr streunten der damals 10-Jährige und sein Bruder wie zwei Vagabunden in Frankreich umher. Untertags teilten sie die Kinobänke mit Arbeitslosen und Nordafrikanern. Daran erinnert er sich heute noch so genau, weil die Nordafrikaner bei der Tagesschau immer klatschten, wenn Angriffe der Araber auf die jüdischen Neuankömmlinge in Palästina gezeigt wurden. Doch um unerkannt zu bleiben klatschten sie mit.

Einmal fiel Georg von einer Brücke auf einen Betonboden und lag danach zwei Tage ohnmächtig in einem französischen Spital. Schwer war es mit der Sprache – die Brüder konnten nur Deutsch und hatten diese Sprache Zeit ihres Lebens gesprochen, doch plötzlich war diese ihre Muttersprache gefährlich, weil

DIE LETZTEN ZEUGEN

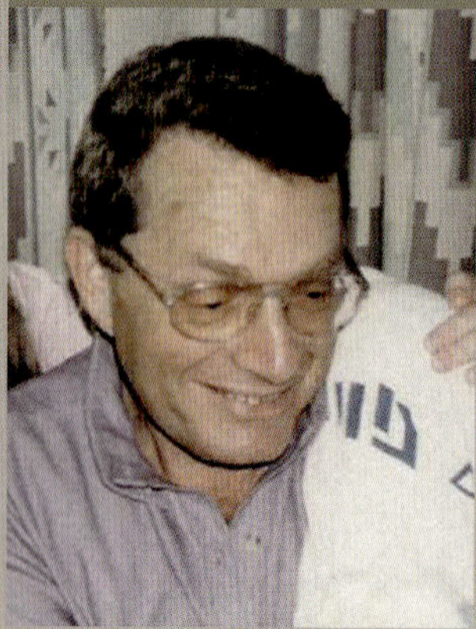

Benjamin BEN RECHAV

geb. 1938 Israel

Ermordete Familienmitglieder:

Freide (Franziska) **HEIDENFELD**, Großmutter (geb. 1872) 1942 KZ Auschwitz

Kurt HEIDENFELD, Cousin (geb. 1937) November 1944 (?) KZ Auschwitz

Stella FARKAC (HEIDENFELD), Tante (geb. 1905) ermordet 1944 (?)

Rudolf FARKAC, Stella`s Gatte (geb. 1881) ermordet 1944 (?)

Jacob GEFFNER, Vater der Schwiegermutter (geb. 1891) ermordet 5.10.1942

Temme GEFFNER, Mutter der Schwiegermutter (geb. 1882) ermordet 3.1.1941

Rosa TEITLER

Geboren 1938 in Wien.
10.10.1942: Deportation in das Ghetto Theresienstadt,
Transport Nr. 1252, gemeinsam mit 1323 Menschen. berlebt.
1945-1948: Mehrere Displaced Persons -Camps: u.a. Lindenfels/Deutschland und Marseille, Frankreich.
Juli 1948: Auswanderung nach Israel, Studium an Uni.
Ich habe heute 3 T chter und 10 Enkelkinder.

A LETTER TO THE STARS

es die Sprache des endlich geschlagenen Feindes war.

Dies war auch die Zeit, in der die zwei laufend ihre Namen ändern mussten und eine Identität nach der anderen annahmen und ablegten.

Nach einem halben Jahr schließlich wurden die beiden Streunenden von der Jugend-Aliya aufgegriffen und in ein Schiff nach Palästina gesetzt. In Richtung jenes Landes, wo, wie die Erzählung sagt, Milch und Honig fließen und einem in Georgs kindlicher Vorstellung Orangen und Bananen in den Mund wachsen. Im Hafen von Haifa betraten sie das erste Mal palästinensischen Boden. Und nicht nur sie allein. Der 600.000 Einwohner zählende Landstrich mit dem viel versprechenden Namen »Palästina« ward innerhalb kürzester Zeit von 1,5 Millionen Einwanderern besiedelt. »*Es war lustig*«, sagt Benjamin Ben Rechav heute »*obwohl überall Krieg war und wir nicht viel zu essen hatten.*«

All diese Menschen hatten nicht nur Hab und Gut in Europa zurückgelassen, sondern auch das Schlechte, das Elend, das sie jahrelang erleben mussten, und sie waren bereit neu anzufangen.

Aus Georg wurde Benjamin, der mit 10 Jahren endlich die Schule beginnen konnte. Und seine Mutter heiratete wieder – übrigens den Vater seiner ehemaligen Betreuerin im Kinderheim in Theresienstadt.

Mit einem verschmitzten Lächeln in den Augen und dem ihm eigenen unumstößlichen Optimismus ringt dieser Mann auch den schwierigen Zeiten seines Lebens etwas Positives ab: »*Die Wohnungsnot hatte auch etwas Gutes. Meine Mutter wohnte bei ihrem Bruder und ich heiratete später meine Cousine. Das war mein Vorteil … und ist nun schon 46 Jahre her!*«

Die Jugend soll wissen, was passiert ist und man soll nicht vergessen.

Diese Frau – Zippi – hat ihren Mann des öfteren gebeten, den Kindern zu erzählen, doch für ihn war das Thema tabu und er wollte nicht mehr daran denken. Doch jetzt kommt es heraus. »*Die Jugend soll wissen, was passiert ist und man soll nicht vergessen!*«, sagt er und schreibt nun auch selbst seine Geschichte auf, um sie für alle kommenden Generationen zu erhalten.

Sieht dieser Mann nun seinen vielen Enkeln zu, wie sie unbekümmert spielen, wandert er in seiner Erinnerung oft weit zurück und denkt daran, wie er selber in jenem Alter sein Dasein fristete, ums Überleben kämpfte. Dann ist er froh, dass diese seine Nachkommen nicht so leiden müssen, »*dass' gibt a bess`res Leben, nicht so a Dreck*«, wie er es ausdrückt.

Dann dankt er weder Schicksal noch Gott, denn an all das glaubt er nicht.

Benjamin Ben-Rechav schaut zurück, er schaut nach vorn, er lächelt und sagt »Ich freu mich, ich leb!«

Lachen, um auch im KZ zu überleben

Uri Ben-Rehav war 9 Jahre alt, als er wegen seiner Jacke von der Gestapo verhaftet wurde. Mit 11 kam er nach Theresienstadt.

Uri Ben-Rehav wird 1931 in Wien als Wilhelm Schwarz geboren. Sein Vater versucht, auf dem Schiff »Dunera« nach Australien zu emigrieren, um seine Familie nachholen zu können. Uri Ben-Rehav sieht seinen Vater nie wieder. Mit seiner Mutter und dem kleineren Bruder wird er 1942 in das KZ Theresienstadt deportiert. Er überlebt trotz schwerer Krankheit und kann mit seiner Familie schließlich nach Israel auswandern.

Lukas Schrittwieser aus Wieselburg hat im Projekt »Botschafter der Erinnerung« im April 2007 Uri Ben-Rehav in Israel besucht und seine Lebensgeschichte dokumentiert. Das **BG/BRG Klosterneuburg** mit Direktor **Rudolf Koch** hat Uri Ben-Rehav im Mai 2008 im Projekt »38/08« eingeladen, nach Österreich zu kommen.

Uri Ben-Rehav wurde am 27. Mai 1931 in Wien als Wilhelm Schwarz geboren. Er wohnte in verschiedenen Bezirken in Wien, von wo aus er 1942 mit seiner Mutter und seinem kleinen Bruder in das Konzentrationslager Theresienstadt deportiert wurde. Heute lebt er mit seiner Frau in Bat-Yam, in der Nähe von Tel-Aviv in Israel.

Uri war also im Alter von etwa 11 bis 13 Jahren im KZ und hat dieses als Kind beziehungsweise Jugendlicher erlebt. Daher sind seine Erinnerungen weder völlig exakt noch genau chronologisch. Vielmehr handelt es sich um eine reichhaltige Collage aus Kindheitserinnerungen.

Bis heute trägt Uri ein Bild aus seiner Schulzeit in sich, das von der Gestapo geprägt wurde. Während seiner Schulzeit hat Uri im 7. Bezirk in der Zieglergasse gewohnt, die Schule befand sich jedoch im 1. Bezirk. Das war ein ganz schön weiter Weg für einen Buben, vor allem für einen jüdischen im Wien der 40er-Jahre. Einmal, bei der Heimfahrt von der Schule mit der Stadtbahn, saß Uri ein Mann gegenüber, der ihn ohne Unterlass anstarrte. Er fragte: „Bist du Jude?" Uri log nicht, worauf hin der Mann sich mit einer Marke der Gestapo auswies und ihn verhaftete. In Handschellen wurde er in das Hauptquartier der Gestapo auf dem Morzinplatz gebracht. Dort begründete er die Verhaftung damit, dass Uris bunt karierte Jacke die deutschen Farben, rot, schwarz und weiß enthalte. Ein hochrangiger Gestapo-Offizier ließ ihn dann von einem Polizisten auf das zuständige Polizeirevier bringen. Dort schärfte ein Polizist Uri nochmals ein, die Jacke in Zukunft nicht mehr zu tragen und ließ ihn nach Hause gehen.

Eines Tages vergnügte sich Uri mit Freunden auf einer Wiese auf dem Kahlenberg, und weil das für Juden verboten war, hatte sie zuvor die Judensterne abgenommen. Wie Buben nun mal sind, begannen sie zu raufen und bemerkten nicht, dass an der Ecke drei deutsche Soldaten des Afrikakorps standen. Die Soldaten sahen eine Weile zu, bis einer sagte: »Du Bub, vergiss eines nicht. Auch wenn du glaubst, du bist unten und alles ist verloren, gib nicht auf. Zum Schluss wirst du oben bleiben.« Das hat auf Uri einen gewaltigen Eindruck gemacht, auch weil er nicht wusste, wer mit dem »unten sein« jetzt gemeint war – er, der jüdische Bub oder der deutsche Soldat. Der Vorfall hat Uris Moral ganz enorm gehoben. Seinen Vater hat Uri de facto bereits vor dem Zweiten Weltkrieg verloren.

Uri Ben-Rehav wurde 1942 mehr tot als lebendig von Wien nach Theresienstadt deportiert. Der Besuch der früheren Heimat im Mai 2008 hat ihn versöhnlich gemacht: »Wie ein Knopf, der sich gelöst hat«.

Es geht um die Geschichte der »Dunera«, eines Schiffes, das von England nach Australien fuhr. Als Hitler nach Österreich kam, versuchten viele Juden alles, um sich zu retten, so auch Uris Familie. Ein Jahr zuvor war aber Uris Bruder geboren worden. So war es für die Familie nicht möglich, große Abenteuer zu wagen. Dennoch war es ihnen gelungen, Papiere für die Ausreise nach England zu bekommen. Da der Bub aber noch so klein war, hat die Familie beschlossen, dass der Vater vorausgeht und sich um eine Wohnung und Arbeit kümmert. Zwei Wochen später sollte dann der Rest der Familie folgen. Während dieser zwei Wochen brach jedoch der Zweite Weltkrieg aus und die Grenzen wurden gesperrt. Seit damals hat Uri seinen Vater nicht mehr gesehen.

»Auch wenn du glaubst, du bist unten, gib nicht auf«, sagte ihm ein deutscher Soldat.

Gleich nach dem Ausbruch des Krieges gab es in England eine Massenhysterie und man sah in jedem, der aus Deutschland oder Österreich kam, einen Spion. Die Religion spielte dabei überhaupt keine Rolle, Deutsch zu sprechen reichte als Verdachtsmoment. Auf der Isle of Man wurden diese Leute interniert, auch Uris Vater. Als in Deutschland eine Invasion Englands geplant wurde, beschlossen die Engländer, die Deutschsprachigen zu evakuieren. Die meisten kamen nach Kanada, zumindest ein Schiff jedoch, die Dunera, fuhr nach Australien. Die Besatzung bestand aus »Soldiers of King's pardon« – Männern, die man aus Gefängnissen freigelassen und Armee-Einheiten zugeteilt hatte. Daher bestand die Besatzung zu einem guten Teil aus Kriminellen, von Dieben bis hin zu Mördern.

Der beliebteste »Sport« auf dem Schiff war es, Juden zu demütigen. So mussten sie sich zum Beispiel die Schuhe ausziehen und über ausgestreute Glasscherben laufen. Die deutschen und italienischen Kriegsgefangenen hingegen waren ganz oben untergebracht und hatten sogar Schwimmwesten. Wenn es einen U-Boot Alarm gab, wurden die Juden mit Waffengewalt in das unterste Deck gesperrt, wer nach oben kam, wurde erschossen. So würden sie bei einem Torpedotreffer zuerst sterben. Eines Tages sichtete ein deutsches U-Boot, die Dunera, und feuerte einen Torpedo ab, der das Schiff aber durch eine glückliche Fügung verfehlte. Ein deutscher Pilot verlor jedoch die Nerven, sprang samt seinem Koffer ins Meer und damit in den Tod. Das Schiff fuhr weiter, sein Koffer schwamm jedoch oben und wurde später vom U-Boot eingesammelt. Anhand der enthaltenen Dokumente wussten die deutschen U-Boote nun, dass auf dem Schiff deutsche Kriegsgefangene waren. So haben die deutschen U-Boote den Befehl erhalten, das Schiff nicht anzugreifen, sondern darauf aufzupassen.

Das letzte, das Uri von Wien sah, waren der Himmel und die Sterne ...

Das Schiff kam sicher in Australien an, wo die Gefangenen in Lager in der Wüste gebracht wurden. Das Lager hatte mit seinen Stacheldrahtzäunen, Wachtürmen und Holzbaracken gewisse Ähnlichkeiten zu einem KZ. Nach dem Ende des Krieges und der Freilassung der Gefangenen war Uris Vater in großer Unsicherheit ob des Schicksal seiner Familie. Er verstarb plötzlich, in jungen Jahren, ohne seine Familie nochmals zu sehen. Erst vor wenigen Jahren hat Uri das Grab seines Vaters in Australien besucht.

1941 bekam Uri Masern, die zu einer schweren Nierenentzündung führten. Er kam in ein jüdisches Kinderspital, aber man hatte ihn schon als ›nicht behandelbar‹ abgeschrieben. Er musste ein halbes Jahr flach auf dem Rücken liegen, um sich nicht zu bewegen, und bekam so wenig wie möglich zu trinken.

Freundschaft. Uri Ben-Rehav mit Lukas Schrittwieser, der ihn in Israel besucht hat.

Das ging so bis September 1942, als er mit seiner Familie in den Osten transportiert werden sollte. Er wurde auf einer Tragbahre auf ein Lastauto gehievt und mit seiner Mutter und dem 4-jährigen Bruder zum Aspangbahnhof gebracht. Dort sollte er in einen Viehwaggon, der für Todgeweihte vorgesehen war, verladen werden. Seine Mutter sollte zu den »Lebenden« kommen. Uris Mutter konnte gerade noch erreichen, dass er auch zu ihnen kam und nicht zu den »Toten«.

Das letzte, das Uri von Wien sah, waren der Himmel und die Sterne und er fragte sich, ob er diese noch einmal sehen würde.

Was nach der Ankunft in Theresienstadt passierte, weiß Uri nur noch aus Erzählungen. Im Lager waren Strohsäcke auf dem Fußboden vorbereitet, um sich hin zu legen, auch für Uri. Kaum dass er lag, verlor er für 25 Stunden das Bewusstsein infolge der psychischen und physischen Belastungen der Vertreibung. Nachdem er das Bewusstsein wiedererlangt hatte, war er schlagartig gesund, so als hätte ihm nie etwas gefehlt. Wie das passieren konnte, kann niemand erklären. Er hatte auch später nie wieder Probleme mit seinen Nieren. Wer oder was diese Heilung bewirkt hat, ob Gott, ein Wunder oder die Vorsehung, das kann sich jeder erklären wie er will.

Später bekam er eine Mittelohrentzündung und kam ins »Spital«, wo er wieder keine entsprechende Behandlung bekam. Bei ihm konnte der Eiter nicht aus dem Ohr entweichen, sondern breitete sich nach innen hin aus.

Vater und Sohn. Das Bild zeigt Uri Ben-Rehav mit seinem Sohn Sha, der mit ihm die Reise nach Wien gemacht hat.

Würde die Entzündung bis zum Gehirn vordringen, wäre das ein Todesurteil gewesen. Deshalb wurde beschlossen, ein Knochenstück hinter dem Ohr zu entfernen, ein Eingriff, der fast ohne Narkose durchgeführt wurde.

Uri hat auch das überlebt. Mit den Ohren hatte er nie mehr wieder Probleme, bis auf eine Ausnahme während seiner Militärzeit in Israel, etwa 1953. Da bekam er plötzlich extreme Schmerzen und ging zum Militärarzt. Dieser verwies ihn weiter zum einem Spezialisten ins Spital. Der untersuchende Arzt schüttelte den Kopf und meinte, so eine Operationsnarbe hätte er noch nicht gesehen. Uri war etwas verwirrt. Darauf meinte der Arzt, das müsse ein Zahnarzt gewesen sein, der das gemacht hat. Uri war verwundert, denn es war wirklich ein tschechischer Zahnarzt gewesen, der ihn operiert hatte, da kein anderer Arzt verfügbar gewesen war. Der Spitalsarzt stocherte etwas weiter und meinte: »Hieß dieser Arzt vielleicht Tarajan?« Und auch dies stimmte. Schließlich stellte sich heraus, dass der Spitalsarzt damals Tarajans Assistent gewesen war. Daraufhin fingen sie beide an zu weinen, weil ihnen auf einmal alles wieder hoch kam. Behandlung brauchte er gar keine mehr, die Schmerzen vergingen ganz von selbst. Das einzige, was Uri gemacht hat, war den Spitalsarzt zu sich und seiner Mutter nach Hause einzuladen.

In Theresienstadt sagte seine Mutter eines Tages zu ihm, er solle an einem bestimmten Tag, zu einer gewissen Zeit, in eine Kaserne kommen und sagen, er wollte seine Mutter sehen. Uri war klug genug, nicht zu fragen warum, um nicht zuviel zu wissen. Er ging zur Kaserne und bat den Wachsoldaten, seine Mutter sehen zu dürfen. Der wollte es ihm nicht erlauben, aber Uri bestand darauf, sie sofort zu sprechen. Es stellte sich heraus, dass seine Mutter in einer Küche Kohlrabi schälen musste. Als sie ihn sah, schob sie ihm eine Spalte davon in den Mund. Dafür bekam sie einen Fußtritt, dass sie nur so über den Boden schlitterte. Uri hat ihr aufgeholfen und sie haben das Gebäude verlassen, woraufhin seine Mutter ihn umarmt und geküsst hat. Uri war durch dieses Wechselspiel natürlich sehr verwirrt. Der Grund dafür war, dass eine der größten Raritäten im Lager Vitamine waren. Daher hatten sich die Frauen am ganzen Körper mit Kohlrabispalten ausgepolstert. Das Problem war aber, diese herauszuschmuggeln und deshalb hatte sie sich dieses Tricks bedient. Für Uri war der rasche Wechsel vom Fußtritt zur Umarmung aber eine sehr schwierige Situation.

Auch die Ausübung jüdischer Traditionen war im KZ nicht einfach. Ein großer Rabbiner bereitete Uri im Lager auf seine Bar-Mizwa vor. Bis heute konnte er leider seinen Namen nicht herausfinden. Bei einer Bar-Mizwa muss der Junge einen Absatz aus der Tora vorlesen. Das Problem war nur, dass man dafür auch traditionelle Gebetsriemen braucht und die gab es im Lager natürlich nicht. Also sagte der Rabbi zu ihm: »Ich habe das Gefühl, ich werde nicht mehr lange leben. Ich gebe dir meine, die sind schon lange Jahre bei mir. Mach mit ihnen Bar-Mizwa und pass nachher auf sie auf.« Uri hat auf sie aufgepasst und sie herrichten lassen. Jetzt hat sein Enkel sie und auch er hat mit ihnen Bar-Mizwa gemacht. Uri ist nicht fromm, aber dies erreicht zu haben, ist ihm sehr wichtig.

Um Essen herrschte im Lager eine Art ständiger Kampf. Es gab damals in Theresienstadt noch Pferdefuhrwerke statt Autos. Einmal kam so ein Leiterwagen mit Erdäpfeln vorbei, bewacht von einem Polizisten. Uri lief mit einigen anderen Buben vom Fenster hinab zur Straße. Einer von ihnen schlich sich an, öffnete den Leiterwagen und so fiel der Polizist, auf den Erdäpfeln rutschend, rücklings zu Boden. Währenddessen stopften sich die Kinder ihre Knickerbockerhosen mit Erdäpfeln voll. Diese kurze Episode zeigt sehr anschaulich, welcher Überlebenskampf in Theresienstadt geherrscht hat.

Uri hatte aus dem Buch »Emil und die Detektive« die Idee, eine Bande zu gründen.

Während seiner Zeit in Theresienstadt wohnte Uri auch eine Zeit lang in einem »Kinderheim«. Das war ein Haus mit großen Zimmern, in denen drei- und vierstöckige Betten standen. Jedes Zimmer hatte einen verantwortlichen Erwachsenen. Der Zuständige für Uris Zimmer hat ihnen immer eingebläut, nicht die gesamte Brotration an einem Tag zu essen, da es am nächsten Tag vielleicht kein Brot mehr geben könnte. Nach einiger Zeit haben die Buben allerdings bemerkt, dass unter ihnen ein Dieb ist. Uri hatte aus dem Buch »Emil und die Detektive« von Erich Kästner die Idee, eine Detektivbande zu gründen und so legten sie sich auf die Lauer. Es stellte sich heraus, dass der Betreuer selbst der Dieb war. Jetzt war die Frage, was man mit ihm tun sollte. Zunächst wollten die Buben jedoch wissen, was er mit dem Brot machte. Warum? Es gab auch Prostitution im Lager: Frauen verkauften sich für ein Stück zu essen. Der Mann ging mit dem Brot jedoch nicht zu ihnen, sondern in ein Altersheim und gab das Brot zum Teil seinem Vater, den Rest verteilte er. Was sollte man da also machen? Die Buben stellten ihn zur Rede und forderten ihn auf, etwas von dem Brot für sie übrig zu lassen. Ihm war die Sache peinlich und so versprach er ein wenig übrig zu lassen, was er auch hielt. Wie Uri heute weiß, wurde ihr Betreuer später in Auschwitz vergast.

Nach dem Krieg kam Uri mit seiner Familie in die Amerikanische Zone nach Deggendorf in ein »Displaced Persons Camp«. Gleich nach der Ankunft sah Uri am Fensterbrett ihres Zimmers Teigstücke liegen. Heute weiß er, dass es Kekse waren, die seine Mutter gebacken hatte, damals hat er sie nicht erkannt. Obenauf war etwas Schwarzes gestreut, das Uri nicht kannte, er hatte nur noch eine dunkle Erinnerung an etwas schwarzes Essbares namens Mohn. Also hat er ein Keks gekostet und es hat ihm wunderbar gut

»Es löste sich in mir ein großer Knoten ...«

Wie Uri Ben-Rehav seine Rückkehr nach Österreich erlebt hat.

Da meine Begleitperson, mein Sohn, nicht die deutsche Sprache beherrscht, schreibe ich (nur...) in meinen Namen. Sein Blickpunkt – er war schwer begeistert vom Land Österreich und Wien im Besonderen, um ihn zu zitieren: Bei allererster Gelegenheit »muss« er mit Frau in Wien als Ausgangsziel Urlaub machen.

Mein absoluter Höhepunkt war, als ich meinem Sohn unsere frühere Wohnung (von außen...) zeigte. Es löste sich in mir, von tief, tief im Unterbewusstsein, ein großer Knoten, welchen ich immer so dumpf fühlte, meine verlorenen Jahre.

Als ich vor dem Haus stand, wo ich zum letzten Mal meinen seligen Vater sah, packte mich ein Weinkrampf, von einer unheimlichen Intensität.

Dass es mir – nach all dem Erlebten vergönnt war – mit meinem Sohn da zu stehen, kam alles wieder zurück ...

Instinktiv umarmte mich mein Sohn, und nachdem ich wieder zu mir kam, sah ich, dass auch seine Augen nicht trocken waren ... nach all den Jahren ist der Knoten fast gelöst ... ich sah Wien mit anderen Augen ...

Das zweite Mal, dass ich ganz »weich« wurde, war, als ich den Heldenplatz betrat. Ich traf in der Menge zwei Menschen, welche eine solch starken Eindruck auf mich machten, Markus Priller vom Projektteam und Dr. Rudolf Koch, den Direktor des Gymnasiums in Klosterneuburg, in welchem ich die Ehre hatte, vor Schülern und Lehrkörper zu sprechen.

Das gesamte Team von »A Letter To The Stars« wird mir unvergesslich bleiben – mit Ihrer Aktion des Wunden-Verheilens.

Ich wünsche Euch noch viele, viele gesunde und glückliche Jahre.

Herzlichste Grüße, Uri Ben-Rehav

geschmeckt. Kurzum – er hat alle Kekse aufgegessen. Bald darauf kam seine Mutter ins Zimmer und meinte: »Jö, die braven Vögel haben alles aufgegessen!« Was Uri natürlich verneinte und seine Mutter gleichzeitig zum Lachen und zum Weinen brachte. Uri hatte tatsächlich nicht mehr gewusst, was Mohn ist. Die Kekse waren von Mäusen angefressen worden und das Schwarze war Mäusekot. Heute kann Uri herzlich über diese Geschichte lachen, denn – das ist wohl das Geheimnis seines Lebens – er hat viel Humor und kann über alles lachen.

Das ist sozusagen seine Überlebenskunst.

Nach dem Krieg wollte die Familie nach Palästina auswandern, Uri und sein Bruder waren jedoch in einem anderen Lager als ihre Mutter. Sie sollten zusammen auf einem Schiff nach Palästina fahren. In dem Durcheinander änderte sich jedoch der Plan, und so sollte ihre Mutter nach Marseille vorausfahren, und die Buben würden sie dort treffen. Als Uri seine Mutter suchte, konnte er sie jedoch nicht finden. Jetzt stand er also mit seinem kleinen Bruder an der Hand in Marseille, ohne ein Wort Französisch und ohne Mutter. Kurz entschlossen ging er zur »Sochnut«, einer Art jüdischen Behörde, die die Auswanderungen organisierte. Dort erfuhr er, dass seine Mutter schon vor Tagen mit einem Schiff vorausgefahren war. Also forderte er, dass die Sochnut für ihn und seinen Bruder sorgen solle. So kamen die beiden in ein Jugendheim in einer ehemaligen Villa.

Eines Tages, als Uri nach Hause in das Kinderheim kam, fingen alle Erwachsenen, die ihn sahen, zu weinen an und gingen ihm aus dem Weg. Solange bis es ihm zu dumm wurde und er eine ältere Dame mit einer leichten Ohrfeige zur Besinnung brachte. Schließlich sagte sie ihm, dass aus einem Spital die Nachricht gekommen war, dass sein Bruder tot sei. Jetzt auf einmal, nach all dem, was sie durchgemacht hatten, stand Uri also in Marseille mit dem toten Bruder. Uri erkundigte sich nach dem Spital und machte sich auf den Weg, um seinen Bruder noch einmal zu sehen. Inzwischen konnte Uri schon einige Brocken Französisch und so erkundigte er sich im Spital, wo er seinen Bruder finden könnte. Darauf nannte man ihm ein Zimmer, was Uri sehr verwunderte: was macht ein Toter denn auf einem Krankenzimmer? Er ging also auf das Zimmer und dort saß sein Bruder auf dem Bett mit zwei großen Säcken voll Kirschen und Comics in der Hand. Neben der Freude darüber, dass sein Bruder noch lebt, war Uri auch wütend darüber, dass so eine Nachricht verbreitet worden war. Letztlich stellte sich heraus, dass Uris Bruder im Kinderheim auf einem Geländer gesessen hatte und von dort hinab auf einen Springbrunnen gefallen war. Sein Hosenbund hatte sich am Rohr eines Wasserspeiers gefangen. Unglaublicherweise war ihm dabei gar nichts passiert. Dennoch hatte man ihn vorsorglich ins Spital gebracht. Das Problem war, dass die Person, die den Anruf des Spitals entgegen genommen hatte, nicht gut französisch konnte und geglaubt hatte er sei gestorben. So kamen sie schließlich doch noch in Israel an, wo auch Uris Bruder heute noch lebt.

»Jetzt müsst ihr weitermachen«

Lucie Benedikt konnte dem NS-Regime mit 12 Jahren auf einem Kindertransport nach England entkommen und lebt heute in N.Y.

Lucie Benedikt wird 1926 in Wien geboren. Nach der »Reichskristallnacht« im November 1938 kann sie mit ihrem Bruder auf einem Kindertransport nach England fliehen, wo sie bei Pflegeeltern lebt. Die Eltern, die in Wien bleiben mussten, erhalten ein Visum für die USA, wohin sie über Spanien emigrieren. Lucie Benedikt, die sich in England bereits eingelebt hatte, folgt den Eltern nach Amerika, wo die Familie ein neues Leben beginnt.

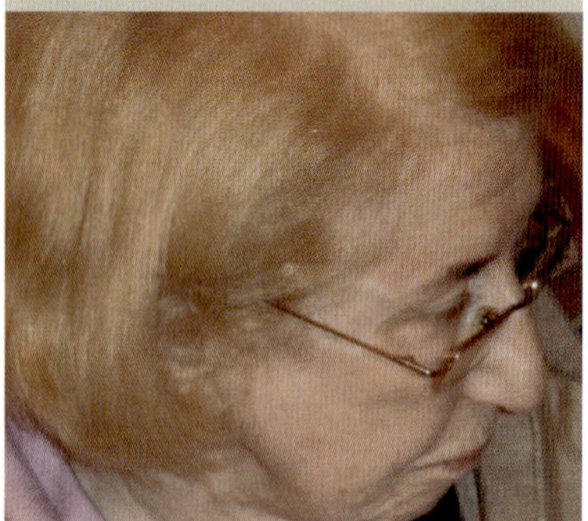

Veronika Lederer, Schülerin am **BG/BRG Perchtoldsdorf**, ist im April 2007 Lucie Benedikt in New York begegnet. Im Mai 2008 war Lucie Benedikt im Projekt »38/08« zu Gast an ihrer Schule in Niederösterreich sowie im **BG/BRG Albertgasse** in Wien.

Auf meiner Reise nach New York traf ich meine »Botschafterin der Erinnerung«, Lucie Benedikt, eine sehr aktive, 81 Jahre alte Frau. Schon bei den vielen Telefonaten, die alle mindestens eine halbe Stunde dauerten, merkte ich, dass sie wie eine Ersatz-Oma für mich werden könnte. Sie bot mir sofort das Du-Wort an und jedes Mal, wenn ich mit ihr telefonierte, riet sie mir, ich solle viel warmes Gewand mitnehmen und in New York selbst schenkte sie mir einen Schal und einen Pullover, damit mir nicht kalt würde.

Schon vor New York habe ich ihre berührende Geschichte gehört, aber die dort neu erfahrenen Details haben mich zugleich fasziniert und erschreckt:

Lucie Benedikt lebte bis zu ihrem 13. Lebensjahr in der Pfeilgasse im 8. Wiener Bezirk. Ihr Haus war früher eines der feineren mit einem Balkon, von dem heute nichts übrig ist. Sie selber hat letztes Jahr die Stadt und ihr altes Zuhause besucht und war schockiert. Ihr früher modernes Haus benötigt dringend wieder einen Anstrich, ihre Wohnung war früher hell, doch nun steht direkt daneben ein neues Haus. In der Gasse sind nicht mehr die vielen kleinen Läden und auch nicht mehr ihre Volksschule, die ihr aus der Kindheit so bekannt waren. Doch am meisten hat sich ihr Park verändert. Aus einem schönen Naturpark ist nun ein in viele umzäunte Anlagen geteiltes Betongebiet geworden. Als ich das gehört habe, musste ich mir sofort den Park ansehen und er ist wirklich hässlich!

In den Novemberpogromen 1938 wurde ihre Synagoge in der Neudeggergasse zerstört und deshalb hat Lucie auch bei dem Projekt »Verlorene Nachbarschaft« von Käthe Kratz mitgemacht.

Lucies Vater stammte ursprünglich aus Mattersburg im Burgenland, hat aber lange in Wien gelebt. Die Familie ihrer Mutter stammte aus Tschechien und ihre Mutter selbst hat sich bis zu ihrem 14. Lebensjahr geweigert, Deutsch zu lernen. Der Bruder ihres Vaters war ein Rabbiner, da die ganze Familie sehr religiös war. Deshalb besuchte sie das Chajes-Gymnasium, das damals von 1934-1938 in der Staudingergasse war und heute im 20.Bezirk zu finden ist.

Von dieser Schule erzählt Lucie heute noch begeistert und viel. Als ich ihr ein Buch über das Chajesgymnasium gegeben habe, war Lucie hingerissen

Lucie Benedikt war im Mai 2008 im Projekt »38/08« zu Besuch in ihrer alten Heimat Österreich: »Es ist sehr schön zu sehen, dass sich jetzt junge Menschen engagieren ...«

und hat die ganze Nacht über darin gelesen.

Lucie und ihr um fünf Jahre jüngerer Bruder wurden im Dezember 1938 mit dem ersten Kindertransport nach England geschickt. Viel durfte nicht mitgenommen werden, und Lucie verlor auf dieser Reise ihre wichtigsten Spielsachen, wie zum Beispiel eine Puppe, das Markenalbum oder all ihre Ludwig-Ganghofer-Bände.

Die letzten Worte, die ihre Eltern Lucie und ihrem Bruder mit auf den Weg gegeben hatten, waren für mich sehr berührend: »Wir haben euch das Beste gegeben, was wir konnten. Jetzt müsst ihr weiter machen!« In einem Film erzählt sie von diesem schweren Abschied und dem Kindertransport. Meine Mutter hat neben mir gesessen und gemeint, dass es unglaublich wäre. Sie wüsste nicht, ob sie es übers Herz bringen würde, meine Geschwister und mich weg zu schicken, mit dem bedrückenden Wissen, dass sie uns wahrscheinlich nie mehr wiedersehen würde. Dieses Geständnis hat mich sehr getroffen und es mir ein bisschen leichter gemacht, diese schwierige Situation nachzuvollziehen. Aber es hat mich auch nachdenklich gestimmt, denn nicht jeder Mensch ist imstande, bei solch einer Geschichte so mitzufühlen wie meine Mutter.

Lucie verlor auf dem Kindertransport nach England ihre wichtigen Spielsachen.

An einem Freitagabend begann die lange Fahrt für Lucie und ihren

Bruder, quer durch Deutschland. Als sie zur Grenze zu Holland kamen, wurden sie ein letztes Mal von den Nazis durchsucht und danach brach ein Freudengeschrei aus. Die ersten Kinder blieben in Holland und für den Rest ging es weiter mit der Fähre Richtung England. Viele Kinder wurden seekrank und damit Lucie gesund blieb, hat sie sich auf den Knien fortbewegt. Die Kinder trugen alle Nummern, die auch auf ihren Koffern waren, damit sie wieder gefunden werden konnten.

Alle Kinder, die auf dieser Fähre waren, bestätigten, dass dieser Winter der kälteste und härteste war, den sie je erlebt hatten. Lucie und die anderen Kinder wohnten in Holzhäusern in England, bis sie von verschiedenen Familien ausgesucht wurden. Doch die Häuser waren nicht gedämmt und die Kinder sind sogar mit ihren Schuhen und allem, was sie anhatten, ins Bett gegangen. Glücklicherweise wurden sie jedoch bald in ein anderes Camp gebracht. Lucie wurde kurz darauf von einem alleinstehenden Mann aufgenommen, dadurch wurde sie von ihrem Bruder getrennt, den eine andere Familie zu sich nahm. Lucies Pflegevater war zwar sehr nett zu ihr, doch seine leibliche Tochter wollte sie nicht in ihrem Haus haben. Wenn Lucie sie zum Beispiel wecken wollte, hat diese absichtlich verschlafen und anschließend Lucie die Schuld gegeben. Taschengeld hat Lucie auch so gut wie nie bekommen. Das letzte, was sie mit dieser Familie erlebt hatte, war ein heiß ersehnter Besuch im Zoo.

Die Kinder trugen alle Nummern, die auch auf ihren Koffern waren.

Danach siedelte sie nach Birmingham um. Damals galt noch das Gesetz, man müsse mit 16 Jahren zu arbeiten beginnen, was Lucie tat. In Birmingham wurde ihr auch ein Abendkurs für den Vorläufer des heutigen Computers angeboten, den sie sodann besuchte. Dieser Kurs half ihr beruflich aufzusteigen, auch später in New York.

Ihre Eltern hatten inzwischen in Wien ein Visum für die USA bekommen und flohen während des Krieges über Spanien nach Amerika. Als Lucie diese Nachricht in England bekam, was sie gleichzeitig froh und traurig. Sie fühlte sich mittlerweile wie eine Engländerin, verehrte auch einen Jungen, dem sie immer die Hemden bügelte, und nun sollte sie diese neugefundene Heimat wieder verlassen?

Doch natürlich folgte sie dem Ruf ihrer Eltern und fuhr gemeinsam mit ihrem Bruder, den sie kaum mehr kannte, den langen Weg nach Amerika.

Als Lucie von dieser Reise erzählte, wurde sie langsamer und sehr nachdenklich.

Auf der Schiffsreise gab es kurz vor New York Komplikationen und die Frau des Kapitäns hielt alle an, zu beten. Die Gebete wurden erhört und Lucie konnte ihre Eltern das erste Mal seit über fünf Jahren wieder sehen, was für sie sehr seltsam war. Ihre Eltern wirkten viel älter und kleiner, als Lucie sie in Erinnerung hatte und im Gegenzug dazu war es für diese befremdlich, dass Lucie so erwachsen geworden war. Ihr Bruder konnte kein

Wort Hebräisch, was für den tief religiösen Vater ein Schock war und sie erkannten, dass es ein langer Prozess des Wieder-Kennenlernens werden würde, ehe sie sich erneut wie eine richtige Familie fühlen konnten.

Später erfuhr Lucie, dass ihre Eltern nur überlebt hatten, weil ihr Vater einer der letzten jüdischen Religionslehrer war. Traurigerweise überlebten viele weitere Mitglieder ihrer Familie die wahnsinnige Naziverfolgung nicht.

Es war sehr beeindruckend für mich, als Lucie mir diese Geschichte erzählt hat, dass man auch so überlebt hat und ihre Eltern eine näherkommende Gefahr erahnt haben und rechtzeitig geflohen sind.

Heute besucht sie Wien regelmäßig und konnte mir sogar genau sagen, was aus ihren damaligen Schulen geworden ist. Sie hat auch noch Kontakt zu zwei Volksschulfreunden, von denen jedoch einer letztes Jahr gestorben ist. Auf die Frage ob sie Schuldgefühle hatte, als sie in England war und ihre Eltern in Wien, meinte Lucie, dass sie nicht gewusst hat, wie schlimm es wirklich dort war.

Lucie ist eine sehr interessante Frau. Sie wohnt alleine in einer kleinen Wohnung, in der sie viele Bücher hat. Lucie erklärte mir, dass sie die Bücher in ihrem vollgeräumtem Studio von sich und ihren bereits verstorbenen Eltern hat und sich nur schwer von ihnen trennt. (Das sieht man auch!) Lucie ist sehr aktiv und wollte mir täglich ihr New York zeigen, doch leider reichte die Zeit nicht.

Ich freue mich sehr, dass ich diese tolle Frau kennen lernen durfte und ebenso auf ein hoffentlich baldiges Wiedersehen!

Lucie Benedikt (im Bild mit Gabrielle Gasser, die sie auf ihrer Reise nach Österreich begleitet hat) hat im Mai 2008 als »Letzte Zeugin« gleich mehrere Schulen besucht.

Am Bahnsteig sind Gefühlsausbrüche verboten

Martha Blend flüchtete als neunjähriges Mädchen nach England. Dort erfuhr sie, dass ihre Eltern im KZ ermordet wurden.

Martha Blend wird 1930 in Wien geboren. Im Juni 1939 kann sie alleine, ohne Eltern, auf einem Kindertransport nach England entkommen, wo das 9-jährige Mädchen von Pflegeeltern aufgenommen wird. Sie überlebt die Bombenangriffe auf London. Nach Kriegsende muss sie erfahren, dass sowohl ihre Mutter als auch ihr Vater im KZ ermordet wurden. Sie beginnt ein neues Leben in England, studiert, gründet eine Familie und wird Lehrerin.

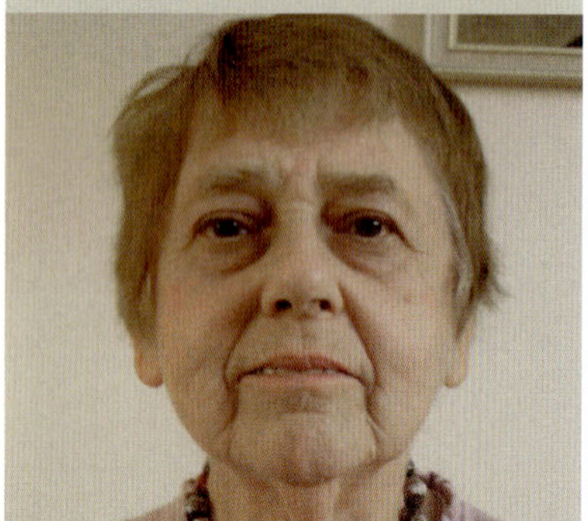

Jana Klimke, Schülerin des **Caritas-Ausbildungszentrums**, ist im Projekt »Botschafter der Erinnerung« Martha Blend im November 2007 in England begegnet und hat ihre Lebensgeschichte dokumentiert. Im Mai 2008 war Martha Blend zu Gast an der Schule mit Lehrerin **Doris Brunner**. Die Biografie von Martha Blend ist unter dem Titel »Ich kam als Kind« im Picus-Verlag erschienen.

Martha wird als das einzige Kind von Elias und Paula Immerdauer am 1. Februar 1930 in Wien geboren. Sie lebt mit ihren Eltern in einer Mietwohnung im 5. Bezirk und hat eine sehr schöne, behütete Kindheit. Sie geht gerne in die Schule, spielt mit den Kindern in ihrem Haus und geht oft mit ihrem Vater in Wien spazieren. Doch ihre sorglose Kindheit hat schnell ein Ende, als 1938 der »Anschluss« an Deutschland stattfindet.

Sie muss in eine andere Klasse, in der nur jüdische Kinder unterrichtet werden, ihr Vater verliert seine Arbeit und später wird er auch von der Gestapo verhaftet. Währenddessen versucht ihre Mutter alles, um nur irgendwie an Lebensmittel zu kommen und ihre Familie ernähren zu können.

Nach der Herbstnacht 1938, die als »Kristallnacht« in die Geschichte einging, ist Marthas Eltern klar, dass es für ihr Kind in Österreich nicht mehr sicher ist. Durch den Hausarzt der Familie kann die Mutter einen Platz für sie in einem Kindertransportzug nach Großbritannien organisieren und auch Kontakt zu dem Ehepaar Greensztein aufnehmen, das ihre Tochter in London zu sich nehmen wird.

Am 20. Juni ist es dann so weit. Martha geht in der Nacht mit ihrer Mutter zum Bahnhof in Wien. In dem Brief, den die Familie über die Abfahrtsdaten bekommen hat, steht extra, dass man keine Gefühlsausbrüche am Bahnhof haben soll und dass es den Eltern auch verboten ist, mit auf den Bahnsteig zu kommen. Auch wenn sich viele Familien nicht daran halten, ist es Marthas Mutter sehr wichtig, diese Regeln einzuhalten, denn sie will nicht, dass ihre Tochter Schwierigkeiten bekommt. Für Martha ist es schwer, ihr Zuhause und ihre Familie zu verlassen und in ein ganz neues Land, mit einer anderen Sprache und fremden Leuten, zu gehen.

An die Reise mit dem Zug durch Deutschland und dann mit dem Schiff nach England kann sich Martha kaum noch erinnern. Sie schläft viel und wenn sie wach ist, ist ihr übel, weil sie an der Reisekrankheit leidet.

Martha ist sehr müde und fertig von der Reise, als sie am Bahnhof von London auf ihre Pflegeeltern wartet. Bald wird sie von ihnen abgeholt und sie fahren zu ihrem neuen Zuhause. Dank eines Englischkurses, den sie in Wien besucht hatte, kann sie sich ein wenig verständigen, doch es dauert einige Monate, bis sie alles versteht und flüssig Englisch reden kann.

Martha Blend war im Mai 2008 im Projekt »38/08« in Österreich: »Wir waren beeindruckt von den Anstrengungen der jungen Menschen, die Vergangenheit zu verstehen und zu verhindern, dass die Fehler wiederholt werden!«

Ihre neue Familie lebt in Bow, einem Viertel im Londoner East End. Es ist das jüdische Viertel von London, Martha findet schnell Freunde in ihrer Nachbarschaft und gewöhnt sich auch schnell an ihre neue Familie.

Mit ihrer Mutter kann Martha anfangs noch Briefkontakt halten, doch als immer mehr Länder von Hitler eingenommen werden, bricht der Kontakt ab.

Als Martha in London am Bahnhof steht, kommen all die schrecklichen Erinnerungen von Wien zurück.

Als Großbritannien in den Krieg eintritt, wollen Marthas Pflegeeltern auch sie mit einem Zug, der die meisten Kinder von London aufs Land bringt, in Sicherheit bringen. Als Martha mit ihnen am Bahnhof steht, kommen all die schrecklichen Erinnerungen von damals vom Bahnhof in Wien zurück und sie weigert sich, in den Zug einzusteigen. So kommt Martha mit ihren Pflegeeltern mit nach Paignton in der Grafschaft Devon.

Dort geht Martha auch in die Schule. Anfangs tut sie sich schwer, dem

Unterricht zu folgen, doch sie lernt schnell die Sprache, und schon bald ist sie eine der Besten in ihrer Klasse. Sie schreibt Gedichte und gewinnt auch einige Preise bei Gedichtwettbewerben in ihrer Schule.

Als es ruhiger wird um London und die Bombenangriffe zurückgehen, gehen Martha und ihre Pflegeeltern wieder zurück nach London. Viele Häuser wurden zerstört, doch ihr Haus in Bow steht noch. Martha besucht jetzt eine Schule in London und ist wieder eine der besten ihrer Klasse. Leider ist es nicht lange sicher in London, da die Deutschen wieder mit Bomben angreifen. Wenn die Sirenen zu heulen beginnen, müssen Martha und ihre Pflegeeltern zum Bunker am Ende der Straße laufen. Es ist schrecklich für Martha, in diesem Bunker zu sitzen, die Bomben zu hören und zu hoffen, dass ihnen und ihrem Haus nichts passiert. Weil Marthas Pflegeeltern London wieder zu gefährlich wird, ziehen sie erneut aufs Land. Da Martha aber nicht wieder in eine andere Schule wechseln will, pendelt sie jetzt jeden Tag.

1944 setzt Hitler seine letzte Waffe im Kampf gegen die britischen Zivilisten, die V1-Raketenbombe, ein. Dies überraschte Martha und die anderen Bewohner von London sehr, unterschieden sich diese Bombardements doch grundlegend von den bisherigen Luftangriffen. »*Wenn man auf die Straße ging, hörte man die Sirene. Dann nahmen wir den Lärm eines im Anflug befindlichen Flugzeugs wahr. Wenn sein Motor über unseren Köpfen ratterte, hielten wir den Atem an und beteten, dass es sich entfernen würde. Plötzlich kuppelte es ab, und wir machten uns auf den Angriff gefasst. Wenn der Flugkörper und die Bombe auf dem Boden aufschlugen, gab es einige Sekunden später eine höllische Explosion. Mit etwas Glück spielte sich das Horrorszenario so weit weg ab, dass man nicht verletzt wurde.*«

Ich war überrascht, das die Sonne in Deutschland genauso hell schien …

Diese Flugzeuge sind unbemannt, und so müssen die Deutschen nicht mehr im Schutz der Dunkelheit angreifen. Jetzt finden tagsüber genauso viele Attacken statt wie in der Nacht. Das erschwerte Marthas Schulweg, und ihre Pflegemutter hatte jedes Mal Angst, wenn Martha zur Schule ging und ihr Mann zur Arbeit.

Später gesellten sich zu den V1-Raketen die noch schlimmeren V2-Raketen dazu. Sie fallen ohne Warnung vom Himmel und kosten viele Menschen das Leben. Martha und ihre Pflegeeltern haben Glück, sie werden nie ernsthaft verletzt.

1945 machen die Russen einen Vorstoß nach Westen, die Streitkräfte der Briten, Amerikaner und ihrer Verbündeten rücken weiter in Deutschland vor. Es ist nun klar, dass die Nazis dieser Übermacht nicht mehr viel länger standhalten können.

So ziehen Martha und ihre Pflegeeltern zurück nach London. Bald darauf ist der Krieg zu Ende. Martha und ihre Pflegeeltern sind überglücklich, alles heil überstanden zu haben, doch Marthas Freude hält leider nicht lange an.

Martha bekommt einen Brief vom Roten Kreuz zugeschickt, in dem steht, dass ihr Vater in einem Konzentrationslager umgekommen ist. Und später erfährt sie durch Nachforschungen ihrer Pflegemutter beim Roten Kreuz, dass auch ihre Mutter in einem KZ von den Nazis umgebracht wurde.

Martha ist am Boden zerstört und weint sehr viel, doch schon bald beginnt sie nach vorne zu schauen, in eine, wie sie hofft, schönere Zukunft.

Weil es niemanden mehr in Österreich gibt, zu dem sie zurückkehren könnte, bleibt sie in England. Sie studiert, wird Lehrerin und gründet eine Familie.

Ihrer Familie erzählt sie erst nichts von ihren Erlebnissen. Dazu findet sie erst 30 Jahre später die Kraft und durch ihre Unterstützung hat sie es auch geschafft, 35 Jahre, nachdem sie Österreich verlassen hatte, die schicksalhafte Reise retour anzutreten.

»Diesmal befand ich mich in einem Auto. Als wir die Grenze von Belgien nach Deutschland überquerten, stieg in mir das Grauen auf. Was würde ich auf der anderen Seite vorfinden? Ich war überrascht, dass die Sonne genauso hell wie in Belgien schien und dass Menschen auf den Straßen ganz normal ihren Geschäften nachgingen. Als ich Passanten in meinem nicht allzu flüssigen Deutsch nach dem Weg fragte, erwiesen sie sich als freundlich und hilfsbereit. Die Vergangenheit erschien mir unerklärlicher als je zuvor. Als wir uns Wien näherten, befiel mich eine Panik, und ich war dafür, die Reise abzubrechen. Mein Mann ermutigte mich jedoch weiterzufahren, bis wir auf einem überfüllten Campingplatz im Westen von Wien Halt machen. Ich hatte nicht erwartet, dass ich mein altes Haus so leicht wieder finden würde.

Es erstaunte mich sehr, dass ich meinen Weg in den Bezirk Margareten, wo ich einst gewohnt hatte, leicht fand. Wir nahmen eine Straßenbahn zur Ringstraße, von der aus ich den Stephansdom erkannte, dessen Kriegsschäden nicht mehr zu sehen waren. Wir gingen an der Oper und dem Parlament vorbei.«

Martha besuchte Österreich danach öfters und dank der Unterstützung und Ermutigung ihrer Familie schaffte sie es auch, ein Buch („Ich kam als Kind") über ihre Flucht aus Österreich und ihr Leben in einem fremden Land zu schreiben.

Martha Blend verbindet heute mit Jana Klimke, die ihre Geschichte nach einem Besuch in London aufgezeichnet hat, eine Freundschaft. »Ich hoffe, dass die Jugend heute den Mut hat, Rassismus und Verhetzung zu widerstehen.«

»Die Mörder stammten aus Österreich«

Josef Carmiel erzählt in einem Brief an eine Schülerin, wie er ohne Eltern entkam und viele seiner Familienmitglieder ermordet wurden.

Josef Carmiel wird 1927 als Kurt Weinberger in Graz geboren. Weil die Stadt »judenrein« sein sollte, muss die Familie nach Wien übersiedeln. Als 12-Jähriger kann Josef Carmiel nach Haifa in Palästina entkommen. Der Vater wird 1941 von Wehrmachts-Soldaten erschossen, die Mutter 1942 vergast. Ein großer Teil der Verwandten wird ermordet. Josef Carmiel gründet eine Familie in Israel, wo er seit 1939 lebt.

Josef Carmiel ist im Projekt »38/08« SchülerInnen der **HS Rankweil-Ost** mit Lehrer **Benjamin Koeck** begegnet.

Anfang 1938 war ich Schüler der ersten Klasse in einem Grazer Realgymnasium, hieß Kurt Weinberger, und war der Sohn eines Österreichischen Bürgers und Frontkämpfers im 1. Weltkrieg. Dann kam der »Anschluss Österreichs« an Nazi-Deutschland. Meine Welt und die der 200.000 jüdischen Einwohner des Landes brach zusammen. Die Verfolgung der Juden begann sofort. Bald wurde ich wie alle jüdischen Schüler vom öffentlichen Gymnasium entfernt. Das Geschäft meines Vaters wurde liquidiert, das heißt zum Verschwinden gebracht. Mein Onkel und viele Bekannte wurden ins KZ gebracht.

Bis Ende 1938 musste meine Familie Graz verlassen, da die dortigen Nazis bis dahin ihre »Stadt der Volkserhebung« »judenrein« haben wollten. So kamen wir nach Wien, die erste Station am Weg der Auswanderung.

Die Juden wurden angewiesen, das Land, in dem sie seit Generationen ihre Heimat sahen, so bald als möglich zu verlassen. Die Nazi-Behörden nahmen ihnen alle Rechte und auch ein Großteil der Bevölkerung tat alles, ihnen den Aufenthalt unerträglich zu machen. Schlimmer noch war der Gedanke, was in so einem Unrecht-Staat noch auf sie wartete.

Leider waren die Möglichkeiten, in anderen Ländern aufgenommen zu werden, sehr begrenzt. Speziell die Einreise nach Palästina (dem heutigen Israel) wurde von den Engländern, die damals dort herrschten, stark eingeschränkt.

Ende 1939, schon nach dem Kriegsausbruch, habe ich zum Glück die Einreisebewilligung dorthin bekommen. Meine lieben Verwandten in Haifa hatten sich bereit erklärt, mich, den 12-Jährigen, bei sich daheim aufzunehmen. Dies galt aber nur für mich, die Eltern konnten nicht mitkommen. Da gab es viele Tränen beim Abschied. Wir hofften, uns bald wieder zu vereinigen.

Doch leider kam es anders.

1936, zwei Jahre vor der Nazi-Zeit, hatten wir ein Familientreffen bei uns daheim. Da standen die Eltern und all die Verwandten am Balkon vor unserer Wohnung. Die Eltern und vier der auf diesem Foto abgebildeten sowie viele andere meiner Verwandten sind im Laufe des Krieges von den Nazis ermordet worden.

Erst viele Jahre nach Ende des Krieges erfuhr ich, dass mein Vater 1941 in

Josef Carmiel hat in Israel zunächst eine Tischlerei-Lehre absolviert, später arbeitete er in einer Gusseisenfabrik. »Der Verlust der Eltern war mir der schwerste Schlag im Leben.«

Jugoslawien von Soldaten der Wehrmacht erschossen wurde und meine geliebte Mama 1942 den grausamen Tod durch Gas erlitt.

Bei beiden stammten die Vollstrecker des Mordes nachweisbar aus Österreich. Der Verlust der Eltern war mir der schwerste Schlag im Leben.

Seit 1940 lebe ich in Haifa und bin ein Israeli. Ich lernte rasch die hebräische Sprache (als Kind in Graz kannte ich bloß ein paar Worte), doch bald wurde mir die Sprache so geläufig wie früher Deutsch, meine Kinder können bis heute kein Deutsch. Der Kurt wurde zum Josef, und der Weinberger wurde zum Carmiel. Das bedeutet das Gleiche, klingt aber schön biblisch.

Aus Kurt wurde der biblische Name Josef und später wurde auch der Familienname übersetzt.

Die ersten Jahre waren schwer, die Familie hatte kein Geld, mich in die Mittelschule zu schicken, und so kam ich mit 14 in die Tischlerei-Lehre.

Wien-Heldenplatz. Josef Carmiel mit seinen GastgeberInnen der HS Rankweil-Ost und seiner Tochter (ganz rechts).

Später machte ich das Industrietechniker-Diplom und arbeitete viele Jahre in einer Gusseisenfabrik.

All diese Jahre dachte ich oft in Freud und Leid an Graz.

Doch das war kein Heimweh, sondern Erinnerung an die glücklichen Tage, in denen wir mit den Eltern in dieser wunderschönen Stadt lebten.

Hier bei uns in Israel ist in all diesen Jahren eine Menge geschehen. Wir haben uns den selbstständigen jüdischen Staat 1948 erkämpft. Seither hat es noch viele Kriege gegeben, bei einigen davon war ich dabei. Unser Land, die einzige wahre Demokratie inmitten so vieler mehr oder weniger feindlicher Länder muss ständig bereit sein, sich gegen Angriff und Terror zu verteidigen.

Im Jahre 1954 hatte ich die Gelegenheit, zwei Wochen lang Österreich zu besuchen. In Graz fand ich viel Zerstörung und einen Schulfreund, der dorthin zurückgekehrt war.

Nach dem, was geschah, kann Österreich nicht mehr meine Heimat sein. Diese ist Israel.

Die Stadt, die mir als Kind die ganze Welt war, fand ich nach dem Krieg – als Erwachsener, so klein und schäbig. Bloß die schönen grünen Parks der Stadt erwärmten mir das Herz.

1962 heiratete ich, dann kamen meine lieben zwei Töchter. Erst die Miri (Mirjam, also Marie), zwei Jahre später die Miki (Michaela).

1977 besuchte ich Graz mit der Familie. Die Mädels waren damals etwa in deinem Alter. Ich wollte ihnen zeigen, woher der Papa stammt. Beide Töchter machten mir viel Freude, sie waren gute Schülerinnen, studierten an der Uni und heirateten dann ihre Boyfriends von der Mittelschule – jetzt haben sie je zwei Kinder.

Meine älteste Enkelin, Sarit, ist gerade so alt wie du. Ihre Mama (die Miri)

ist Architektin und ihre Tante (die Miki) ist Ärztin im städtischen Krankenhaus in Tel-Aviv.

Ich bin schon viele Jahre im Ruhestand, arbeite gern in meiner Hobby-Tischlerei und am PC. In diesen Jahren bin ich viel in der Welt herumgereist und war auch sechs mal in Österreich.

Ich besuche in Wien jedes Mal meinen lieben Cousin Fritz. Ich fühle mich da in eurem Land recht wohl, es ist ja alles so wunderschön gepflegt und mit der Sprache komm ich so gut herum (besser als mit dem Englisch anderswo). Doch oft kommen mir dann traurige Erinnerungen und wieder fühle ich mich fremd und freue mich auf den Flug heim.

Das letzte mal war ich 2000 bei der Einweihung der neugebauten Synagoge in Graz. Damals nahm ich auch an einem Programm des ORF teil. Da wurde ich gefragt, ob ich Graz als meine Heimat sehe. Meine Antwort war, dass ich teure Erinnerungen meiner Kindheit von dieser schönen Stadt habe und sie gern besuche. Doch nach dem, was damals geschah, kann Österreich nicht mehr meine Heimat sein. Diese ist da, wo meine Kinder geboren wurden, hier in Israel.

Nach langer Zeit haben die österreichischen Behörden begonnen, ihre früheren jüdischen Bürger zumindest teilweise für ihre materiellen Verluste zu entschädigen.

So erhalte ich eine monatliche Rente, die mir eine bessere Lebensqualität ermöglicht. Dies ist eine gewisse Entschädigung dafür, dass ich damals so früh meine Schulbildung beenden musste und meine Jugend recht karg war.

Nur: Für das seelische Leid der Vertreibung und den Verlust der Eltern und vieler meiner Lieben kann es natürlich keine Wiedergutmachung geben.

Zerstörte Familie. Das Foto in der Mitte zeigt die Familie Weinberger 1936 vor ihrer Wohnung – Kurt hält sich am Geländer fest. Seine Eltern sowie vier weitere hier abgebildete Verwandte wurden ermordet. Das Bild rechts oben zeigt Josef Carmiel 1977 mit seinen Töchtern Miri und Miki vor der früheren Wohnung.
Unten: Die SchülerInnen der HS Rankweil haben im Gedenken an die Ermordeten auch Steine niedergelegt.

Die systematische Auslöschung einer Familie

Dokumentation der ermordeten Familienmitglieder von Josef Carmiel.

*Vater **Emanuel Weinberger**, geboren: 15. 01. 1880, Mähren, Tschechien. Kaufmann in Graz, Textil-Geschäft, Frontkämpfer 1916-18 Er flüchtete nach Serbien, am Weg nach Palästina. Wurde dort Ende Oktober 1941 mit hunderten österreichischen Juden von einer aus Österreich stammenden Truppe der Wehrmacht erschossen.*

*Mutter **Martha Weinberger,** geborene Wechsberg, geboren: 2. 3. 1896, Schlesien, Tschechien. Im Geschäft der Familie aktiv. Auch sie entkam zunächst nach Schabatz in Serbien. Nach dem Mord an den Männern wurde sie mit den Frauen im Winter 70 km zu Fuß nach Belgrad getrieben. Dort wurde sie Frühjahr 1942 im Gas LKW ermordet.*

*Tante **Else Müller**, geborene Wechsberg, geboren: 6. 7. 1894, Schlesien, Tschechien. Witwe des K.K. Offiziers Alexander Müller, wohnhaft in Wien. Als Offizierswitwe kam sie erst am 11. September 1942 nach Theresienstadt (Transport VI / 10 950). Von dort wurde sie am 12. Oktober 1944 (Trsp. EQ - 849) nach Auschwitz verschickt und ermordet!*

*Onkel **Erwin Wechsberg**, geboren, 1894. Mähren, Tschechien. Bankbeamter, wohnhaft in Wien. Wurde am 10. November 1938 nach Dachau verschleppt. Von dort kam eine Urne mit der Beschriftung »An Herzinfarkt verstorben«.*

Onkel **Samuel Weinberger**, geboren: 1882, Mähren, Tschechien. Kaufmann, wohnhaft in Wien. Nach dem »Anschluss« bei der Demütigung der Juden in den Straßen von Wien März 1938 bekam er einen Herzanfall und starb.

Tante **Ida Weinberger**, geboren: 1874, Mähren, Tschechien.

Tante **Eurelia (Rella) Weinberger,** geboren: 1878, Mähren, Tschechien.

Die beiden ledigen Schwestern führten gemeinsam ein Modegeschäft in Leoben in der Steiermark. Beide vereinsamten alten Frauen wurden nach qualvollen Jahren in Graz und Wien am 2. 11. 1941 nach Lodz deportiert. Dort kamen sie kurz darauf im Vernichtungslager ums Leben.

Onkel **Max Weinberger**, geboren: 1892. Mähren. Beamter in Mähren.

Tante **Olga Weinberger,** geboren: Mähren. Hausfrau.

Waren Jahre in Theresienstadt interniert. Von dort wurden sie vor Ende des Krieges nach Auschwitz verschickt und ermordet.

Mit 13 Jahren ein Abschied für immer

Ilse Cranmer wurde nach England »verschickt«, ihr Bruder nach Shanghai. Ihre Eltern hat sie nie mehr wieder gesehen.

Ilse Cranmer wird 1926 in Baden bei Wien geboren. Nach dem Anschluss werden sie aus ihrer Wohnung geschmissen, der Vater verliert sein Geschäft. Der Bruder flüchtet nach Shanghai, Ilse Cranmer kann 1939 auf einem Kindertransport nach England entkommen, wo sie von einer Pflegefamilie aufgenommen wird. Der Vater stirbt an Typhus, das Schicksal der Mutter ist bis heute ungeklärt. Ilse Cranmer verliebt sich in einen britischen Luftwaffe-Soldaten und gründet nach dem Krieg mit ihm eine Familie in England.

Birgit Westreicher, Schülerin des **BG/BORG Landeck** in Tirol, hat im Mai 2008 Ilse Cranmer eingeladen, im Projekt »38/08« nach Österreich zu kommen. Sie hat die Lebensgeschichte von Ilse Cranmer aufgezeichnet.

Ilse Cranmer ist eine äußerst bemerkenswerte Frau, und ich hatte das Glück, sie durch »A Letter To The Stars« kennen zu lernen.

Heute wohnt sie in der Nähe von Eastbourne, einer Stadt an der Südküste Englands. Das war für mich auch der Grund, warum ich gerade mit Ilse Kontakt aufnehmen wollte. In der dritten Klasse Hauptschule habe ich mit meiner Klasse Eastbourne im Zuge einer Sprachreise kennen und lieben gelernt. Darum wusste ich sofort, als ich sah, dass Ilse dort wohnt, dass ich ihr gerne schreiben möchte.

Ilse kam am 3. August 1926 in Baden bei Wien auf die Welt. Ihre Eltern hießen Hugo und Theresia Salzer, ihr Bruder Ludwig. Ihre Familie lebte bis zu ihrer Flucht in Wien. Als Ilse 11 Jahre alt war, wurden sie gezwungen, zu ihrem Onkel in die Taborstraße zu ziehen. Das war eine große Umstellung, denn die bisherige Wohnung in der Mariahilfer Straße war groß, hell und lag in der Mitte einer Einkaufsstraße, während die andere Wohnung klein war und in einer schlechteren Gegend von Wien lag. Ihr liebster Ort in Wien war der Prater. Doch bei einem Besuch in Wien mit ihrem Mann Tom musste sie feststellen, dass sich alles verändert hatte. Nur das Riesenrad war gleich geblieben.

Nach dem Anschluss musste Ilse auch wie alle anderen Juden auch den Davidstern tragen. Sie durfte nicht mehr ins Kino gehen. Ihrem Vater wurde sein Geschäft weggenommen und er musste Straßenarbeiten und ähnliches verrichten. Im Juni 1939 verließ Ilse Wien. Mit dem Kindertransport kam sie nach England. Ihr Bruder Ludwig war schon ein Jahr zuvor nach Shanghai geflüchtet, weil dafür kein Visum benötigt wurde. Mit noch nicht einmal 13 Jahren musste Ilse sich von ihren Eltern verabschieden – für immer, wie sich später herausstellen sollte. Doch damals glaubte sie noch fest daran, dass sie ihre Eltern wieder sehen würde. Ihre Eltern hatten ihr versprochen, dass ihre Mutter bald nach England nachkommen und ihr Vater nach Amerika gehen würde, damit sie dort alle wieder zusammen sein konnten. Sie glaubte ihnen jedes Wort, denn der Gedanke, dass es nicht so sein würde, war einfach unvorstellbar. Erst später, als sie selbst Kinder hatte, wurde ihr bewusst, wie schwer es für ihre Eltern gewesen sein musste, sie gehen zu lassen. Das eigene Kind in die Welt hinaus ziehen zu lassen und nicht zu wissen, was mit ihm oder mit einem selbst passieren würde – es muss ein

Ilse Cranmer hat lange gezweifelt, ob sie ihre alte Heimat besuchen sollte. Nach der Reise schrieb sie: »Ich konnte nach dieser Woche Frieden schließen.«

gewaltiges Opfer gewesen sein. Doch daran dachte Ilse damals nicht. Für sie war alles einfach ein riesiges Abenteuer. Zum Abschied schenkte ihre Mutter ihr ein Armband mit einem Anhänger. Sie nähte es in das Futter des Mantels, den Ilse auf der Reise tragen sollte. Heute ist es eine sehr wertvolle Erinnerung für Ilse und mittlerweile hat sie ungefähr zwanzig weitere Anhänger hinzugefügt. In ihrem Testament hat Ilse das Armband ihrer Tochter Penny vermacht, die es später einmal Ilses Enkelin vererben wird. An die Reise selbst erinnert sie sich kaum. Sie erinnert sich nur noch an die Fahrt durch Holland und dass sie überrascht war, dass die Menschen nicht alle Holzschuhe getragen haben und dass es keine Windmühlen gab.

Zum Abschied schenkte ihre Mutter ihr ein Armband mit einem Anhänger.

Am 23. Juni 1939 kam sie schließlich in London an. Dort saß sie in einer riesigen Halle mit all den anderen Kindern und wartete darauf, dass jemand sie abholen würde. Sie erinnert sich daran, dass sie sehr lange warten musste, bis ein Mann und eine Frau zu ihr kamen und sich als Mr. und Mrs. Levy vorstellten und ihr erklärten, sie würde von nun an bei ihnen leben. Ilse lebte gerne bei ihnen und war sehr glücklich dort. Ihre Cousine, die schon vor ihr in England gewesen war, hatte sie gefunden und Ilse beschreibt sie als »very nice people«. Nachdem Mr. und Mrs. Levy sie abgeholt hatten, gingen sie in ein Restaurant, um etwas zu essen. Danach fuhren sie »in a lovely car« nach Brighton (»Half way there I was very sick!«), wo sie während der Kriegsjahre lebten.

Als der Krieg ausbrach war es für Ilse so gut wie unmöglich geworden, ihren Eltern zu schreiben und auch diese konnten Ilse nun kaum mehr erreichen. Ab und zu konnten sie sich kurze Nachrichten, die nicht mehr als 25 Wörter beinhalten durften, durch das Rote Kreuz schicken, aber mehr als das war nicht möglich. Nur ihr Bruder hörte öfters von ihnen.

Doch dann wurden ihre Eltern nach Polen deportiert. Ihr Vater starb an Typhus. Was mit ihrer Mutter geschah, konnten sie nie heraus finden.

Zu Beginn sprach Ilse noch kein Englisch, doch sie holte sehr schnell auf. Und auch sonst genoss sie die Zeit des Lernens in der Schule. Sie lernte dort viele Freunde kennen und war eine ziemlich gute Schülerin. An ihre Schulzeit in Wien erinnert sie sich nicht. Aber sie besitzt ein Foto, das sie und ihre Klasse zeigt. »So I must have been there«, sagt sie heute mit einem Schmunzeln im Gesicht. Mit 16 besuchte Ilse einen Abendkurs, um Maschinschreiben, Buchhaltung und Stenografie zu lernen. Als sie die Schule verließ, bekam sie einen Job in einem Versicherungsbüro. Dort lernte sie wieder neue Freunde kennen, mit denen sie an den Abenden ausging. Sie gingen tanzen, denn in Brighton waren viele Flieger verschiedenster Nationen stationiert, sodass sie viel Spaß hatten oder sie gingen ins Kino oder Rollschuhlaufen. An den Abenden arbeitete sie freiwillig in einer kanadischen Kantine.

In Brighton waren viele Flieger stationiert, sodass sie viel Spaß hatten ...

Lebensliebe. Ilse Cranmer und ihre späterer Mann Tom haben sich zwei Kriegsjahre lang, oft täglich, Briefe geschrieben.

Während des Krieges gab es mehrere Luftangriffe auf Brighton und Ilse beobachtete viele »dog fights« – die Begegnung zweier feindlicher Flugzeuge mit der Absicht, den anderen zu zerstören – am Himmel über dem Meer. Das war auch der Grund, warum sie nicht ins Wasser gehen konnte. Es wäre wegen der Minen zu gefährlich gewesen.

Mit 17 trat Ilse dem »Women`s Junior Aircorps« bei. Sie trafen sich immer in einer Schule in Brighton

Denk.Mal. »Ich vergebe, aber ich vergesse nicht«, schreibt Ilse Cranmer in Erinnerung an ihre im NS-Regime umgekommenen Eltern und Familienmitglieder.

und eines Tages kam ein Fotograf, um die Mädchen in ihrer Uniform für die lokale Zeitung zu fotografieren. Ihr späterer Mann Tom machte damals zu dieser Zeit gerade seine Ausbildung zum Funker bei der Royal Air Force und seine Mutter schickte ihm die Zeitung jede Woche. Als die jungen Männer das Foto der Mädchen sahen, schrieben sie der Zeitung, dass sie den Mädchen gerne schreiben würden. Sie nannten sich »12 lonely Airmen« und jeder schrieb einen Brief. Als die Mädchen ihre Briefe bekamen, zog jede einen Brief aus einem Hut – Ilse zog Toms Brief. Alle Mädchen schrieben »ihrem« Airman, aber Ilse und Tom waren die einzigen, die weiter in Kontakt blieben. Sie schrieben sich zwei Jahre lang. Tom war die ganze Zeit im Ausland und irgendwann schrieben sie sich einen Brief pro Tag. Sie sahen sich nie, bis der Krieg vorbei war.

Dann trafen sie sich zum ersten Mal unter der Uhr im Bahnhof in Brighton. Sie verlobten sich, Ilse lernte Toms Eltern kennen und am 8. Oktober 1946 heiratete Ilse ihren »lonely Airman«.

Nach ihrer Hochzeit zog Ilse in die Nähe von Ipswich in East Suffolk, Toms Zuhause. Nachdem Tom die Royal Air Force verlassen hatte, ging er zur Police Force. Nach einem Jahr kam ihr Sohn Graham zur Welt und 22 Monate später folgte ihre Tochter Penelope, kurz Penny. Nach 14 Jahren in

Erinnerungen. Das Bild oben zeigt Ilse Cranmer im Alter von 7 Jahren mit ihrer Mutter. Das Bild unten zeigt sie in der Volksschule Stumpergasse.

Suffolk beschlossen die beiden, dass sie gerne wieder in Sussex wohnen würden. Tom wechselte zur Sussex Police Force und Ilse lebte einige Jahre in Bexhill, bevor sie vor Toms Pensionierung nach Willingdon zogen, wo sie auch noch heute wohnen und das schon seit 22 Jahren.

Ihre Kinder Graham und Penny verstanden sich immer sehr gut, was, wie Ilse vermutet, an dem geringen Altersunterschied zwischen den beiden liegt. Penny war immer die frechere. Sie zögerte auch nicht und schrie einmal, wenn sie nicht ihren Willen durchsetzten konnte. Graham war immer ruhiger, auch wenn sich Ilse immer große Sorgen wegen ihm machen musste – sie hatte immer Angst, dass er mit seinem Motorrad einen Unfall haben könnte. Doch das war nicht die einzige Sorge, die sie wegen seinem Bike hatte. Er hatte auch die Angewohnheit es in der Küche in seine Einzelteile zu zerlegen. Seine Mutter war davon nicht so begeistert wie er. Penny hatte andere Hobbys. Sie ging zu Tanzstunden, tanzte Ballet und steppte. Ilse nähte all ihre Kostüme selbst und sie und Tom besuchten viele Aufführungen, um ihre Tochter auf der Bühne zu sehen.

Heute sind Graham und Penny verheiratet. Grahams Frau heißt Carol und ihre Kinder heißen Sara und Simon. Sie leben heute in Portsmouth, etwa 70 Meilen von Willingdon entfernt. Penny ist mit Graham verheiratet (Ilse denkt, »two Grahams in the family is a bit confusing«), dessen Sohn aus erster Ehe heißt Gregory und sie leben nur 5 Meilen von Ilse und Tom entfernt, in Hailsham. Ilse beschreibt ihre Familie als »very close family« und sie treffen sich oft zu Geburtstagen und auch bei jeder anderen Gelegenheit, die sich ihnen bietet. Ihr Bruder Ludwig lebte mit seiner Frau und ihren drei Kindern in San Francisco. Er starb vor einigen Jahren, doch zu seinen Lebzeiten besuchten sich die Geschwister regelmäßig gegenseitig.

Heute ist Ilse immer noch eine sehr aktive Frau. Sie und Tom haben während ihrer langjährigen Ehe Geld gespart, mit dem sie heute viel in andere Länder reisen. Sie waren in Malaysia, um ihre Enkelin zu besuchen, die dort fünf Jahre gelebt hat, in China, wo sie auf der Chinesischen Mauer spazieren gingen, in Südafrika auf Safari und in Borneo. Ein anderes Reiseziel war Amerika, um ihren Bruder und seine Familie zu besuchen und Kanada. Sie waren auf Teneriffa, auf Malta, in Spanien und Portugal. Sie reisten durch den Panama-Kanal und den Suez-Kanal. Zu Hause haben sie einen großen Garten, der sie sehr beschäftigt. Ilse sieht nach den Blumen und Tom nach dem Gemüsegarten. Dreimal die Woche gehen sie in die Turnhalle, um dort zu trainieren und zu schwimmen und einmal die Woche geht Ilse auch zum Yoga. So sind sie sehr beschäftigt und genießen, was sie tun.

Seit ihrer Vertreibung und Flucht war Ilse drei Mal in Wien. Einmal mit Tom, doch damals konnte sie Wien nicht schnell genug wieder verlassen. Das zweite Mal nahmen sie ihre Tochter Penny mit, um ihr zu zeigen, wo Ilse gelebt hatte und wo sie herkam. Aber auch auf dieser Reise war sie nicht sehr glücklich. Erst als sie im Mai 2008 im Zuge des Einladungsprojektes von »A Letter To The Stars« Wien ein drittes Mal besuchte, fühlte sie sich wirklich wohl und glücklich in ihrer ehemaligen Heimatstadt.

Der »wunderbare Empfang« und die gesamte Veranstaltung haben Ilse und Tom sehr berührt. Das war auch das erste Mal, dass ich die beiden getroffen habe. Zusammen mit unserem Geschichteprofessor fuhren meine Klasse und ich mit dem Nachtzug nach Wien, um die Gedenkveranstaltung am Heldenplatz zu besuchen. Ich war die ganze Zeit sehr gespannt und wartete auf das Ende, denn dann würde ich Ilse und Tom das erste Mal begegnen. Am Ende sollten ein anderes Mädchen aus meiner Klasse und ich die beiden von ihren Plätzen abholen. Ich ging voraus und wir schoben uns durch die Menschenmenge, bis wir endlich an der Reihe 5 angelangt waren, wo Ilse und Tom schon auf uns warteten. Wir gingen durch die Reihe 6 und dann sah ich sie: sie saßen direkt vor uns. Die Begrüßung hätte nicht herzlicher sein können, wenn wir uns schon seit Jahren gekannt hätten. Wir umarmten uns und wir waren sehr glücklich, uns nach dem fast einjährigen Briefwechsel endlich auch einmal persönlich zu treffen.

Wir gingen zusammen zu unserer Klasse zurück und anschließend zum »Denk.Mal« für Ilses Familie. Es war ein sehr emotionaler Moment, als Ilse die Namen ihrer Eltern auf der Gedenktafel geschrieben sah. Doch wir mussten uns bald wieder verabschieden, denn der Zug nach Hause wartete schon auf uns. Am nächsten Tag dann sollten Ilse und Tom in Landeck ankommen. Ich holte sie vom Bahnhof ab und brachte sie in ihr Hotel, das nicht weit von meiner Schule entfernt war. Für den Abend hatte meine Klasse die beiden auch zum Abendessen im Hotel eingeladen, was sie sehr freute. Am nächsten Tag holte ich sie dann vom Hotel ab und wir gingen zusammen in meine Schule. Dort erzählten sie uns etwas über ihr Leben, wir stellten ihnen Fragen und sie zeigten uns auch Fotos. Alle in meiner Klasse waren sehr beeindruckt und als die Zeit um war, hätte sich jeder gewünscht, dass es noch ein bisschen länger gedauert hätte.

Für den Nachmittag hatten das Land Tirol und der Historiker Horst Schreiber uns – Ilse, Tom, andere Zeitzeugen und mich – zu einem Synagogenbesuch mit anschließendem Abendessen eingeladen. Ilse, Tom und ich fuhren zusammen mit dem Zug nach Innsbruck und gemeinsam sahen wir uns Innsbruck an. Anschließend setzten wir uns in der Altstadt in ein Café. Wir unterhielten uns und ich hatte das Gefühl, die beiden schon mein ganzes Leben zu kennen. Es war ein ganz besonderer Nachmittag für mich. Um 17 Uhr gingen wir in die Synagoge in der Sillgasse. Danach führte uns die 8B-Klasse des Franziskaner-Gymnasiums Hall unter der Leitung von Prof. Hermann Freudenschuss ihr Theaterstück »Erinnern statt Entschuldigen«

»Ich konnte in dieser Woche Frieden schließen«

Wie Ilse Cranmer ihre Einladung nach Österreich erlebt hat.

Die Woche war für mich eine emotionale Reise. Die Begrüßung im Parlament und die schöne Gedenkfeier am Heldenplatz waren wundervoll. Als wir durch den Park zu den Gedenktafeln gingen und ich die Namen meiner Eltern gelesen habe, fühlte ich mich, als ob sie zur Ruhe gekommen sind und ich konnte Frieden schließen.

Ich werde diese Woche immer als etwas ganz Besonderes in Erinnerung behalten. Ich habe mich in Wien wieder willkommen gefühlt und mir ist ein großer Stein vom Herzen gefallen.

Vor meiner Abreise nach Wien überlegte ich, ob es vielleicht doch nicht so eine gute Idee wäre, zu kommen. Würde es Wunden aufreißen? Wäre es vielleicht besser nicht zu fahren? Auch die Vorbereitungen auf meinen Schulbesuch waren von Zweifel und Sorge begleitet. Würden die Schüler auch wirklich verstehen? Würden sie interessiert sein?

Als wir nach einer wunderschönen Zugfahrt in Landeck ankamen, wurden wir von Schülern, Lehrern und vom Direktor herzlich begrüßt und in Landeck willkommen geheißen.

Die Schüler waren so wissbegierig und hörten gar nicht mehr auf, Fragen zu stellen. Aber nicht nur meine Erfahrungen und Erlebnisse im Holocaust, sondern auch die Vergangenheit meines Mannes, der während des Krieges in der RAF gedient hatte, wurde mit größter Aufmerksamkeit aufgenommen. Es war eine sehr bereichernde Erfahrung.

Zuhause angekommen, werden mir viele Momente in Erinnerung bleiben.

Die Begrüßung durch die österreichische Regierung. Der besonders emotionale Moment, als wir vorbei an Tausenden Menschen auf den Heldenplatz kamen, die standen und uns applaudierten.

Auch als die Studenten uns zu den Gedenktafeln in der »Memorial Lane« führten und ich die Gedenktafel für meine Eltern sah, für alle sichtbar und lesbar. Alleine der Gedanke daran versetzt mich heute noch in Tränen. Ich fühle, dass jetzt jeder ihre Namen lesen kann und sehen kann, was für ein Opfer sie erbringen mussten, mich wegzuschicken, damit ich (über)leben konnte, mit dem Wissen, dass ich nicht überleben würde, wenn ich bliebe.

Es war wie ein Name auf einem Grabmal. Ich spüre, dass sie jetzt zur Ruhe gekommen sind. In Wien besuchte ich auch das Haus meiner Kindheit, den Park, in dem ich gespielt hatte – und die Erinnerungen kamen zurück. Ich habe meinem Ehemann so viele Dinge erzählt, an die ich mich zuvor gar nicht erinnern konnte.

Ich möchte auch nicht vergessen, Birgit Westreicher zu erwähnen, sie stellte sich als sehr charmantes junges Mädchen heraus. Wir verbrachten mit ihr einen wunderbaren Nachmittag in Innsbruck. Gemeinsam besuchten wir die Synagoge in Innsbruck. Birgit war noch nie in einer Synagoge, genau wie mein nicht-jüdischer Ehemann, und sie hörte interessiert zu, als ich ihr er-

zählte. Vieles ist so schwierig zu beschreiben und auf einem Blatt Papier fest zu halten, aber ich hoffe, ihr könnt meinen Gedanken folgen.

Meine Kinder kennen meine Geschichte nur teilweise, ich fand es immer schon schwierig, ihnen alles zu erklären. Sogar mein Ehemann erfuhr vieles auf unserer Reise nach Wien, von Dingen, von denen ich ihm zuvor nicht hätte erzählen können.

auf. Es war ein sehr bewegendes Stück und ich denke, dass es allen Anwesenden auch sehr gut gefallen hat, insbesondere Ludwig und Melitta Andermann, auf deren Erzählungen es basiert. Nach dieser Theateraufführung gingen wir ins Restaurant Goldener Adler in der Innsbrucker Altstadt, wo wir zum Abendessen eingeladen waren. Dann hieß es auch schon wieder Abschied nehmen. Zusammen fuhren wir noch im Zug zurück nach Landeck und meine Mutter und ich fuhren sie in ihr Hotel, von wo aus sie am nächsten Tag die Heimreise antreten würden. Diese drei Tage gehören zu den eindrucks-vollsten meines Lebens und ich bin sehr glücklich, dass ich die Gelegenheit hatte, zwei so wundervolle Menschen zu treffen.

Ich hoffe, dass ich sie auch einmal in England besuchen kann, denn mittlerweile sind mir Ilse und Tom zwei gute Freunde geworden. Ich bin sehr froh, dass ich sie durch »A Letter To The Stars« kennen gelernt habe. Immer wenn ich einen Brief aus England auf unserem Tisch liegen sehe, kann ich es kaum erwarten, ihn zu lesen, und ich hoffe, dass ich noch viele lesen werde, denn Ilses und Toms Freundschaft und ihre Briefe sind etwas, das ich in meinem Leben nicht missen möchte. Ich denke, dass das zeigt, dass nichts einer Freundschaft im Wege steht, keine Staatsgrenzen, Meere, Religionen, das Alter oder sonstige Unterschiede. Freundschaft steht über solchen Dingen, so lange es nur Menschen gibt, die bereit sind, diese Grenzen zu überschreiten, zu überwinden und über sie hinweg zu sehen.

»Ein Stückerl Herz liegt immer noch in Wien«

Otto Deutsch konnte mit 11 Jahren nach England flüchten, seine Familie wurde ermordet – von den Freunden nebenan denunziert.

Otto Deutsch wird 1928 in Wien geboren und wächst im 2. Bezirk auf. 1939 wird sein Vater nach der Denunziation der Nachbarn in ein Arbeitslager verschleppt. Otto Deutsch kann mit 11 Jahren auf einem Kindertransport nach England entkommen. Die Eltern und seine ältere Schwester werden in einem Tötungslager in der Nähe von Minsk ermordet. Otto Deutsch lebt heute in Southend-on-Sea in der Nähe Londons.

Marietta Trendl, Schülerin am **BORG 3** in Wien, ist Otto Deutsch im November 2007 im Projekt »Botschafter der Erinnerung« in England begegnet. Im Mai 2008 war Otto Deutsch im Projekt 38/08 zu Gast an der Volksschule Perchtoldsdorf mit Lehrerin **Christine Zechmeister** und Direktorin **Martina Mandl**. Die Lebensgeschichte wurde von Katja Seidel vom Projektteam anhand von Interviews verfasst.

Otto Deutsch kommt am 12. Juli 1928 als Sohn von Victor und Wilma Deutsch in Wien zur Welt und wächst gemeinsam mit seiner älteren Schwester Adele im 10. Bezirk in Wien auf. Er erlebt eine glückliche Kindheit im Kreis der Familie, die für den kleinen Otto im Jahre 1939 jedoch abrupt endet, als das Haus durchsucht und sein Vater verschleppt und in ein Arbeitslager in Sachsen gebracht wird. Otto ist zu diesem Zeitpunkt 11 Jahre alt. Was er bis heute nicht verstehen kann, ist, wie sich Menschen nach dem Anschluss über Nacht verändert haben, wie es möglich war, dass sogar enge Freunde zu Feinden wurde – wie jene Familie Philipp, die damals Tür an Tür mit den Deutschs lebte.

»Die Familie Philipp, die waren unsere Nachbarn. Dass sie Katholiken waren und wir Juden, das hat uns gar nichts ausgemacht. Wir waren die besten Freunde. Ich habe den Herrn Philipp Onkel genannt und die zwei Frauen haben zusammen gekocht, weil das billiger war. Und die zwei Männer sind in der Früh immer gemeinsam weggegangen, um Arbeit zu suchen. Wir waren wie eine Familie! Nun ja, dass die Philipps Katholiken waren, das war für uns Kinder eine schöne Sache – zu Weihnachten bin ich immer zum Kurt in seine Wohnung, und da war immer eine Süßigkeit für mich. Und fast zur gleichen Zeit feiern wir Juden Chanukka, wo wir unsere Lichter anzünden. Da ist der kleine Kurt dann immer zu uns gekommen. Das war für uns Kinder also ganz gut, Weihnachten und Chanukka, ja mein Gott, wie könnte es denn besser sein? Aber ich komme jetzt auf den Punkt, auf den Moment, den ich nie vergessen werde. In der Kristallnacht kommen zwei Burschen von der Hitlerjugend zu uns ins Haus, die schreien durch das Stiegenhaus, ich kann noch den Wiener Dialekt: ›San Judn bei eich obn?‹ Und keiner hat was gesagt, wir waren ganz beliebte Leute, keiner … aber der, der uns dann verraten hat, das war dieser Herr Philipp, der mit meinem Vater im Schützengraben gelegen ist. Wie kann das möglich sein? Er schrie: ›Ja freilich, die Deutsch!‹

Und da haben sie meinen Vater mitgenommen und ich habe ihn nie wieder gesehen. Nie, nie wieder. Meine Mutter und Schwester haben ihn schon noch einmal wieder gesehen, er ist noch mal zurückgekommen. Und die ganze Familie ist dann zusammen in den Tod gegangen, Hand in Hand, das weiß ich auch …«

Otto Deutsch hat in Wien auch sein ehemaliges Wohnhaus besucht. Hier hat er seinen Vater zum letzten Mal gesehen, als er von Nazis die Stiegen hinuntergeprügelt wurde und in ein Arbeitslager kam.

Otto Deutsch entkommt den Nazis. Im Juni 1939 wird ihm ein Platz in einem Kindertransport nach England zugesichert und so verlässt er Wien – alleine – in Richtung England. Seine Schwester Adele, damals 17 Jahre alt, darf ihn nicht begleiten, denn für die Kindertransporte sind nur Kinder unter 14 Jahren zugelassen.

Die ganze Familie ist dann zusammen in den Tod gegangen, Hand in Hand, das weiß ich auch …

Otto Deutsch überkommen die Emotionen, wenn er berichtet, wie ihm seine Mutter von England erzählt hat: »Ja, Ihr müsst mich entschuldigen, weil ich seh' das jetzt alles, es ist mir jetzt im Bild. Auf einmal kommt die Mama zu mir, das war schon im Juli, nein im Juni war das, Ende Juni 39. Und da sagt sie: ›Otto, Otto, ich hab jetzt eine sehr gute Nachricht.‹ ›Ja?‹ ›Du gehst nach England!‹ Ich habe gewusst, England ist eine Insel, das habe ich gewusst, aber ich war ja noch nie weit weg von meiner Heimat.

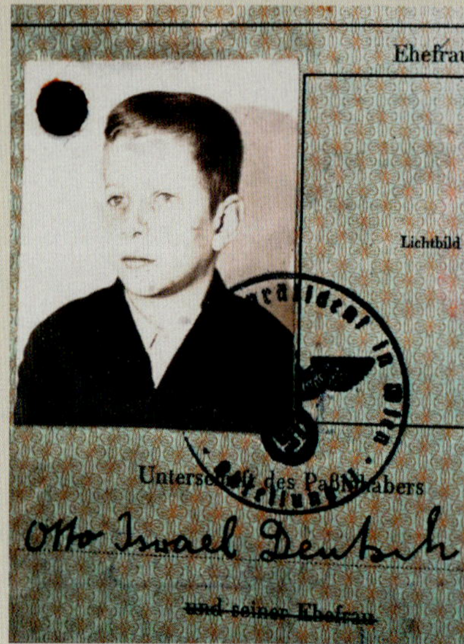

Ein Bild zum Abschied. Dieses Foto, das Otto Deutsch mit seiner Mutter Wilma und seiner Schwester Adele zeigt, wurde am Tag vor seiner Flucht nach England aufgenommen. Der Reisepass (oben) ist geknickt, weil ihn ein Nazi an der Grenze zerreissen wollte, dann Otto Deutsch aber doch ausreisen ließ.

›England?‹ Ich war ganz aufgeregt. ›Ja? Wann gehen wir?‹ ›Nein Otto, nicht wir, aber du.‹ ›Ich?‹

In zwei Tagen musste ich wegfahren. Und da hat die Dele, meine Schwester, gesagt, wir müssen noch ein Foto machen, ein Abschiedsfoto. Und das habe ich noch.

Am nächsten Tag sind wir zum Westbahnhof gegangen. Aber nicht zum Westbahnhof, wie er heute ist, sondern zum ganz alten Westbahnhof ...«

In England angekommen, kommt Otto zuerst in Claydon in der Nähe von Ipswich in einer Herberge für jüdische Flüchtlingskinder unter. Mit Ausbruch des Krieges werden die Kinder von dort evakuiert und Otto Deutsch wird von der Familie Ferguson in Morpeth aufgenommen. Bei ihnen lebt Otto Deutsch die kommenden vier Jahre. »Ich nannte sie Onkel und Tante – die waren sehr lieb zu mir. Außerdem waren sie begeistert, dass mein Englisch sich so schnell verbesserte. Es dauerte nicht lange, bis ich mich in der neuen Kultur zurechtfand und neue Freunde gefunden hatte. Manchmal konnte ich richtig vergessen, was in meiner Heimat geschah.« Der härteste Schlag kommt für Otto, als er gerade 14 alt geworden ist. »Ich wurde in den Empfangsraum gerufen. Schon da war mir klar, dass irgendetwas nicht stimmte, denn dieser Raum wurde nur zu besonderen Gelegenheiten genutzt. Wir setzten uns, und die Fergusons erzählten mir die schreckliche Nachricht, die sie gerade erfahren hatten. Meine Mutter, mein Vater und meine Schwester Adele waren in einem Tötungslager in Osteuropa ermordet worden.«

»Ich glaube sie erwarteten von mir, dass ich weinen würde. Aber das habe ich nicht getan. Zumindest nicht gleich. Erst als sie den Raum verlassen hatten, habe ich geweint und geweint und geweint. Ich wollte es einfach nicht glauben, ich konnte es nicht akzeptieren, was mir erzählt worden ist.«

Am Denk.Mal. Otto Deutsch am Heldenplatz mit SchülerInnen der Volksschule Perchtoldsdorf, die Kunstwerke für seine ermordeten Familienmitglieder gestaltet haben.

Im Alter von 17 Jahren hat Otto Deutsch angefangen zu arbeiten, zuerst als Stadtführer in London, später als Touristguide auch in anderen Ländern Europas. Seine Arbeit hat Otto Deutsch viele Male nach Österreich zurückgeführt, wo er eine Reihe glücklicher Urlauber durch seine ehemalige Heimatstadt Wien geführt hat. Jedes Mal, wenn er sich mit einer Gruppe auf den Weg zum Wahrzeichen der Stadt, dem Wiener Riesenrad gemacht hat, führte ihn dieser Weg durch den zweiten Bezirk, und somit vorbei an der letzten Wohnadresse der Familie.

»Ich wäre kein Mensch, wenn meine Gedanken nicht abschweifen würden, in die Vergangenheit, zu meinen geliebten Eltern und meiner Schwester. Zeit heilt keine Wunden. Wie die Jahre vergehen, werden die Bilder nur deutlicher und deutlicher«, sagt Otto Deutsch.

Zeit heilt keine Wunden. Wie die Jahre vergehen, werden die Bilder nur deutlicher und deutlicher.

Heute lebt er in Southend-on-Sea in England, ist seiner neuen Heimat sehr verbunden und möchte nicht mehr in Österreich leben.

Doch die Gedanken an die Familie, an Wien und daran, was hätte sein können, begleiten ihn täglich.

»Wenn ich zurückblicke, kommt es mir manchmal so unfair vor. Meine Schwester war so stark, so gesund, als sie starb.«

Otto Deutsch denkt nach: »Wie gut es ihr heute gehen könnte. Ich hätte meiner Familie so viel geben können. Wir waren damals arm und wir hatten nicht einmal fließendes Wasser zuhause. Was ich ihnen heute hätte bieten können.«

»Diesmal habe ich mich zu Hause gefühlt!«

Briefe von Otto Deutsch, geschrieben nach seinem Besuch in Österreich.

16. Mai 08. Meine lieben Freunde. Ich möchte, dass Ihr wisst, wie sehr ich, und ich bin sicher, alle eure Gäste, die wunderbare und großzügige Art geschätzt haben, mit der Ihr euch um uns gekümmert habt. Es war sehr schön, wie wir uns alle, die wir in verschiedensten Teilen der Welt leben, verbunden gefühlt haben. Was wir gemeinsam hatten und haben ist, dass wir alle gebürtige Wiener sind. Und obwohl alle von uns schreckliche Erinnerungen an die Vergangenheit haben, so haben wir doch große Hoffnungen für die Zukunft.

Ich kann nicht vergessen, dass meine lieben Eltern und meine liebe Schwester rücksichtslos ermordet wurden, nur weil sie Juden waren. Und ich kann nicht vergeben. Aber solange es Schüler und junge Menschen wie Euch gibt, habe ich die Hoffnung, dass solch eine Tragödie nicht wieder passieren kann. Auch meine Liebe für die Stadt, in der ich geboren wurde, habe ich nicht verloren. Es war eine wunderschöne Erfahrung, den Ort zu besuchen, an dem ich vor 70 Jahren gelebt hatte. Und es war ein reines Vergnügen, vor den Kindern der Volksschule Perchtoldsdorf zu sprechen, die Direktorin und die Lehrerinnen kennen zu lernen.

23. Mai 08. Ein Highlight meiner Reise war für mich der Besuch meiner früheren Wohnung in der Buchengasse 84. Wir konnten zwar nicht in die Wohnung Nr. 15, aber der Nachbar hat mich und Simon, der meinen Besuch filmisch dokumentiert hat, zu sich eingeladen. Als ich in der Wohnung neben unserer früheren Wohnung gewesen bin, war ich erstaunt, wie modern sie aussah. Nicht so wie damals, als sowohl das Wasser als auch die Toiletten am Gang waren. Ich habe mich plötzlich wieder wie ein kleiner Bub gefühlt.

Was für bittere und zugleich süße Erinnerungen!

Wir haben auch den Arthaber-Park besucht, wo ich gespielt habe und meine liebe Mutter auf mich aufgepasst hat. Ich habe dort auch meinen 10. Geburtstag gefeiert. In ein paar Wochen, am 12. Juli, werde ich wieder Geburtstag feiern – diesmal meinen 80. Geburtstag.

In der ›Kristallnacht‹ wurde mein Vater aus dem Bett geholt, ich habe ihn danach nie wieder gesehen. Als er aus dem Arbeitslager in Sachsen nach Hause zurückgekommen ist, war ich bereits in England. Meine Eltern und meine geliebte Schwester Adele sind bei Mali Trostinec gemeinsam in den Tod gegangen.

Ich versuche, fröhlich zu wirken. Aber tief in meinem Inneren trauere ich noch immer über die Ermordung meiner Familie und die von sechs Millionen meines Volkes. Wie auch immer, nicht alles ist verloren. Solange es Menschen wie Euch gibt, gibt es auch Hoffnung. Nochmals vielen Dank für alles. Trotz allem: ›Ein Stückerl von mein Herz liegt immer noch in Wien‹.

19. Juni 08. Als Tourist-Guide haben mich meine Reisen immer wieder auch nach Österreich geführt. Der Höhepunkt für mich war, wenn das Pro-

gramm auch einen Besuch in Wien beinhaltet hat. Meine jüngste Reise im Rahmen von ›A Letter To The Stars‹ war vollkommen anders. Diese Reise werde ich nie vergessen. Dieses Mal war ich Gast. Von der Ankunft am Flughafen an waren wir willkommen und sogar ›wichtig‹. Einige der eingeladenen Gäste waren zuvor niemals wieder in Wien gewesen, seit sie vor so vielen Jahren vertrieben und hinausgeschmissen worden waren. Und obwohl ich selbst einige Male in meinem Beruf hier gewesen bin, so habe ich mich diesmal wirklich ›zu Hause‹ gefühlt.

Zudem gab es einige spirituelle Veranstaltungen, die für mich als praktizierenden Juden sehr wichtig waren. Es war schön, am Gottesdienst im Stadttempel, der Synagoge in der Seitenstettengasse, teil zu nehmen.

Im Chabad-Zentrum, wo wir danach zum Essen eingeladen waren, kamen mir beinahe die Tränen, als der ›Rebbe‹ und sein Sohn uns ermutigten, gemeinsam so laut wie möglich die traditionellen hebräischen und jiddischen Lieder zu singen, die wir als Kinder gelernt hatten. Hier dachte ich mit großem Stolz, das ›jüdische Wien‹ lebt wieder. Wie schön!

An einem Abend in der Hotellounge hatten wir die Möglichkeit, unsere Gedanken und Erfahrungen auszutauschen. Ich habe eine Reihe neuer Freunde gewonnen und wurde sogar in verschiedene Länder eingeladen. Wir haben diskutiert, ob wir vergessen und vergeben könnten. Vergessen? Niemals! Vergeben? Vielleicht!

Die Hoffnung liegt in der Jugend. Sie müssen darauf achten, dass die Verbrechen der Vergangenheit sich nicht wiederholen. Hier, in der jüdischen Gemeinde von England, können viele nicht verstehen, warum ich Österreich und im speziellen Wien noch immer gerne besuche. ›Nach all dem, was sie uns und deiner Familie angetan haben.‹ Manchmal fühle ich mich dann fast schuldig. Ich werde demnächst meinen 80. Geburtstag feiern. Ich bin eindeutig zu alt, um mich noch zu ändern. ›Ich bin noch immer ein Wiener‹, aber ich werde England immer dankbar sein, dass es mir geholfen hat, als ich Hilfe brauchte. Danke für alles.

Auf dem Schiff »Bremen« in die Freiheit

Helen Dunn musste als 9-jähriges Mädchen Hella Wolf alleine in die USA emigrieren, 70 Jahre später stand sie am Heldenplatz.

Helen Dunn wird 1929 als Hella Wolf in Wien geboren. Nach der Scheidung der Eltern kommt sie als Zweijährige zu ihren Großeltern in die Tschechoslowakei. Nach der Besetzung durch die Nazis erlebt Helen Dunn die Verfolgung, die auch zu zahllosen Selbstmorden führt. Im Alter von 9 Jahren kann sie, ihre Familie und ihren Jugendfreund zurück lassend, nach Amerika fliehen, wo sie ein neues Leben beginnt.

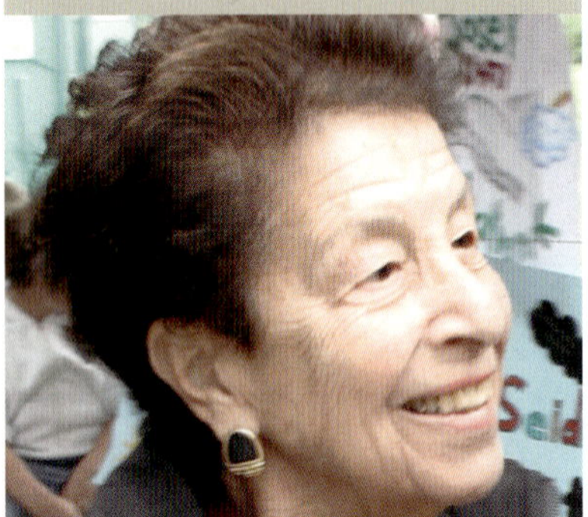

Gregor Glawanowitz, Schüler des **Stiftsgymnasiums Admont** in der Steiermark, ist im Projekt »Botschafter der Erinnerung« im April 2007 in New York Helen Dunn begegnet und hat ihre Lebensgeschichte dokumentiert. Im Projekt »38/08« war Helen Dunn im Mai 2008 zu Gast bei Lehrer **Thomas Schrei** an der **Praxishauptschule** in der Wiener Mayerweckstraße.

Bei meinem New York-Aufenthalt hatte ich die Ehre, mehr über die traurige Vergangenheit von Helen Dunn zu erfahren. Ich traf Helen das erste Mal im »Museum of Jewish Heritage« und mein erster Eindruck von ihr war richtig, denn Helen ist eine sehr freundliche, nette ältere Dame, die wirklich sehr daran interessiert war, mir ihre Vergangenheit zu schildern. Bei unseren Begegnungen waren wir gemeinsam mit ihrem Ehemann in der Oper und anschließend berichtete sie mir in ihrem wunderschönen Apartment, mit traumhaften Ausblick aus dem 68. Stockwerk, von ihren Erinnerungen.

Helen Dunn kam am 7. November 1929 unter dem Namen Hella Wolf in Wien zur Welt. Ihre noch sehr jungen Eltern trennten sich, als Helen zwei Jahre alt war, und ihr Vater bekam das Fürsorgerecht. Da ihr Vater die politische Situation in Österreich bereits 1932 als zu unsicher empfand, schickte er Helen zu ihren Großeltern in die damalige Tschechoslowakei. Er blieb währenddessen in Wien und besuchte sie alle vierzehn Tage. Aufgrund ihres jungen Alters hat sie kaum noch Erinnerungen an Wien, wenngleich ihr Vater ihr oft von »dieser wunderschönen Stadt« erzählte.

Helen wohnte zu dieser Zeit mit ihren jüdischen Verwandten in einer typischen, ruhigen tschechischen Stadt in Mähren. Ihre Großeltern waren wohlhabend und in die Gesellschaft integriert. Sie hatte ein deutsches Kindermädchen namens Teta. Die Familie besaß ein dreistöckiges Haus, welches im Stadtzentrum gelegen war. Die unteren zwei Stockwerke waren vermietet, im obersten war die Sechs-Zimmer-Wohnung, in der Helen ihre Jugend verbrachte.

Ihr Großvater und ihr Onkel besaßen eine riesige Textilhandlung, welche, wie auch die Synagoge, in der Nähe ihres Hauses lag. Bis zum Jahre 1939 hat Helen nur positive Erinnerungen.

Ihr Großcousin war damals ihre erste große Liebe. Sein Name war Jindra. Oft fuhren die Familien gemeinsam in die Natur, wo die beiden zusammen spielten. Sie fingen Schmetterlinge für Jindras Sammlung oder gingen in den Bächen baden. Helen besuchte damals die Volkschule und hatte viele Freunde und Spielkameraden. Auch bei den Erwachsenen galt sie als nettes, zuvorkommendes und hübsches Mädchen.

Helen Dunn sagte im Mai 2008 im Projekt »38/08« auf dem Heldenplatz: »Ein Genozid passiert nur dann, wenn Schweigen das Land durchdringt«.

Mit strahlend-glänzenden Augen erzählte mir Helen von ihrer Jugend. Diese Zeit empfindet sie heute noch als die glücklichste ihres Lebens. In einem Aufsatz, der am 14. April 1944 in der Zeitschrift »America Hebrew« veröffentlicht wurde, schrieb sie: »Life went on in a simple, wholesome way and these free people were at peace.« (Das Leben verlief in einem einfachen, gesunden Weg und diese freien Menschen lebten in Frieden.)

Mit Fortschreiten der Erzählung, wir waren beim Jahre 1938 angelangt, verfinsterte sich ihr Gesicht, ihre Stimme begann vor Emotionen leicht zu zittern. 1938 erfolgte der Anschluss Österreichs an das nationalsozialistische Deutschland. Noch fühlten die Tschechen keine Bedrohung, da sie der Meinung waren, ihr Land sei viel zu klein, um okkupiert zu werden.

Schon als Kind musste sie erfahren, dass man Juden im Dritten Reich in sogenannte KZ warf.

Bereits im November dieses Jahres verließ ihr Vater Österreich, um Exil in den USA zu suchen. Ursprünglich sollte Helen sofort mitkommen, doch ihr Großvater meinte, dass Helens Vater zuerst eine Existenz in Amerika aufbauen sollte. So blieb sie noch bei ihren Verwandten in Tschechien. Schon als 9-Jährige musste sie erfahren, dass man Juden im Dritten Reich in Gefängnisse, so genannte Konzentationslager, warf und das Wort »Freiheit« in Vergessenheit geriet. Doch auch jetzt verspürte das tschechische Volk noch keine Bedrohung.

»And yet March 15 came and went and with it a change – a change that I saw with my own eyes – and finally understood.« (Und der 15. März kam und ging und mit ihm kam eine Veränderung, eine Veränderung, die ich mit meinen eigenen Augen sah, und schließlich auch verstand.) Als Helen mir diesen Satz aus ihrem Artikel vorlas, trat betretenes Schweigen ein.

Nun begann sie mir zu schildern, wie sich innerhalb eines Tages ihr Leben von Grund auf veränderte. Zuerst ahnte sie noch nichts von der Besetzung Tschechiens. Es war ein Tag wie jeder andere. Auf den Straßen war alles ruhig. Wie jeden Morgen lief sie in die Schule, doch auch hier herrschte Totenstille. Üblicherweise tobten die Schüler in ihren Klassen vor dem Eintreffen der Lehrkräfte, doch an diesem Tag war alles anders. Beim Betreten der Klasse saßen alle Kinder ruhig aber sichtlich erregt in ihren Sesseln. Sofort fragte sie eines der Mädchen nach dem Grund. Dieses deutete jedoch nur mit den Fingern zu einem kleinen Fenster in der Ecke. Schritt für Schritt näherte sich Helen diesem. Im tiefsten Inneren hatte sie bereits die Angst verspürt, dass dieser Tag nicht ausbleiben würde. Vom kleinen Fenster aus sah sie im Schulhof statt der tschechischen Nationalflagge die deutsche Hakenkreuzflagge. Ein kalter Schauer lief ihr über den Rücken.

Die täglich in den Zeitungen erscheinenden Listen mit Todesanzeigen wurden immer länger.

Später erfuhr sie, dass Tschechien von Deutschland okkupiert geworden war. Ihre Stadt wurde von 300 deutschen Soldaten besetzt. »And with them came a group of Gestapo men with those awful black uniforms and the cruel looking eyes.« (Und mit ihnen kam eine Gruppe von Gestapo-Männern mit ihren schrecklichen schwarzen Uniformen und ihren grausam blickenden Augen.)

Die nächsten Monate vergingen langsam und schweigend. Die Straßen waren wie leer gefegt. Während ihr Vater bereits versuchte, ihre Ausreise nach Amerika zu arrangieren, musste sie viele traurige Dinge erleben. Die täglich in den Zeitungen erscheinenden

Helen Dunn war im Mai 2008 gemeinsam mit ihrem Mann Samuel auch Gast der Gedenksitzung im Parlament (Bild links). Auf dem Wiener Heldenplatz haben SchülerInnen den Ermordeten ein Denk.Mal gesetzt (Bilder oben, Helen Dunn, begleitet von Markus Priller vom »A Letter To The Stars«-Team)

Listen mit Todesanzeigen wurden immer länger. Als sie einmal mit ihren Freundinnen durch die Straßen der Stadt ging, sah sie die Blutlache eines Mannes, der es vorgezogen hatte, sich selbst zu töten, um sich nicht den Nazis unterwerfen zu müssen. Ein andermal, als Jindra und Helen zusammen spielten, bemerkten sie, dass Tomi, einer ihrer jüdischen Spielkameraden fehlte. Sie gingen zur Wohnung seiner Eltern, die sie jedoch verlassen vorfanden. Auf der Eingangstür klebte ein Zettel mit der Aufschrift: »Umgezogen«. Später erfuhren sie von Jindras Vater, dass Tomis Vater in ein KZ gebracht worden war und die Familie ausziehen musste.

Ich stellte fest, dass die damalige Situation Helen auch heute noch sehr traurig stimmte. Auch bei mir stellte sich ein Gefühl von Trauer und Wehmut ein. In weiterer Folge berichtete Helen, dass sie und ihre Großeltern Besuch von drei Gestapo-Männern erhalten hatten. Damals öffnete Helen die Tür und wurde sofort zu Boden geworfen. Nach einem lauten »Heil Hitler« durchsuchten sie die Wohnung nach verdächtigen Gegenständen.

Endlich, im August 1939, schaffte es ihr Vater, für sie ein Visum für die Ausreise aus der Tschechoslowakei zu bekommen. Helen fuhr mit ihrem Onkel Otto nach Prag, um dieses abzuholen. Nach zweitägiger Wartezeit erhielt sie die begehrten Papiere, um nach Amerika zu gelangen. Teta, ihr geliebtes Kindermädchen, sollte sie quer durch Deutschland nach Bremen begleiten, von wo Helen auf einem Schiff alleine weiter nach New York gelangen sollte.

Am 1. August verabschiedete sich von ihrer Familie und ihren Freunden am Bahnhof. Besonders traurig war der Abschied von ihrem geliebten Großvater und ihrer Jugendliebe Jindra.

»Not until today do I realize what wonderful people and perfect friends I left behind in that little town which used to be my home.« (Bis heute habe ich noch nicht realisiert, was für wunderbare Menschen und perfekte Freunde ich in dieser kleinen Stadt zurückgelassen habe, die mein Zuhause geworden war.)

Gemeinsam verließen Teta und Helen Tschechien. Prag war überfüllt von deutschen Soldaten und der gefürchteten Gestapo. Es gelang ihnen, den Zug nach Bremen zu nehmen. Helen erzählte mir, dass sie während der gesamten Zugreise bis Bremen keinen Laut herausbrachte. So groß war ihre Angst in dem mit deutschen Soldaten und Gestapo-Leuten vollgestopften Zug. Am 3. August gelangten sie nach Bremen und bereits am 4. August legte Helens Schiff in die Freiheit ab. Weinend winkte sie vom Deck ihrer zurückgebliebenen, lieb gewonnenen Freundin Teta zu. Die Mitreisenden waren sehr freundlich und trösteten sie immer wieder, wenn sie in Tränen ausbrach. Glücklich landete sie am 10. August in New York, wo sie von ihrem Vater liebevoll empfangen wurde.

In New York begann für sie ein neues, hartes Leben. Ihr Vater studierte damals noch Wirtschaft und hatte daher nur wenig Zeit für Helen. So musste Helen in ein Internat und konnte nur die Ferien gemeinsam mit ihrem Vater verbringen.

In New York begann für sie ein neues, hartes Leben. Aber die Neue Welt faszinierte sie.

Helen erzählte mir, dass die Neue Welt sie sofort faszinierte. Alle Menschen waren sehr freundlich und zuvorkommend. Da ich diese Freundlichkeit der Menschen selbst erleben durfte, kann ich Helens Lage vollkommen nachvollziehen. 1944 schrieb sie für ihre Lehrerin einen Aufsatz, indem sie ihre Vergangenheit schilderte. Dieser wurde dann auch von ihrem Vater veröffentlicht.

Sehr berührt hat mich auch die Erzählung vom Schicksal ihrer in Tschechien zurückgebliebenen Familie. So starb ihre Großmutter kurz nach Helens Abreise. Ihr Großvater wurde verhaftet und ins KZ Theresienstadt gebracht, wo er kurze Zeit später ums Leben kam. Der einzige Überlebende war ihr Onkel Otto. Dieser wurde 1941 auch in Theresienstadt interniert und später nach Auschwitz verlegt. 1945 wurde er befreit. Mit 47 Kilo konnte er gerade noch lebend in ein amerikanisches Feldlazarett eingeliefert werden. Am 26. Mai 1945 schrieb er einen Brief an seinen Bruder, beginnend mit den Worten: »Ich lebe, lebe – lebe!«

Nach all dem Gehörten bin ich Helen sehr dankbar, dass sie mich an ihrem Schicksal teilhaben ließ. Mich berührt es besonders, dass sie nach all ihren Schicksalsschlägen keinen Hass auf ihre alte Heimat und die heutige Jugend Österreichs empfindet.

»Helfen, die Wunden der Vergangenheit zu heilen ...«

Eindrücke von Helen Dunn nach ihrer Rede am Wiener Heldenplatz.

Ich stehe auf der Bühne, am Heldenplatz in Wien, und schaue hinunter auf Tausende von Menschen. Es ist der 5. Mai 2008. Wir sind hierher gekommen, um unserer Familien, die von den Nazis deportiert oder ermordet wurden, zu gedenken. Aber wir stehen auch hier gegen Gewalt und Rassismus. Es ist ein überwältigender Moment für mich, ein Moment, den ich nie vergessen werde. Ich werde zu all diesen Menschen, den jungen und den alten, sprechen, möchte etwas sagen, das diesem Tag gerecht wird und eine Bedeutung für die Zukunft hat.

Ich gedenke der Ermordeten, aber ich wende mich an die Jugendlichen Österreichs. Ich danke ihnen dafür, dass sie sich mit dem Holocaust auseinander setzen und weise darauf hin, dass ein Genozid nur dann passieren kann, wenn Schweigen das Land durchdringt. Ich fordere sie auf, aufzustehen und sich gegen Vorurteile und Ungerechtigkeiten einzusetzen. Das ist alles, was ich sagen kann. Ich bin erschöpft von den Emotionen. Ich bete still, dass ich dem Andenken an meine Familie Gerechtigkeit widerfahren habe lassen. Und dann, unerwartet, denke ich an einen anderen Tag, ein halbes Leben zuvor, als ich ebenfalls hoch oben stand, am Deck des Schiffes »Bremen«. Es ist der 4. August 1939, und ich schaue hinunter auf den weiten Ozean. Ich fahre nach Amerika, ganz allein, mit einem Schildchen um meinen Hals. Ich bin neun Jahre alt, und ich bin zu diesem Zeitpunkt der Flucht immer noch jung genug, um das Leben trotz des schrecklichen Verlusts ohne Schatten zu sehen.

Jetzt, da das Gedenken den Verlust bestätigt, ist es mir auch möglich, meine geliebte Familie der Vergessenheit zu entreißen und in ihrem Namen zu versuchen, mitzuhelfen, die Wunden der Vergangenheit zu heilen und für Frieden und Gerechtigkeit in der Welt zu arbeiten.

Und so hoffe ich, wie ich auf der Bühne am Heldenplatz stehe, dass ich meine Familie und die Familien, die hier zusammengekommen sind, vielleicht tatsächlich geehrt habe. Dies ist alles, was ich tun konnte.

Von den Nachbarn ins KZ gebracht

Josephine Weiss konnte nach der Denunziation durch Nachbarn nach England flüchten, wo sie später ein »Kindertransport«-Kind heiratete.

Josephine Weiss wird 1927 in Wien geboren. Zwölf ihrer Familienmitglieder werden von den Nazis ermordet, ihre Eltern können überleben. Der Vater, der bereits im KZ Buchenwald festgehalten wurde, kann befreit werden und mit Josephine durch die Hilfe eines nichtjüdischen Onkels über die Slowakei nach England flüchten. Dort heiratet Josephine Weiss später einen Mann, der selbst als Kind aus Österreich vertrieben wurde und seine gesamte Familie verloren hat. Josephine Weiss, die heute den englischen Familiennamen D. trägt, möchte in diesem Buch bewusst mit ihrem Mädchennamen angeführt werden.

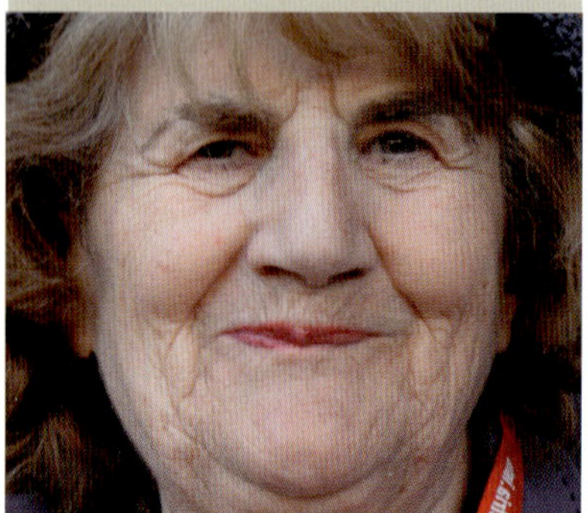

Matthias Hofmarcher, Schüler der **BHAK Amstetten** ist im November 2007 im Projekt »Botschafter der Erinnerung« in England Josephine Weiss begegnet und hat ihre Lebensgeschichte dokumentiert. Im Mai 2008 war Josephine Weiss zu Gast an der Schule.

Josephine Weiss wurde am 6. Dezember 1927 in Wien geboren. Josephines Mutter hieß Hedwig Weiss und kam aus Bucovice (im heutigen Tschechien) nach Wien. Ihr Vater Bernhard Weiss stammte aus einer ärmlichen Familie in der Slowakei, er hatte fünf Geschwister und studierte in Wien an einer Handelsakademie. Später hatte er sein eigenes Geschäft in der Nähe der Wohnung in der Heinestraße 8. Dort wohnte die Familie im 3. Stock.

Das Geschäft hatte den Namen »Bernhard Weiss und Bruder«. Wie der Name schon sagte, war dieses Geschäft ein Familiengeschäft. Ihr Vater kümmerte sich hauptsächlich um das Büro, und sein Bruder machte die Kundenkontakte in Wien und Umgebung. Sie erzeugten Wurstprodukte und verkauften Gewürze. Damals wurde Wurst viel gegessen und war auch weitaus billiger als Fleisch.

Josephine Weiss wuchs als eines von zwei Kindern normal und glücklich in Wien auf. Sie ging wie jedes andere Kind zur Schule und hatte viele Freunde. Damals spürte sie nichts vom Antisemitismus. Doch am 12. März 1938 änderte sich alles. Josephine war 10 Jahre alt, als sie den Einmarsch der deutschen Soldaten hautnah miterlebte. Über Nacht hat sich alles in ihrem Leben geändert, denn ihr Vater wurde bald aus dem Geschäft geholt und ist einfach verschwunden. Sein Bruder wurde von nichtjüdischen Kunden versteckt. Von nun an konnte Josephine Weiss auch nicht mehr zur Schule gehen, ihr Leben wurde völlig eingeschränkt. Sie war es aber, die die ganzen Einkäufe erledigte, da sie »nichtjüdisch« aussah – mit blonden Haaren. Nach Josephines Erzählungen war der Antisemitismus im 2. Wiener Gemeindebezirk besonders stark. Im Wohnbezirk ihres späteren Mannes, dem 1. Bezirk, spürte man vieles nicht so sehr wie in anderen Bezirken Wiens. Besonders Geschäftsleute waren betroffen von den vielen Plünderungen. »*Es war schrecklich. Alles hatte sich geändert!*«, so Josephine Weiss.

Ihr Vater war noch immer verschwunden und man glaubte bereits, dass er gestorben sei. Ein Rechtsanwalt, ein Freund von Onkel David, half ihnen dabei herauszufinden, wohin er gebracht worden war. Dann erhielt die Familie ein Paket mit allen Sachen des Vaters. Doch plötzlich, es war kurz vor der »Kristallnacht«, ist der geliebte Vater nach Hause zurückgekommen, nachdem er viele Monate im KZ gewesen war. Er war zu diesem Zeitpunkt

Josephine Weiss konnte den Holocaust durch die Flucht nach England überleben. Zwölf ihrer Familienmitglieder wurden von den Nazis ermordet.

sehr dünn, sah sehr schlecht aus und war durch die vielen schrecklichen Erlebnisse auch psychisch sehr angegriffen und deprimiert. In der »Kristallnacht« am 9. November 1938 holte man wieder viele Menschen, um sie in Konzentrationslager zu bringen. Der Vater und die Familie hatten sich in der Wohnung einer alten Frau versteckt und man hatte gehofft, nicht entdeckt zu werden.

Jemand aus dem Haus verriet aber, dass hier Juden seien und danach wurde der Vater wieder abgeholt. Sie holten ihn und alle glaubten, dass sie ihn nie wieder sehen werden. Zum Glück half ihm jemand und ließ ihn entkommen, nachdem der Vater ein Dokument aus Buchenwald herzeigte. Sein ganzes weiteres Leben litt er an Asthma und er hatte Probleme mit den Nerven, denn seinen Aufenthalt im KZ-Lager hat er nie verkraftet.

Jemand aus dem Haus verriet, dass hier Juden seien und danach wurde der Vater abgeholt.

Einige Wochen später ist Josephine Weiss mit ihrem Vater nach Bucovice in der Nähe von Brünn geflüchtet. Bei dieser Reise passte mehr sie auf ihn auf als er auf sie. Er sah noch immer sehr mitgenommen aus, und der Großvater in der Tschechoslowakei glaubte, er sei krank. Dieser konnte nämlich nicht glauben, dass die Deutschen so grausame Taten vollziehen können, denn er kannte nur nette Deutsche, die in seinem Geschäft einkauften. Der Großvater war damals 76 Jahre alt.

Der katholische Onkel Ludwig, der in Prag lebte, erkannte jedoch die schreckliche Situation und half der Familie Weiss sofort, aus Österreich zu entkommen. Kurz nachdem ihre Mutter und ihre Schwester Erika ohne jegliches Besitzgut in Bucovice angekommen waren, marschierte Hitler im März 1939 in Prag ein und somit war die Familie Weiss wieder in einer sehr schlechten Situation. Onkel Ludwig holte sie anschließend nach Prag und die ganze Familie versuchte, mit dem letzten Zug aus Prag zu flüchten. Ihr Vater musste die sogenannte Judensteuer entrichten, der Bruder aus Wien arrangierte alles und schließlich konnte die Familie Prag doch noch mit dem letzten Zug verlassen.

> Kann noch immer nicht begreifen, was ihr in der Vergangenheit zugestoßen ist.

Der Zug fuhr länger als eine Woche über Schweden nach England und kam schließlich am 6. April 1939 in Tilbury an. Onkel Ludwig hatte sogar jemanden mitgeschickt, der Josephines Familie half, über die Grenze zu kommen. Onkel Ludwig selbst ging nach Frankreich und gab alle seine Besitztümer sowie seine Arbeit auf. Er starb im Jahr 1942 in London an den Folgen einer Verletzung aus dem 1. Weltkrieg.

In England kamen sie mit nichts an, und Josephine und ihre Schwester wurden in eine Boarding School geschickt. Sie und ihre ganze Familie besaßen zu diesem Zeitpunkt nur ein vorübergehendes Visum.

Die erste Zeit in England war sehr schwierig für alle. Die Eltern konnten überhaupt nicht Englisch sprechen, Josephine ein bisschen. Sie erlernte die Sprache aber sehr rasch. Die Eltern wohnten in einem kleinen Zimmer. Es war schwierig zu überleben, denn sie bekamen nur 2 Pfund wöchentlich. Trotzdem lebten sie nicht mehr in Angst, nun waren sie in einem freien Land! Mit diesen 2 Pfund mussten sie die ganze Woche lang auskommen. Doch dann brach der Krieg aus und auch London wurde mit Bomben attackiert. Die Schule, die Josephine besuchte, lag an der Küste und musste somit verlegt werden. Schließlich zog die gesamte Familie zu Bekannten in die Provinz, nach Derby im Norden Englands.

Dort lebten sie zwei Wochen lang, dann suchten sie sich eine eigene Bleibe. Josephine betonte immer wieder, wie nett die Engländer waren und wie sehr sie den Vertriebenen geholfen haben. Die Wohnstätte, die sie dann endlich gefunden hatten, war eher primitiv eingerichtet, doch zum Leben tat sie es allemal. Es tat ihnen gut, endlich wieder etwas Eigenes zu besitzen. Josephine begann mit 14 Jahren zu arbeiten. Sie arbeitete als Junior clerk in einem Büro, wo sie Stenographie und Maschinschreiben erlernte. Somit half sie der Familie, die finanzielle Situation zu verbessern. Es war nicht viel, doch geholfen hat es sehr!

Als der Krieg endlich zu Ende war, wollte Josephine unbedingt nach London zu Verwandten ziehen. Mit 17 bekam sie einen Posten beim Komitee für Flüchtlinge, wo sie drei Jahre lang arbeitete. Später zog dann die gesamte Familie nach London und sie lernte ihren zukünftigen Ehemann, Albert Deutsch, in einem ungarischen Club kennen. Josephine und ihr Mann heirateten in jungen Jahren. Sie war zu dieser Zeit 21 und er war 24 Jahre alt. Ihr Mann Albert stammte auch aus Wien und war mit dem Kindertransport nach London gekommen. Er war 14 Jahre alt, als er von seiner Familie getrennt wurde. Nach diesem Abschied hatte er seine Eltern nie wieder gesehen.

Sein Vater Dr. Ignatz Deutsch war ein bekannter Zahnarzt im 1. Wiener Gemeindebezirk. Im 1. Weltkrieg machte er Kieferoperationen an der Front bei Soldaten, die Schusswunden hatten. Dr. Ignatz Deutsch, seine Frau Elisabeth Deutsch und Alberts kleine Schwester Reneé sind im Frühjahr 1939 nach Frankreich ausgewandert und wohnten bis August 1942 in Vichy, Frankreich. Albert bekam Post von ihnen bis Juli 1942. Leider erfuhr er nach dem Krieg im Jahre 1945, dass seine Eltern und seine zehnjährige Schwester Reneé am 9. September 1942 mit dem Convoy 30 von Drancy ins KZ Auschwitz deportiert und dort ermordet worden waren.

Auch Josephines alter Großvater Hermann Lang wurde 1942 von Bucovice ins KZ verschleppt und ermordet, einige Geschwister ihres Vaters hatten dasselbe traurige Schicksal (Berta und Leo Kohn, Gustav Weiss). Mehrere Verwandte haben leider ebenfalls das Leben verloren. Eine Cousine ist mit ihrem Mann und Kind von Belgien 1944 in ein KZ deportiert worden. Auch sie haben nicht überlebt.

»Vieles sehe ich jetzt mit anderen Augen!«

Wie der Schüler Matthias Hofmarcher die Begegnung in London erlebt hat.

Ich habe wirklich so viele schöne wie auch nachdenkliche Momente in London erlebt. Als ich am Mittwoch, dem 24. Oktober 2007, mit dem Flugzeug von Salzburg nach London abhob, dachte ich mir, ich werde nicht mehr so zurückkommen, wie ich zu diesem Zeitpunkt war. Die ganze Gruppe wird so viele neue Erfahrungen machen und viele verschiedene Leute kennen lernen, all das würde mich und alle anderen wahrscheinlich verändern – und so war es auch. Wir kamen als nachdenkliche, berührte Gruppe zurück. Gleich zu Beginn unserer Begegnungsreise besuchten wir das Imperial War Museum. Eine Ausstellung, die bei mir einen bleibenden Eindruck hinterließ. Am nächsten Tag waren wir zu Gast im Jewish Cultural Center und in der Belsize Square Synagogue. Im Jewish Cultural Center hatten wir die einmalige Gelegenheit, einem Vortrag von Bertha Leverton über den Kindertransport im 2. Weltkrieg zu lauschen. Sie ist eine bewundernswerte Frau, die Großes geleistet hat. Nach diesem Vortrag saßen wir alle gemeinsam mit ihr in einem Raum und konnten ihr Fragen zu ihrem Leben stellen. Am Abend waren wir in einer Synagoge eingeladen. Es war irrsinnig schön, Teil dieser Sabbatfeier zu sein. Außerdem traf ich zum ersten Mal Josephine Weiss. Es war ein schönes Gefühl, neben ihr zu sitzen und dem Gesang zuzuhören. Ein Gefühl der Geborgenheit. Das erste Mal in einer Synagoge, mein erstes Treffen mit einer jüdischen Überlebenden. Es war einer der schönsten Momente dieser Woche.

Der Besuch bei Josephine Weiss hat mich sehr berührt. Sie ist – wie Mrs. McCrea, die ich schon zuvor getroffen habe – eine so starke, offene Frau. Ihre Lebensgeschichten sind tragisch, doch sie selbst sagen, dass Geschichten anderer Überlebender viel schrecklicher sind. Das zeigt Menschen, die eine innere Stärke haben, die wahrscheinlich keiner von uns hat. Menschen, die trotz ihrer Vergangenheit nach vorne blicken und die glücklich mit ihren Familien in England leben! Menschen, vor denen ich Respekt habe!

Am letzten Tag in London trafen wir alle Überlebenden nochmals in der österreichischen Botschaft. Was dort passiert ist, bringt mich immer noch fast zum Weinen. Jung und Alt saßen an den runden Tischen im Empfangssaal. Alle redeten miteinander und wir konnten nochmals eine wunderschöne Zeit miteinander verbringen. Als dann der berührende Projektfilm über »A Letter To The Stars« gezeigt wurde, stand eine Frau auf und sagte: »Ich hätte nicht geglaubt, dass Österreich so etwas noch machen würde!« Sie sagte es zu einem Zeitpunkt, als es ganz leise im Raum war. Es war ein Moment der Stille. Jeder dachte sich wahrscheinlich das gleiche. Wir sind es, die unsere Vergangenheit nicht in Vergessenheit geraten lassen dürfen. Es bleibt immer ein Teil unserer Vergangenheit, doch daraus lernen können wir alle! So etwas darf nicht noch einmal passieren, es darf nicht vergessen werden. Mich hat diese Reise verändert und mir wurden die Augen geöffnet!

Josephine Weiss und **Matthias Hofmarcher** haben einander in London und in Amstetten getroffen. »Es tut gut, dass ihr euch darum kümmert, dass wir uns wieder besser fühlen können«, sagt die nach England Vertriebene.

Josephine Weiss kann heute noch immer nicht begreifen, was ihr in der Vergangenheit zugestoßen ist. Obwohl es schon sehr lange her ist, kann sie sich noch immer genau an alles erinnern und ihr kommt es so vor, als ob es erst gestern gewesen sei.

Wien besuchte sie nach ihrer Flucht aus Österreich einige Male, denn ihre Schwester Erika, die vor kurzer Zeit leider verstorben ist, war wieder nach Wien gezogen. An Österreich gewöhnen kann sie sich aber nicht mehr. Interessant ist auch, dass sie noch immer perfekt Deutsch spricht und hier in England immer noch einen deutschen Akzent hat.

Sie ist heute Mitglied einiger Clubs. Hier treffen sich regelmäßig Überlebende des Holocaust, um die Geschichten weiterzuerzählen. Denn was damals geschah, darf nicht vergessen werden. Niemals!

Heute lebt Josephine Weiss glücklich am Stadtrand von London. Sie hat zwei Töchter und einen Sohn, sechs Enkelkinder und drei Urenkerl. Josephine Weiss hat ihren lieben Mann Albert 2003 verloren. Er starb an Krebs. Auch ihn, so sagt sie, hätte das Projekt »A Letter To The Stars« sicher sehr interessiert und gefreut.

»Neues Österreich!«

Wie Josephine Weiss die Reise erlebte.

Meine Tochter und ich hatten in Wien eine wunderschöne Zeit, wir möchten euch auch dafür danken, dass wir uns so willkommen gefühlt haben. Es war schön, andere ehemalige Österreicher aus aller Welt zu treffen, die als Kinder vertrieben wurden, und unsere Erfahrungen auszutauschen. Ich bin sehr glücklich, dass ich heute ein neues Österreich sehe, ohne Rassismus, in dem jeder in Frieden leben kann. Mein Besuch an der Schule in Amstetten war ebenfalls eine sehr schöne Erfahrung. Wir wurden sehr herzlich empfangen und es fiel mir leicht, den Schülern meine Geschichte zu erzählen. Danach wurde ich von der Geschichtslehrerin, ihrem Mann, einem weiteren Lehrer sowie von Matthias und seinen Eltern auf einen wunderschönen Nachmittag in die Wachau eingeladen. Bevor ich nach Amstetten gefahren bin, war ich aufgeregt und ein bisschen nervös, aber meine Sorgen waren völlig umsonst. Es war ein »lovely day«. Ich hätte mir so sehr gewünscht, dass mein lieber Mann Albert das noch erlebt hätte. Leider ist er 2003 verstorben, gerade als das Projekt »A Letter To The Stars« begonnen hat. Er wäre von eurer Arbeit sehr angetan gewesen, ihr macht eine wertvolle Arbeit. Es tut gut, dass ihr euch darum kümmert, dass wir uns, nach dem, was wir durchgemacht haben, wieder besser fühlen können.

Lokführer nach Auschwitz warnte Mutter

Leo Goldschmid wurde von einem SA-Offizier versteckt. Dieser half auch, dass die Familie nach Theresienstadt statt Auschwitz kam.

Leo Arie Goldschmid wird 1934 in Wien geboren. Sein Vater stirbt infolge des November-Pogroms und der Verfolgung an einem Herzinfarkt. Ein Freund, jetzt SA-Offizier, versteckt über ein Jahr lang die Familie. Leo Arie Goldschmids Schwester kann auf einem Kindertransport entkommen. Er und seine Mutter werden als Nummer 999/13 und 1000/13 nach Theresienstadt deportiert. 1943 stehen sie auf der Transportliste nach Auschwitz. Doch sie bleiben und überleben. Nach der Befreiung Emigration nach Israel. Leo Arie Goldschmid heiratet, arbeitet jahrzehntelang für die Krankenversicherung und hat heute zwei Töchter und mehrere Enkelkinder.

Petra Fang ist im März 2008 im Projekt »Botschafter der Erinnerung« in Israel Leo Arie Goldschmid begegnet und hat seine Lebensgeschichte festgehalten.

Leos Eltern stammten ursprünglich aus Galizien, einer Gegend, die vor dem 1. Weltkrieg zu Österreich-Ungarn gehörte und heute zur Ukraine und Polen zählt. Doch schon vor Ausbruch des 1. Weltkriegs hatte sich Leos Vater in Wien niedergelassen und seinen eigenen Herrenschneidersalon eröffnet.

Schicksalsjahr 1934. Sozial und politisch war Österreich in Aufruhr. Der Austrofaschismus warf bereits unheilvolle Schatten über das Land. Bürgerkrieg, Putschversuch und ähnliches versprachen keine rosige Zukunft. In diesen unruhigen Zeiten wurde Leo Goldschmid in Wien – der damals zweitgrößten jüdischen Gemeinde Europas – geboren. Leos Familie wohnte in der Nähe des Praters im 2. Wiener Gemeindebezirk. Die Familie lebte nach relativ traditionellen Werten, zum Beispiel hatte Leo schon als kleines Kind Unterricht in Hebräisch und Bibelkunde.

Der Anschluss Österreichs im März 1938 war für Leo deutlich spürbar.

Schon am Tag nach dem Anschluss erfolgte die Kennzeichnung aller nichtjüdischen Geschäfte mit »arisch« und beim Eintritt in jüdische wurde man von Nationalsozialisten daran erinnert, dass es sich hierbei um ein jüdisches Geschäft handle. Schon bald darauf kam es zu Demütigungen und Misshandlungen von orthodoxen Juden auf offener Straße.

Nach diesen Geschehnissen wollte Leos Familie das Land verlassen. Zuerst über Köln, wo die Schwester der Mutter lebte, nach Belgien. Als dies scheiterte, versuchten sie, in die Schweiz zu gelangen. Doch auch der zweite Fluchtversuch war vergeblich.

Der Familie blieb nichts anderes übrig als in Wien zu bleiben. Die Situation der Juden wurde von Tag zu Tag schlechter, bis sie schließlich im Pogrom »Kristallnacht« eskalierte. In dieser Nacht hätte auch Leos Vater unter Arrest gestellt werden sollen, doch der Mutter gelang es, ihn davor zu bewahren: Sie täuschte vor, dass ihr Mann eine schwer ansteckende Krankheit hätte. Nach diesem Pogrom war nichts mehr wie davor, alle Juden hatten neben ihrer Menschenwürde und ihren Rechten auch ihren Besitz, ihre Geschäfte und ihre Firmen verloren und somit auch ihre Existenz. So war es auch Leos Vater ergangen. Gebrochen von vergeblichen Fluchtversuchen, Demütigungen und nun auch noch finanziellen Problemen, starb er 1939 an einem Herzinfarkt. Nun war Leos Mutter allein mit ihren beiden Kindern

Leo Arie Goldschmid (im Bild mit seiner Frau) erzählte im März 2008 im Projekt »Botschafter der Erinnerung« Petra Fang (Mitte) seine Überlebens-Geschichte.

und versuchte mit allen Kräften, mit ihnen ins Ausland zu flüchten.

Schließlich gelang es ihr, Leos Schwester kurz vor dem Angriff des Deutschen Reiches auf Polen in einem der letzten Kindertransporte nach Israel zu schicken. Leo und seine Mutter hatten keine Wahl, sie mussten in Wien bleiben. Sie hatten allerdings einige wenige gute Freunde und Nachbarn, die ihnen in diesen schweren Zeiten halfen, darunter auch ein Mann, der vor dem Krieg in einer Fabrik für Lokomotiven gearbeitet hatte. Bald nach Ausbruch des Krieges begann dieser Nachbar als Lokomotivführer zu arbeiten, unter anderem auf einer Strecke, auf der Juden in polnische Konzentrationslager gebracht wurden. Und dieser Mann warnte nun Leos Mutter vor Konzentrationslagern, die damals in Wien noch vollkommen unbekannt waren.

Leo und seine Mutter hatten keine Wahl, sie mussten in Wien bleiben.

Im September 1940 wurde Leo eingeschult. Allerdings nicht in eine gewöhnliche Volksschule, dies wurde durch Rassengesetze untersagt, sondern in eine Schule, die damals nur von jüdischen Kindern besucht wurde, die »Kleine Sperlgasse« in Wien II. Doch auch diese Schule sollte nicht mehr lange für jüdische Kinder offen stehen, ein Jahr nach Leos erstem Schultag wurde sie geschlossen. Von nun an war sie eine Sammelstation für Juden, die nach Polen deportiert werden sollten. Zu dieser Zeit lebten Leo und seine Mutter bei einer Schwester von Leos Vater. Eines Tages wollte letztere etwas aus der früheren Wohnung holen und wurde dabei von einem Helfer der Nazis geschnappt und nach Polen deportiert, wo sie wahrscheinlich ermordet wurde.

Aufgrund dieses schrecklichen Ereignisses und der Warnung, die Leos Mutter von ihrem Nachbarn erhalten hatte, suchte sie verzweifelt nach einem Weg aus dem Inferno. Unter anderem wurden sie und ihr Sohn von einem früheren Kunden des Vaters, einem SA-Offizier, über ein Jahr lang an verschiedensten Orten im Untergrund versteckt gehalten, bevor er entschied, dass diese Aktion ihn und seine Familie gefährde. Überzeugt davon, dass das »Vorzeigeghetto« Theresienstadt die beste Alternative für Juden war, »half« er Leo und seiner Mutter dorthin zu kommen. Von diesem Tag an waren Leo und seine Mutter keine Menschen mit Namen mehr, sie waren nur noch Nummern: 1000/13 und 999/13.

Von SA-Offizier über ein Jahr lang an verschiedensten Orten im Untergrund versteckt.

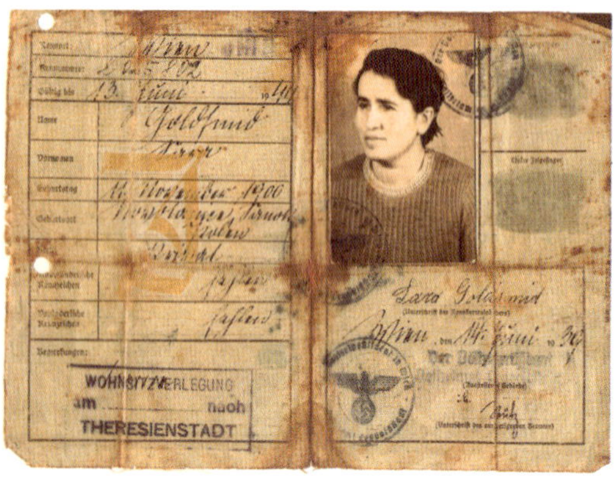

Im »Vorzeigeghetto« Theresienstadt angekommen, merkten Leo und seine Mutter allerdings bald, dass das Leben dort sehr hart war. Knapp 60.000 Juden aus Tschechien, Deutschland und Österreich waren schon vor ihnen nach Theresienstadt geschickt worden. Es gab wenig Platz, die Menschen mussten viel arbeiten und Nahrung war ohnehin immer knapp.

Es gab getrennte Behausungen für Frauen, Männer und Kinder, welche aus verschiedenen Baracken mit wenigen, meist sehr überfüllten Betten bestanden. Doch Leos Mutter tat auch diesmal alles, damit ihr Sohn nicht von ihr getrennt werden würde. Nach all den Horrorgeschichten hatte sie nun Angst, dass die Nazis plötzlich alle Kinder direkt nach Polen transportieren würden. Und sie sollte Recht behalten.

Im Oktober 1942 begannen Deportationen nach Auschwitz-Birkenau. Leos Mutter versuchte auch anderen Menschen zu helfen, sie vor dem nahezu sicheren Tod in Birkenau zu bewahren, doch kaum jemand glaubte ihr. Die Lügen der Nazis, die behaupteten, dass Birkenau ein besseres Lager wäre, hatten gefruchtet. Auch Leo und seine Mutter fanden sich 1943 in einer Gruppe von Menschen, die für die Deportation bestimmt waren, wieder. Aber es gelang Leos Mutter, sich und ihren Sohn zu retten. Von da an arbeitete seine Mutter noch härter, denn ihr waren Gerüchte zu Ohren gekommen, dass diejenigen, die am härtesten arbeiteten, nicht deportiert werden würden. Und wirklich, Zufall oder nicht, als die nächsten Deportationen begannen, standen ihre Namen nicht mehr auf der Liste. Eine Geschichte, die mir Herr Goldschmid geschildert hat, damit ich mir das Leben in Theresienstadt ein wenig besser vorstellen könnte, ist mir besonders in Erinnerung geblieben: Aufgrund eines Besuchs des Roten Kreuzes in Theresienstadt im Jahre 1944 wurden dort kaum Mühen gescheut, um ein »jüdisches Paradies« vorzuspielen. Zum Beispiel wurde ein neues Kinderheim eröffnet und die Kinder, unter ihnen Leo, neu ausgestattet. Als schließlich die Inspektion bevorstand, wurden den Kindern Sardinen und Schokolade vor die Nase gelegt. Allerdings waren die Verpackungen fest verschlossen und den Kindern war eingebläut worden, diese auf gar keinen Fall anzurühren. Die Tafeln und Dosen waren abgezählt. Außerdem mussten sie, wenn sich Rot-Kreuz-Helfer näherten, rufen: »Schon wieder Sardinen und Schokolade. Wir haben keine Lust mehr darauf.« Leo und ein Freund, damals kleine Kinder, konnten sich allerdings nicht beherrschen und nahmen eine Tafel und aßen sie auf. Viele Jahre später traf Leo eine der damaligen jüdischen Lehrerinnen wieder. Und sie erkannte ihn sofort als den damaligen Schokoladendieb wieder. Diesmal erzählte sie ihm, dass das Fehlen der Schokolade sie und ihre Kolleginnen in Lebensgefahr gebracht hatte. Darum hatten sie verzweifelt das Schokoladenpapier gesucht und ein Stück Pappe hineingelegt, sie wieder schön verpackt und unter die anderen, vollen Packungen gemischt.

»Von dem Raum aus, in dem wir in den letzten Monaten vor Kriegsende waren, konnten wir die Bewegungen auf der Straße außerhalb des Ghettos beobachten, was natürlich verboten und unter schwere Strafe gestellt war. Wir hatten den Mut, hinauszuschauen und zu sehen, was vor den Toren passiert. Was wir da in der Dunkelheit sahen, erfüllte uns mit Freude und Hoffnung. Wir sahen lange Kolonnen deutscher Soldaten, die sich zurückzogen und in der Nacht des 8. Mai 1945 war es plötzlich eine halbe Stunde lang absolut still, kein Fahrzeug, kein Mensch schien auf der Straße zu sein. Ich kann bis heute keine Worte dafür finden, welche Freude und welchen Jubel wir gespürt haben, als wir das wunderbare Geräusch von herankommenden Panzern hörten, die dann als russische Panzer sichtbar wurden. Unmittelbar nach der Befreiung und mit der Ankunft so vieler anderer Gefangener aus anderen Konzentrationslagern kam es zum Ausbruch infektiöser Krankheiten. Diesmal waren es die russische Armee und ihre medizinische Einheit, die uns strengste Auflagen und Einschränkungen machten, um die Seuchen zu bekämpfen.

Jubel über das wunderbare Geräusch von herankommenden russischen Panzern.

So kamen wir uns erneut wie Gefangene vor, und es war unmöglich, sich über die Befreiung, die wir so herbeigesehnt hatten, zu freuen. Nach ungefähr zwei Monaten war die Epidemie unter Kontrolle und wir wurden in ein Flüchtlingscamp nach Bayern in Deutschland verlegt, das unter der Hoheit der amerikanischer Besatzungstruppen stand.«

»Wie gerne sie ihre Vergangenheit mit uns teilen«

Auszüge aus dem Weblog, den Petra Fang in Israel geschrieben hat.

Was für ein Tag! Unglaublich!

Schwer so einen ganzen Tag, der mir wie eine Woche vorkommt, zu rekonstruieren ... Begonnen hat er im Club der österreichischen Pensionisten in Tel Aviv. Vor einem Monat hätte ich kaum geglaubt, dass so eine Einrichtung überhaupt existiert. Aber die Idee gefällt mir. Im Alter findet man zurück zu seinen Wurzeln, der Kreis schließt sich. Hinunter, in den Keller. Ich suche einen älteren Herrn. Seine Stimme kenne ich, seine Schrift auch, aber wie er wohl aussieht? Mein Blick schweift von einem Gesicht zum nächsten. So wird das nichts, ich frage einfach. Leider noch nicht da. Ich setze mich zu zwei alten Damen. Beide aus Wien, beide 1938 emigriert. Wir plaudern. Eine der beiden ist direkt nach Israel mithilfe ihrer Jugendgruppe, die andere auf großen Umwegen.

Jede dieser Geschichten ist einzigartig. Am liebsten würde ich sie alle hören und niederschreiben. Mein Gesprächspartner ist da. Wir reden ein wenig, ich lerne seine Gattin kennen und dann beginnt das Programm. Alle anwesenden Gruppen stellen sich vor. Ich soll kurz reden ... Irgendwie bin ich nervös. Sind gar nicht so wenig Leute, und mit Mikro ist es ein eigenartiges Gefühl. Aber irgendwie gefällt es mir auch, eine Dame umarmt mich sogar danach. Dankt mir. Zusammen mit Herrn und Frau Goldschmid verlasse ich den Club. Ich bin aufgeregt, ein wenig unsicher und sehr gespannt. Wir fahren in ein Restaurant. Direkt zum Strand. Die Aussicht ist toll. Es ist sein Lieblingscafe. Zuerst erzähle ich ein wenig. Dann Herr Goldschmid. Es fällt ihm schwer zu reden, während der Pausen spricht seine Gattin über ihr Leben. Herrn Goldschmids Geschichte ist faszinierend. Aber es bleiben Fragen, so viele offene Fragen. Gut, dass ich ihn noch mal sehen werde. Es ist eine besondere Geschichte. Schade, dass ich Herrn Goldschmids Mutter nicht mehr kennen gelernt habe. Sie muss eine bemerkenswerte Frau gewesen sein. So ein Überlebenswille, so viel Kraft für sich und ihren Sohn. Der Tag war anstrengend. Mir fallen gleich die Augen zu. Ich hab so viel erlebt, Herrn Goldschmids Tochter und ihr Gatte haben mir noch ihr Tel Aviv gezeigt. Es hat wirklich Spaß gemacht und dann noch all die Gespräche, mit Herrn Goldschmid, der mir noch sehr viel mehr erzählt hat, seiner Frau, seinem Schwiegersohn, seiner Tochter, Holocaust, Geschichte Israels, Politik, Bildung, Universitäten, Leben in Israel, Armee, ...

Letzter Tag!

Abendessen mit den Überlebenden. Ein letztes Mal, für die nächsten Monate zumindest, lauschen wir den Geschichten dieser Menschen. Wie gut diese Frauen und Männer mit ihrer Vergangenheit abgeschlossen haben, wie gerne sie diese mit uns teilen. Diese Geschichten werde ich wohl nie wieder vergessen, genauso wenig wie diese Begegnungs-Reise.

Leo Arie Goldschmid mit seiner Mutter auf einem Bild aus dem Sommer 1939, aufgenommen in Wien.

Wie durch ein Wunder war es Leo und seiner Mutter gelungen, bis zum Ende des Krieges in Theresienstadt zu bleiben und zu überleben. Durch die Hilfe von Leos Schwester bekamen sie relativ schnell Visa für Israel und konnten ausreisen.

In Israel studierte Leo und es gelang ihm, sich ein neues Leben aufzubauen. Bis zum heutigen Tag ist er beruflich aktiv, früher in leitender Position in der größten Krankenversicherung Israels, heute ist er vorwiegend in Projekten tätig. Leo heiratete und hat heute zwei Töchter und auch schon einige Enkelkinder. Die älteste dieser, Rona, ist genauso alt wie ich und ich hatte das Vergnügen, sie kennen zu lernen und einen Abend mit ihr zu verbringen. Leos Mutter habe ich leider nicht mehr kennen gelernt.

Wie durch ein Wunder war es Leo und seiner Mutter gelungen, zu überleben.

Sie ist schon vor einigen Jahren verstorben und hat nie wieder über ihre schrecklichen Erfahrungen während der Shoah geredet.

Die Schwester von Leos Mutter in Köln, ihr Gatte und ihre beiden Töchter wurden ermordet, wahrscheinlich in Konzentrationslagern in Polen. Der väterliche Teil der Familie und Leos Großmutter hatten mehr Glück, ihnen gelang die Flucht über Italien nach Amerika.

Mit 7 Jahren von Wien nach New York City

Herta Griffel-Baitch konnte auf einem Kindertransport entkommen, das Kleid, dass sie damals trug, erinnert sie an ihre ermordete Mutter.

Herta Griffel-Baitch wird 1933 in Wien geboren. Ihre Eltern Beila und Wolf Griffel haben in der Novaragasse 2 im der Leopoldstadt eine Greißlerei. Der Vater wird in der »Kristallnacht« verschleppt, das Geschäft arisiert – nach der Entlassung aus dem Lager stirbt Wolf Griffel. Die Mutter kann ihre Tochter im Alter von 7 Jahren in die USA schicken. Sie selbst wird 1942 in Maly Trostinec ermordet. Herta Griffel kommt zu Pflegefamilien, geht zur Schule und arbeitet bei einem Kinderarzt. Sie heiratet Arthur Baitch, mit dem sie heute drei Kinder und sieben Enkelkinder hat.

Im Mai 2008 war Herta Griffel-Baitch im Projekt »38/08« zu Gast an der **Hauptschule Haag** bei Direktorin **Anna Kastner**, die ihre Lebensgeschichte dokumentiert hat.

Diese Dokumentation ist ein Denkmal für Beila und Wolf Griffel, damit sie nicht vergessen werden, und die Lebensgeschichte ihrer Tochter Herta.

Die Mutter: Beila Griffel, geborene Nagel, geboren am 28. Mai 1896 in Majdan Sredni, einem kleinen Dorf im Osten Polens. Ermordet am 18. September 1942 im Todeslager Maly Trostinec im heutigen Weißrussland.

Der Vater: Wolf Griffel, geboren am 29. Jänner 1888 in Krakau, Polen, gestorben am 3. November 1939 in Wien nach Aufenthalt im Arbeitslager, beerdigt auf dem jüdischen Friedhof in Wien.

Herta wird als einziges Kind der Familie am 10. März 1933 in Wien geboren. Sie lebt heute in Baltimore, USA, ist verheiratet mit Arthur Baitch, hat drei Kinder und sieben Enkelkinder.

Beila und Wolf hatten sich in Wien kennen gelernt und 1930 geheiratet. Gemeinsam führten sie eine Greißlerei in der Novaragasse 2, im 2. Bezirk Leopoldstadt, nahe dem Augarten.

Nachdem der Vater in der »Kristallnacht« verschleppt worden war, kam er in ein Arbeitslager. Das Geschäft musste geschlossen werden und wurde vom nationalsozialistischen Regime enteignet.

Herta kann sich nur wenig an diese Zeit erinnern, da sie noch sehr jung war. Aber der Name »Hitler« war auch für sie verbunden mit Angst und bösen Vorahnungen. Sie kann sich an Nazi-Paraden auf der Straße erinnern, die sie erschreckten. Bald nach dem Anschluss wurden die jüdischen Männer aus der Nachbarschaft in Lastkraftwagen abtransportiert. Und die LKW kamen immer wieder. Dies ging so Tag für Tag. Es war anzunehmen, dass sie in ein Arbeitslager gebracht wurden.

Eines Nachts wurde ihr Vater krank heimgebracht und verstarb am 3. November 1939. Er liegt am jüdischen Friedhof in Wien begraben.

Danach lebten die Mutter, Herta und eine Tante in einer kleinen Wohnung. Eines Nachts brachen drei Nazis ein, durchwühlten die Wohnung und suchten nach etwas, was sie nicht verstand. Bald nach diesem Vorfall fand die Mutter eine Möglichkeit, Herta wegzuschicken. Herta kann sich nicht mehr daran erinnern, wie sie von Wien durch ganz Europa nach Lissabon gelangte und von dort nach New York City. Ein Sozialarbeiter brachte sie nach Baltimore, Maryland, zu einer Pflegefamilie.

Herta Griffel-Baitch hat in Wien zwei »Mädchen« wiedergesehen, mit denen sie 1940 auf dem selben Schiff in die USA gefahren war.

Herta war sieben Jahre alt, als ihr die Mutter erzählte, dass sie nach Amerika geschickt wird, wo sie geschützt sei vor dem, was hier in Österreich mit den Juden passiert. Herta weiß nicht, wie es ihrer Mutter gelungen ist, mit der Hilfsorganisation »German-Jewish Children's Aid Society« Kontakt aufzunehmen. Nach einer psychischen und körperlichen Untersuchung verließ Herta im Dezember 1940 mit einer Gruppe von acht weiteren Wiener Kindern Wien. Zwei der Kinder waren 11 Jahre alt, vier waren 13 und zwei 15 Jahre alt.

Herta war sieben Jahre alt, als ihr die Mutter erzählte, dass sie nach Amerika geschickt wird.

Ihrer Mutter wurde die Ausreise nicht erlaubt, da die Einwanderungsbehörde Amerikas sehr streng war. Die Mutter erzählte ihr, sie wolle versuchen in ein Land zu kommen, das Kuba heißt und ein paar Tage später von dort in die USA gelangen.

Nach einigen wenigen Briefen hörte Herta aber nichts mehr von ihrer Mutter.

Chris Taggart

Herta Griffel Baitch came to Maryland in 1940 under the auspices of German Jewish Children's Aid. She was raised by foster families, and grew up to marry and raise a family of her own. Her mother, who embroidered the dress the girl wears in this picture, died in a Nazi concentration camp.

Erste Pflegefamilie

Herta kam zu ihrer ersten Pflegefamilie, zu Joseph und Clara Baer, die in Baltimore lebten. Herta sprach kein Englisch, aber in dieser Familie wurde Jiddisch und Deutsch gesprochen. Es ging ihr gut. Es gab noch drei jüngere Kinder. Herta besuchte die öffentliche Schule.

Herta kann sich nicht mehr daran erinnern, wie die Schule in Wien gewesen ist. Es scheint so, dass sie viele Erinnerungen mit dem Zeitpunkt verloren hatte, als sie ihre Mutter verlassen musste. Sie besuchte die amerikanische Schule, hatte eine schöne Handschrift, las Deutsch und Hebräisch.

Nach sechs Monaten gebar die Pflegemutter ein weiteres Kind und die Agentur, die sie untergebracht hatte, beschloss, dass Herta deshalb zu einer anderen Pflegefamilie wechseln muss. Inzwischen hatte Herta schon gut englisch sprechen gelernt und war bestens in der Familie integriert. Außerdem lebten in der Nachbarschaft viele im Ausland geborene Menschen. Herta fühlte sich behaglich in ihrer selbstgemachten Kleidung, die sie trug.

Zweite Pflegefamilie

In der neuen Pflegefamilie, bei Harry und Mary Friedlander, in der sie nun untergebracht wurde, fühlte sich Herta schon aufgrund der fremdartigen Kleidung, die sie tragen musste, unbehaglich, weil sie so ganz anders aussah als die anderen. Obwohl ihre neue Pflegeschwester Beverly nur eineinhalb Jahre älter war, schaute sie schon viel älter aus. Sie war auf Hertas Ankunft nicht vorbereitet worden und fand, dass das Auftauchen Hertas in ihrer Familie eine außerordentliche und schreckliche Zumutung und Last sei. Herta hatte viele Schwierigkeiten in diesem neuen Leben und sie vermisste ihre andere Pflegefamilie sehr, die sie verlassen hatte müssen und wo sie sich auch geliebt gefühlt hatte. Die Pflegemutter erkrankte bald nach Hertas Ankunft an einer Reihe schwerer Krankheiten. Es war kein glückliches Heim.

Das größte Problem des Heranwachsens war für sie, dass sie sich so unterschiedlich zu den anderen Kindern fühlte. Sie hatte ganz wenig Erinnerungen an Wien und sie kannte auch niemanden, der so ein Schicksal hatte wie sie oder der so war wie sie. Die Kinderhilfsagentur

Ein Kleid als Erinnerung. Herta Griffel-Baitch hat jenes Kleid nach Wien mitgenommen, das sie auf dem letzten Bild trägt, das sie vor der Flucht mit ihrer Mutter zeigt.

Botschaft. Diese Tafel von Herta Griffel erinnerte am Heldenplatz in Wien an ihre Mutter, die ermordet wurde und ihren Vater, der nach dem Lager starb.

dachte zu dieser Zeit, dass es besser sei, keine Kinder mit einem ähnlichen Schicksal kennen zu lernen, um sich leichter in die amerikanische Gesellschaft integrieren zu können.

Sie taten sicher das Beste, das sie in der damaligen Zeit unter diesen Umständen tun konnten. Herta fühlt sich zu großem Dank verpflichtet für die Gelegenheit, die sie ihr gaben. Herta lernte gut in der Schule. Sie besuchte auch die hebräische Schule, wie die Agentur es ihrer Mutter versprochen hatte. Diese Kinderhilfe-Gesellschaft, die »Children's Aid Society«, bezahlte alle ihre Ausgaben bis zu ihrem 18. Lebensjahr, bis sie erwachsen war. Nach dem Schulabschluss erhielt sie die amerikanische Staatsbürgerschaft.

Danach arbeitete sie einige Jahre als Sekretärin bei einem Kinderarzt. 1952 heiratete sie den Chirurgen Arthur Baitch.

Erst in den letzten beiden Jahren wurde es möglich, mehr Informationen aus den frühen Jahren zu erhalten. Herta fand zwei der Wiener Kinder, mit denen sie die Fahrt nach Amerika gemacht hatte: Melanie Ölbaum und Stella Bengel. Sie waren damals 11 und 13 Jahre alt. In vielen Gesprächen konnten sie Hertas Erinnerungslücken auffüllen. Außerdem erfuhr sie vom Schicksal ihrer Mutter. Diese wurde am 14. September 1942 in das Todeslager Maly Trostinec, südlich von Minsk in Weißrussland, transportiert und dort am 18. September 1942 ermordet.

Trotz der verschiedensten Probleme in den frühen Jahren wurde das Leben für Herta »wunderschön«. Herta und Arthur Baitch haben zwei Söhne und eine Tochter und sieben Enkelkinder.

»Zwischen Haag und Baltimore«

Direktorin Anna Kastner über die Begegnung mit Herta Griffel-Baitch.

Etwas spät angemeldet, weiter weg von Wien, als Schülergruppe keine ganze Klasse, trotzdem war es uns noch möglich, am Einladungsprojekt »38/08« teilnehmen. Eine Einladung in unseren Ort und an unsere Schule waren zu strapaziös und von unserem Gast nicht erwünscht und so blieb es bei einem regen E-Mailverkehr zwischen Haag und Baltimore und unserem Besuch in Wien am 5. Mai 2008.

Wir freuten uns auf diese Begegnung und hofften, unserem Gast Freude bereiten und wieder ein wenig Kontakt zur ehemaligen Heimat schaffen zu können. Vor allem die nächste Generation sollte dafür sensibilisiert werden, was damals in Österreich passierte. Schon aus den E-Mails erahnte ich, welch liebevolle Person wir einladen durften. Der Kontakt zu Herta Griffel-Baitch war schnell geknüpft. So erfuhren wir bald von ihrem Schicksal. Für mich als »Historikerin« war es besonders wichtig, wurden mir doch die Augen geöffnet über Schicksale, von denen ich so überhaupt keine Ahnung hatte. Ergreifend war zunächst schon die Suche nach der Tafel mit der persönlichen Botschaft von Herta Griffel. Nach der gut organisierten Gedenkfeier kam der wichtige Moment und zwei Schüler holten Mr. Arthur und Mrs. Herta Baitch von ihrer Sitzreihe und überquerten plaudernd den Heldenplatz, während wir schon angespannt bei der betreffenden Tafel warteten. Und bald kam es zur Begegnung, die uns allen viel Freude bereitete. Wie konnte es dazu kommen, dass unsere Heimat solch wertvolle Menschen vertrieb, quälte oder ermordete? Solche Begegnungen sind sehr wichtig für Österreicher, im Speziellen auch für mich und meine Schülerinnen und Schüler, da wir so viele Jahre keine Notiz nahmen vom jüdischen Leben und von jüdischen Schicksalen. Herta Griffel war die erste Zeitzeugin mit Kontakt zu unserer Schule. Lange Jahre erzählte uns niemand, was geschah, aber nun versuchen wir die Wahrheit herauszufinden und so ist dieser Kontakt ein ganz wichtiger Teil meiner Arbeit. Je enger der Kontakt wurde, desto mehr wollte ich natürlich erfahren und die Lebensgeschichte dokumentieren. Ich denke, Herta ist immer eine Teil unseres Landes, unseres Lebens und meines Herzens.

Nach der herzlichen Begrüßung spazierten wir zum Volkstheater, wo Herta mit zwei Freundinnen (Stella Bengel und Melanie Ölbaum) über ihr Leben in Wien unter dem nationalsozialistischen Terror erzählte, wie sie gedemütigt und verfolgt, aus Österreich vertrieben und ihre Familie ermordet wurde, über ihre Fahrt nach Amerika und über das Leben in der neuen Heimat. Mit dem Bewusstsein, dass sie und ihre Eltern nicht vergessen werden, trennten wir uns und hoffen sehr, dass Mitmenschlichkeit, Offenheit und Freude dazu beitragen, Hoffnung für die Zukunft zu bewirken. Diese Begegnung war für mich eine großartige Bereicherung und eine wertvolle persönliche Erfahrung.

Gemeinsam in Wien. Herta kam gemeinsam mit ihrem Mann Arthur Baitch im Projekt »38/08« nach Wien, aus dem sie 1940 in die USA entkommen konnte.

Familienbilder. Die Collage oben zeigt Herta Griffel-Baitch mit ihren Eltern Beila und Wolf. Im Bild oben Herta mit ihrer ersten Pflegeschwester Beverly Baer im Frühling 1941. Daneben das Passbild bei der Ausreise nach Amerika und Herta im Alter von 8 Jahren in Baltimore.

Herta dankt Gott für das Glück, dieses Land erreicht zu haben. Sie ist dafür unendlich dankbar.

Ich freue mich sehr, dass ich die zwei liebenswerten Menschen Herta und Arthur Baitch kennen lernen durfte. Trotz des schweren Schicksals strahlt Herta Fröhlichkeit und Optimismus aus und begegnete uns mit Offenheit. Gleichzeitig bedanke ich mich sehr herzlich, dass mir Herta das Vertrauen schenkte, ihre Lebensgeschichte niederschreiben zu dürfen.

Herta Griffel-Baitch hat nach ihrer Heimkehr geschrieben: »Es war für mich eine sehr interessante Erfahrung, zu den österreichischen Schülern zu sprechen. Sie sind Generationen nach dem Holocaust geboren. Ihre Großeltern und Eltern haben diese Jahre, falls überhaupt, nur selten erwähnt, und doch haben sie sich so sehr für meine Geschichte interessiert. Das Projekt hat es möglich gemacht, dass sich Schüler von heute und Opfer von damals von Angesicht zu Angesicht treffen und ihre Erfahrungen teilen.«

»Ich lebte wie ein gehetztes Tier«

Sigi Hoffmann wurde gedemütigt und geschlagen, ständig in Angst, getötet zu werden. Mit 17 konnte er nach Palästina fliehen.

Sigi (Jehoshua Shmuel) Hoffmann wird 1921 in Wien-Ottakring geboren. Seine Eltern sind religiös, Sigi Hoffmann lernt in der Synagoge Hebräisch, was ihm später in Israel helfen wird. Infolge des Anschlusses und der »Kristallnacht« wird Sigi Hoffmann verprügelt und gezwungen, z.B. Straßen mit der Zahnbürste zu putzen. Mit 17 kann er nach Palästina entkommen, seine Familie folgt später nach. Unzählige Verwandte werden von den Nazis ermordet. Sigi Hoffmann arbeitet in Haifa im »Cafe Werner«, kann sich mit seiner Frau ein neues Leben aufbauen, bekommt zwei Kinder und lebt heute in Israel.

Im Mai 2008 war Sigi Hoffmann im Projekt »38/08« als »Letzter Zeuge« zu Gast an der **Haupt- und Realschule Lassnitzhöhe** mit Direktorin **Ulrike Lackner**. Die Lebensgeschichte wurde von Sigi Hoffmann verfasst.

Ich bin am 6. Oktober 1921 in Ottakring, einem Arbeiterbezirk in Wien, zur Welt gekommen. Ich war das älteste von fünf Kindern. Wir alle wurden dort in einer kleinen Wohnung geboren, wo wir bis zur zwangsweisen Emigration lebten.

Unsere Lage war nicht rosig. Mein Vater wurde im 1. Weltkrieg verletzt und litt seither an der Parkinsonschen Krankheit. Dadurch konnte er nie einen festen Posten annehmen. Unterstützung bekamen wir von einem Bruder meines Vaters, der gut situiert war und keine Kinder hatte. Trotz all dem war meine Kindheit froh und glücklich. Wir liebten einander und waren zufrieden.

Als ich vier Jahre alt geworden war, schickten mich meine Eltern in die Synagogengemeinde, welcher mein Vater angehörte. Dort lernte ich sowohl rituelle Gebete, die Bibel und den Talmud als auch Hebräisch lesen und schreiben, was mir später bei der Einwanderung in das damalige Palästina sehr zugute kam. Meine Eltern waren religiös und haben uns Kinder auch so erzogen.

Meine Mutter lehrte mich auch Deutsch lesen und schreiben, sodass ich, als ich in die Schule kam, ein recht guter Schüler war. Ich absolvierte acht Pflichtschuljahre. Mein Wunsch war es, Jura zu studieren. Ich wusste jedoch, dass sich meine Eltern so ein Studium nicht leisten konnten.

Deshalb trat ich bei einem Konfektionär in die Berufslehre ein, wo ich bis zum 9. November 1938, der »Kristallnacht«, verblieb. Was danach kam, war eine sehr schlimme Zeit. Mit diesem Datum hat sich mein Leben vollkommen verändert. Ich lebte seither wie ein gehetztes Tier – wie so viele meiner Glaubensgenossen – in stetiger Angst von einem Jäger getötet zu werden. Wenn ich in der Früh zur Arbeit ging, solange dies noch möglich war, wusste ich nie, ob ich abends meine Familie noch einmal wiedersehen würde.

Wie oft wurde ich gezwungen, den Gehsteig mit einer Zahnbürste zu waschen oder angeschmierte Schaufenster mit einer Rasierklinge abzukratzen, während ein Nazi mit einem Knüppel bei mir stand und mich prügelte. Zwei Mal war ich auch grundlos von den Nationalsozialisten verhaftet worden, hatte jedoch das Glück, wegen meiner jungen Jahre wieder entlassen zu werden, bevor man einen Transport nach Dachau zusammenstellte.

Sigi Hoffmann war bereits einige Male in Wien, wollte aber nie mit Österreichern zu tun haben: »Erst der letzte Besuch im Projekt hat in mir einen Knoten gelöst«.

Bekannterweise hatten die »Jewish Agency« und der »Joint« mit der englischen Regierung ein Abkommen getroffen, dass eine gewisse Anzahl von Jugendlichen im Alter von 14 bis 16 Jahren aus Deutschland – und nach dem Anschluss auch aus Österreich – Zertifikate bekommen sollen, um sich nach Palästina zu retten.

Ich war bereits jahrelang in einem zionistischen Jugendbund aktiv tätig gewesen, und so hatte ich das Glück, einer der Auserwählten zu sein. So habe ich Wien am 2. April 1939 mit einer Gruppe Jugendlicherschweren Herzens verlassen, da ich meine lieben Eltern und Geschwister dort zurücklassen musste.

Wie oft wurde ich gezwungen, den Gehsteig mit einer Zahnbürste zu waschen …

Noch in Wien wurden wir auf die verschiedenen Orte in Palästina aufgeteilt, wo wir weiter leben sollten. Mich hat das Schicksal in eine Landwirtschaftliche Mittelschule in Pardess Chana verschlagen, wo ich die nächsten

Gastgeber. Im Bild oben: SchülerInnen und LehrerInnen der Haupt- und Realschule Lassnitzhöhe beim Denk.Mal von Sigi Hoffmann, der auch an die Schule geladen wurde.

zwei Jahre auf Kosten der »Jewish Agency« verbrachte.Ich musste mich völlig umstellen, Kuhstall, Feldarbeiten, Hühnerstall usw. erlernen, was mir natürlich völlig fremd war. Wir Schüler arbeiteten vormittags und nachmittags hatten wir hebräischen Unterricht in der Mittelschule. Die Schule war ein Internat, sodass der Anfang meines neuen Lebens nicht ganz so schwierig war.

Nach zwei Jahren fast sorglosen Lebens musste ich die Schule verlassen, ohne eine Ahnung zu haben, was denn die Zukunft bringen würde. Aber wie der Zufall es wollte, hatte ich im Internat einen Mitschüler, dessen Vater, auch ein ehemaliger Wiener, in Haifa ein Restaurant hatte und auf Fürsprache des Erziehers jemanden aus unserer Gruppe anstellen wollte. So kam ich 1941 mit zwei Koffern beladen nach Haifa, wo ich bis 1947 im »Cafe Werner« arbeitete.

Inzwischen kamen tröpfchenweise auch meine Geschwister hierher nach Palästina, bis auf meinen jüngsten Bruder, der als 11-Jähriger von einer jüdischen Familie aus London »angefordert« wurde.

Meine Eltern konnten im ersten Kriegsjahr aus Wien flüchten und von Bratislava aus mit weiteren 3500 Juden aus Europa auf der »Schönbrunn« mit noch zwei anderen Schiffen auf illegale Weise nach Palästina gelangen. Sie wurden aber von den Engländern bei der Ankunft verhaftet und für eine Nacht nach Atlit gebracht. Am nächsten Tag wurde die ganze Gruppe nach Mauritius, einer Insel im Indischen Ozean, verbannt. Dort waren sie fünf Jahre lang interniert, bis zum Ende des Weltkrieges, als wir uns wiedersahen.

1947, als die UNO den Teilungsplan für einen jüdischen und einen arabischen Staat ratifizierte, musste ich, wie alle jungen Menschen, auf Anforderung der jüdischen »Behörde« (Hagana) zu militärischen Übungen oder Panzerabwehrgräben graben. Mit der Ausrufung des Staates Israel am 15. Mai 1948 wurde ich eingezogen. Da ich, wie schon erwähnt, Hebräisch lesen, schreiben und sprechen konnte, wurde ich Staatsbeamter. Von diesem Tag an arbeitete ich bis 1962 in einer Abteilung des Finanzministeriums. Im

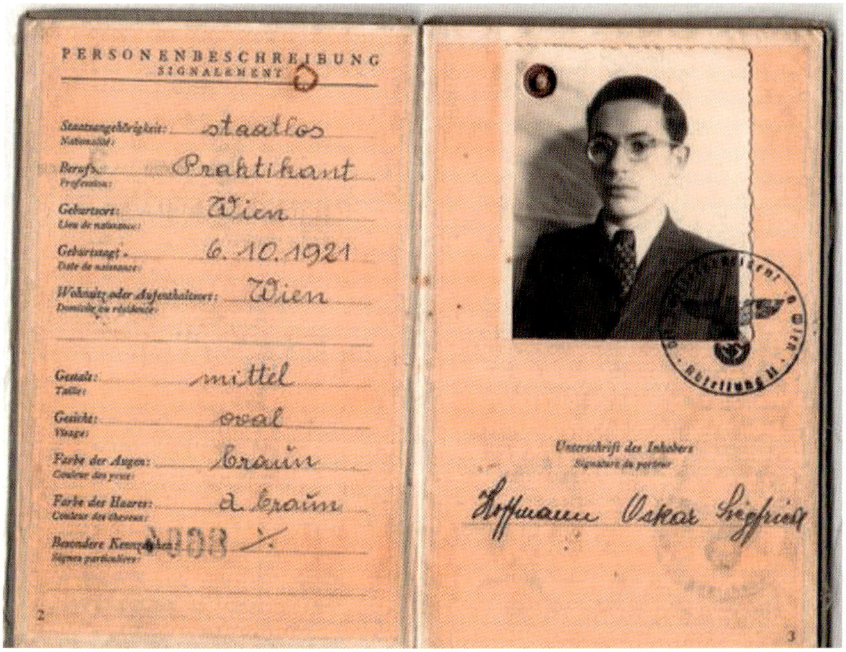

Laufe der Jahre wurde ich zum Abteilungsleiter befördert.

1953, im Monat Mai, lernte ich eine junge nette Dame aus Luzern in der Schweiz kennen, und im Monat August haben wir dann geheiratet. Wir haben zwei Söhne bekommen, Ron 1954 und Eli 1956.

Wir hatten kein leichtes Leben. Mein Einkommen als Regierungsbeamter war nicht groß, und meine Frau konnte, solange die Kinder klein waren, keine Arbeitsstelle annehmen. 1963 habe ich die Regierung verlassen und bin bei der damals größten elektronischen Firma »AMPA« als Salesman eingetreten.

Ich wurde später Geschäftleiter der Filiale Nord-Israel in Haifa und ging im Jahr 1986 schließlich in Pension. Natürlich machte ich alle Kriege in Israel mit.

Unsere finanzielle Lage hat sich verbessert, die Söhne haben geheiratet und uns sechs Enkel geschenkt, sodass meine Frau und ich ein zufriedenes Leben in Haifa verbringen.

Fremdenpass. Mit diesen Papieren des NS-Regimes konnte Sigi Hoffmann im April 1939 nach Palästina emigrieren.

»Ich kam als gelöster Mensch nach Israel zurück«

Sigi Hoffmann über seine Erfahrungen im Projekt »A Letter To The Stars«.

Obwohl ich schon etliche Male in Wien war, da mir die Stadt, in der ich meine Kindheit und ein Teil meiner Jugend verbracht habe, immer am Herzen lag, habe ich nie versucht, mit den dort lebenden Bewohnern in Verbindung zu kommen, weil ich den Groll der Nazizeit noch immer in meinem Herzen trug.

Das hat das Zusammensein mit euch lieben Leuten und mit der Schule in Lassnitzhöhe, den Schülern und dem Lehrpersonal geheilt.

Ich kam als gelöster Mensch nach Israel zurück.

Ein besonderer Dank gebührt dem Veranstalter für die Vision, die Jugend Österreichs ein Verständnis zwischen Mensch und Mensch zu lehren.

Ich war skeptisch, wie ich den Schülern der Realschule Lassnitzhöhe begegnen sollte, ob sie das, was ich mitgemacht habe, interessieren würde. Zu meiner Freude und meinem Erstaunen stimmte sogleich die Chemie zwischen uns. Bei dieser Gelegenheit möchte ich mich beim Lehrpersonal und besonders bei Frau Lackner für das Gelingen und die schöne Aufnahme dieser für mich so wichtigen Zusammenkunft bedanken.

Gedenkveranstaltung. Sigi Hoffmann und seine Frau auf der Gedenkfeier »38/08«, zu der mehr als 200 österreichische Überlebende der Shoa in ihre alte Heimat gekommen waren.

Was Wien betrifft, habe ich mit meiner Frau alle Plätze, in der ich meine Jugend verbracht habe, besucht: das Haus, in welchem ich vor bald 87 Jahren geboren wurde, die Schulhäuser, in welchen ich gelernt habe, die Parks, in denen wir Fußball gespielt haben, das Haus, in welchem meine geliebte Tante Berta gelebt hatte, wo sie starb und von dem aus ihr Mann und drei Kinder deportiert – und umgebracht wurden. Wo jeder Platz ein Stück Erinnerungen an meine Jugend hervorbrachte.

Leider gab es keine Listen mit den Namen der Beteiligten an diesem Ereignis, weil ich vielleicht noch Leute hätte treffen können, die ich die letzten 70 Jahre nicht wiedergesehen habe. Es ist anzunehmen, dass auch diese sich in der Zeit etwas verändert haben ...

Wir verließen Wien mit dem Gefühl, dass Eure Tätigkeit der heutigen Jugend ein Mahnmal ist, dass so etwas nie mehr vorkommen soll und dass diese davon lernen sollen.

Seit unserer Ankunft zu Hause in Israel reden wir dauernd über unsere Reise, über Eure Vision und Tätigkeit.

Wir werden diese Woche nie vergessen.

Bei dieser Gelegenheit möchten wir uns bei Euch allen und besonders bei Frau Hartig und Frau Lendl bedanken für alles, das für uns getan wurde, und wünschen Euch allen viel Gesundheit und viel Erfolg im Rahmen von »A Letter To The Stars« und Eurem privaten Leben.

In tiefer Verbundenheit,

Susy und Sigi (Jehoshua) Hoffmann

Denk.Mal. Diese Skulptur, ausgestellt auf dem Wiener Heldenplatz, ist Otto Blumenfeld gewidmet, einem von mehr als 65.000 jüdischen Opfern des NS-Regimes.

»Kein Gedanke ist frei von Auschwitz«

Freddie Knoller führte in Paris unter falscher Identität deutsche Soldaten in Bordelle, ging dann in den Widerstand und kam ins KZ.

Freddie Knoller wird 1921 in Wien geboren. Mit 17 Jahren kann er 1938 nach Belgien auswandern, 1940 muss er nach der Einnahme durch die Deutschen weiter nach Frankreich flüchten. In Paris arbeitet er zuerst unter falscher Identität mit deutschen Soldaten. Später geht er in den Widerstand, wird verraten und ins KZ Auschwitz deportiert. Er überlebt mehrere KZ und Todesmärsche und wird schließlich in Bergen-Belsen von den Briten befreit.

Im Mai 2008 waren das **GRG Rahlgasse** in Wien mit Lehrer **Florian Part** sowie die **HLA für Kunst** in der Wiener Herbststraße mit Lehrer **Christian Gmeiner** Gastgeber für Freddie Knoller.

Einige Passagen der von Katja Seidel verfassten Lebensgeschichte stammen aus dem Buch **»Living with the Enemy: My Secret Life on the Run from the Nazis«** von Freddie Knoller, 2005, Metro-Publishing

Ja, das ist mein Charakter, blind optimistisch! Und vielleicht war das ein Segen für mich, weil ich immer geglaubt habe, dass ich die Lager überleben werde, und dieser Glaube und eine große Portion Glück haben mich möglicherweise gerettet!

Freddie Knoller kommt 1921 in Wien als Sohn einer jüdischen Familie der österreichischen Mittelschicht zur Welt und erlebt eine glückliche Kindheit. Als jüngster von drei Söhnen lernt er Chello spielen, er sammelt in seiner Freizeit Briefmarken und geht wie seine Brüder ins Gymnasium. Seine Bar Mizwah feiert Freddie Knoller 1934 noch völlig unbehelligt von politischen Ereignissen im Polnischen Tempel. Sein Leben als Jugendlicher ist geprägt vom jüdischen Glauben und der sozialdemokratischen Einstellung.

Ein Familienbild (siehe übernächste Seite), das 1937 in der damaligen Wohnung aufgenommen wurde, zeigt die noch heile Welt der drei Knoller-Burschen mit ihren Instrumenten. Die Brüder traten häufig zusammen als »Das Trio der Brüder Knoller« auf. So lud eine Ankündigung bereits am 8. April 1932, als Freddie 11 Jahre alt war, zur Aufführung des »Josef Haydn Trio No. 1 in G-Dur«.

Als Österreich nach der letzten Rede Schuschniggs an Deutschland angeschlossen wurde, versuchen die Eltern ihre Kinder vor den Nazis in Sicherheit zu bringen. Freddie Knoller kann im Dezember 1938 nach Belgien emigrieren, doch als Deutschland Belgien im Jahr 1940 annektiert, muss er erneut fliehen – diesmal nach Frankreich.

In Frankreich lebt er nun unter falschen Papieren als Robert Metzner – ein Franzose aus dem Elsass. Er kommt in Paris unter und verdient sich seinen Lebensunterhalt als Guide im Rotlichtmilieu von Montmartre, wo er gegen eine kleine Kommission deutsche Soldaten zu Nachtclubs, Kabaretts und Bordellen führt.

Über seine Zeit in Paris und die Abgrenzung zu jüdischen Bekannten schreibt Freddie Knoller: »Ich schämte mich, dass mein Kopf auf diese Weise gegen meine Freunde arbeitete, aber ich wusste auch, dass es, um zu überleben nötig war, wie die Nazi-Eroberer zu denken, unter denen ich lebte. Ich musste mich so weit wie möglich von den Menschen entfernen, die sie hassten – im Grunde musste ich mich von mir selbst entfernen!«

Freddie Knoller hat das KZ Auschwitz überlebt. Er sagt: »Bis zum heutigen Tag schlinge ich Essen in mich hinein, als ob es nie wieder eines geben würde.«

Eines Tages kommt es zu einer alles verändernden Begegnung. »Das Ende meines Paris-Abenteuers kam plötzlich. Eines Abends, als ich wieder einmal wie üblich mit den deutschen Soldaten verhandelte, kamen zwei Zivilisten in langen, schwarzen Ledermänteln, offensichtlich Gestapo-Männer, auf mich zu. Ich erstarrte. Sie forderten mich auf Französisch auf, meinen Ausweis zu zeigen. Zum Glück war ich geistesgegenwärtig genug, um sofort auf Deutsch zu antworten. ›Sie sind also aus dem Elsass, Herr Metzner?‹ kam als Antwort und ›Was machen Sie denn hier mit den deutschen Soldaten?‹

Um zu überleben, war es nötig, wie die Nazi-Eroberer zu denken, unter denen ich lebte.

Mein Herz schlug heftig und doch versuchte ich, meine Antwort einfach geschäftig wirken zu lassen. ›Nun, ich bin ein Guide. Ich führe die Soldaten herum, bringe sie zu einigen Klubs ... Sie können sich dann die Show ansehen, Kabaretts, so Sachen eben. Nichts besonderes. Und da ich ja Deutsch spreche, kommen wir gut mitei-

Elternvereinigung d s ande   gymnasiums Wien II.

AKADEMIE MIT TANZ

am 9. April 1932 im
Festsaale des Hotels
„BAYRISCHER HOF"

PROGRAMM

) Begrüßungsansprache des Obmannes Herrn Dr. Hellpern
2) Schülerorchester unter Leitung des Professors Herrn Dr. Richard Ehrmann:
   a) Fr. Couperin (1668—1733): Musette
   b) W. A. Mozart: Alla Turca in A-Dur
   c) G. Bonelli—N. Dostal: „Jede Geige jeder Brumbaß" (Nova Rumba)
3) Liedervorträge der Konzertsängerin Frau Gusti Pirker-Schwarz
4) Solotänze ausgeführt von Lisl Weinberger (Schule Bodenwieser)
   a) Puppentanz
   b) Matrosentanz
   am Flügel Otto Knoller
5) The five famous favorites (Gesangsquintett)

P A U S E

6) Trio der Brüder Knoller
   Josef Haydn Trio Nr. 1 in G-Dur
7) „2 Artusa's"
   Equilibristic-Act. Mit ihren beiden Zöglingen vom Ronacher-Varieté
8) Mertens er zaubernde Komiker
9) Herr Burgschauspieler Richard Eybner

Conference: Bobby Weiser

Nach Schluß der Vorträge: Tanz

Musik: „The Wallis Elite-Kiddies".

Das Leben davor. Das Bild (oben) zeigt Freddie Knoller mit seinen beiden Brüdern 1937 beim gemeinsamen Musizieren in der elterlichen Wohnung. Das Programm (unten) lädt zu einer Aufführung des »Trio der Brüder Knoller« im April 1932.

nander aus.‹ Die beiden Männer nickten, machten aber dennoch klar, dass ich mitkommen müsse. Sie eskortierten mich zu ihrem Wagen und ich warf noch einmal einen Blick auf die glanzvolle Pariser Kulisse und fragte mich, ob ich sie wohl je wieder sehen würde.«

Das Gestapo-Hauptquartier, in das die zwei Männer Freddie Knoller bringen, ist in einem eleganten Gebäude vis-a-vis der Oper untergebracht. Die »weiten, alptraumartig widerhallenden Gänge« der Kommandantur, durch die er geführt wird, vermitteln ihm das Gefühl, ein »unbedeutendes Insekt« zu sein.

Freddie Knoller wird von den Männern in ein Büro gebracht, an dessen Wand ein Portrait Hitlers und die Hakenkreuzfahne hängen. Sein Blick fällt aber auf den Schreibtisch vor ihm, auf dem sich wie ein Ornament ein aus Gips geformter, menschlicher Schädel befindet. Er beschreibt die Szene in seinen eigenen Worten: »Einer der Männer verließ den Raum, der andere setzte sich hinter den Schreibtisch und wies mich an, mich ihm gegenüber zu setzen. Er betrachtete mich ausgiebig und fing an, mich zu befragen, beginnend bei meiner Familiengeschichte. Ich war gut vorbereitet und erzählte flüssig und ohne Fehler. Ich erzählte ihm sogar, dass mein Vater auf Grund seiner außergewöhnlich prodeutschen Einstellung von den Franzosen inhaftiert worden sei, dass ich mich selbst so deutsch wie er fühle und wie froh ich darüber sei, dass Elsass nun endlich wieder Teil des Vaterlandes sei. ›Als guter Deutscher sollten Sie nach Deutschland gehen und für den Sieg des Deutschen Reiches arbeiten und nicht dieses niedrige Leben hier in Paris führen.‹

Als mein Blick erneut auf den am Schreibtisch platzierten Schädel fiel, wandte sich auch der Gestapomann dem Objekt zu. Er grinste. ›Das ist ein Abbild des typischen Schädels eines Juden‹, erklärte er mir stolz, ›ich habe mich mit dieser Wissenschaft genau auseinandergesetzt und kann heute präzise zwischen dem Kopf eines Juden und dem eines echten Ariers unterscheiden‹, offensichtlich stolz auf sein Können.

Mit einem Mal stand er auf, sein Blick wieder konzentriert auf mich gerichtet, kam zu mir herüber und stellte sich hinter mich. Er nahm meinen Kopf zwischen seine Hände und ich fühlte seine Finger, tastend, mit fast obszön anmutender Genauigkeit die Form meines Schädels untersuchend. War ich menschlich, fragten die tastenden Finger an meinem Kopf? Oder war ich etwas Anderes, weniger, eines Menschen nicht wert?

Ich war in einem Stadium vollkommener Paralysierung – würde seine Untersuchung nach dem Abtasten meines Kopfs weitergehen, abwärts, und würde er von mir fordern, meine Hosen zu öffnen? Meine Herkunft wäre

Freddie Knoller 157103

KZ-Überlebender. Das Bild oben zeigt Freddie Knoller drei Wochen nach seiner Befreiung aus dem KZ Bergen-Belsen im April 1945, in der »Uniform« von Auschwitz. Unten: Sein »Vermächtnis« im Mai 2008 auf dem Wiener Heldenplatz.

dann nicht länger zu verleugnen gewesen. Doch stattdessen beendete der Mann seine Untersuchung mit einem zustimmenden Lächeln und den Worten: ›Ja wirklich, ich kann fühlen, dass Ihr Blut wahrhaftig deutscher Abstammung ist! Das habe ich mir gleich gedacht, als ich Sie gesehen habe!‹«

Die Befragung endet, Freddie Knollers jüdische Herkunft bleibt unerkannt. Doch sein Aufenthalt in Paris ist damit beendet, denn als »guter Deutscher« hätte er sich am nächsten Morgen im deutschen Büro einfinden sollen, um einer »seiner würdigen« und besser bezahlten Arbeit nachzugehen.

Nach diesem gefährlichen Aufeinandertreffen mit der Gestapo ist Freddie Knoller 1943 erneut zur Flucht gezwungen und entkommt mit Hilfe seiner Pariser Freunde nach Figeac, wo er sich dem französischen Widerstand anschließt.

»Ich war froh, nicht länger die Rolle des freundlichen Begleiters des Feindes spielen zu müssen oder mit anzusehen, wie Juden zusammengetrieben wurden. Ich hätte gewiss zuversichtlich den Rest des Krieges in Paris verbracht, aber nun, da dieser Teil meines Lebens vorüber war, war ich erleichtert. Ich wollte nichts anderes als gegen die Deutschen zu kämpfen und es kümmerte mich überhaupt nicht, ob ich dabei sterben würde.«

Nach mehreren Monaten als Mitglied der französischen Resistance in den Bergen Südfrankreichs wird Freddie Knoller im Oktober 1943 verraten und von den Deutschen gefangen genommen. Als er die im Verhör angewandten Foltermethoden nicht mehr länger aushalten kann und um seine Freunde im Widerstand nicht zu verraten, enthüllt er seine jüdisch-österreichische Identität. Als Folge davon wird er sofort nach Drancy deportiert und wird wenig später erneut in einen Zug mit unbekanntem Ziel gepfercht.

Die in Drancy internierten Juden dachten, sie würden an einen Ort namens »Pitchipoi« gebracht werden, ein Ort, der in Wirklichkeit gar nicht existierte. Tatsächlich fuhren die Züge nach Auschwitz.

»Jedes Ereignis in meiner Geschichte führt nach Auschwitz und kein nachfolgender Gedanke in meinem Leben ist frei von der Erinnerung an Auschwitz. Bis zum heutigen Tag – sehr zum Leidwesen meiner geliebten Ehefrau – schlinge ich Essen in mich hinein, als ob es nie wieder eines geben würde und wenn mein Teller leer ist, schaue ich gierig auf den

»Wie konnten sich Menschen so rasch ändern?«

Freddie Knoller über seine Ängste, nichtjüdische Österreicher zu treffen.

Es war das dritte Mal, dass ich eingeladen war, meine alte Heimatstadt Wien zu besuchen. In meinen vorangegangenen Besuchen war ich nicht sehr besorgt über Begegnungen mit nichtjüdischen Österreichern, weil beide Reisen vom ›Jewish Welcome Service‹ organisiert worden waren, welches uns mit Sicherheit vor jeglichen antisemitischen Vorkommnissen beschützen würden. Aber diese Reise war anders. Wir wussten, dass die Organisation keine jüdischen Verbindungen hat, und dass wir auf nichtjüdische Österreicher treffen würden, vielleicht sogar unseren Alters. Wie werde ich auf sie reagieren? Werden sie mich an meine traumatischen Erlebnisse während der ›Kristallnacht‹ im November 1938 erinnern, als ich gerade einmal 17 Jahre alt war? Ich war also ein wenig skeptisch. Aber sobald wir am Wiener Flughafen ankamen, wurden wir von wundervollen, jungen Österreichern begrüßt und umarmt, und spürten so ganz deutlich ihre Zuneigung. Jeder von uns hatte seinen oder ihren persönlichen „minder", unsere war Katja Seidel, die uns augenblicklich unsere Befürchtungen vergessen ließ.

Ich freute mich schon sehr darauf, meinen besten Freund Leo Bretholz zu treffen, der am Projekt mit der amerikanischen Gruppe teilnahm. Leo und ich sind 1947 gemeinsam von Limoges, Frankreich, in die USA gefahren, wo wir später zusammen in Baltimore, Maryland, gewohnt und gearbeitet haben. Leo und Flos Zimmer lag gleich neben unserem. Es war eine echte Freude, mit den beiden die Woche in Wien zu verbringen. Der offizielle Empfang im Ballsaal des Parkhotels Schönbrunn war ein Ereignis, das wir nie vergessen werden. Das Zusammentreffen von rund 200 Holocaust-Überlebenden aus Australien, Amerika, Israel und Südamerika haben diesen Abend zu einem ganz besonderen gemacht.

Zeitzeuge. Freddie Knoller hat seine Lebensgeschichte auch den SchülerInnen der HLA für Kunst in der Wiener Herbststraße berichtet.

Ich habe über meine Erfahrungen im Holocaust in zwei Schulen gesprochen: In der Rahlgasse sowie in der Herbststraße. Die Reaktionen waren wirklich unglaublich, die Schüler wollten mehr und mehr Details erfahren und mich gar nicht mehr gehen lassen.

Als ich jenes Grätzel in Wien, in dem ich vor 70 Jahren gelebt hatte, durchstreifte, erinnerte ich mich an meine Gefühle, als ich sechs Jahre zuvor unsere frühere Wohnung in der Unteren Augartenstraße 32 besucht hatte. Das ›Jewish Welcome Service‹ hatte den Besuch ausgemacht, ich läutete: Würde ein alter Nazi öffnen? Wie würde ich reagieren? Doch dann öffnete eine junge, schöne Frau, all meine Ängste verschwanden, sie umarmte uns und lud uns zu Tee und Sacher-Torte ein. In der Wohnung hatte sich sehr viel verändert. All die schönen Kachelöfen gab es nicht mehr, die Küche war viel kleiner, weil dort nun ein Bad eingerichtet war. Und sogar eine Toilette gab es nun, wir mussten uns diese noch am Gang mit drei weiteren Parteien teilen. Ich konnte mir nun gar nicht mehr vorstellen, wie unsere sechsköpfige

Familie in dieser kleinen Wohnung leben hatte können. Ich besuchte auch meine alte Schule, das Sperlgymnasium. Ich werde niemals vergessen, wie sich die Einstellung meiner christlichen Freunde von einem Tag zum anderen geändert hatte, als die Nazis im März 1938 in Österreich einmarschierten. Wir jüdischen Schüler mussten ab sofort in der letzten Reihe sitzen und keiner sprach mehr mit uns, außer wenn sie uns ›Saujud‹ schimpften.

Ich ging auch an den Kai und in den Augarten, wo ich damals vor so vielen Jahren mit meinen Freunden Fußball gespielt hatte. Ich erinnere mich noch sehr genau an einen meiner besten – christlichen – Freunde, Karl Swoboda, der mich nach dem Anschluss einfach ignorierte, als ich ihn auf der Straße traf und grüßte. Er trug die Uniform der HJ, der Hitler-Jugend. Wie, so frage ich mich bis heute, konnten sich die Menschen so rasch ändern?

ihren. Der Mensch, der in Drancy in den Viehwaggon stolperte, verlor ein für alle Mal seine Jugend und seine Naivität. Die Nazi-Maschinerie der Degradierung begann für mich im vollgestopften Viehwaggon und auch wenn diese Erfahrung nur eine Einleitung zu Auschwitz gewesen ist, so war es doch eine lehrreiche.

Als ich in Auschwitz ankam, war ich so erschöpft, dass ich kaum bemerkte, wie bizarr es war, bei der Ankunft Musik zu hören, gespielt von Häftlingen in Pyjamas, an einem Ort, an dem schwarz-uniformierte SS-Männer, Wachtürme und Stacheldraht die Szenerie beherrschten.«

Als im Jänner 1945 die russischen Truppen näher rücken, wird Freddie Knoller am 17. Jänner auf einen Todesmarsch geschickt, auf dem unzählige Gefangene umkommen oder von der SS getötet werden.

»Wir quälten uns durch hohen Schnee, die SS an unserer Seite. Ich schaute zurück auf das wohl bekannte Schild über dem verlassenen Lager ›Arbeit macht frei‹. Der Klang der Artillerie, der Klang unserer Befreiung, kam Stück für Stück näher und doch entfernten wir uns von ihm mit jedem Schritt. ›Wie lange werden wir marschieren müssen?‹«

Nach einem fünfwöchigen Aufenthalt im Konzentrationslager Dora, wo die Zwangsarbeiter für das Deutsche Heer V1 & V2 Bomben produzierten, wird Freddie Knoller nach Bergen-Belsen gebracht. Dort wird er am 15. April 1945, zwei Tage vor seinem 25. Geburtstag, von den Engländern befreit. Diesen Moment beschreibt er mit folgenden Worten:

»Die Briten hatten uns befreit – doch keiner jubelte. Totales Schweigen markierte den Moment unserer Befreiung. Wir waren zu schwach und wir hatten zu viel erlebt, um Freude zu empfinden. Erst als die Briten an jeden von uns eine Schale Reis und warme Milch verteilten, verstanden wir, dass wir eines Tages wieder Menschen sein würden.«

Freundschaft. Freddie Knoller mit seiner Frau Fredda, die ihn nach Wien begleitet hat. Unten: Mit Leo Bretholz, mit dem Freddie Knoller 1947 von Frankreich in die USA emigriert ist.

»Ein Prachtexemplar von arischem Mädel«

Chawa Klara Kornreich konnte mit 15 in einen Kibbutz nach Israel flüchten. Ihre Eltern und ihre kleine Schwester wurden ermordet.

Chawa Kornreich wird 1923 als Klara Wallach in Wien geboren. Nach dem Anschluss verliert die Familie ihre Wohnung. Klara Wallach kann kurz vor Kriegsbeginn nach Israel flüchten, ihr Bruder nach England. Ihr Vater wird 1939 nach Dachau und später ins KZ Buchenwald deportiert, wo er 1942 ermordet wird. Ihre Mutter wurde 1942 nach Minsk gebracht, seitdem gibt es keine Nachricht mehr. Ihre kleine Schwester Lotte wird ebenfalls umgebracht. Chawa Klara Kornreich bleibt in Israel, wo sie mit ihrem Mann ein neues Leben beginnt.

Im Projekt »38/08« war Chawa Kornreich – gemeinsam mit ihrer Schwägerin Miriam Wallach (siehe Geschichte Seite 316) – als »Letzte Zeugin« an der **PHS Sta. Christiana Frohsdorf** bei Lehrerin **Manuela Dorfstetter** eingeladen.

Als wir am 5. Mai 2008 zum Heldenplatz gingen, und die Schüler uns mit Applaus empfingen, war ich, wie so oft in dieser Woche in Österreich, gerührt. Alles war sehr eindrucksvoll, die Jugend auf der Bühne mit der Aufschrift gegen Rassismus, die Begrüßung, die vielen Erzählungen der ehemaligen Wiener.

Als ich die Schule besuchte, wurde ich von der Lehrerin Manuela Dorfstetter und zwei Schülerinnen empfangen, und meine Tochter Noemi und ich wurden den Schülern vorgestellt.

Ich erzählte ihnen, die ja heute so alt sind wie ich vor 70 Jahren war, über den Tag, als Hitler in Wien einmarschierte. Darüber, wie ich sowie fünf weitere jüdische Schülerinnen aus der Schule hinausgeschmissen wurden. Am nächsten Tag mussten wir unsere Wohnung räumen, die gesamte Einrichtung mit den Möbeln zurücklassen und vom 1. Stock des Hauses in eine Kellerwohnung umziehen.

Ich war damals noch zu jung, um diese Situation zu begreifen. Meine Eltern, mein Bruder, meine kleine Schwester, plötzlich hat sich für uns alle das ganze ruhige und schöne Leben über Nacht geändert. Wir durften nun keinen Park mehr betreten, auf keiner Bank sitzen, da ja alles für Juden verboten war.

Wir sahen, wie alte jüdische Männer die Straßen putzen mussten, und wenn es den Nazis nicht rein genug war, bekamen sie Schläge und Fußtritte, und das alles mit Freude und unter blödem Gelächter. Alle Fensterscheiben der jüdischen Geschäfte wurden zertrümmert und diese ausgeräumt, es ist nicht leicht zu beschreiben. Heute, da ich selbst schon Urgroßmutter bin, spüre ich den Schmerz und die schreckliche Vergangenheit viel grausamer als damals, da ich 15 Jahre alt war.

Ich erzählte den Schülern von den Grausamkeiten der Nazis, wie mein Vater plötzlich verschwand, wie er nach Dachau und später ins KZ Buchenwald deportiert wurde, wo er von 2. 10. 1939 bis zu seinem Tod am 15. 9. 1942 gewesen ist.

Meine Mutter wurde am 2. 6. 1942 in Minsk angehalten, seitdem gibt es keine Nachricht mehr. Auch meine kleine Schwester Lotte wurde 1942 nach Maly Trostinec geschickt. Meine Eltern haben viel getan, um wenigstens uns Kinder aus dieser Hölle wegzuschicken. Ich hatte Glück, und konnte noch

Chawa Klara Kornreich ist im Projekt »38/08« in ihre frühere Heimat gekommen: »Nie die Vergangenheit vergessen, und auf eine bessere Zukunft hoffen«.

zwei Monate vor Kriegsausbruch mit Jugend-Aliah nach Palästina fahren, auch mein Bruder bekam im letzten Moment Papiere zur Ausreise nach England, für unsere kleine Schwester Lotte war es leider zu spät.

Ich erzählte den Schülern, wie wir, eine Gruppe von 42 Jugendlichen, in Palästina in einem Kibbutz, »Deganja Alef«, ankamen. Es war im Monat Juli, die Hitze war unerträglich, vier Stunden mussten wir arbeiten, und vier Stunden lernen. Der Kibbutz hat uns sehr schön aufgenommen, aber da war die Sehnsucht nach Hause, die fremde Sprache, die Kost, die Hitze, wir bekamen Ausschläge, Gelbsucht, Fieber und vergossen viele Tränen.

Aber mit der Zeit, wir waren schließlich jung, lernten wir die Sprache Hebräisch, und dann war vieles schon leichter.

Sie bekamen Schläge und Fußtritte, und das alles mit Freude und unter blödem Gelächter.

Nach zwei Jahren im Kibbutz »Deganja Alef« ging die ganze Gruppe in einen anderen Kibbutz, »Chulda«. Ich persönlich lernte dort meine große Liebe kennen, die auch mein Mann und Vater meiner Kinder wurde. 66 Jahre hatten wir ein schönes gemeinsames Leben.

Um ganz ehrlich zu sein, ich wollte nie wieder nach Europa, nach Wien schon gar nicht. Es hat mich aber immer hingezogen, und nachdem ich

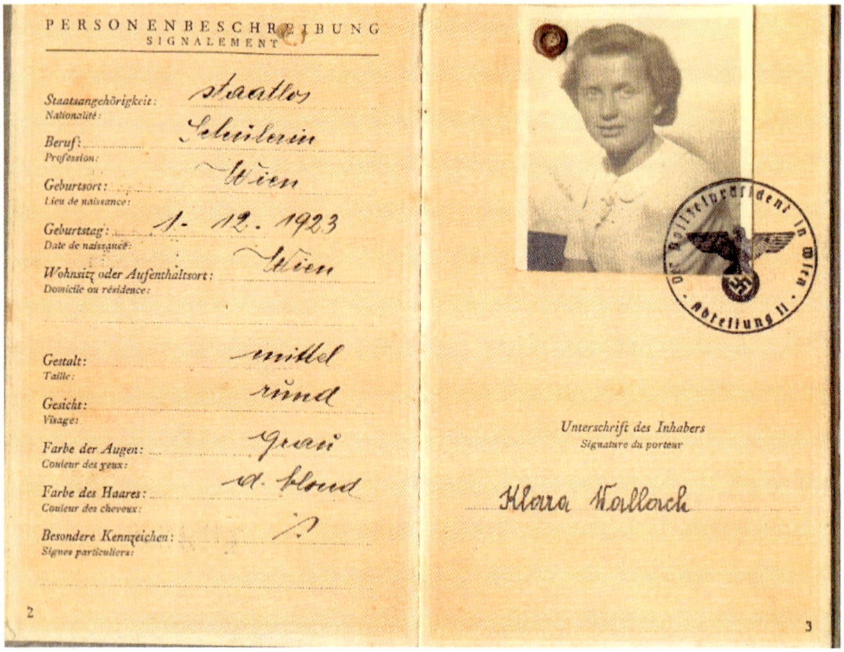
PERSONENBESCHREIBUNG
SIGNALEMENT

Staatsangehörigkeit: staatlos
Nationalité:
Beruf: Schülerin
Profession:
Geburtsort: Wien
Lieu de naissance:
Geburtstag: 1. 12. 1923
Date de naissance:
Wohnsitz oder Aufenthaltsort: Wien
Domicile ou résidence:
Gestalt: mittel
Taille:
Gesicht: rund
Visage:
Farbe der Augen: grau
Couleur des yeux:
Farbe des Haares: d. blond
Couleur des cheveux:
Besondere Kennzeichen: ./.
Signes particuliers:

2

Der Polizeipräsident in Wien Abteilung II

Unterschrift des Inhabers
Signature du porteur

Klara Wallach

3

Dokumente. Im Bild oben der Pass, der Klara Wallach die Flucht nach Palästina möglich gemacht hatte. Unten das »Vermächtnis« von Chawa Kornreich.

schon über vierzig Jahre in Israel gelebt hatte, beschlossen mein Mann und ich Anfang der 80er-Jahre, doch zu fahren, um meinen Geburtsort wieder zu sehen. Wir nahmen ein Zimmer außerhalb der Stadt, und fuhren mit dem Auto nach Wien. Ich war sehr aufgeregt, als ich mein Haus im neunten Bezirk, in der Grünentorgasse 19a erblickte, und zu den Fenstern hochsah. Und ich sah in jedem älteren Menschen den Mörder meiner geliebten Eltern und Schwester, so vergingen damals nur wenige Minuten und ich wollte Wien schnell wieder verlassen.

Diesmal war ich sehr gerne hier. Ich erzählte und erzählte den Schülern, beantwortete deren Fragen, meine Tochter beantwortete die Fragen der Schüler in englischer Sprache, und die Lehrerin übersetzte es den Schülern. Man kann doch Geschichten ohne Ende erzählen, denn was meine Generation alles erlebte, ist nicht zu beschreiben.

Was die Lehrerin Manuela betrifft, haben Noemi und ich keine Worte. Sie ist eine Persönlichkeit, einfach entzückend. Wir erhielten von ihr und der Klasse eine Ansichtskarte von deren Urlaub, ich bin sicher, wir bleiben weiter in Kontakt, wir würden uns freuen, die Familie bei uns in Israel zu empfangen.

Eine Anekdote möchte ich noch berichten, die den ganzen Wahnsinn und Irrwitz des NS-Regimes beschreibt: Kurz nach dem Anschluss ist der Schuldirektor in unserer Klasse erschienen und hat uns Schülern einen kleinen Exkurs zum Thema »Typische Merkmale der deutschen Rasse« gehalten. Am Höhepunkt seiner Ausführungen musste ich vor die gesamte Klasse hintreten, was ich mit vor Angst schlotternden Knien auch tat. Der Direktor meinte daraufhin: »Nehmt euch ein Beispiel an Klara, diesem Prachtexemplar von arischem Mädel – diese herrlichen blauen Augen und diese wunderschönen blonden Haare!«.

Darauf wandte ich mich schüchtern um und sagte: »Aber Herr Direktor, ich bin doch Jüdin.« Dem Schulleiter verschlug es vor Zorn fast die Sprache, dann herrschte er mich an, sofort zu verschwinden und mich nie wieder in der Schule blicken zu lassen.

Was ich auch tat, den gesamten Heimweg über habe ich bitterlich geweint und werde dieses Erlebnis bis an mein Lebensende nicht vergessen.

»Schließe mit tausend Küsse ...«.

Auszüge aus den letzten Briefen, die Chawa Kornreich von ihrer Mutter erhielt.

Wien, am 19. 7. 1939. *Liebe teure Klara! Bestätige den Empfang deines Briefes. Wie sehr mir derselbe Freude bereitete, kann ich Dir kaum schildern. Ich hoffe, dass Du die Reise gut bestanden hast. Liebe Klara! Seitdem Du weggefahren bist, haben noch meine Augen nicht getrocknet und fortwährend habe ich Herzklopfen. Sollst mir über alles schreiben, wie Dir das Klima behagt und wie Du Dich überhaupt dort fühlst, die ganze Lebensweise und überhaupt alles was Dich betrifft. Du sollst auf Dich aufpassen (...) Also liebe Klara, schreibe mir oft und alles, schütte mir Dein Herz ganz aus. Von mir kann Dir leider nichts mitteilen. Wie Dir der Hermann dazugeschrieben, ist die Tante mit den Kindern zurückgekommen, wir müssen bis zum 25ten weg, und wissen nicht wohin, vielleicht kriegen wir noch Verlängerung, wenn nicht, müssen wir weg und weiß nicht, ob wir werden durchkönnen. Einesteils bin froh, dass du nicht hier bist, denn hier ist eine Hölle, auch in der Wohnung schaut es grässlich aus, du könntest nicht einen Moment mehr hier bleiben. Der Hermann ist im Kybuz, vielleicht gelingt es ihm wegzukommen, Lotte ist bei der Familie Salzer. Sonst habe Dir momentan nichts mitzuteilen, als ich Dich umarme mein teueres goldiges Kind Du gute Seele hast mich nie sekkiert, sollst glücklich werden, freu Dich mit deiner Jugend, nütze sie aus, aber immer gedenke, was ich mit Dir gesprochen, nur höchst anständig. Schließe mit tausend Küsse. Deine dich liebende Mutter. Der Vater ist doch federfaul und schickt Dir durch mich unzählige Küsse.*

Süßes Klärchen. Deinem lieben Lottentschkele geht es bei Salzer sehr gut. Hoffentlich geht es auch dir so gut. Schicke dir viele Grüße u. 1000000 Bussi.

Deine Schwester.

Wien, am 8. 4. 1940. *Liebste süße Klara! Habe Deinen Brief erhalten und bin ganz selig, von Deinem Wohlergehen Gewissheit zu haben. Sowohl ich wie auch die Lotte sind wohlauf und auch vom lieben Vater habe schon einige mal Post gehabt. (...) Über Deinem Aussehen bin ich nicht zufrieden, erstens bist Du viel zu ernst, es kommt mir vor du schaust schlecht aus, ich bitte Dich liebe Klara nicht all zu tief über unsere Lage grübeln, denn du kannst uns momentan nicht helfen, und richtest Dich zu Grunde. (...) von mir wüsste nicht, was hinzuzufügen, als dass ich Dich nochmals flehentlich ersuche nicht zu weinen, nicht sich zu kränken, nur bedacht sein auf Deine Gesundheit. Zum Schluß Deines Briefes schreibst Du, liebes Klärchen, ich soll an Dich denken, vergeht denn ein Bruchteil einer Sekunde, wo ich mir nicht Deine Gesichtszüge vergegenwärtige? Ich bin außerstande alle meine Gedanke in Worte zu kleiden, ich bitte innig den Eurigen er möge Euch gesund und munter erhalten. Im Bewusstsein recht bald gute Nachrichten von Dir zu bekommen, umarme Dich nochmals unzählige Mal, Deine treue Mutter.*

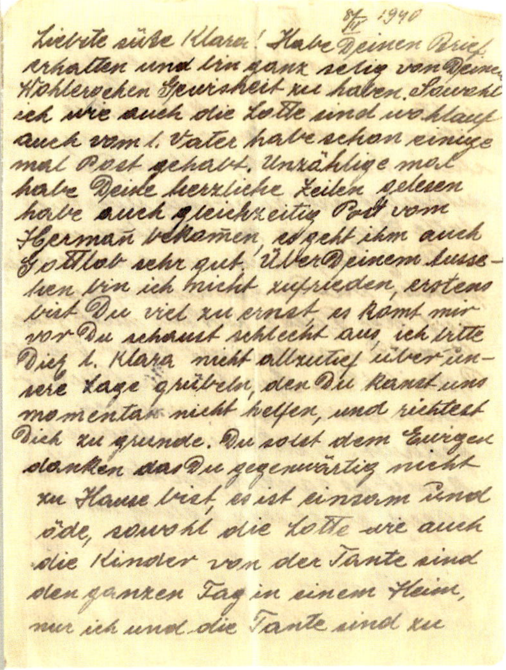

8/IV 1940

Liebste süße Klara! Habe Deinen Brief erhalten und bin ganz selig von Deinem Wohlergehen Gewissheit zu haben. Sowohl ich wie auch die Lotte sind wohlauf auch vom l. Vater habe schon einige mal Post gehabt. Unzählige mal habe Deine herzliche Zeilen gelesen habe auch gleichzeitig Post vom Herman bekomen es geht ihm auch Gottlob sehr gut. Über Deinem Aussehen bin ich nicht zufrieden, erstens bist Du viel zu ernst es komt mir vor Du schaust schlecht aus, ich bitte Dich l. Klara nicht allzutief über unsere Lage grübeln, den Du kanst uns momentan nicht helfen, und richtest Dich zu grunde. Du solst dem Ewigen danken das Du gegenwärtig nicht zu Hause bist, es ist einsam und öde, sowohl die Lotte wie auch die Kinder von der Tante sind den ganzen Tag in einem Heim, nur ich und die Tante sind zu

Sieben Jahre auf der Flucht und im Versteck

Fritzi Mirjam Kurz war 9 Jahre alt, als ihre Flucht begann – und 15, als das Verstecken in Wäldern und Dörfern doch noch zu Ende ging.

Fritzi Mirjam Kurz wird 1930 in Wien geboren. Mit 9 Jahren beginnt ihre Flucht, die bis zu ihrem 15. Geburtstag dauern sollte. Gemeinsam mit ihrer Mutter kann sie zunächst nach Maribor flüchten, wird auf der Insel Rab interniert, kommt frei, verbringt die nächsten Jahre ständig auf der Flucht vor den Deutschen, versteckt in Wäldern, bei Bauern und Partisanen. Bis sie schließlich der Sohn Winston Churchills rettet und über Italien nach Palästina bringt.

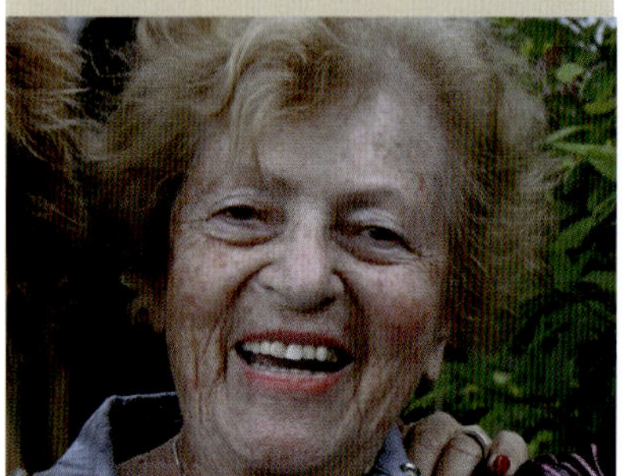

Im Mai 2008 war Fritzi Mirjam Kurz im Projekt »38/08« zu Gast an der **KMS Reisgasse** in Wien mit Lehrerin **Andrea Schreiber**. Die Lebensgeschichte von Fritzi Mirjam Kurz wurde von **Marie-Christine Hartig** vom Team »A Letter To The Stars« aufgezeichnet.

»Ich habe meinen Puppen versprochen: Seid nicht traurig! Ich komme wieder!« Frau Kurz erzählt mit einem Lächeln von den letzten Stunden in Wien. Es war 1939, sie war damals gerade 9 Jahre alt, als sie mit ihrer Mutter flüchten musste. Ein Mann sollte ihnen helfen, nach Slowenien zu fliehen. Er begleitete Mirjam und ihre Mutter zum Bahnhof. Sie stiegen in einen Viehwaggon und mussten ganz leise sein. Der Mann sagte ihnen, sie müssten eine Station vor Maribor aus dem Zug springen, denn sonst würde man sie am Bahnhof vom Maribor wieder zurück nach Wien schicken. Der Mann verabschiedete sich. Kurz darauf kam er zurück, mit einem jungen Burschen – 17 oder 18 Jahre alt. Er sollte den beiden beim Absprung helfen. Doch als es so weit war, hatte er Angst. Also nahm Mirjams Mutter ihre Tochter und warf sie, ohne etwas zu sagen, aus dem Zug. Die Mutter sprang sofort nach, und wie durch Gottes Hand hatten sie beide keine gröberen Verletzungen. Sie schafften es, über die Grenze zu kommen, ohne entdeckt zu werden. Dort wartete schon jemand auf sie, so wie es geplant war. Am nächsten Tag machten sie sich mit zwei weiteren Familien auf den Weg nach Zagreb. Von weitem sahen sie den Jungen, der mit ihnen gemeinsam auf dem Zug von Wien gekommen war – er wurde von der Polizei abgeführt. Mirjam und ihre Familie gingen nun von einem Ort zum anderen – nie blieben sie an einem Ort länger, an manchen Tagen gingen sie bis zu vierzig Kilometer zu Fuß. Sie waren auf der Flucht.

Eineinhalb Jahre streiften Mirjam und ihre Mutter im ehemaligen Jugoslawien umher. Als sie 1941 an der dalmatinischen Küste ankamen, wurden sie auf die Insel Rab geschickt. Die italienischen Besatzer hatten auf der kargen Insel das Lager Kampor errichtet, wo Mirjam und ihre Mutter interniert wurden. Mirjam kann sich nur an sehr wenig aus dieser Zeit erinnern – an die furchtbare Kälte, den Hunger, die immer gleiche Suppe, in der immer Fliegen schwammen und daran, dass sie fast täglich Leichen begraben mussten. »Es gibt Dinge, die ein Mensch nicht ertragen kann, das Gedächtnis verwischt das.«

Eineinhalb Jahre waren Mirjam und ihre Mutter in Kampor interniert, als plötzlich eines Morgens alle Tore offen standen, und die Soldaten, die sie überwachten, weg waren. Zu diesem Zeitpunkt waren noch ungefähr 3.000 Menschen im Lager. Mirjam und ihre Mutter verließen das Lager innerhalb

Mirjam Kurz hat erstmals über ihre Vergangenheit gesprochen: »Danach ist mir ein Stein vom Herzen gefallen«.

einer Gruppe und kamen nach zwei Stunden Fußmarsch in ein Fischerdorf. Die Bewohner dort erzählten ihnen, dass die Italiener kapituliert und die Insel verlassen hätten. Doch dass die Deutschen bald kommen könnten, um die Insel einzunehmen. Also hieß es, die Insel so schnell wie möglich zu verlassen. Es gab viele kleine Schiffe, mit denen die Fischer sie aufs Festland brachten. Es war Winter und eine kalte Nacht, die wenigen Kabinen auf den Schiffen füllten sich schnell, Mirjam und ihre Mutter fanden keinen Platz mehr in einer der Kabinen. Auf einmal geriet das Schiff in einen Wirbelsturm, drehte sich wie wild, und die Mannschaft verlor die Kontrolle über das Schiff. Die Kabinen unter Deck füllten sich rasch mit Wasser, alle versuchten, an Deck zu kommen. Viele Leute verloren in dieser Nacht ihr Leben, Mirjam kann sich nur erinnern, dass ihre Mutter sie fest bei sich gehalten hat. Durch den Sturm verloren sie ihre letzten Habseligkeiten.

Es gibt Dinge, die ein Mensch nicht ertragen kann, das Gedächtnis verwischt das.

Drei Jahre waren sie nun schon unterwegs. Und der Sturm warf sie zurück auf die Insel, von der sie flüchten wollten, und die jetzt jeden Tag von den Deutschen bombardiert wurde. Sie hatten kein Geld, konnten deshalb nur tauschen, zum Beispiel Kleider für ein Stückchen Brot. Aus Mitleid

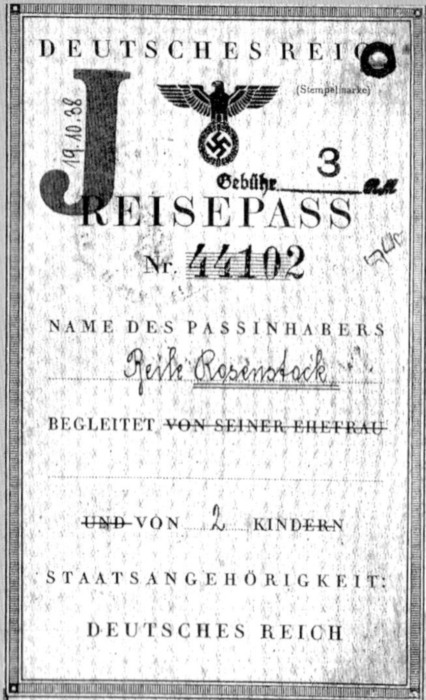
DEUTSCHES REI

(Stempelmarke)

J 19.10.38

Gebühr 3 RM

REISEPASS

Nr. 44102

NAME DES PASSINHABERS

Reile Rosenstock

BEGLEITET ~~VON SEINER EHEFRAU~~

~~UND~~ VON 2 KIND~~ERN~~

STAATSANGEHÖRIGKEIT:

DEUTSCHES REICH

Ehefrau

Der Polizeipräsident in Wien Abteilung II

Unterschrift des Paßinhabers

Beile Rosenstock

~~und seiner Ehefrau~~

Es wird hiermit bescheinigt, daß der Inhaber die durch das obenstehende Lichtbild dargestellte Person ist und die darunter befindliche Unterschrift eigenhändig vollzogen hat.

Wien, den 19. OKT. 1938

Agricola

Der Polizeipräsident in Wien Abteilung II

2

brachte sie eines Nachts ein Fischer aufs Festland – ohne etwas zu verlangen. Sie landeten in Senj am kroatischen Festland. Der Fischer schickte sie in ein nahegelegenes Gasthaus, zum Aufwärmen, und dort sah Mirjam das erste Mal einen Partisanen, der in seiner zerfetzten Hose mit einem Gewehr am Eingang des Gasthauses stand.

Am nächsten Morgen nahm sie ein Bauer auf seinem Heuwagen ein Stück ins Landesinnere mit. Die Flucht durch Jugoslawien ging weiter, jeden Tag waren sie an einem anderen Ort und versteckten sich, damit sie von den Deutschen nicht entdeckt werden. Unterwegs trafen sie andere Flüchtlinge aus Kampor und so zogen sie, eine Gruppe von dreißig Flüchtlingen, durch die Wälder und Dörfer der Umgebung. Sie versteckten sich in Erdlöchern, in Gruben oder bei Bauern, die sie bei sich aufnahmen und ihnen manchmal ein Stück Brot gaben. Bis sie nach Topusko kamen, wo sie eine Bäuerin bei sich aufnahm. Sie wohnten dort mit zehn Kindern und einer Kuh in einem Raum. Es gab wenig zu Essen und Geld hatte keiner, aber die Bauern kümmerten sich rührend um sie. Ihr zu jenen Zeiten ein wenig ruhigeres Leben wurde immer wieder von der Ustascha – den Faschisten – bedroht. Wenn die Partisanen in den Wald flohen, wussten sie, dass auch sie fliehen mussten und versteckten sich gemeinsam mit ihnen im riesigen Wald »Petrova Gora«. Im Sommer stellte das kein großes Problem dar, der Wald bot Früchte, Pilze und Kastanien als Nahrung an, aber als der Winter kam, wurde die Lage schwieriger, denn sie hatten kein Geld, brauchten aber Proviant, falls sie in den Wald mussten. Das letzte Andenken an Wien, ein kleiner goldener Ring, den Mirjam von ihrer Tante bekommen hatte, wurde deshalb gegen ein frischgebackenes Brot getauscht. Doch der Winter hielt

Keine Kindheit. Das Bild oben zeigt Mirjam Kurz 1939 im Alter von 9 Jahren in ihrer Schulklasse. Ganz links: Der Pass, gezeichnet mit einem großen »J« für »Jüdin«. Daneben Mirjam Kurz als 4-Jährige und kurz vor ihrer Flucht.

noch weiter an, und da sie nun gar nichts mehr hatten, das sie eintauschen konnten, musste Mirjam ihre Schuhe hergeben und fortan mit um die Füße gebundenen Fetzen durch den Schnee stapfen.

Da geschah eines Tages etwas ganz Unglaubliches. Der Sohn von Winston Churchill, Randolph Churchill, wollte seinen Freund Tito, den Anführer der Partisanen, aufsuchen und flog deshalb nach Jugoslawien, wo sein Flugzeug aber von den Deutschen abgeschossen wurde. Die Maschine stürzte genau bei einem der Dörfer ab, in denen sich Mirjam und ihre Familie sowie 25 weitere Flüchtlinge versteckt hielten. Randolph Churchill überlebte den Abschuss schwer verletzt, zwei Männer der Gruppe bargen ihn und berichteten ihm von ihrer Lage. Er versprach zu helfen und eines Nachts kamen tatsächlich Autos, die sie abholten und zu einem Flugplatz brachten. Über ihnen kreisten zwei Flugzeuge, aber ein furchtbarer Sturm brach aus, sodass die Flugzeuge nicht landen konnten. Die Deutschen hatten indes weitere Teile von Jugoslawien, so auch die Region, in der sich der Flugplatz befand, erobert und somit war der Ausweg, mit dem Flugzeug aus Jugoslawien heraus zu kommen, zunichte gemacht.

Ein weiteres hartes halbes Jahr des Fliehens und Versteckens stand vor ihnen, unter ständigem Beschuss durch die Deutschen. Randolph Churchill setzte sich aber weiter für sie ein und ließ Pakete mit Konservendosen und Militärkleidung an Fallschirmen vom Himmel fallen. Mirjam bekam mit ihren 13½ Jahren Militärstiefel der Größe 45 und einen Mantel, der bis zum Boden reichte, Stücke, auf die sie schrecklich stolz war. Kurze Zeit später wurden sie von Autos abgeholt und durch die deutschen Stellungen hindurch unbehelligt bis an die Küste gebracht, wo sie auf einem britischen

»Eine Sternstunde meines Lehrerinnen-Daseins«

Lehrerin Andrea Schreiber über die Begegnung mit Mirjam Kurz.

Am Samstag war es soweit, ich sollte Frau Kurz erstmals treffen, etwas, worauf ich mich sehr freute, aber ich war auch sehr angespannt. Wie sollte ich einer Frau gegenübertreten, die ein derartiges Leid hier in meiner Heimat erlitten hatte? Ich machte mir darüber schon Wochen vorher viele Gedanken, sprach mit mir wichtigen Personen darüber, und alle rieten mir, so zu sein wie sie mich kennen, offen auf diesen Menschen zuzugehen. So fuhr ich ziemlich nervös ins Hotel, wo wir verabredet waren. Ich erkannte sie sofort zwischen ihrer Tochter, ihrem Sohn und ihrer Enkelin und stellte mich vor. Meine Anspannung legte sich schnell, denn der Draht war da! Ich bewunderte diese faszinierende Frau vom ersten Augenblick an. Frau Kurz äußerte den Wunsch, durch die Rembrandtstraße im 2. Wiener Gemeindebezirk, ihrem ehemaligen »Zuhause« zu fahren, bevor wir unser Ziel, den »Donauturm«, ansteuerten. Wir hielten vor ihrem ehemaligen Wohnhaus, stiegen aus, gingen durch das offene Tor und da begann sie zu erzählen. Von ihren Puppen, vom Hausmeisterehepaar, das sie in der »Reichskristallnacht« vor den Nazis schützte, von ihrem Onkel, der blutüberströmt, zusammengeschlagen links neben der Eingangstür liegen geblieben war, von ihren Kindheitserinnerungen, als die Welt noch in Ordnung war, und davon, wie sie als kleines Mädchen von 9 Jahren plötzlich und ohne ihre Puppen ihre Welt verlassen musste, aber genau diesen Puppen versprochen hatte, eines Tages wiederzukommen. Ich stand in diesem Innenhof, die Sonne schien. Ich kämpfte mit meiner Stimme und mit den Tränen. So intensiv ich mich auch mit den Gräueln des Holocaust auseinandergesetzt hatte, aber das berührte mich zutiefst. Frau Kurz wollte hinauf in den letzten Stock, wo sie mit ihrer Familie gewohnt hatte. Begleitet von ihrer Tochter und Enkelin stieg sie die Treppen hinauf, ihr Sohn blieb bei mir. Mit ihm führte ich ein Gespräch über das Thema, auf das ich keine Antwort finde, das »Warum?«.

Danach hielten wir noch vor der Volksschule Castellezgasse. Umringt von ihrer Familie stand diese zarte, starke Frau vor dem Schultor, überlegte, was wohl aus ihr geworden wäre, sie war ja eine sehr gute Schülerin, interessiert, begabt, neugierig, ein Kind aus einer behüteten Familie, dem die Zukunft offen gestanden wäre. Ich konnte nichts sagen.

»Aber jetzt – zum Donauturm!« Frau kurz freute sich auf den Besuch dieses Wiener Wahrzeichens, das sie vor Jahren schon einmal besucht hatte, und jetzt ihrer Familie zeigen wollte. Meine Familie war schon da, und sofort begann ein reges Gespräch, bei dem die Zeit im Flug verging. Es waren wunderbare Stunden – hoch über den Dächern Wiens.

Ich freute mich schon auf unser Wiedersehen in unserer Schule, wohin ich sie eingeladen hatte, um vor den SchülerInnen der 8.Schulstufe ihre Lebens-

geschichte zu erzählen. Ich war überzeugt, dass »meine Kinder« beeindruckt sein würden, obschon ich mir lange vorher überlegte, wie meine Schulkinder mit einer solchen Begegnung umgehen würden. Sie sind keine Gymnasiasten, sind Kinder aus allen möglichen Ländern dieser Erde, sind Flüchtlingskinder, für die der »Holocaust« ein Thema im Geschichtsunterricht ist. Das schien mir Anknüpfungspunkt und Herausforderung zugleich zu sein. Wer sollte so eine Kindheit besser verstehen können als Kinder, die oder deren Familien ein ähnliches Schicksal zu erleiden hatten, natürlich nicht mit dem Holocaust zu vergleichen, aber ebenfalls Vertriebene? Daher entschied ich mich zu dieser Begegnung in unserer Schule, die sich zu einer »Sternstunde« meines Lehrerinnendaseins herauskristallisierte. Ich hatte »meine Kinder« doch richtig eingeschätzt. Für sie und für mich war es eine Begegnung, die wir sicher nie vergessen werden. Ich konnte in ihren Augen die Hingabe, die Betroffenheit erkennen, gleichzeitig aber auch die Begeisterung für diese wunderbare Frau, die sie sofort in ihren Bann zog. Sie hörten ihr zu – gespannt, fasziniert, entsetzt über das, was sie über ihr Schicksal zu erzählen hatte, zwei Unterrichtseinheiten lang, man hätte die berühmte Stecknadel hören können. Jeder, der mit Unterricht nur halbwegs vertraut ist, weiß, wie das zu verstehen ist. Ich kenne niemanden, der das vorher für möglich gehalten hätte! In der Pause umringten sie »unsere Frau Kurz«, konnten nicht genug bekommen. Frau Kurz schaffte es bis tief in ihre Herzen hinein – eine wunderbare Begegnung, die hier stattgefunden hatte. Mit einem Ergebnis, das kein Lehrbuch, kein noch so interessanter Unterricht je hätte vollbringen können. Frau Kurz schaffte es in Nullzeit diese Jugendlichen anzusprechen und zu sensibilisieren. Für mich zählt diese Begegnung zu den wertvollsten meines Lebens.

Reise in die alte Heimat. Oben: Mirjam Kurz mit Tochter und Enkeltochter, die sie auf ihrem Besuch in Österreich begleiteten. Unten: Das Denk.Mal für Mirjam Kurz.

Kriegsschiff nach Bari in Italien übersetzten. In Bari angekommen, hatten einige der Soldaten, an denen sie vorübergingen, Tränen in den Augen. »Wahrscheinlich schauen wir zum Weinen aus«, sagte Mirjams Mutter.

Die Flucht hatte endlich ein Ende gefunden, die britische Armee brachte sie von Bari mit dem Schiff nach Palästina. Mirjam Kurz schrieb nach ihrem Besuch in Österreich: »*Ich hatte große Angst davor, in der Schule von meiner Vergangenheit zu sprechen. Das war das erste Mal, dass ich so offen über diese schwere Zeit erzählte. Hier in Israel hatte ich nie den Mut dazu! Darum kam ich mit schwerem Herzen nach Wien! Euer liebevoller Empfang war für mich völlig unerwartet, er zerstreute all mein Misstrauen, ich wusste nicht, ›dass ich Freunde in Wien habe!‹ Plötzlich war ich glücklich, mit meinen Kindern in Wien zu sein, ihnen meine wunderschöne Heimatstadt zu zeigen, und ihnen zu beweisen, dass es auch gute Menschen in Wien gibt! Plötzlich wusste ich, wie wichtig es ist, in die Schulen zu gehen und den österreichischen Jugendlichen zu erzählen, wie viel Leid und Unrecht dem jüdischen Volk angetan wurde! Danach hatte ich das Gefühl, als fiele mir ein Stein vom Herzen! Ich fühlte, dass ich in Wien wieder ein Stück Heimat gefunden habe!*«

Danke, dass ich euch nicht mehr hassen muss

Maximilian Lerner wurde mit 14 vertrieben, ging nach N.Y. und kam als US-Spion zurück. Doch erst die jüngste Reise hat ihn versöhnt.

Maximilian Lerner wird 1924 in Wien geboren. Er lebte mit seinen Eltern in der Löwengasse 39/2a. Er geht ans Akademische Gymnasium. Nach dem Anschluss kann er mit seiner Schwester und den Eltern über Paris, Spanien und Portugal in die USA flüchten. Maximilian Lerner tritt mit 18 Jahren freiwillig in die US-Army ein, aufgrund seiner Deutschkenntnisse wird er als Spion nach Deutschland geschickt und kann, mit einer Naziuniform getarnt, sogar einige Nazis festnehmen. Nach dem Krieg arbeitet er zunächst in Deutschland und geht dann zurück in die USA, wo er eine Familie gründet und heute in Manhattan lebt.

Das **Akademische Gymnasium** in Wien 1 war im Mai 2008 Gastgeber für Maximilian Lerner, der hier vor 70 Jahren zur Schule ging. Im April 2007 besuchte die Schülerin **Lia Böhmer** den Shoa-Überlebenden in New York.

Sechs Monate nach meiner »Bar Mitzvah« und zehn Monate nach dem Anschluss, ich war 14 Jahre alt, haben sich meine Eltern entschlossen, Wien und meine Heimat Österreich zu verlassen.

Eine Entscheidung, die unser aller Leben gerettet hat.

Wir nahmen einen Nachtzug nach Paris und plötzlich fand ich mich in einer Stadt wieder, die ich nicht kannte, deren Sprache ich nicht verstand. Meine Eltern, meine jüngere Schwester und ich lebten auf einmal in Hotels aus Koffern.

Ich kann nicht sagen, ob meine Eltern gedacht haben, dass das eine dauerhafte Lösung sein sollte, oder ob sie gedacht haben, dass wir wieder in unsere Heimat zurückkehren könnten.

Wir suchten um Visa für Australien, Kanada und USA an.

Nur die USA gaben unserem Ansuchen nach, informierten uns aber gleichzeitig, dass unsere Ansuchensnummer erst in fünf Jahren an die Reihe kommen sollte.

Nachdem Frankreich 1940 von Deutschen besetzt wurde, folgten wir zu Fuß dem Flüchtlingsstrom durch Frankreich, bis wir in Nizza, einem Teil Vichy-Frankreichs, ankamen.

Der amerikanische Vizekonsul in Nizza überprüfte unsere Visanummer, und obwohl wir nur 2 ½ Jahre gewartet hatten, konnten wir auf einmal unsere Visa bekommen. Ich nehme an, dass viele Leute, die eigentlich vor uns an der Reihe gewesen wären, verschwunden sind.

Einige Geschäftspartner meines Vaters in New York hatten uns das benötigte »affidavit of support«, eine eidesstattliche Unterstützungserklärung, verschafft. Wenn man bedenkt, was wir gerade durchmachten, war es für uns umso erstaunlicher, dass flüchtige Bekannte gewillt waren, mit ihrem eigenen Kapital für uns zu bürgen und uns Neueingewanderte nicht als öffentliche Belastung sahen.

Um aus Frankreich auszureisen, benötigen wir nun ein französisches Ausreisevisum, für welches wir nach Chatel-Guyon fahren mussten. Und das war uns nicht erlaubt, denn um in Frankreich von einer Stadt zu einer anderen zu reisen, benötigte man ein »Safe-Conduct« von der Gendarmerie, das wir natürlich nicht besaßen. So mussten wir das illegal tun, andernfalls hätten wir kein Ausreisevisum bekommen.

Maximilian Lerner bei seiner Rede auf dem Wiener Heldenplatz: »Ich bitte euch, bleibt Menschen, die etwas tun!«

Nachdem wir auch ein spanisches und ein portugiesisches Transitvisum besorgt hatten, konnten wir nach einigen Schwierigkeiten einen Platz auf dem Schiff »SS Nyassa« das in Lissabon lag, bekommen.

Wahrscheinlich war dieses Schiff das letzte, das Portugal verließ.

Wir erreichten die Vereinigten Staaten am 25. April 1941, das war ein Freitag. Wir Passagiere konnten es kaum erwarten, endlich die Freiheitsstatue zu sehen ...

Wir konnten es kaum erwarten, endlich die Freiheitsstatue zu sehen ...

Das Unglaublichste war die Freundlichkeit der Mitarbeiter der Immigrationsbehörde – nachdem wir in Europa als unerwünscht empfunden wurden, waren wir auf einmal wieder Menschen, und wir konnten uns sicher fühlen.

Am 4. September 1942, ich war 18 Jahre alt, meldete ich mich freiwillig zur US-Army, ich wollte nicht erst eingezogen werden. Davor musste ich aber auf mein Recht als Fremder verzichten. Ich kann mich gut an den Tag erinnern, als ich dies notariell beglaubigen ließ. Es gab in der 103rd-Street, bei der U-Bahn Station Broadway, einen öffentlichen Notar. Dort spielte gerade im Radio »Embrace Me. My Sweet Embraceable You« gesungen von Judy Garland, und ich dachte mir »Wieder ein Einschnitt in meinem Leben«.

Für den Eintritt in die Armee musste ich einen Test machen. Obwohl ich diesen mit 1A bestand, wurde ich doch erst für Mai 1943 einberufen. Die Wege der Armee sind oft rätselhaft.

Ich war sehr enthusiastisch, es war mein Jahr, und ich hatte den Wunsch, das, was ich verloren hatte, zurück zu bekommen. Das war eine dumme Annahme, denn ich war 18 und hatte das Gefühl, unverwundbar zu sein. Ich wollte ein guter Soldat sein und war so eifrig, wie ich nur konnte. Ich meldete mich für alles Erdenkliche freiwillig, einiges davor war ziemlich stupide, aber ich arbeitete hart und es gelang mir alles recht gut, von der Hindernisbahn bis zu Tätigkeiten bei der Flugabwehr.

Auf Grund meiner Sprachkenntnisse wurde ich schließlich dem Trainingslager des Heeresnachrichtendiensts in Camp Ritchie in Maryland zugeteilt. In meiner Einheit gab es nur junge Männer wie mich, die alle das Beste wollten und sich stolz fühlten, es zu tun.

Im März 1944 wurden wir nach Europa ausgeschifft - als Spione der US-Army.

Sie alle waren, egal ob Österreicher oder Deutsche, jüdische Flüchtlinge. Während meines Aufenthalts in Camp Ritchie wurde ich amerikanischer Staatsbürger, obwohl ich erst 2 ½ Jahre in den USA lebte, aber es war die Regel, und ich denke, es war richtig so, dass nur Amerikaner nach Europa durften.

Wir waren selbstverständlich bereits in Uniform, als wir, eine Gruppe junger Soldaten, am 23. September 1943, am Hauptplatz von Hagerstown,

Maryland, amerikanische Staatsbürger wurden – und es war ein gutes Gefühl.

Im März 1944 wurden wir nach Europa, nach Belfast, ausgeschifft. Wir wurden in Lastwägen gesteckt und zum Besitz des Lord Londonderry, nahe dem Ort, der später Londonderry und danach nur noch Derry genannt wurde, gebracht.

Auf diesem Besitz sahen wir das Herrenhaus nur von der Ferne, denn wir lagerten in einem Zeltcamp im Garten. Es war eine Art »Wartelager« Wir waren, wie viele andere Soldaten auch, nach Übersee geschickt worden, um bereits verwundete Soldaten zu ersetzen, aber das war vor D-Day und wir waren deshalb dort nur gelangweilt und unzufrieden.

Maximilian Lerner besuchte in Wien bis zum Anschluss das Akademische Gymnasium am Beethovenplatz (Klassenfoto oben). Nach der Flucht in die USA trat er freiwillig in die Army ein (Bild unten) – und kam als Spion zurück nach Europa.

Einige Offiziere des »OSS - Office of Strategic Service« dem Nachrichtendienst und Vorläufer der CIA, suchten Freiwillige, die sich hinter die feindlichen Linien wagten – und wie ich sagte, war ich jung und verrückt und meldete mich.

Gemeinsam mit einem Mann aus Quebec und zwei Franzosen wurde ich nach London beordert. Es war das erste Mal, dass ich auf mich allein gestellt war, seit ich in die US-Army eingetreten war.

Wir bekamen eigene Pässe und nachdem wir die Fähre nach Großbritannien genommen hatten und mit einem Zug nach London gefahren waren, mussten wir uns bei einer speziellen Adresse melden.

Von dort wurden wir zu einem neuerlich sehr stattlichen Haus außerhalb Londons gebracht, wo wir einige Tage getestet und trainiert wurden. Nach Trainingsende wurde mir von französischen De Gaulle-Offizieren mitgeteilt, dass mein Französisch zwar exzellent, aber nicht ohne Akzent sei, was meinen Einsatz als Spion in Frankreich zu gefährlich machen würde.

Ich musste warten, bis es Zeit war, in Deutschland zu agieren, und man wollte mich wieder zurück nach Londonderry schicken. Aber auf meiner Rückreise sprach ich in London bei ETOUSA (European Theater of Operations U.S. Army headquarters) vor. Ich ging direkt zur Abteilung G-2, der Nachrichtendienstabteilung und verlangte mit jemandem zu sprechen.

Ich erklärte dem Colonel, dass es doch sehr schade wäre, wenn ich wieder zurück in das »Wartelager« müsse, da ich für soviel Dinge eine exzellente Ausbildung genossen hätte – es müsste doch einen passenden Job für mich geben.

Der Colonel nahm all meine Daten und Wünsche auf und schickte mich zurück nach Nordirland, wo meine Abteilung mittlerweile nach Chester verlegt worden war. Kaum war ich da angekommen, erhielt ich die Nachricht,

»Damit das Böse siegt, genügt es, dass gute Menschen schweigen«

Gedanken von Maximilian Lerner im Projekt »A Letter To The Stars«.

Vor 70 Jahren wurde ich aus meiner Schule und aus meiner Heimat verstoßen. Dann kam der Krieg. Und nachher 50 Jahre des großen Schweigens. Aber was ihr in den letzten Jahren geschafft habt, hat mich davon überzeugt, dass Anne Franks Glaube an die Güte der Menschheit kein Irrtum ist. Dafür danke ich Euch allen. Ich schließe mit der Mahnung des Philosophen Burke: »Damit das Böse siegt, genügt es, dass gute Menschen schweigen!« Ich sage es noch einmal: Ich bitte euch, bleibt Menschen, die etwas tun. *Rede am 5. Mai 2008 / Wien, Heldenplatz*

Es war die größte Menge an Menschen, zu der ich jemals gesprochen habe, und es war sonderbar, auf dem selben Platz wie Adolf Hitler zu den Nachkommen derer zu sprechen, die dort gestanden hatten, um ihm zuzuhören. *Anmerkung nach der Rede*

Das Geschenk, das ihr mir gemacht habt, ist, dass ich nun aufhören kann, Österreich und die Österreicher zu hassen. Natürlich können wir niemals vergeben oder vergessen, was die Generation der Österreicher uns 1938 angetan hat, aber die Tatsache, dass ihr und eure Generation die Verantwortung übernehmt – die nicht die eure ist – und die Tatsache, dass ihr aus eigener Initiative ohne Anregung durch die Republik etwas getan habt, ist wirklich wunderbar. Wir bedanken uns für Eure Herzlichkeit und Freundschaft und unser Danke richtet sich an das gesamte Projektteam, das unseren Besuch in Österreich zu einer wunderschönen Erfahrung gemacht hat. *Brief an das Projektteam nach der Rückkehr in die USA*

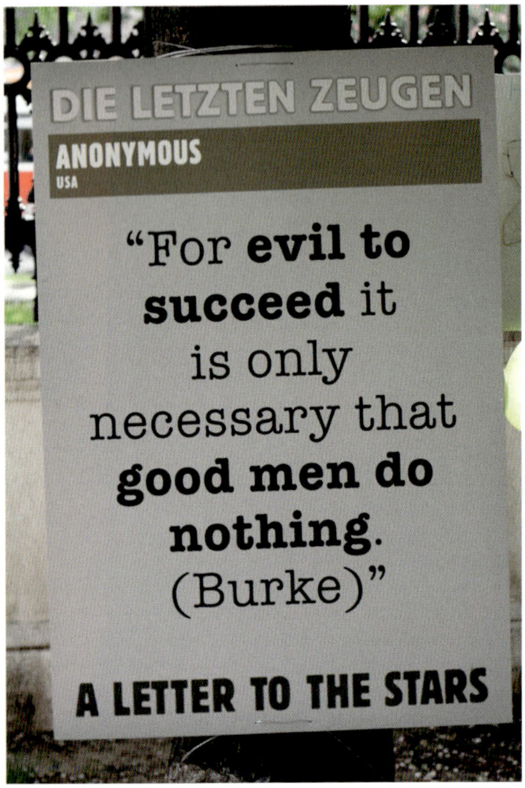

Das Denk.Mal. Diese Tafel mit dem »Vermächtnis« von Max Lerner (oben) wurde im Mai 2008 mit 120 weiteren Botschaften von österreichischen Holocaust-Überlebenden am Heldenplatz in Wien installiert.

dass ich mich in London zu melden habe – der Colonel hatte Wort gehalten und für mich getan, was er konnte.

Ich wurde ihm persönlich zugeteilt und hatte von Anfang Juni bis Ende Juli 1944 eine wunderbare Zeit in London. Da ich die ganze Zeit in London war, konnte ich nicht am D-Day, der Invasion der Alliierten in der Normandie am 6.Juni 1944, teilnehmen.

Ich lernte aber stattdessen die V-Bomber kennen, die gerade in London ausprobiert wurden. In dieser Zeit hatte ich auch Kontakt zu meiner Tante, die aus Österreich entkommen war und in den Vororten von London lebte. Ihr Mann, mein Onkel, hatte es nicht geschafft zu fliehen.

Später haben wir herausgefunden, dass er in Auschwitz ermordet wurde.

Nach dem D-Day und dem Fall von Cherbourg flogen mein Colonel und ich gemeinsam mit anderen hochrangigen Offizieren nach Frankreich, wo wir erst einmal abwarteten.

Dies war zu jener Zeit, als wir unseren Durchbruch erlebten. Die Alliierten gaben letztlich den Franzosen das Privileg, Paris zu erobern.

Sobald wir in Paris waren, übernahmen wir das Gestapo-Hauptquartier in der Avenue Foch.

Auf einmal wurden Dolmetscher gebraucht, und ich war genau an der richtigen Stelle in Cherbourg. Ich wurde als Verbindungsoffizier in General Leclercs Panzer Division transferiert, die Division, welche die Spitze nach Paris bildete – zu dieser Zeit waren nur fünf Amerikaner bei ihm. So kam ich am 25. August 1944 mit den ersten französischen Truppen nach Paris.

Es war unglaublich aufregend. In der Stadt wurde noch gekämpft. Ich musste mit einem kleinem Flugzeug nach Paris fliegen, um dort Leclercs Truppen zu treffen, was nicht ungefährlich war, da noch überall Heckenschützen operierten. Sobald wir in der Stadt waren, übernahmen wir das Anwesen der früheren Familie Rothschild, das Gestapo-Hauptquartier in der Avenue Foch.

Es gab einen großen Innenhof, in dem die FFI, die »Forces Francais de L'Interieur« also die Widerstandsbewegung der Resistance, inhaftierte Leute verwahrte. Der Hof war voll von Menschen, Frauen und Männern. Wir hielten eine Krisensitzung ab, welche Leute inhaftiert bleiben sollten, ob es solche waren, die von ihren Nachbarn als Kollaborateur bezichtigt wurden, ob es sich wirklich um echte Kollaborateure handelte oder um deutsche Soldaten, die zu fliehen versuchten.

Ich habe einige Wochen in diesem Rothschild-Gebäude verbracht und Leute interviewt und entschieden, ob sie arretiert bleiben sollten und in Gefangenenlager gebracht werden, oder ob sie freigelassen werden.

Dies war eine unglaubliche Periode in meinem Leben.

In Paris in amerikanischer Uniform zu sein, war, wie die Stadt zu besitzen. Wenn ich nur mehr Zeit und Stärke gehabt hätte ...

Es war eine großartige Erfahrung.

Nach einigen Wochen wurde ich abermals versetzt. Dieses Mal wurde ich in eine Spezialeinheit verlegt, endlich, und machte mich auf den Weg nach Verdun, Frankreich.

Auch da übernahmen wir ein Gebäude, das die Deutschen verlassen hatten, diesmal handelte es sich um ein altes Gefängnis. Es gab Zellen, in denen Gefangene verwahrt wurden, aber auch Zellen, in denen mein Team und ich schliefen. Zu dieser Zeit arbeiteten wir gemeinsam mit jungen französischen Offizieren und ich wurde Dienststellenleiter.

Wir befragten Gefangene, unternahmen von unserem Standort aus aber auch Geheimmissionen.

Und schließlich legte ich eine deutsche Uniform an und wurde in einige geheime Unternehmungen involviert. In Verdun war ich wiederum einige Monate.

So war es möglich, in deutscher Uniform hinter die feindlichen deutschen Linien zu kommen.

Zu dieser Zeit war ich bei der CIC, »Counter Intelligence Corps« (Spionageabwehr), einer Abteilung des Nachrichtendienstes OSS. Ich wurde ein »Special Agent«, so besagten es meine Heerespapiere, und trug eine Art zivile Offiziers-Uniform ohne Rang.

Die Absicht dahinter war, dass ich mich bei höherrangigen Offizieren als »Herr Lerner« von der Kriegsabteilung vorstellen konnte, in Wirklichkeit aber »Special Agent Lerner« in Erfüllung verschiedener Missionen war. Als »Herr Lerner« war mein Rang irrelevant und vertraulich, während man mir als Leutnant Lerner Befehle gegeben oder nicht einmal mit mir gesprochen hätte. So war es mir sowohl möglich, in Zivilkleidern Leute in Frankreich zu treffen, aber auch mehrere Male in deutscher Uniform hinter die feindlichen deutschen Linien zu kommen, um dort Leute zu Gesprächen zu sehen. All zu viele Details möchte ich darüber nicht verlieren, denn ich habe Geheimhaltung geschworen, auch wenn es schon sehr lange her ist.

Ich möchte aber gerne von der Schlacht bei Bulge, der Bezeichnung für die Ardennenoffensive, erzählen. Diese fand im Osten und Nordosten von Belgien sowie in Teilen des Großherzogtums Luxemburg statt.

Gerade zu diesem Zeitpunkt war ich in der Stadt Luxemburg, die zu drei Viertel feindlich umstellt war. Jeder von uns rückte von da zur Front aus, um zu kämpfen. Ich musste aus einem speziellen Grund nach Luxemburg, da ich wieder geheim Leute treffen sollte. Zu unser aller Überraschung blieb ich auch dort hängen. Auf einmal trug auch ich einen Offiziers-Karabiner und lag im Schützengraben im Schnee.

Das gesamte Erlebnis war einzigartig und berührend.

Wie die Schülerin Lia Böhmer ihre Begegnung mit Max Lerner in New York erlebte.

Die erste Begegnung war für mich ein sehr aufregendes Erlebnis. Als erstes sah ich Maximilian im »Museum of Jewish Heritage« in New York, wo er uns trotz seines Alters eine wundervolle und wirklich spannende Führung durch das Museum gegeben hat. Diese noch dazu auf Deutsch, obwohl er seit vielen Jahren kein Deutsch mehr gesprochen hatte und ständig behauptete, er könnte es nicht mehr sprechen. Sein ganzes Auftreten und die Art und Weise, wie er uns über diese schreckliche Zeit erzählt hat, waren echt beeindruckend.

Mein zweites Treffen mit Max hatte ich gleich am darauf folgenden Tag. Er hat mich in seine Wohnung eingeladen. Unzählige Fotos an den Wänden, fantastische Aussicht aus dem 28. Stock. Anschließend nahm er mich in sein Arbeitszimmer mit, wo er ein Fotoalbum herausholte und mir Fotos von sich als »Held« zeigte. Dazu erzählte er mir von seinem ursprünglichen Leben in Wien, als er ins Akademische Gymnasium ging. Nach seiner Flucht nach Amerika ist Max zur US-Armee gegangen, mit der er dann zurück nach Europa kam, um dort gegen die Nazis zu kämpfen. Ganz stolz zeigte er mir ein Foto, wo er in Uniform auf den Trümmern des braunen Hauses, der Parteizentrale der NSDAP, stand.

Er erzählte mir auch vom »saubersten Boden in Wien«. Das war der Platz vor seiner Schule, den er, als die Nazis die Macht übernommen hatten, mit all seinen jüdischen Mitschülern, Lehrern und sogar dem Direktor mit Zahnbürsten putzen musste.

Nachdem er mir alle Fotos aus seinem Album gezeigt hatte, sind wir ins Wohnzimmer gegangen, wo ich ihm die kleinen Geschenke gab, die ich mitgebracht hatte. Besonders freute er sich über das Fotoalbum mit Bildern vom Akademischen Gymnasium, aber vor allem war er begeistert von den Fotos, die ich von seiner alten Heimat, der Löwengasse 39, gemacht hatte. Er hatte das Haus nämlich seit seiner Flucht nicht mehr von innen gesehen und war beinahe zu Tränen gerührt.

Während Max und ich da so saßen, kam auch seine Frau nach Hause. Nachdem wir alle drei kurz geplaudert hatten, kam sie auf die Idee, mich in ihr Stammlokal zum Essen einzuladen und anschließend mit mir eine Autotour durch die Stadt zu unternehmen, um mir alles zu zeigen. Während des Essens redeten wir über viele verschiedene Sachen. Das Ehepaar erzählte mir von ihren vielen Kindern, die verstreut in Amerika leben. Mit leuchtenden Augen redete Max von seiner Familie.

Kurz und gut, dieses gesamte Erlebnis war echt einzigartig und wirklich berührend. Diese beiden Menschen, denen man heute kaum noch ansieht, was sie erlebt haben, haben ein unglaublich großes und warmes Herz! Sie sind wirkliche Lebenskünstler und vor allem Genießer! Sie reisen sehr viel und sind sehr daran interessiert, was passiert. Ich wette, dass keiner diese beiden für älter als 50 schätzt. Weder in ihrem Aussehen noch und vor allem nicht in ihrem Lebensstil. Er arbeitet noch immer freiwillig im »Museum of Jewish Heritage« und ist teilweise bestimmt aktiver und fitter als ich!

Immer wenn jemand »Feuer« gerufen hatte, feuerten wir. Ich habe zwar niemals jemanden gesehen, auf den wir gerade feuerten, aber wenn es Befehl war, mussten wir es tun.

Drei Tage lagen wir angstvoll und frierend im Schützengraben, dann hob sich die Wolkendecke, wir sahen unsere Flugzeuge und die Angriffe waren vorüber.

Das waren die einzigen drei Tage wo ich in wirkliche Kämpfe verwickelt wurde. Alle anderen Male war ich nicht im Kampf, ich war mehrmals in Gefahr, gefangen genommen zu werden, aber nie an der Front.

Der Zwischenfall, den ich jetzt erzählen möchte, ist wahrscheinlich der Wichtigste: Bevor die Brücke von Remagen eingenommen wurde, haben die Deutschen Taucher mit Sprengstoff eingesetzt, um sie in die Luft zu jagen.

Einige von ihnen wurden von uns gefangen genommen und befragt.

Sie alle waren in einem Hallenbad in Wien trainiert worden, das ich sehr gut kannte. Diese Tatsache half mir erheblich bei der Befragung. Sie berichteten uns, wo ihr Camp war, und dass sie auf dem Weg wären, die nächste Brücke zu sprengen. Kurz darauf konnten wir eine weiterer Brücke, die Oppenheim-Brücke, einnehmen.

Und in dieser Nacht setzte ich in deutscher Uniform mit einer Gruppe von amerikanischen Militärpolizisten, die uns assistierten, mit einem Boot über den Rhein über. Das gesamte Rheinufer war zu diesem Zeitpunkt bis auf die eben eingenommene Brücke noch in deutscher Hand. Ich trug die deutsche Uniform in der Hoffnung, dass, wenn ich gefangen genommen werden würde, die Deutschen glauben sollten, dass ich auch Deutscher wäre. Wir liefen zu dem von den Tauchern beschriebenen Camp, attackierten es und schossen auf alles, was sich bewegte. Kurz darauf fanden wir uns für zwei Tage versteckt auf einem Heuboden wieder, bis unsere Truppen über den Rhein kamen und uns befreiten. Wieder kam es zu Kämpfen, aber diesmal war ich nun nicht mehr involviert.

Wir erlaubten den Deutschen erst die Toilette zu benützen, wenn sie mit uns sprachen.

Wir setzten bei unseren Gefangenen keine Folter ein, aber wir machten es ihnen auch nicht angenehm. Eine Methode war es, den Deutschen solange nicht zu erlauben, die Toilette zu benützen, bis sie mit uns sprachen. Diese Maßnahme war sehr effizient. Eine der besten Methoden war es, wenn man zwei Personen auch von zwei Leuten befragen ließ, die danach ihre Informationen austauschen konnten. Ich habe herausgefunden, dass Deutsche nicht allzu eifrig dabei waren, ihre Geheimnisse zu behalten, sobald sie gefangen genommen wurden. Eigentlich unterschied sich das nicht stark von den Kreuzverhören, die man in Filmen sehen kann, es war wirklich sehr ähnlich.

Wesentlich schwieriger war es mit den französischen Kollaborateuren, die natürlich alles, was sie getan hatten, rechtfertigen mussten. Aber wenn man die Umstände ihrer Geschichte kannte, konnte man leicht erkennen, ob es Kollaborateure waren oder nicht.

Zum Beispiel gab es da in Paris einen Mann russischen Ursprungs, der einen Nachtklub besaß. Dieser wurde inhaftiert, weil sein Klub häufig von Deutschen besucht wurde – ich ließ ihn frei. Denn wer sonst als Deutsche hätten während des Krieges dort hingehen können? 1947 war ich wieder in Paris, lief in der Stadt herum, ging in die Bar, er erkannte mich und lud mich auf einige Drinks ein.

Aber es gab auch echte Kollaborateure, zum Beispiel Industrielle, die für die Deutschen gearbeitet haben.

Meine Kameraden und ich waren zu dieser Zeit bereits in Deutschland. Es war beinahe unwirklich, damit meine ich, dass ich wusste, dass der Krieg vorbei war, wir hatten gewonnen und wir waren wirklich da.

Wir begannen vorzurücken, zuerst bis Augsburg, dann nach München. Auf dem Weg nach München kamen wir an Dachau vorbei, wo wir anhielten. Das KZ war zwei Tage zuvor befreit worden. Immer noch lagen tote Körper am Boden und der Geruch im Lager war unbeschreiblich. Jawohl, ich wusste vom KZ in Dachau.

Dachau war das älteste der Lager und ich hatte auch schon genau gewusst, wo sich Dachau befand, in der Nähe von München.

Ich fand München sehr zerstört vor, und ich sage ehrlich, es hat mir gefallen.

Ich fand München sehr zerstört vor, und ich sage ehrlich, es hat mir gefallen. Ich suchte dort speziell nach den Ruinen des sogenannten »Braunen Hauses«, dem Hauptquartier der Nazis.

Es gibt ein Foto von mir, wo ich auf den Steintrümmern der Ruinen stehe. Es war befriedigend, dennoch war Dachau für mich die furchtbarste Erfahrung.

Ich habe sogar schon von Dachau gehört, als ich noch ein Kind in Wien war. Dachau war kein Vernichtungslager, aber sehr wohl das erste Lager in Deutschland. Ich kannte Leute aus Wien, die nach Dachau gebracht wurden und ich kannte Leute, die nach Dachau gebracht und wieder freigelassen wurden.

Der Vater meiner ersten Frau wurde in Wien verhaftet, nach Dachau geschickt und unter dem Versprechen, seine Heimat und seinen Besitz zurück zu lassen, freigelassen. So war mir Dachau ein wohl bekanntes Konzept. Und als ich dann das Ortsschild von Dachau sah, verlangte ich zu stoppen, um mich umzusehen.

Da, wie gesagt, die amerikanischen Truppen erst zwei Tage davor hier gewesen waren, sah ich noch sehr, sehr viele Leute leiden, die medizinischen Trupps waren erst auf dem Weg, ihnen zu helfen. Die Toten waren noch nicht verbrannt. Man begann erst alles zu organisieren.

Nach Kriegsende hatte ich die Verantwortung über die Kriminalpolizei in Wiesbaden. Es war der Sommer 1945 nach dem V-E day, dem sogenannten »Victory in Europe« Tag. Damals existierte ein Buch von der Größe eines Taschenbuchs, das von obersten Behörden des alliierten Expeditionskorps herausgegeben wurde, welches alle Ränge der verschiedenen paramilitärischen Naziorganisationen auflistete.

Eine der einfachsten Aufgaben war es, SS-Leute zu identifizieren, denn man musste nur unter ihren linken Arm sehen, um die typische Blutgruppentätowierung oder die Narbe, die durch die versuchte Entfernung dieser Tätowierung entstanden war, zu finden.

Auch da gab es einen berichtenswerten Zwischenfall: Ein Kamerad von mir, ein Mann namens Tompkin, und ich mussten eines Tages zu einer Wohnung gehen, wo wir einen SS-Verdächtigen verhören sollten. Ich hatte rasch beschlossen, dass dieser Mann zu einer weiteren Befragung mit uns kommen sollte, da mir die Art, wie er sprach, nicht gefallen hatte. Sofort lief er ans Ende des Zimmers, zog eine selbstangefertigte Keule hervor und setzte zum Schlag gegen meinen Kopf an. Ich schloss die Augen, tastete nach meinem Revolver, den ich am Gürtel trug und feuerte. Durch reinen Zufall brach ich dem SS-Mann durch meinen Schuss den Ellbogen ... Wenn das nicht passiert wäre, hätte er mich wahrscheinlich mit dem Knüppel erschlagen. Danach habe ich diese Keule als Erinnerung aufbewahrt.

Wir wussten nichts vom methodischen Abschlachten in Auschwitz, nichts von Vernichtungslagern.

Auch nach dem Kriegsgewinn war uns das gesamte Ausmaß, die Zahl der Naziopfer nicht bewusst. Wir hatten keine Ahnung. Wir wussten nichts vom methodischen Abschlachten in Auschwitz, nichts von Vernichtungslagern. Wir wussten das alles noch nicht.

Aber auch wenn wir diese Verbrechen noch nicht kannten, waren meine Anstrengungen zu entnazifizieren immer größer geworden, und das bringt

mich zur letzten Geschichte, der mit dem Chef der Feuerwehr. Es ging gegen Spätherbst 1945, und wie ich bereits erwähnte, war ich für die Kriminalpolizei in Wiesbaden zuständig. Vertreter der Militärregierung riefen mich zu sich und teilten mir mit, dass sie einen neuen Chef der Feuerwehr benötigten und mir Männer zur vorherigen Befragung schicken würden. Ich sollte sie interviewen, untersuchen und ihnen dann mitteilen, ob sie den richtigen Mann ernennen würden. Der erste in Frage kommende Mann wurde zu mir geschickt und ich arretierte ihn sofort. Er wurde deshalb eingesperrt, weil er während der Nazizeit bei der Feuerwehr einen so hohen Rang bekleidet hatte, dass er praktisch automatisch in den Arrest gehen musste.

Natürlich habe ich diesen Mann abgelehnt und sie schickten mir den nächsten. Auch dieser war von seinem Rang so hoch, dass ich ihn inhaftieren musste. So schickten sie mir den Dritten, der auch wieder im Arrest landete.

Daraufhin bekam ich einen Anruf aus dem Frankfurter Hauptquartier, mit der Bitte, den »unschuldigsten« der drei Männer für den Job auszuwählen. Ich sagte, darauf: »Nein, das ist nicht mein Job, mein Job ist es, diese Leute in Haft zu nehmen.« Als man mir aber antwortete, dass es wichtiger wäre, einen Feuerwehr- Chef zu bekommen, und ich mich weiter weigerte die Leute zu entlassen, nahm ich innerhalb von wenigen Tagen meine Papiere und meinen Abschied und fuhr nach Hause.

Man bat mich anfänglich, noch eine Zeit lang zu bleiben, so um die sechs Monate, ich überlegte es mir auch kurz, aber als die Frage nicht mehr aufkam, war ich sehr froh.

Ich war bereit, heim zu kommen.

Keine Ahnung, wie man ein KZ überlebt

Trude Levi hat Auschwitz, Buchenwald und einen Todesmarsch überlebt. Ana Cvitic erzählt, was die Begegnung mit ihr bewirkt hat.

Trude Levi wird 1924 in Szombathely/Ungarn geboren. Mit 20 Jahren wird sie zuerst in ein Ghetto, dann nach Auschwitz deportiert und kommt schließlich nach Hessisch-Lichtenau, einem Nebenlager von Buchenwald. Dort arbeitet sie in einer Munitionsfabrik und überlebt einen Todesmarsch. Durch den Verlust ihrer Staatsbürgerschaft kann sie nach der Befreiung nicht nach Ungarn zurückkehren, bleibt 12 Jahre staatenlos, geht nach Frankreich, später nach Südafrika und Israel, bevor sie sich in England niederlässt. Heute schreibt sie Bücher über den Holocaust, hält Vorträge und arbeitet gegen Rassismus und Antisemitismus.

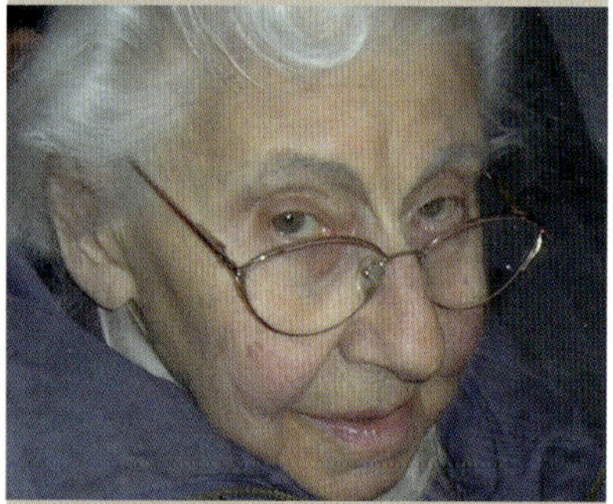

Ana Marija Cvitic ist im November 2007 im Projekt »Botschafter der Erinnerung« in London Trude Levi begegnet und hat aus ihrer Lebensgeschichte gelernt.

Ich sitze am Stadtrand von London in einem kleinen bescheidenen Haus. Viele Bilder hängen auf der Wand, die Regale sind voll Bücher, und obwohl ich in einem fremden Land bei einem mir unbekannten Menschen zu Besuch bin, fühle ich mich wohl und aufgehoben.

Die Frau, Trude Levi, die mir Tee und Kuchen serviert, ist ein Puzzleteil des Gesamtbildes, das sich mir in dieser Woche im November 2007 offenbart hat. Von da an hat sich viel an meiner Weltanschauung geändert. Aber nicht nur das. Am meisten habe ich mich verändert.

Trude Levi, eigentlich Gertrude Levi, war anfangs nur ein Name auf einem Papier, das ich bei einem von „A Letter To The Stars“ organisierten Seminar bekommen habe. Ich erfuhr, dass sie Bücher geschrieben hatte und dass sie von den Projekt-Mitarbeitern sehr geschätzt wird. Näheres sollte ich erst in London herausfinden können.

In London angekommen besuchten die anderen Schüler und ich jeweils die uns zugeteilten „Survivors“. Ich hatte ein bisschen Angst vor dem Treffen mit Trude und davor, wie sehr mich die sehr intensive Auseinandersetzung mit dem Thema „Holocaust“ mitnehmen würde.

Nachdem Trude und ich über den allgemeinen Teil der Unterhaltung hinausgekommen waren, begann sie mir von ihrer Zeit in Ungarn zu erzählen. In vielem, das sie mir erzählt hat, erkannte ich mich selbst wieder. Ich stellte sehr bald fest, dass wir Gleichgesinnte sind. Zwei Mädchen, das eine älter, das andere jünger, die auf einer Wellenlänge sind. Das ist der Grund, weshalb wir immer noch in regem Austausch miteinander stehen und weshalb eine Freundschaft zwischen zwei Menschen, die mehr als ein halbes Jahrhundert Lebenserfahrung trennt, funktioniert. Diese Freundschaft ist für mich sehr wertvoll.

Trotzdem habe ich Trude vieles nicht erzählt. Was sie wahrscheinlich nicht weiß, und was ich anfangs auch selber nicht ganz verstanden habe, ist, dass ich nicht so leicht mit dem, was sie mir erzählt, fertig werde. Ihre Zeit in Auschwitz, die Deportationen, die Flucht, die Zeit nach Auschwitz und andere Dinge, die in ihrem Leben passiert sind, all das ist viel Leid für ein Menschenleben.

Das hat mir sehr zu schaffen gemacht. Ich hatte Alpträume, war innerlich depressiv und als ich Trude das zweite Mal getroffen habe, wollte ich nichts

Trude Levi (in ihrer Wohnung in London) hält regelmäßig Vorträge über ihr Leben im Holocaust: »Jeder ist verantwortlich dafür, wie er oder sie sich zu ihren Mitmenschen benimmt.«

mehr an mich ranlassen. Ich wollte abblocken. Ich wollte weg, aber noch mehr wollte ich bleiben. Viel zu sehr war ich von der Person fasziniert, als dass ich sie hätte ablehnen oder ihr nicht zuhören können.

In London habe ich den großen Fehler gemacht, etwas, das ich immer noch unbewusst mache, dass ich die schrecklichen Zeiten in ihrem Leben auf mein Leben bezogen habe. Ich hatte ständig das Bild von mir im Kopf, nicht das von ihr oder jemand anderem. Wie ein kleines Kind, das anfängt zu weinen wenn jemand anderer weint, konnte ich nicht trennen, was mich betrifft und was sie.

Die Themen Antisemitismus, Shoa beziehungsweise Holocaust oder Pogrome gegen Juden lösen bei mir sehr starke Gefühle aus. Vielleicht weil ich mich von der jüdischen Philosophie sehr angesprochen fühle oder weil ich irgendwo etwas Jüdisches an mir habe. Aber trotzdem ist es nicht Mitleid, das ich entgegenzubringen versuche, es ist vielmehr eine tiefe Traurigkeit, gegen die ich mich nicht wehren kann, und die mich besonders in London sehr stark mitgenommen hat.

Zwei Mädchen, das eine älter, das andere jünger, die auf einer Wellenlänge sind.

Doch trotz allem muss ich betonen, dass die Reise, die Begegnungen und der ganze Aufenthalt in London eine der schönsten Zeiten in meinem Leben waren. Dass ich Unmengen gelernt habe, dass ich reifer geworden bin, dass ich nicht nur mitgenommen habe, sondern dass mir viel gegeben wurde.

Ohne diese Woche wäre ich heute ein anderer Mensch, weil ich irgendwie weiß, dass mich dieses Thema nicht grundlos sehr beschäftigt. Die Auseinandersetzung mit der Ungerechtigkeit in der Welt und das Mitfühlen mit den Menschen, denen eine menschenunwürdige Haltung entgegengebracht wurde und wird, gehört zu mir und meinem Leben. Es hat einen Platz in meiner Seele und momentan kann ich nicht mehr machen, als Verantwortungsgefühl entgegenzubringen und mich zu bilden. So viel wie möglich über alles Mögliche zu lernen, um es eines Tages miteinander zu verknüpfen und Gutes zu bewirken.

Vom Judentum ist ihr nicht viel geblieben, an Gott glaubt sie nicht.

Ich weiß, dass ich es vielen schuldig bin, vor allem aber mir selbst.

Nicht viel ahnend, was mich in London erwarten würde, freute ich mich auf neue und spannende Erfahrungen, die ich, zurückblickend tatsächlich gemacht habe.

Mag einer denken, ist ja klar, aber ich sage nein, ist es nicht. Es hätte auch anders ablaufen können.

Es hätte auch sein können, dass mich die Begegnung völlig kalt lässt, dass ich nichts an mich ranlasse oder dass ich einfach nichts aus dem Treffen lerne. Es hätte so leicht eine kurze oberflächliche Begegnung sein können.

Ob es tatsächlich möglich ist, einen einwöchigen Aufenthalt nicht oberflächlich zu nennen?

Wenn man bedenkt, wie intensiv und teilweise anstrengend die Woche war, wenn man bedenkt, wie wir, besonders ich, müde am Abend über den Tag nachgedacht haben, wie viel Tränen vergossen wurden, wie viele Geschichten unter die Haut gingen ... all die Gefühle, die man in dieser Woche empfunden hat, ob guter oder schlechter Natur, die waren wirklich nicht oberflächlich.

Meine »Botschafterin der Erinnerung«, die unglaubliche Persönlichkeit Trude Levi, war ein leeres Blatt für mich, sie war ein Name, eine von vielen Überlebenden, deren Familien unter dem Nationalsozialismus zu leiden hatten. Aber als ich sie getroffen habe, habe ich begriffen, was für ein Mensch sie ist. Sie ist 84 Jahre alt, lebt in London und sagt, »jüdisch zu sein, ist meine einzige Identität, es bedeutet mir sehr viel.« Religiös ist sie nicht, »wie sollte ich nach dem Erlebten noch an Gott glauben.«

Trude Levi hat mir ihre Geschichte nicht erzählt, sie hat sie mir anvertraut. Das macht man nicht bei jedem, das ist nicht für alle Welt Ohren bestimmt, sie hat es nur mir gesagt. Begebenheiten, die mich zum Weinen gebracht haben, die ich nicht wahrhaben wollte, die ich vielleicht nie wissen wollte. Begebenheiten, die meine naive Weltansicht zerstörten. Sie hat mir,

was die Shoa betrifft, die Augen geöffnet. Sie hat mir, was das Leben und die Menschen betrifft, die Augen geöffnet.

Ich bin jung – wie jung wird mir manchmal erst in Extremsituationen bewusst. Ich verstehe nicht alle Dinge, die in der Welt geschehen. Ich gebe es offen zu. Es ist nichts wofür ich mich schäme, es ist einfach die Tatsache, dass ich ein Kind meiner Zeit bin, mit einer individuellen Biographie und einem individuellen Horizont.

Ich maße mir nicht an zu sagen, ich kann nachvollziehen, was Trude Levi erlebt hat. Ich bin 70 Jahre jünger als sie, ich kenne die Hälfte der Sachen nicht, die sie in ihrer Jugend und in ihrem Alltag benutzt hat.

Ich habe keine Ahnung, wie man ein KZ überleben kann, wie man danach ein unglaublich spannendes und beschwerliches Leben führen kann, ich habe keine Ahnung, wieso sie nicht an ihrer Lebensgeschichte zerbrochen ist, ich habe keine Ahnung weshalb ich weinen musste, als sie mir davon erzählt hat.

Trude Levi und **Ana Marija Cvitic** verbindet seit ihrer persönlichen Begegnung eine Freundschaft.

Aber ich habe viel geweint und es hat mich fertig gemacht.

Geschichte ist nichts, das einen selber nichts angeht, in der Schule wird das viel zu wenig betont.

Die Menschen, die vor uns gelebt haben, sind unsere Vorfahren, sie haben die Welt gestaltet, in der wir heute leben, sie haben die jetzige Gesellschaft geboren und erzogen. Genauso wie wir die Zukunft unserer Kinder und Nachkommen beeinflussen, beeinflussten sie einst das heutige Leben. All das wird einem erst klar, wenn man mit alten Menschen konfrontiert wird. Meine Großeltern wohnen nicht in Österreich, ich sehe sie nur alle drei bis vier Jahre für eine kurze Zeit. Ich habe keine Ahnung, wie sie ihr Leben gelebt haben und wer diese Menschen in Wirklichkeit sind. Aber diese Menschen sind da, und sie waren da, bevor es mich gab.

Trude Levi hat Unglaubliches gesehen, erlebt, gekannt und durchgemacht, bevor es überhaupt den Gedanken an Ana-Marija Cvitic gab. Und jetzt, wo ich 17 Jahre alt bin, treffe ich sie und sie teilt ihr Leben mit mir.

Sie kennt mich nicht und trotzdem vertraut sie mir.

Und zwischen uns entwickelt sich so etwas wie Freundschaft.

Wenn sie stirbt, wenn ich sterbe und wenn meine Kinder und Enkel leben, und deren Kinder und so weiter, werden Trude Levi und ihr Treffen mit mir ein Teil der Geschichte sein. Und auch wenn sich das alles in einer Woche abgespielt hat, wer sagt, dass eine Sekunde nicht Leben verändern kann?

Denk.Mal. Botschaft von Trude Levi an die »Nachgeborenen« (oben). Werke für Ermordete, von Schülern gestaltet (unten).

»Wie eine Oma, die ich sehr lieb habe …«

Aus der Korrespondenz zwischen Ana Marija Cvitic und Trude Levi

Liebe Trude, Danke für deine liebe Mail. Meine Professorin hat gemeint, ich solle etwas über dich ins Jahrbuch schreiben. Aber wie soll ich es sagen?

Du bist einer der Menschen, die mich durch ihre Art und ihre Taten in einer Weise inspirieren, dass ich sofort versuche, all das Neue, das ich durch sie gelernt habe, in mein Tun einfließen zu lassen. Deine klugen und welterfahrenen Zitate geben mir den Ansporn, besonders die schwierigen Situationen mit einer optimistischen Grundhaltung zu bewältigen und aus ihnen zu lernen. Lass es nie zu Selbstmitleid kommen, weißt du noch? Wenn es mir sehr schlecht geht, und ich enttäuscht bin, denke ich an dich und deine Vergangenheit. Und auch wenn sich die Gedanken dadurch noch dunkler verfärben, eben weil du, neben Millionen anderen Menschen für das absichtlich verursachte Leid an Unschuldigen stehst, so bist du trotzdem ein kleines Lichtlein, das mir hilft, nicht über Dummheit und Ignoranz zu verzweifeln.

Du hast Leid erfahren, aber du bist daran gewachsen.

Wenn man nicht Schlimmes überwunden hat, kann man dann noch sagen, man habe richtig gelebt? Für mich bist du so etwas wie eine wahnsinnig intellektuelle, gebildete, warmherzige, inspirierende Oma, die ich sehr lieb habe.

Du hast so viel zu meiner geistigen Erziehung beigetragen, wahrscheinlich weißt du das gar nicht! Trude, ich sehe dich als eine starke Persönlichkeit und als eindeutige Bereicherung für jeden, der das Glück hat, dich kennen zu lernen oder eine deiner Reden zu hören. Wir können von dir lernen, dass man nicht darauf zählen kann, von anderen aufgebaut und getröstet zu werden. Das ist gut so, wir sind selbst dafür verantwortlich. Nur so wachsen wir. Wir sind diejenigen, die unser Leben führen.

„Versuche solange wie möglich glücklich zu sein“, hast du mir beigebracht. Letztendlich hat man doch keine andere Wahl, als zu versuchen, glücklich zu sein.

Ana Maria

Liebe Ana, danke für deine lieben Worte! Ich schäme mich richtig, dass ich bis jetzt nicht geschrieben habe. Ich werde dir in den nächsten Tagen unbedingt eine längere E-Mail schreiben. Ich bin sehr unter Druck und sehr müde, da ich wenig Zeit zum Schlafen habe. Ich fasse mich heute kurz, aber ich gratuliere dir, dass du alle deine Prüfungen hinter dir hast! Ich umarme dich fest in Gedanken und bitte verzeih mir!

Deine Trude

Liebe Trude, manchmal spaziere ich am Morgen durch die Innenstadt von Wien, die Sonne scheint ganz leicht, die Luft duftet nach Brot und frischen Blättern, die Menschen sind zu Hause und schlafen oder lesen Zeitung. Und dann packt mich die Zufriedenheit mit dem Hier und Jetzt und ich habe die Welt sehr lieb. Ich möchte sie umarmen und ihr sagen, dass es großartig ist, hier zu sein und dass ich ein solches Glück habe. Trude, wenn man sich den Rest der Welt anschaut, dann bin ich sehr großer Glückspilz. Ich bin frei, ich bin gesund, ich bin jung, ich habe Menschen um mich, die mich gern haben! Ich habe die Möglichkeit mich zu bilden, um zumindest ansatzweise den Zusammenhang zwischen den Dingen und Menschen zu verstehen … Ich werde geistig und seelisch gefördert und ich habe das Glück, in einem Land zu leben, in dem es keinen Krieg, keinen Terror, keinen Hunger und sehr wenig Armut gibt. Ich danke allem, das mir zu diesem Glück verholfen hat. Liebe Trude, du hast recht. Man soll sich einfach über die großen kleinen Dinge im Leben freuen.

Liebe Ana, nochmals vielen Dank für deine lieben Worte. Ich freue mich sehr von dir zu hören und ich bin dankbar, dass du mir so treu bist. Mir geht es gut, ich habe kaum Schmerzen nach der Operation. Mittlerweile schreibe ich wieder Geschichte! Monatlich erscheint in unseren Lokalen (Holocaust Survivor Center) eine Geschichte von mir. Das macht mir natürlich sehr viel Spaß!

Unsere Reise nach Odessa war hochinteressant und die Gesellschaft dort irrsinnig hilfreich. Ich wollte schon lange nach Odessa und diesmal hatte ich die Gelegenheit mit einer Gruppe vom London Jewish Cultural Center mitzufahren. Die Stadt muss einmal eine sehr schöne und elegante gewesen sein, aber heute haben die Leute wenig Geld. Zur Zeit des Kommunismus hat sich kaum jemand um die herrlichen Gebäude gekümmert, sie waren einst von sehr hoher Klasse! Aber heute ist man froh, wenn man vorbei geht und einem nichts auf den Kopf fällt.

In fünf Tagen habe ich zehn Vorträge gehalten und bin jedes Mal todmüde nach Hause gekommen. An einem Abend hat man eine große Veranstaltung für mich gemacht, um mein deutsches Verdienstkreuz zu feiern. Das war sehr schön und sehr nett, aber auch sehr anstrengend. Ich bin ja doch schon 84 Jahre alt!

Ich denke viel an dich! Du und deine Familie seien herzlich umarmt,
deine Trude.

Die vielen Geschäfte des Herrn Kurt aus Wien

Kurt Löwy konnte mit 11 nach Argentinien flüchten. Dort schlug er sich mit vielerlei Geschäften durch und überlebte auch die Diktatur.

Kurt Löwy wird 1928 in Wien geboren. Ein Onkel hat für die gesamte Familie bereits 1938 gegen Bestechung Visa für Bolivien besorgt. Der Vater wird im April 1939 aus dem KZ Dachau entlassen, die Familie fährt mit dem Schiff nach Buenos Aires, wo sie bei Verwandten unterkommen. Kurt Löwy kommt zu einer Gastfamilie, arbeitet, geht zur Schule und macht sich schließlich selbständig. Er überlebt auch die Militärdiktatur.

Das **BG/BRG 1o** in der Wiener Ettenreichgasse mit Lehrerin **Dorothea Schaffernicht** war im Mai 2008 im Projekt »38/08« Gastgeber für Kurt Löwy.

Es hat auch Leute gegeben, die das Grauen schon kommen gesehen haben. Einer meiner Onkel hat bereits vor 1938 einiges an Geld nach Paris überweisen können. Dort hat er den Konsul von Bolivien bestochen und für unsere Familie Visa für 16 Personen besorgt.

Das war auch der Grund, weshalb mein Vater aus dem Konzentrationslager kommen konnte, denn durch Vorzeigen dieser Visa konnte er, der in der »Kristallnacht« verhaftet worden war, schon nach dreizehn Wochen im April 1939 aus Dachau entlassen werden.

Danach mussten wir unser Vaterland innerhalb von vierundzwanzig Stunden verlassen. In Paris warteten wir etwa zwei Wochen, bis wir uns auf ein französisches Schiff einschiffen konnten, die »Massilia«. Später habe ich erfahren, das dies die letzte Fahrt der »Massilia« gewesen war, da sie danach zu einem Truppentransportschiff umfunktioniert und versenkt wurde.

In Buenos Aires angekommen, wo das Schiff einen Halt machte, steckte man uns in ein staatliches Immigrantenhotel, da wir ja nur Visa für Bolivien besaßen und einige Tage später nach Bolivien weiter reisen sollten. Da wir aber in Buenos Aires einige Verwandte hatten, wurden wir bald aus dem Hotel geholt und begannen unser neues Leben in Argentinien.

Wir hatten kein Geld, man durfte nur 20 Dollar mitnehmen, und so sind wir erst einmal in eine kleine Emigrantenpension gegangen. Wir waren noch illegal in diesem Land, hatten keine Papiere und konnten deshalb auch nicht unser Gepäck aus dem Zoll holen. Glücklicherweise fand mein Vater bald Arbeit in einer Import-Firma, die ebenfalls einem Emigranten gehörte. Meine Mutter lebte als Köchin mit Bett in einer fremden Familie. Daher wussten meine Eltern nicht, was sie mit mir den ganzen Tag machen sollten, man konnte doch einen kleinen Buben nicht alleine lassen.

Damals war ich 11 Jahre alt. Ich musste noch zur Schule gehen.

Mein Onkel und mein Vater gaben eine Annonce in die deutsche Zeitung von Buenos Aires, wo man eine Familie suchte, die gewillt war, meine zwei Cousins und mich aufzunehmen. Tatsächlich haben sich zwei Familien gefunden. Es war natürlich für mich ein echtes Trauma, nicht nur mein Vaterland, meine Sprache, sondern jetzt auch noch die Obhut meiner Eltern zu verlieren. Bei dieser Gastfamilie blieb ich einige Zeit und ging bei ihnen auch zur Schule. Es handelte sich hierbei um eine Staatsschule, in der nur

Kurt Löwy ist aus Argentinien nach Österreich gekommen. Als er vertrieben wurde, war er 11 Jahre alt. Das Schiff, das sie nach Buenos Aires brachte, wurde wenig später versenkt.

Spanisch gesprochen wurde. Natürlich habe ich kein Wort vom Unterricht verstanden. Ich wurde mit 11 Jahren in die zweite Klasse gesteckt, damit ich erst einmal ordentlich die Landessprache lernen sollte. Dort gab es eine Lehrerin, die wie ich Französisch sprach, so konnte ich mich ein wenig verständlich machen. Leicht war es freilich nicht. Nach etwa einem Jahr wurde ich schließlich auf ein Internat geschickt.

Es war für mich ein echtes Trauma, Vaterland, Sprache und Obhut meiner Eltern zu verlieren.

Das war schon zu der Zeit, als meine Eltern aus der kleinen Pension ausziehen konnten. Leider hatten wir aber noch nicht genug Geld, um eine eigene Wohnung zu mieten, und so teilten meine Eltern eine bescheidene Wohnung mit meinem Onkel und seinen zwei Söhnen am Stadtrand.

Alles war sehr einfach, die Straßen waren noch nicht gepflastert und ein

Mann kam täglich mit seiner Kuh, um uns frische Milch zu verkaufen. Mein Vater fand bald einen besseren Posten bei einem entfernten Verwandten.

Ich war nun 13 Jahre alt und habe schon gearbeitet.

Kurt Pordes, ein Österreicher, der eine kleine Fabrik für gepresste Knöpfe aufgezogen hatte, war mein erster Arbeitgeber. Damals war es modern – da trugen die Frauen noch Kleider, dass die Knöpfe aus dem selben Stoff wie die Kleider gemacht wurden. Ich war dort etwa zwei Jahre beschäftigt. Mein Vater kam fast jeden Tag zu Mittag, um mit mir sein mitgebrachtes Essen zu verspeisen. Ein Restaurant oder ein Kaffeehaus konnten wir uns nicht leisten. Meine Mutter arbeitete nun nicht mehr als Köchin, sondern war Hausfrau.

Wie schon erwähnt, haben meine Eltern die Wohnung mit meinem Onkel und seiner Familie geteilt. Es war eine ziemlich kleine Wohnung, zwei Schlafzimmer und ein Wohnzimmer, das etwas größer war. Da haben wir drei Buben geschlafen, bei Tag war es ein Aufenthaltsraum. Wie nicht anders zu erwarten war, kam es zu einem Krach zwischen den beiden Familien, die so eng miteinander wohnen mussten. Es wurde dann so entschieden, dass wir uns eine andere Wohnung suchen mussten. Mein Vater konnte nach kurzer Zeit eine neue Bleibe für uns finden.

Bald hatten wir auch einen bescheidenen Wohlstand und der Familienrat beschloss, dass der Junge – ich – doch einen Beruf lernen müsse. Leider war für eine gute Privatschule kein Geld da. Gerade aber hatte eine jüdische Schule eröffnet, die genau dafür da war, dass jüdische Emigrantenkinder einen Beruf erlernen konnten.

Also habe ich mit 13 Jahren wieder aufgehört zu arbeiten und bin drei Jahre in diese Berufsschule gegangen und habe ein Abschlussdiplom erhalten, das ich heute noch besitze. Ich habe den Matritzenbau gelernt, das heißt eigentlich habe ich nicht viel gelernt, denn ich war immer ein schlechter Handwerker.

Mit 13 Jahren habe ich wieder aufgehört zu arbeiten und bin in eine Berufsschule gegangen.

Nach meinem Abschluss habe ich zunächst in einigen Fabriken gearbeitet. Danach hat mir ein Bekannter meines Vaters aus Wien einen eigenartigen Job verschafft. Ich bekam kein Gehalt bezahlt, hatte aber meine eigene Werkstatt zur Verfügung, in der ich die Maschinen und Werkzeuge in Stand halten musste. Leider war ich damals zu unreif, um wirklich selbstständig zu arbeiten und außerdem war ich sehr verliebt. Ich verbrachte meine Tage, indem ich meine Freundin zu ihrer Arbeit brachte und sie abends wieder abholte. Scheinbar wusste auch mein Vater nicht, was ich mit dieser Arbeitsgelegenheit hätte anfangen sollen, er hat mir nie etwas dazu gesagt. Bald hatte ich einen Unfall, der mich meinem linken Zeigefinger kostete und ich musste diesen Beruf an den Nagel hängen.

Inzwischen war schon das Jahr 1947 und mein Vater, der einiges Geld gespart hatte, hat einen Laden aufgemacht. Mein Vater und mein Onkel arbeiteten weiterhin in ihren Berufen, und meine Mutter und meine Tante

standen im Geschäft. Ein Mann, der ebenfalls ein entfernter Verwandter von uns war, besaß eine Taschen- und Kofferfabrik. Er hat uns die Ware, die wir im Geschäft verkauften, zur Verfügung gestellt. Es war uns immer erlaubt, erst dann zu zahlen, wenn es uns möglich war. Die Zeit nach meinem Unfall habe ich als »gar Nichts« in diesem Geschäft verbracht, ich war einfach da.

1951 ist mein Vater gestorben, von da an ging meine Mutter ins Geschäft, und ich arbeitete wieder als Matritzenbauer. Das ging leider nur eine Zeit lang gut, dann kam es zu einem Krach zwischen meinem Onkel und meiner Mutter und es wurde beschlossen, dass einer von beiden aussteigen sollte.

Ich war damals 24 Jahre alt und absolut unreif. Mich hatten nie Existenzsorgen gequält, alle Sorgen hatten immer meine Eltern für mich übernommen und mir hatte es nie an etwas gefehlt. Meine Eltern hatten manchmal fast nichts zu essen, ich aber hatte immer einen vollen Teller.

Nachdem mein Onkel letztlich zugestimmt hatte, dass ich unser Geschäft übernehmen sollte, kam die große Frage nach dem Finanzierungsplan und dem Geld, das ich nicht hatte. Natürlich habe ich mich nicht viel um diese Sorgen gekümmert, bis es meinem Onkel zu dumm wurde und er mich gezwungen hatte, den Laden legal zu übernehmen. In diesem Zusammenhang

wurde auch meine Erbschaft geregelt, die wir in einigen Teilen ausbezahlt bekamen. Auf einmal habe ich mich, als 24-jähriger unerfahrener Junge, wie ein reicher Mann gefühlt. Das war natürlich nicht so!

Ich bin jetzt in meiner Geschichte zu der Zeit gekommen, wo es uns langsam anfing, wirtschaftlich ein wenig besser zu gehen.

Seit unserer Auswanderung war ich sehr einsam geworden, da ich in Argentinien meine Sprache nicht sprechen konnte (ich spreche heute noch lieber und besser Deutsch als Spanisch).

Da traf ich zufällig auf der Straße einen Bekannten aus Wien, Alfred(o) Bauer, der zu dieser Zeit noch ins Gymnasium ging. Er hatte damals schon zusammen mit einem anderen Jungen eine österreichische Pfadfindergruppe ins Leben gerufen. Wir trafen uns einmal die Woche in einem geliehenen Zimmer und diskutierten über die Dinge, die uns junge Leute interessierten. Zur selben Zeit wurde eine weitere österreichische Jugendgruppe gegründet, komischerweise waren dort die meisten Mitglieder Juden! Und noch eigenartiger war, dass uns der Klub »Sirio libanes« die Räume geliehen hatte. Es waren hochelegante geräumige Zimmer, die noch heute existieren und zu den ältesten Klubs von Buenos Aires zählen. Wir verbrachten dort jeden Samstag ein paar schöne gemeinsame Stunden, bis sich einige zu beklagen anfingen, dass wir einen eigenen Klubraum besitzen sollten. Schließlich mieteten wir ein eigenes Zimmer, doch solange wir in unserem eleganten Klub waren, kamen immer 20 bis 30 junge Leute zusammen, aber sobald wir unseren eigenen traurigen, kleinen Klub besaßen, sind wir immer weniger geworden, bis sich der Klub ganz auflöste.

Nachdem ich also einen Teil meiner Erbschaft ausbezahlt bekommen hatte – es war viel mehr, als ich je gesehen hatte – setzte ich mich in mein Stammkaffee und verbreitete das Gerücht, dass ich nun sozusagen ein

Financier geworden wäre und nur auf eine Gelegenheit warten würde, gute Geschäfte zu machen.

Das war im Jahr 1951 und die österreichischen Emigranten waren noch in einer ziemlich schlechten finanziellen Situation, deshalb ließen die Offerte nicht lange auf sich warten. Man kann sich vielleicht vorstellen, dass ich mich wie Rothschild fühlte.

Unter anderem ist auch mein damals bester Freund, der Kürschner war, zu mir gekommen, um mit mir ein blendendes Geschäft abzuwickeln. Er hatte die Möglichkeit, Felle und Pelzmäntel ganz billig zu kaufen und in zwei, drei Monaten könnte man das investierte Geld verdoppeln. Nachdem er ein guter Freund von mir war, habe ich nicht gezögert und ihm sofort einen Scheck ausgestellt, damit er einkaufen konnte. Es vergingen Monate und ich hörte nichts von ihm und seinen Pelzen. Er vertröstete mich immer wieder, bis ich ungeduldig wurde und ihn bat, mir seine Pelze zu geben, denn ich hätte Kunden dafür. Das war natürlich nicht wahr, aber ich wollte wenigstens etwas für mein Geld haben. Wirklich brachte er mir die Pelze und ich bin sofort zum nächsten Kürschner gegangen und habe mich erkundigt, was ich für diese bekommen würde. Sofort nahm ich sein Angebot an, obwohl es weit weniger als mein Scheck wert war.Später musste ich sogar erfahren, dass die fraglichen Pelze gar nicht meinem Freund gehörten und dass er sie sich nur ausgeborgt hatte. Es hat sich in-zwischen auch herumgesprochen, dass ich nicht der Einzige war, den er betrogen hatte. Ich verrate seinen Namen nicht, da er noch lebt!

Ich war einsam geworden. Ich spreche heute noch lieber und besser Deutsch als Spanisch.

In meinen Stammkaffee lernte ich wenig später einen Mann kennen, der an Muskelschwund litt und sich kaum fort bewegen konnte. Dieser Mann benötigte dringend einen jungen Mann, der sich bewegen konnte und etwas Geld hatte, von Beruf war er Tischler, konnte aber wegen seiner Krankheit nicht mehr arbeiten. Er brauchte einfach genau jemanden wie mich. Er offerierte komplette Geschäftseinrichtungen, von den Auslagen angefangen bis zu jeder Kleinigkeit für die Inneneinrichtung. Seine Firma ging nicht sehr gut, da er nicht genug Geld hatte, um auf sich aufmerksam zu machen. Außerdem hatten wir kein offenes Geschäft zur Straße hin, wo sich die Leute alles ansehen konnten. Nachdem die Firma nicht viele Aufträge erhielt, war der Mann ständig in Geldschwierigkeiten.

Ich hatte, wie schon erwähnt, durch meine Erbschaft ein Scheckkonto. Er hat mich dazu benutzt, meine Schecks mit einem falschen Datum auszustellen, die ich häufig auch nicht decken konnte, solange bis die Bank mir mein Konto sperrte und ich auch mein letztes Geld verlor. Da diese Firma gar nicht gut, besser gesagt, gar nicht ging, kam uns die Idee, nun ein Werkzeuggeschäft zu eröffnen.

Um die Hintergründe des Geschäfts verständlich zu machen, muss ich ein wenig zu der damaligen Politik kommen, denn es war verboten, Importwaren nach Argentinien zu bringen. Dadurch waren verschiedene Dinge äußerst knapp beziehungsweise gab es sie gar nicht.

Da die Einkäufer der wirklich großen Firmen oft zu faul waren oder zu wenig Schmiergeld bekamen, wurden wir manchmal angerufen, um dieses oder jenes Werkzeug zu besorgen. Wir hatten nämlich an sehr viele Firmen Prospekte geschickt, sodass wir und unser Angebot schon bekannt waren. Leider mussten wir aber sehr teuer sein und viele andere Werkzeuggeschäfte machten dasselbe und so war auch dieses Geschäft letztlich zum Scheitern verurteilt.

Genau zu dieser Zeit kam ein Freund aus Wien zurück nach Argentinien und suchte auch eine Möglichkeit, ein Geschäft aufzumachen. Er kam mit etwas Geld und er war für uns wie Wasser für einen Verdurstenden. Bald war er unser Teilhaber und wir hatten die Idee, ein Straßengeschäft mit Auslage zu mieten. Wir hatten unser Büro im hinteren Raum eingerichtet und zur Straße hin ein Pullovergeschäft aufgemacht. Solange noch Geld da war, waren wir sehr großzügig, obwohl unsere Einnahmen sehr gering waren. Wir beschäftigten drei Mädchen, heute weiß ich nicht mehr wozu, und ich kaufte eine teure Rechenmaschine.

Ich war ein absolut schlechter Verkäufer und hatte auch sehr wenig verdient.

Ich war damals schon verheiratet und hatte eine kleine Tochter von drei Monaten. Unser Partner wohnte und aß bei seiner Mutter und benötigte dadurch viel weniger Geld als ich.

Da der Anteil aus unserem Geschäft für mich nicht mehr reichte, beschloss ich auszusteigen, auch weil mich meine beiden Teilhaber betrogen hatten. Sie hatten heimlich eine Parallelfirma aufgezogen, als deren Vertreter sie sich immer nur die guten Geschäfte zukommen ließen. Ich hatte keine Ahnung davon.

Ich wurde nun Verkäufer. Ich war ein absolut schlechter Verkäufer und verdiente auch sehr wenig. Inzwischen war meine Tochter schon drei Jahre alt und meine Frau ging ebenfalls arbeiten und so ging es uns ein wenig besser.

1969 starb mein Schwiegervater und hinterließ uns etwas Geld, mit dem ich neuerlich ein Geschäft übernommen hatte, das ich dann 25 Jahre besaß. Ab diesem Zeitpunkt habe ich ein ruhiges Leben geführt.

Ich habe mein Geschäft im Jahr 1994 verkauft und noch sieben Jahre bei einer Werbefirma gearbeitet. Das ist eine Firma, die Werbung für Industrie macht, Gläser mit Aufdruck herstellt und sie dann an die Industrie weiterverkauft.

Diese Firma ist nach der großen Krise im Jahre 2001 eingegangen, aber da war ich schon pensioniert.

»30.000 Argentinier sind verschwunden«

Kurt Löwy über die Zeit der Militärdiktatur in seiner neuen Heimat Argentinien.

Ich möchte noch kurz auf die Zeit in den 70er-Jahren eingehen. Wir hatten eine richtige Militärdiktatur in Argentinien, fast so wie in Österreich unter den Nazis, nur dass sie nicht speziell gegen Juden vorgingen. Sie haben alle, die auch nur in einem Notizbuch eines Verdächtigen gewesen waren, verhaftet und in ein KZ geschickt. Es ist gefoltert worden und es sind etwa 30.000 Menschen verschwunden.

Nachher hat man nur gehört, dass Menschen betäubt wurden und anschließend lebend ins Meer geworfen worden sind. Sie hatten es speziell auf junge Leute mit Bart und Studenten abgesehen.

Ich persönlich und auch niemand von meiner Familie hatte irgendwelche Schwierigkeiten. Ich kenne aber Familien, wo Tochter oder Sohn spurlos verschwunden sind. Weder die Polizei noch das Militär haben uns irgendeine Auskunft gegeben. Heute werden Prozesse gegen die ehemaligen Machthaber gestartet. Es ist natürlich Quatsch, dies erst nach so vielen Jahren zu tun, da es sich um alte Männer und Frauen handelt, die reif für das Altersheim sind. Viele sind auch bereits gestorben. Das hätte man vor 20 Jahren machen müssen.

»Die Österreicher sahen zu und spotteten!«

Leo Luster kam mit 17 Jahren nach Auschwitz, wo er zur Nummer wurde: B 11647. Sein Vater Moses wurde sofort vergast.

Leo Luster wird 1927 in Wien geboren. Der Hausmeister in der Schreygasse 12 »arisiert« die Wohnung der Familie. 1942 werden Leo Luster und seine Eltern nach Theresienstadt deportiert. 1944 folgt für Vater und Sohn der Transport in das KZ Auschwitz. Moses Luster wird, im Alter von 53 Jahren, sofort nach der Ankunft vergast. Leo Luster kommt in das Außenlager Gleiwitz, überlebt schließlich auch einen Todesmarsch. Nach dem Krieg findet er seine Mutter wieder und emigriert nach Israel, wo er mit seiner Familie in Tel Aviv lebt.

Im Projekt »Botschafter der Erinnerung« ist im April 2008 eine Gruppe österreichischer Jugendlicher zu Gast bei Leo Luster in Israel. **Josef Neumayr** vom Team »A Letter To The Stars« hat die Lebensgeschichte von Leo Luster aufgeschrieben.

Am 1. Oktober in diesem bitteren Jahr 1942, im Jahr der Wannseekonferenz und der dort proklamierten Endlösung, trifft die arische Weltunordnung mit voller Wucht auf das Leben des 15-jährigen Leo Luster aus Wien-Leopoldstadt. An diesem Tag, einem Donnerstag, sind er, sein Vater Moses und seine Mutter Golda, im Ghetto von Theresienstadt angekommen. Einzig Schwester Helene ist es gelungen, aus Österreich zu flüchten. Leo und seine Mutter werden sie Jahre später in Israel wieder treffen.

Im Ghetto sind zu dieser Zeit 58.000 Menschen auf einem Raum interniert, der zuvor 7.000 Einwohner hatte. In Summe werden ab November 1941 über 141.000 Menschen gegen ihren Willen festgehalten. 88.202 werden von dort aus in Vernichtungslager deportiert; 33.456 sterben in Theresienstadt; 16.832 werden am 8. Mai 1945 von der Roten Armee befreit. Dabei ist das Ghetto nur der Wartesaal zur Hölle von Auschwitz. Aber das weiß der junge Leo, das wissen seine Eltern an diesem kalten Oktobertag noch nicht. Hinter ihnen, den Lusters, liegen viereinhalb Jahre in Hitlers Wien. »Wir waren rechtlos«, erinnert sich Leo. »Auf der Straße wurden wir verprügelt, wir sind immer in Gruppen gegangen. Es gab wenig zu essen, wir hatten kaum Geld.«

Hinter ihnen, den Lusters, liegt die Erinnerung an den Nazi-Hausmeister in der Schreygasse 12. Jenen mit einem Mal so mächtigen Mann, der die Familie aus der Wohnung geworfen und diese zu seiner gemacht hat. Die Vier müssen in ein Kellerabteil ziehen, in einen Raum ohne Strom. Mit »Toilette draußen«.

Hinter ihnen liegen die Gräuel der Deportation – zunächst der von so vielen anderen. »In der Klasse, alles Juden, sind wir immer weniger geworden. Und natürlich haben wir immer die Transporte Richtung Osten gesehen.« Nach dem Einmarsch verliert der Vater seinen Job als Textilvertreter. Er ist lange arbeitslos, wird schließlich in der Kultusgemeinde angestellt. Bis in diesen Herbst 1942 sind die Lusters durch den väterlichen Arbeitsausweis geschützt.

Und hinter ihnen liegen die Gräuel der eigenen Deportation. Von der Sammelstelle in der »Kleine Sperlgasse« – Leos ehemaliger Schule – werden die Lusters und viele weitere zum Aspangbahnhof gebracht. Auf offenen

Leo Luster erzählte seine Geschichte österreichischen Jugendlichen in seiner neuen Heimat Tel Aviv: »Ich habe Frieden mit meiner Lebensgeschichte gefunden. Das ist ein großes Geschenk.«

Lastautos. »Österreicher sahen zu, spotteten und beschimpften uns.« Leo erlebt diese Fahrt als ein »letztes Ausgestellt-Sein«, als Erniedrigung, als tief eingenarbte Momente, die nicht entschuldbar sind.

Leo besitzt die österreichische Staatsbürgerschaft, und die israelische. Als Österreicher hat er sich schon als kleiner Bub nicht gefühlt. Sondern als Jude in Österreich. »Die Österreicher haben uns immer das Gefühl gegeben, nicht dazu zu gehören.« Zur Heimat wird ihm Israel, grauenvolle Jahre später.

Bei der Ankunft in Theresienstadt wird die Familie getrennt. Leo kann die erste Zeit – bis er in den Jugendtrakt kommt – noch mit seinem Vater wohnen. Der schon in Wien »reif und alt« gewordene 15-jährige muss schwer arbeiten. Aber er hat großes Glück, er wird zur Küchenarbeit zugeteilt. »Ab 2 Uhr früh hab ich einen riesigen Kessel geheizt und dann Essen gekocht. Ich hatte genug zu essen und konnte den Eltern meine Essenskarte geben.« – »Ich habe es gut erwischt«, sagt er in trockenem Tonfall. Die mürben Augen lassen die Qual des Gesehenen erahnen. Etwa, wenn er von den tausend Kindern spricht, die eines Tages vor das Lager gekommen sind. »Wahrscheinlich aus Litauen, genau erinnere ich mich nicht

Wir waren rechtlos. Auf der Straße wurden wir verprügelt, wir sind immer in Gruppen gegangen.

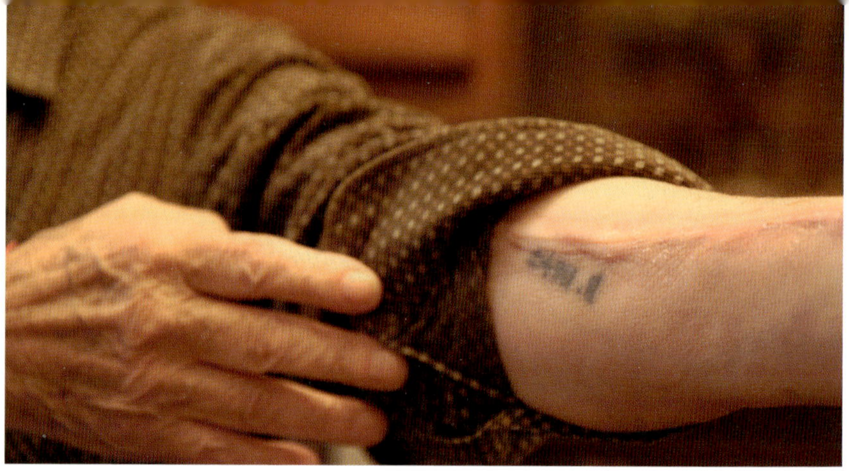

mehr.« Es geht das Gerücht durch das Ghetto, dass diese Kinder gegen gefangene Wehrmachtssoldaten eingetauscht werden sollten. Und dann? Der Deal platzt. Die Kinder sind plötzlich wieder weg. Heute weiß Leo, dass sie alle sofort nach der Ankunft in Auschwitz vergast wurden. »Kinder«. Müde schüttelt er den Kopf. »Kinder«.

Immer wieder werden Transporte Richtung Osten zusammen gestellt. »Jeder«, sagt Leo »hat versucht, aus dem Ghetto rauszukommen.« Ende September 1944 heißt es für Vater und Sohn – die Mutter bleibt im Ghetto: »Ihr fahrt zur Arbeit«. Keiner weiß wohin. Nach zweieinhalb Tagen erreicht der Transport Auschwitz-Birkenau. »Wir wussten damals aber nicht, was das bedeutet.« KZ Auschwitz. »Arbeit macht frei« steht über dem Tor. Der Vater überlebt die Selektion nicht. Er wird sofort vergast. Moses Luster wurde nur 53 Jahre alt.

»Ich wollte sofort weg von diesem Lager« sagt Leo. »Ich musste weg.« Er meldet sich für alle ausgerufene Arbeiten. Tischler, Elektriker, Mechaniker. Endlich werden er und vier Freunde als Schlosser genommen. Sie erhalten Nummern am Unterarm. Leos Nummer lautet B11647.

Die jungen Männer werden ins Außenlager Gleiwitz in Oberschlesien gebracht. In einer großen zugigen Halle schweißt Leo Eisenteile zueinander. In dünner Sträflingskleidung, im Winter. Er repariert Eisenbahnwaggons. Es ist Schwerstarbeit. Tagschicht, Nachtschicht. Der Lohn ist ein halbes Stück Brot und etwas Blutwurst. »Ich hatte immer Angst um mein Essen. Einer hat dem anderen das Essen gestohlen.«

Eine dreiviertel Stunde dauert der Fußmarsch von der Arbeit ins Lager. »Oft hat uns der Lagerführer, auch er ein Österreicher, noch schikaniert. Wir mussten am Appellplatz stehen, stundenlang, uns im Schnee wühlen, oder Sport machen.« Ende Jänner 1945 rückt die Rote Armee näher. Das KZ Gleiwitz wird aufgelöst, seine Insassen auf einen Todesmarsch geschickt. Barfuss, im Schnee, rund 50 Kilometer pro Tag. »In der Nacht hat man uns irgendwo in Lagern untergestellt, tatsächlich untergestellt. Wir konnten nur nebeneinander stehen.« Links und rechts bleiben die Menschen liegen. Wer niederfällt, wird erschossen. Nach drei Tagen landet die Gruppe im Lager Blechammer. Leo und seine Freunde werden in einem Magazin untergebracht, ein Magazin vollgestopft mit Sodaflaschen. Am nächsten Morgen entschließen sich viele, zu Tode erschöpft, nicht mehr zum Appell anzutreten. Man könne schließlich auch hier sterben, nicht irgendwo am Wegesrand. Die SS-ler schießen in die Baracken, legen Feuer. Wer vor den Flammen flüchtet, wird von MG-Salven umgemäht. Leos Rettung sind die Sodaflaschen, er kann das Feuer löschen.

Nach zwei, drei Tagen wagen sich die Freunde aus dem Magazin. Der Hunger treibt sie. Auch andere sind noch im Lager, aber scheinbar keine Nazis mehr. Sie brechen ein weiteres Magazin auf und finden Brot. Plötzlich steht ein SS-Mann vor ihnen und schießt um sich. »Ich weiß nicht, wie ich das überlebt habe. Ich habe mich einfach nur auf einen großen Menschenhaufen geworfen.« Nach der letzten Patrone rennt der Mann davon. Leo nimmt das Brot. Und wird von zwei Häftlingen überfallen. »Es war ein Kampf ums nackte Überleben. Sie oder ich.« – »Ich habe Menschen gesehen, die das Fleisch ihrer eigenen Toten gegessen haben.«

Mit seinem Freund Walter Fantl-Brumlick stiehlt er sich aus dem Lager. Ohne Ziel. Nur weg. Sie wissen nicht, wo sie sind. Rings um sie tiefer Wald. Dann ein Motorengeräusch. Es kommt näher. Kommen die Nazis zurück? Aber es sind keine Opel-Autos, keine Mercedes-LKW. An den Vorderseiten prangt ein roter Stern. Es sind GMC, die der Roten Armee von den Amerikanern zur Verfügung gestellt wurden. Die Russen sind da. Die Befreier sind da. Der Kommandant der Truppe nimmt die beiden in den Arm. Er spricht jiddisch. »Auch ich bin Jude.«

Nach der Rettung vor den Nazi-Schergen, nach dem Überlebenskampf in Auschwitz und Gleiwitz, nach dem Todesmarsch, dem Feuer, den Kugeln, dem Hunger ... nach dem wundersamen Wiederfinden der Mutter in Theresienstadt, nach diesem so undenkbaren Entkommen aus der Shoa, zieht es Leo »fast magisch« nach Wien. Er trifft Grisha, einen russischen Offizier, erzählt diesem von der Wohnung in der Schreygasse, in der die Eltern zwanzig Jahre gelebt haben, und vom Hausmeister – und Grisha sagt: »Lass mich das nur machen.« Leo: »Grisha hat die Sache schön erledigt. Der Hausmeister wurde nach Sibirien geschickt.«

März 2008: Leo hat zwei Kinder, zwei Enkerl, seine liebende und geliebte Frau Shoshana. Mutter Golda starb im Alter von 88 Jahren. Leo, der Bub aus Leopoldstadt, hat Frieden mit seiner Lebensgeschichte gefunden. Ein großes Geschenk, wie er sagt. In Israel hat er 14 Jahre lang in der Verwaltung eines Spitals gearbeitet, schließlich 29 Jahre in der österreichischen Botschaft als Mädchen für alles.

Er begrüßt uns – eine Gruppe von Schülern, Studenten und dem Team von »A Letter To The Stars« – in seinem gemütlichen Wohnzimmer in Tel Aviv. »Ihr habt doch schon so viel von den schlechten Sachen gehört. Lasst uns zuerst essen und trinken.« Wir plaudern über Wien, Österreich, Israel, die Politik, Gemeinsames und Trennendes. Nach dem Kaffee beginnt er zu erzählen: »Ich war elf Jahre alt, als Hitler in Wien einmarschiert ist ...«

Zeitzeuge. Bild unten: Leo Luster mit seiner Familie beim Besuch des KZ. Ganz unten: Jugendliche aus Österreich hören in Israel seine Geschichte.

Vom unglaublichen Glück, überlebt zu haben

Lucy Mandelstam hat die KZ Theresienstadt und Auschwitz überlebt. Danach träumte sie unter dem Sternenhimmel von Israel.

Lucy Mandelstam wird 1926 in Wien als Tochter von Otto und Marianne Drachsler geboren und wächst im 2. Bezirk auf. Ihr Vater kann nach dem KZ Dachau und seiner Deportation nach Polen nach Russland fliehen. Lucy Mandelstam wird mit ihrer Mutter und Schwester zuerst nach Theresienstadt, dann nach Auschwitz und schließlich nach Stutthof deportiert. Nur sie kann überleben und kann 1948 nach einer Odyssee durch Europa in Israel einreisen, wo sie heiratet, eine Familie gründet und ein neues Leben beginnt.

Marie-Christine Hartig vom Projektteam »A Letter To The Stars« hat im April 2008 als »Botschafterin der Erinnerung« Lucy Mandelstam in Israel besucht und ihre Lebensgeschichte aufgezeichnet – die auch als bisher unveröffentlichte Biographie vorliegt (aus der mit ihrer Zustimmung Textpassagen verwendet wurden).

Lucy Mandelstam, geborene Drachsler, ist die Tochter des späteren Arztes Otto Drachsler und der gelernten Krankenschwester Marianne Drachsler. In Wien geboren, wächst sie in der Castellezgasse im 2. Bezirk auf. Ganz in der Nähe ihrer Wohnung befindet sich der Augarten, in dem sie viele wunderbare Stunden mit ihren Freunden und ihrer Familie verbrachte. Sie erinnert sich an viele schöne Momente in Wien, sie war stolz, in einer kulturell reichen Stadt wie Wien aufzuwachsen und sie genoss es, Konzerte, Opern und Theateraufführungen besuchen zu können. Vor allem liebte sie es, mit ihrem Vater die vielen gemütlichen Kaffeehäuser in Wien zu besuchen.

Lucys Eltern waren nicht sehr religiös, nur die Großeltern väterlicherseits, die mit ihnen gemeinsam in der Castellezgasse wohnten, gingen zu den hohen Feiertagen in die Synagoge. Manchmal begleiteten Lucy und ihre jüngere Schwester Evy sie dorthin und spielten mit den anderen Kindern im Innenhof.

Die Volksschule besuchte Lucy in der Kleinen Pfarrgasse und wechselte danach in die Hauptschule in der Sperlgasse. In der Klasse waren jüdische und christliche Kinder, alle spielten gemeinsam am Hof und hatten viel Spaß zusammen. Das Zusammensein wurde mit dem Einmarsch Hitlers drastisch eingeschnitten, in der Klasse mussten sie nun hinten sitzen und auch einige der Lehrer änderten ihren Umgang mit den jüdischen Kindern, manche sind nett geblieben. Da ihre jüngere Schwester Evy einen paralysierten Arm hatte und auch den zweiten Arm nur schlecht bewegen konnte, wurde sie in eine Schule für körperlich Behinderte geschickt.

»Im März 1938, als ich zwölf Jahre alt war, fiel meine ganze Welt auseinander und alles änderte sich. Ich werde nie jenen letzten Abend vor dem Anschluss vergessen. Wir alle lauschten dem Radio, es war die Nacht vor den Wahlen, als wir unseren Kanzler hörten, der mit erstickter Stimme seinen Entschluss abzudanken verkündete. Ich kann ihn noch hören, wie er sagte ‚Gott schütze Österreich'.«

9. November 1938 – in der Schule herrschte eine angespannte Stimmung, die Lehrer schickten die Schüler schon früh nach Hause, mit der Mahnung, sie sollten ja ohne Umwege nach Hause gehen. Auch bei den Eltern war die Stimmung angespannt, aber Lucy konnte noch nicht erkennen, warum.

Lucy Mandelstam sagt, dass sie überlebt habe, sei »reines Glück gewesen, ich war zum richtigen Zeitpunkt am richtigen Ort, meine Mutter und meine Schwester waren das nicht.«

Am Nachmittag klopfte es heftig an der Tür, zwei SS-Männer standen vor der Wohnung und verhafteten Lucys Vater, einige Tage darauf bekam die Familie die Nachricht, dass er nach Dachau deportiert worden war. Dem Großvater wurde ebenfalls befohlen mitzukommen, doch er weigerte sich mit den SS-Männern mitzugehen, sagte, er hätte im 1. Weltkrieg seinem Kaiser gedient. Die Männer sagten darauf kein Wort mehr, machten Kehrtwende und verließen das Haus. Lucys Mutter, ihre Großmutter sowie Lucys Großvater blieben sprachlos zurück und konnten kaum glauben, was soeben geschehen war. Ihre Nachbarn, drei unverheiratete Geschwister, nahmen die Mädchen in dieser Nacht bei sich auf, gaben ihnen zu essen und versuchten sie zu beruhigen, um deren Mutter und Großeltern

Im März 1938, als ich zwölf Jahre alt war, fiel meine ganze Welt auseinander.

ein wenig Zeit einzuräumen, über das Geschehene nachdenken zu können. Zuvor hatten sie so gut wie keinen Kontakt zu diesen Nachbarn.

In der Folge musste die Familie aus ihrer kleinen Wohnung in eine noch kleinere Wohnung umziehen, in der Czerninpassage, in eine Wohnung mit zwei Räumen, einem Klo und einer Küche, ohne Bad. Sie lebten dort zu neunt. In einem der Räume lebten Lucys Mutter, ihre Großmutter, ihre Schwester, Lucy selbst und eine Fremde, im anderen Raum lebte eine Familie mit zwei Buben.

Evys Schule, eine Sonderschule für körperlich Behinderte, lag in einem weit entfernten Bezirk. Vor der Deportation hatte der Vater Evy zur Schule gebracht. Nachdem die Eltern keine Möglichkeit mehr hatten, Evy in die Schule zu begleiten, fuhr nun Lucy jeden Tag mit ihrer Schwester den weiten Weg und auch wieder zurück, um in der Sperlgasse weiter ihre Schule zu besuchen. Nach einigen Wochen entschied die Mutter, dass Lucy gemeinsam mit Evy die Sonderschule besuchen solle, da sie von ihrem Schulunterricht sonst zuviel verpassen würde. Sie waren eine Klasse von fünf, sechs jüdischen Kindern.

Im Alter von 13, fast 14 Jahren, wurde Lucy aus der Schule geworfen und nach Stendal in Deutschland geschickt. Gemeinsam mit 50 Mädchen musste sie dort Spargel ernten. Lucy erzählte, dass keines der Mädchen Erfahrung in landwirtschaftlicher Arbeit hatte und diese hart war. Die Aufseherinnen kamen den Mädchen anfänglich sehr nett vor, doch bald merkten sie, dass kleine Pausen aus Erschöpfung schlimme Konsequenzen zur Folge hatten. Sechs der Mädchen erkrankten an Scharlach und kamen nach Stendal in ein Spital, welches von Nonnen geführt wurde. Auch Lucy war unter ihnen und wurde nach der Genesung wieder nach Hause geschickt – Spargel konnte sie für lange Zeit nicht mehr essen.

Lucy wurde aus der Schule geworfen und musste in Deutschland Spargel ernten.

Zurück in Wien, Anfang 1939, musste sich Lucy beim Arbeitsamt melden und wurde einer Zigarettenhülsenfabrik in Meidling zugeteilt. Der Weg in die Fabrik war lang, und Lucy erinnert sich, dass sie sich auf dieser Fahrt, weil sie den Judenstern tragen musste, immer so exponiert fühlte, so angreifbar. In der Fabrik arbeitete sie 8-10 Stunden am Tag an einer Maschine, sie war in einer Halle tätig, in der ausschließlich Juden arbeiteten. Sogar in der Kantine gab es einen gesonderten Bereich für die jüdischen Arbeiter und Arbeiterinnen. »Ich trage immer noch ein kleines Andenken an die Zeit – ich habe mir damals die Fingerkuppe an der Maschine, an der ich arbeitete, abgehackt.«

Die Zeiten waren hart, die Mutter arbeitete und auch Lucy, viel Geld war trotzdem nicht da. Dennoch sagt Lucy, dass es ihnen in dieser Zeit zumindest an Nahrung nicht mangelte: Fleisch war zwar knapp oder nicht vorhanden, aber Brot und Kartoffeln waren immer da. Als der Krieg begann, wurde die Nahrung rationiert. Das Leben wurde immer reglementierter –

Sister Evelyne Drachsler
(1940)

Aunt Martha Senger née Grossmann and
Uncle Hans Grossmann (after 1945)

Grandmother Josephine Drachsler
née Grossmann (1900)

Grandfather Emil Drachsler
(1900)

Aunt Grete Grossmann
(c. 1937)

Uncle Arthur Grossmann
(c. 1937)

Father Otto Drachsler
(1938)

Mother Marianne Drachsler
née Grossmann (1938)

Familien-Bilder. Obere Reihe, von links nach rechts: Evelyne, die Schwester von Lucy Mandelstam, wurde ermordet. Tante Martha und Onkel Hans überlebten. Großmutter Josephine wurde getötet, Großvater Emil verstarb. Untere Reihe, von links nach rechts: Tante Grete und Onkel Arthur wurden getötet. Der Vater konnte fliehen, die Mutter wurde umgebracht.

sie mussten zwischen acht und neun Uhr abends zuhause sein – rechtzeitig zur »Sperrstunde«. Ihren Alltag verbrachte Lucy tagsüber in der Arbeit, und als es Zeit war, nach Hause zu gehen, blieb nicht mehr viel Zeit bis zur Sperrstunde. Man konnte ja auch nirgendwo mehr hin, Kinos und Kaffeehäuser waren für Juden nicht geöffnet und in den Parks waren sie auch nicht erwünscht. Es blieben nicht viele Optionen offen. Die Meetings der zionistischen Jugendbewegung, irgendwo in einem Keller, in dem sie leise sein mussten und nicht auffallen durften, waren noch die abwechslungsreichste Beschäftigung und außerdem Momente, in denen man als Jugendlicher dennoch ein wenig Spaß haben konnte, über Israel lernte und Pläne für die Zukunft schmiedete.

Lucy schaut mich schmunzelnd an: „But you know – when you are young, you are optimistic." Auch heute noch strahlt Lucy diesen Optimismus aus und hat einen unglaublich positiven, humorvollen Charakter.

Lucys Mutter versuchte alles, um ein Visum und vor allem ein Ticket auf einem der Schiffe zu ergattern. Zumindest für ihren Mann Otto, ein Visum und Schiffstickets für die ganze Familie waren finanziell nicht möglich. Lucy erzählt, dass lange Schlangen vor allen Botschaften waren, und das es besonders schwierig war, einen Ausreiseschein zu bekommen. Das Sudetenland, wo ihre Familie mütterlicherseits zuhause war, war von Hitler schon besetzt worden, auch dorthin konnten sie nun nicht mehr ausweichen. Wer Geld hatte, konnte auch illegal ausreisen und zum Beispiel nach Frankreich und Belgien kommen, aber auch das sicherte einem noch keine Rettung. Bekannte von Lucy, die illegal ausgereist waren, traf sie Jahre später in Auschwitz wieder.

Stundenlang stellte sich Lucys Mutter an und erhielt schließlich für ihren Mann Otto ein Visum sowie ein Passagierticket nach Shanghai. Mit Ticket und Visum in der Hand wurde er aus Dachau entlassen und kam endlich wieder zurück nach Hause. Das Ticket stellte sich aber leider als Fälschung heraus und Otto musste in Wien bleiben. Einmal im Monat musste er sich auf den Weg zur Gestapo machen, um sich zu melden. Lucy erinnert sich, dass der Vater vor ihr und der Schwester nicht viel von Dachau erzählte, dennoch merkte sie ihm an, dass er eine schreckliche Zeit hinter sich hatte.

Otto Drachsler wurde nur wenige Monate später nach Polen deportiert, erst viele Jahre nach dem Krieg bekam Lucy Nachricht von ihrem Vater, der sich nach Russland retten hatte können.

Eines Morgens im August 1942, Lucy war 16 Jahre alt, kamen Männer der jüdischen Ordnungspolizei in ihr Haus und sagten, sie sollten bis zum Nachmittag gepackt haben. Einen Koffer mit den wichtigsten Dingen und eine Bettrolle waren das einzige, das sie mitnehmen durften. Am Nachmittag wurden sie abgeholt und in ein Sammellager in einer ehemaligen Schule in der Malzgasse (oder auch Leopoldgasse) gebracht. Sie mussten so gut wie alles zurück lassen. Dort schliefen in einem Klassenraum 20 bis 30 Personen auf dem Fußboden. Die hygienischen Verhältnisse waren furchtbar, aber auf das, was noch kommen sollte, war Lucy nicht vorbereitet.

In Theresienstadt konnte Lucy auch einkaufen – im Geschäft fand sie Dinge, die ihr gehörten.

Im September 1942 wurden Lucy, ihre Mutter und ihre Schwester Evy zum Nordbahnhof gebracht und nach Theresienstadt deportiert.

In Theresienstadt trafen sie ihre Großmutter mütterlicherseits. Sie war von Znaim in ein Lager in der ehemaligen Tschechoslowakei und von dort nach Theresienstadt gebracht worden. Ihr Großvater war noch im Lager in der Tschechoslowakei gestorben, ihre Großmutter mit ihren Kindern nach Theresienstadt geschickt worden.

Lucy erzählte mir ein wenig über den »Alltag« in Theresienstadt. Von den Geschäften, in denen man mit dem eigens gedruckten Papiergeld einkaufen konnte und wo man meistens das eigene Hab und Gut wiederfand. Lucy arbeitete selbst in einem Geschäft, wo sie Dinge fand, die ihr gehörten. Jeden Tag wurde sie woanders zum Arbeiten hingeschickt. Lucy meinte, dass es ältere Menschen in Theresienstadt sicher viel schwerer gehabt haben als junge. Junge Leute schafften es oft, sich noch irgendwie zusätzliches Essen zu besorgen. In Theresienstadt hatte Lucy Glück im Unglück, denn ihr Freund Karl arbeitete in der Küche und konnte so hin und wieder ein wenig Essen für Lucy herausschmuggeln.

Er hat sogar eine kleine Hütte für die beiden gebaut, in der sie gemeinsam wohnten. Sie hatten natürlich keine Möbel, schafften es aber, eine Matratze und sogar Elektrizität in Form einer Glühbirne zu bekommen. Sie waren glücklich, zusammenleben zu können. Menschen haben es geschafft, alle möglichen Dinge zu erreichen, sagt Lucy. In Auschwitz wäre es unmöglich gewesen, sich so einen eigenen Unterschlupf zu bauen. Theresienstadt aber war eine ehemalige Garnisonstadt und so war sie weniger überschaubar. Die Häuser hatten auf der hinteren Seite kleine Gärten, und dort bauten sie sich ihre Hütte.

Husband Charles Mandelstam
(c. 1948)

Lucy
(1945)

Lucy
(2000)

Weiterleben. Oben: Lucy Mandelstam im Jahr 1945 und ihr Mann Charles. Unten: Lucy Mandelstam auf einem Bild aus dem Jahr 2000.

In Theresienstadt gab es Geschäfte und Musik, Konzerte und Cafes – und hinter all dem versteckte sich die Misere. Krankheiten verbreiteten sich schnell, und auch wenn man zu Essen bekam, gesundes und ausreichendes Essen war es natürlich nicht. Auch in den Kinderheimen war zu wenig Essen da. Nur den Menschen, die arbeiten und so ein wenig Geld machen konnten, vielleicht auch Essen verkauften, ging es etwas besser. Und Lucy war eine der Glücklichen, die einen Freund hatte, der mit Lebensmitteln arbeitete. Ihre Mutter war Krankenschwester in Theresienstadt, dort bekam sie ausreichend zu essen, aber ihre kleine Schwester war im Kinderheim, und so oft sie konnten, brachten sie ihr etwas zu essen. Im Jänner 1944 wurde Karl deportiert.

Lucy hörte nie wieder von ihm.

Vier Monate später, im Mai 1944, wurden Lucy, ihre Mutter und ihre Schwester nach Auschwitz deportiert.

Sie gingen auf einen Marsch, es stellte sich heraus, dass sie zur Eisenbahnstation marschierten. Ihre Großmutter war schon einige Wochen zuvor von Theresienstadt nach Treblinka verschleppt worden, die übrige Familie, wie Lucy nach dem Krieg herausfand, kam in Auschwitz ums Leben. An die Zugreise kann und will sich Lucy nicht erinnern, es war eine schreckliche Reise – und alle Erinnerungen sind verloschen.

In Auschwitz war die »Hölle auf Erden«, viel wollte und konnte Lucy darüber nicht erzählen.

Die Zustände waren unzumutbar, sagt sie. Die Leute durften untertags oft nicht in die Baracken, mussten bei jedem Wetter draußen sein, auch das Klo durfte nur verwendet werden, wenn es einem gesagt wurde. Es gab eigentlich gut ausgestattete Waschräume, in die man jedoch nur selten gekommen ist.

Zwischen Warten und ständigem Zählappell saßen sie herum und haben geredet. Geredet über alles Mögliche, wirkliche Pläne für die Zukunft konnte man nicht schmieden, man wusste ja gar nichts, und immer änderte sich alles. So unterhielt man sich über den Haushalt und tauschte Kochrezepte aus.

Lucy erzählt, dass »man auf das mindeste reduziert wurde, sodass man sich wie ein Nichts gefühlt hat. Es gab keine Teller für die Essensausgabe, so wurden in etwas größere Töpfe vier Portionen gefüllt, die man sich ohne Löffel teilen musste. Wie teilt man da, sodass jeder etwas bekommt?«, schaut mich Lucy fragend an, »noch dazu, wenn man sich in so einer Notlage befindet und alle an Hunger leiden.«

Es mussten Arbeiten verrichtet werden, die keinen Wert hatten, an einem Tag mussten Ziegel von einem Ende des Lagers an das andere gebracht werden, und am nächsten Tag erhielt Lucy den Befehl, die Ziegel wieder zurück zu tragen.

Man wusste ja auch vorher nicht, was auf einen zukam, es gab viele Gerüchte und Kapos, die von anderen Lagern versetzt wurden, erzählten, wie es in Auschwitz sei, aber man wusste nie, was wahr war und wollte natürlich auch nicht glauben, was man hörte.

Als Lucy in Auschwitz ankam, roch es stark nach verbrannten Körpern, der Himmel war rot, und ständig brannte Feuer in den Krematorien. »Then you know, but still you don't want to know«.

Um am Leben zu bleiben, musste man verdrängen und unsichtbar werden, nur ja nicht auffallen. Unter den vielen Menschen untertauchen – das war die Devise. »And if there are so many people, hundreds of people, you vanish amongst them, it's one way to survive, you don't talk to anyone, what could you say to the Capo's and the Aufseher, one word and they would hit you.«

Im August 1944 wurden Lucy, ihre Mutter und ihre Schwester Evy von Auschwitz in das Konzentrationslager »Waldlager Stutthof« in Deutschland gebracht. Dort wurden sie zur Arbeit in unterschiedliche Lager, Dörfer und landwirtschaftliche Betriebe geschickt. Am 10. August 1944 wurde Lucy nach Marienburg in Westpreußen geschickt. Ihr Name wurde ausgerufen und sie wurde auf einen LKW verladen – sie dachte, ihre Mutter und ihre Schwester würden auch gleich aufgerufen werden. Doch Lucy fand sie auf keinem der Lastkraftwagen wieder, ohne Verabschiedung, ohne ein letztes Wort mit ihrer Mutter wurde Lucy nach Marienburg abtransportiert. Das war das letzte Mal, dass Lucy ihre Mutter und ihre Schwester gesehen hat.

Evy erkrankte bei der Arbeit auf einem Bauernhof an Typhus und wurde in den Gaskammern von Stutthof ermordet. Über das Schicksal ihrer Mutter hat Lucy auch nach dem Krieg nichts Näheres erfahren können.

Dreieinhalb Monate arbeitete sie auf einem Hof in Marienburg in der Landwirtschaft. Für einen Monat kam sie im November 1944 zurück nach Stutthof und wurde im Dezember 1944 von Stutthof nach Stoboy (heutiges Polen) geschickt, um dort an der russischen Grenze zu arbeiten. Ihre Arbeit bestand darin, Panzerfallen zu graben. Während ihrer Arbeit in Stoboy wurde sie von Wehrmachtssoldaten beaufsichtigt.

»The only person I remember – we were in Stoboy, and we worked outside, I got beaten up, and one of the soldiers, who was a Wehrmachtssoldat, he helped me to the tent, it was the ward. They did sometimes talk to us, but they were not the SS. They didn't do anything for us either, they didn't help us, but they just didn't beat us up."

Im Jänner 1945 wurde Lucy wieder nach Stutthof gebracht. Die Russen waren nahe und die Deutschen sammelten alle zusammen und verließen das Lager fluchtartig. Sie marschierten auf der Flucht vor den Russen durch den Wald. Manche versuchten zu fliehen und wurden erschossen, oder die Deutschen ließen die Hunde los, und sie wurden verfolgt.

Sie marschierten auf einer Waldstraße, am Rande eines Waldes, und Lucy schaffte es zu fliehen. Sie setzte sich auf einen Baumstumpf, um sich kurz auszuruhen und auf einmal war niemand mehr um sie. Sie war nicht die Einzige, sagt sie, eine Frau und ein junges Mädchen fanden sich mit ihr im Wald wieder. Es wurde schon dunkel, auch die Bomben der Russen verdunkelten den Himmel, und Lucy schaffte es, in einem nahegelegenen Bauernhaus unterzukommen. In dem Haus lebte ein Gruppe Italiener, die als Zwangsarbeiter für die Deutschen gearbeitet hatten. Sie nahmen Lucy bei sich auf, aber sie konnte dort nicht lange bleiben, sie wurde krank und hatte Typhus.

Lucy schaffte es zu fliehen. Es wurde dunkel – Bomben der Russen verdunkelten den Himmel.

Sie war frei, aber obdachlos. So wurde sie als »Deutsche« in ein Spital in Danzig gebracht. Es war ihr Glück, dass Deutsch ihre Muttersprache war. Dokumente hatte so und so niemand, sagt Lucy, alles war Chaos. Im Krankenhaus wurde sie gesund gepflegt. Bis heute ist es ihr ein Rätsel, dass niemand sie nach ihrer Herkunft gefragt hatte und doch hätten sie die Tätowierung am Arm bemerken müssen. »There was one doctor she was particulary nice to me, maybe she knew. I mean they washed me, they treated me – it is still a puzzle to me.«

Im April 1945 konnte Lucy das Krankenhaus wieder verlassen, die Wochen davor verbrachte sie viel Zeit im Luftschutzkeller, da Danzig bereits angegriffen und bombardiert wurde. Eine ältere Frau aus dem Spital bot ihr an, sie bei sich aufzunehmen und so hatte Lucy nach langer Zeit wieder ein Dach über dem Kopf. Doch alle Bewohner des Hauses wohnten im Luftschutzkeller und Lucy wollte einfach nur mehr weg. Drei Tage später machte sich Lucy auf den Weg zum Bahnhof, und zu ihrem Glück kam einige Stunden darauf tatsächlich ein Zug. Die ganze Nacht verbrachten sie in dem Zug, der viele Umwege fahren musste, da Schienen gesprengt waren, bis er am darauf folgenden Tag endgültig stehen blieb – mitten im Wald – da er keine Kohle mehr zum Weiterfahren hatte. So machten sich die Passagiere zu Fuß auf und Lucy konnte es kaum glauben, als sie in Pasewalk ankam. Es war das Dorf, in dem sie zuvor bei den Italienern gewohnt hatte. Ihre Freunde freuten sich, sie wieder zu sehen und nahmen sie bei sich auf. Da Lucy aber jetzt als deutscher Flüchtling angesehen wurde, wurde sie kurz darauf evakuiert und auf ein Schiff gebracht, das in Richtung Dänemark fuhr. Das Schiff war unter ständigem Beschuss, bis es endlich in Dänemark ankam.

Doch es hatte keine Erlaubnis erhalten, im Hafen anzulegen, und so endete die Reise im Mai 1945 im Hafen von Flensburg, wo Lucy von der Kapitulation Deutschlands erfuhr.

Die Situation muss recht absurd für Lucy gewesen sein, da alle um sie herum Deutsche waren, darunter auch viele deutsche Soldaten, die ihre Niederlage beklagten. Man wusste nicht wohin, und so verblieb Lucy die nächsten Tage auf dem Schiff. Als die britische Armee in Flensburg die Militärverwaltung übernahm, musste Lucy vom Schiff. Sie wusste nicht, wohin und nachdem sie einem Verantwortlichen der britischen Armee ihre Geschichte erzählt hatte, versprach er ihr, dass er ihr helfen würde, sie sobald wie möglich von dort wegzubringen.

»Wenn ich mir früher das Ende des Krieges vorstellte, sah ich mich meine Freiheit feiern, umgeben von Familie und Freunden. Die Wirklichkeit war völlig anders.«

Ende Mai traf Lucy einen Mann aus Jugoslawien, der ihr mitteilte, dass sie sich auf den Weg machen würden, um nach Eckenforde zu gelangen. Dort war ein Lager jugoslawischer Gefangener – und Lucy war froh sich fortzubewegen, glücklich weiter zu fahren, wohin auch immer. In Eckenforde angekommen, teilte ihr der Lagerleiter mit, dass es in der Nähe ein Sanatorium gab, in dem Flüchtlinge aus Stutthof untergebracht worden sind. Lucy konnte es gar nicht abwarten dorthin zukommen, und endlich wieder unter »ihren« Leuten zu sein. Sie traf dort sogar ein Mädel aus Wien, das mit ihr in der gleichen Schulklasse gewesen war. Vom Sanatorium zogen sie in eine große Villa um, die einem Nazifunktionär weggenommen worden war. Dort lebten sie gemeinsam, hatten eine Köchin und ein Hausmädchen. »Beide waren Deutsche, die uns sicher grollten, doch sich freuten, einen Arbeitsplatz zu haben.« Die Kosten wurden durch die britische Militärregierung gedeckt. Allmählich kamen Listen der Überlebenden heraus und die »UNRRA« richtete »Displaced Persons«-Lager ein, um den Heimatlosen eine Unterkunft zu geben.

Wenn ich mir früher das Ende des Krieges vorstellte, sah ich mich umgeben von Familie …

Lucy und ein paar Bekannte trauten sich langsam aus Eckenforde heraus und besuchten verschiedene DP-Lager. In Eckenforde blieb Lucy ungefähr ein Jahr, und als ihr Freund, der Lagerleiter des jugoslawischen Lagers, ihr sagte, er würde in die Tschechoslowakei fahren, beschloss sie, dort ihre Familie zu besuchen. Als Lagerleiter hatte er ein Auto und so waren sie in drei Tagen in der Tschechoslowakei angekommen. Lucy und ihre Tanten waren überglücklich, sich wieder zu sehen und Lucy blieb fast einen ganzen Monat in Znaim. Zurück in Eckenforde freute sich Lucy, wieder bei ihren Freunden zu sein.

Sie hörte von Vorbereitungszentren in Deutschland, die Gruppen organisierten, um illegal nach Palästina zu gelangen. So machte sich Lucy in die Nähe von Fulda auf, wo ca. 80 junge Menschen gemeinsam in einer

Kibbutz-ähnlichen Anlage wohnten. »Kibbutz-Gersfeld« wurde es genannt, Lucy lernte dort ein wenig Hebräisch und fand am gemeinsamen Leben viel Freude. Doch Lucy wollte weiter und so machte sie sich im Herbst 1946 auf in Richtung Italien. Über Österreich gelangten sie bei nachts über die schneebedeckten Alpen zu Fuß nach Italien. Es war nicht leicht, erzählt Lucy, da sie in der Dunkelheit die Alpen überquerten und bis zu den Knien im Schnee steckten. Am darauf folgenden Tag erreichten sie das DP-Lager in Mailand und konnten dort übernachten. »Ich war so glücklich aus Deutschland heraus zu sein, dass mir sogar das Nachkriegs-Italien wie ein Paradies erschien.« Die nächsten Monate verbrachte Lucy in einem DP-Lager in Rivoli, in der Nähe von Turin. Dort verbrachte sie den Winter 1946/47 und im Frühjahr 1947 machte sie sich auf den Weg nach Rom. In der Zwischenzeit hatte sie Englisch und Italienisch gelernt und durch den Verkauf von Zigaretten am Schwarzmarkt ein wenig Geld verdient. In Rom wurden sie von Gesandten aus Israel betreut und im Mai 1947 kam sie zu ihrer letzten Station in Italien – einem kleinen Ort in der Nähe von Bari. Von dort aus ging sie auf das Schiff, ein Dampfschiff namens „Mordei Hagettot“ (Ghetto-Widerstandskämpfer), das sie nach Israel bringen sollte. Auf dem Schiff wurden Trinkwasser und Essen rationiert. Lucy erzählte, dass es eigentlich genügend zu essen gab, denn die meisten waren seekrank und konnten so und so keine Nahrung zu sich nehmen. Gewaschen haben sie sich mit Meerwasser und bei Nacht saßen sie unter dem Sternenhimmel, sangen hebräische Lieder und schmiedeten Pläne für die Zukunft.

Nach zehn Tagen näherten sie sich Palästina und erhielten den Befehl, von nun an unter Deck zu bleiben. Lucy beschreibt die Situation als fast untragbar, der Gestank war furchtbar im Frachtraum, und es war nur eine Frage der Zeit, bis die Engländer sie entdecken würden. Am zwölften Tag war es so weit, die Briten umzingelten mit drei Kriegsschiffen die „Mordei Hagettot“. Die Besatzung des kleinen Dampfschiffs versuchte sich mit allen Mittel gegen die Übernahme durch die Briten zu wehren. Die Soldaten begannen Tränengas zu sprühen und überschwemmten das Schiff mit kaltem Wasser. Nachdem sich »die Luft klärte, war alles friedlich, die Soldaten sprachen mit uns, verteilten Schokolade und Zigaretten und alle beruhigten sich«. Eines der Schiffe schleppte sie ab und brachte sie in den Hafen von Haifa. Es wurde ihnen aber nicht erlaubt, in Palästina zu bleiben, und nachdem sie umgeschifft worden waren, wurden sie nach Zypern gebracht. Im Mai 1948 wurde der Staat Israel ausgerufen und zwei Monate später konnte sich Lucy endlich auf den Weg ins langersehnte Israel machen.

Nachdem Lucy den Militärdienst abgeleistet hatte, heiratete sie und begann, sich ein Leben in Israel aufzubauen. Ihren zweiten Mann lernte sie in einem Kibbutz kennen. Heute lebt Lucy in Netanya, hat zwei Töchter und zwei Enkel. Ihr jüngster Sohn war Rockmusiker und ist schon verstorben. In Yad Vashem hat Lucy Vorträge gehalten, an Workshops teilgenommen und auch an Schulen in Israel hat sie über ihre Vergangenheit gesprochen.

Überleben in Wien, Shanghai und Israel

Irmgard & Ernst Neumann haben in ihrem unglaublichen Leben immer wieder alles verloren – und immer wieder neu angefangen.

Irmgard Louise Neumann (früher Haas) wird 1920 in Wien geboren. Nach dem Pogrom der »Kristallnacht« beschließt das 18-jährige Mädchen, weg zu gehen, die einzige Möglichkeit ist die Emigration nach Shanghai. Durch ein »Geschenk« erhält sie eine Schiffskarte für die Ausreise. Zwei Jahre später kommen die Eltern nach, alle Verwandten werden im NS-Regime umgebracht. Mit der Besetzung von Shanghai durch die Japaner muss die Familie in ein Ghetto ziehen. Dort trifft sie auf ihren späteren Mann Ernst Neumann. 1948 müssen Irmgard und Ernst Neumann erneut das Land verlassen, sie wandern nach Israel aus, wo sie sich wieder alles neu aufbauen.

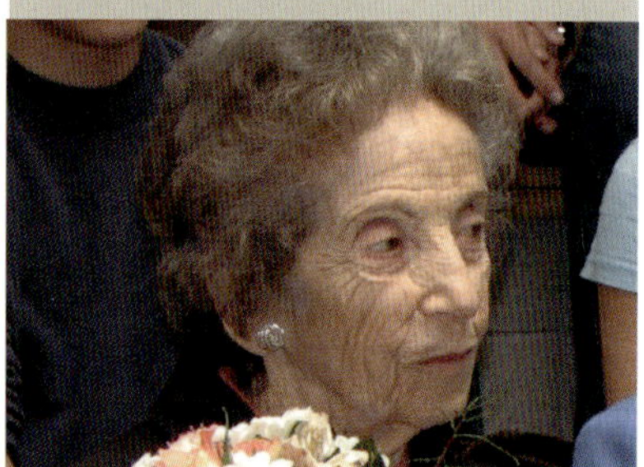

Das **BRG 8** in der Feldgasse in Wien mit Lehrerin **Ursula Halla** war im Mai 2008 Gastgeber für Irmgard Neumann. Ernst Neumann war an der **VBS-HAK II** am Hamerlingplatz bei Lehrerin **Andrea Saathen-Weiß** als Zeitzeuge eingeladen.

Ich, Irmgard Neumann, bin 1920 in Wien geboren und auch meine Eltern waren Österreicher. Mein Vater war ein angesehener Oberbaurat bei der Bundesbahn, unter seiner Kontrolle wurden viele wichtige Verkehrsanlagen nach seinen Entwürfen und Berechnungen gebaut.

Meine Mutter lebte mit ihrer Familie am Handelskai im Fabriksgebäude ihrer Familie und war 18 Jahre, als sie heiratete. Im Jahr 1910 war die Hochzeit und die Übersiedlung in eine schöne Wohnung im 9. Bezirk, welche von meinen Großeltern ausgestattet wurde. Mein Bruder wurde 1911 geboren und eine Schwester 1913.

Dann kamen die schweren Jahre des Ersten Weltkrieges, mein Vater war Offizier im Eisenbahner-Regiment und im letzten Kriegsjahr starb meine 5-jährige Schwester an Lungenentzündung.

Als ich auf die Welt kam, war mein Bruder 10 Jahre alt. Ich hatte eine sehr schöne Jugend, wurde verwöhnt, aber auch dazu erzogen, alles, was wir hatten, sehr zu schätzen. Ich lernte Französisch, noch bevor ich die Volksschule in der Hahngasse besuchte und später das MRG in der Albertgasse. Ich hatte gute Freundinnen, ein sogenanntes »Kränzchen« und Skikurse, bei welchen wir von unserem Klassenvorstand begleitet wurden. Skilaufen konnte man auch am Wochenende im Wienerwald, und Eislaufen im »Konopatsch«-Hof nicht weit von zu Hause, wenn »Heute Schleiftag« ausgeschrieben war. Einen Teil unserer Sommerferien verbrachten wir Freundinnen gemeinsam am Land.

Mit 12 Jahren durfte ich mir meine Zöpfe abschneiden lassen und begann einen Tanzkurs, den ich bis zu meiner Abreise aus Wien besuchte. Ich liebe Musik und Ausdruckstanz und nahm im Laufe der nächsten Jahre oft an Vorführungen teil.

Nach vier Jahren Realgymnasium verlangte mein Vater plötzlich, dass ich die Schule verlassen sollte, um ein Handwerk zu lernen. Ich war nicht einverstanden, auch meine Lehrer nicht, da ich eine gute Schülerin war. Die Lehrer appellierten, die Familie versuchte ihn umzustimmen – nichts half, er bestand darauf: ein Kind muss einen Beruf haben! Ich weiß nicht, was Vater veranlasste, da rundherum in der ganzen Familie nur Akademiker waren. Ich wurde in die Schneider-Akademie eingeschrieben, wo meine Kollegen hauptsächlich Töchter und Söhne von Besitzern von Kleider-

Irmgard & Ernst Neumann, die im Mai 2008 im Projekt »38/08« nach Österreich gekommen sind, leben in Israel, wo sie lange eine Fabrik führten.

Fabriken, Mode-Geschäften und großen Schneidereien waren. Unser Klassenvorstand war eine alte, erfahrene Wiener Schneidermeisterin, und auch die Lehrer für Schnittzeichnen, Modezeichnen und Textilerzeugung waren Fachleute. Meine beste Freundin war die Tochter der Besitzer eines Modegeschäftes, und ich war eine gute Schülerin (trotz meiner Abneigung gegen den Beruf). Meine Freizeit verbrachte ich in der Tanzschule und in einem Klub »Für Gesellschaft und Wissen«, wo eine gemischte Gesellschaft von Jugendlichen Vorträge hörte, Theater spielte und Ausflüge machte. Es war eine wunderbare Zeit! Nach zwei Jahren Schule hatten wir »Gesellenprüfung«, mussten aber ein Jahr lang in einem Betrieb arbeiten, um ins Meisterjahr aufgenommen zu werden. Ich arbeitete ein Jahr in zwei verschiedenen Schneidereien und hatte damals mehr Zeit für meine Hobbies. Ich lernte sehr viel von meinem Vater, der alle technischen Sachen gut erklärte und ein großes Allgemeinwissen hatte.

Meine Freizeit verbrachte ich in der Tanzschule und in einem Klub. Es war eine wunderbare Zeit.

Mein Meisterjahr begann im September 1937, und wir Schüler bereiteten uns für die Endprüfungen vor. Zusätzlich zu den theoretischen Prüfungen mussten wir auch ein »Meisterstück« schneidern.

Und dann kam alles anders:

Anfang März 1938 marschierten die Nazis in Wien ein und wir wussten, dass nun alles anders war. Mein Vater wurde rückwirkend pensioniert, was ihn sehr traf. Mein Bruder musste weg, weil er am meisten gefährdet war. Als ich am Tag nach dem Einmarsch in die Schule kam, trug mehr als die halbe Klasse Armbinden mit dem Hakenkreuz und ich sah, dass ich große Probleme haben würde, zur Meisterprüfung zugelassen zu werden, was jetzt besonders wichtig war. Irgendwie hielt ich noch die nächsten Monate durch, produzierte mein »Meisterstück« und erhielt ein Abgangszeugnis, aber keinen staatlichen Meisterbrief, da dieser Juden versagt wurde.

Alle Verwandten und Bekannten versuchten auszuwandern, was sehr schwierig war, weil man dazu doch irgendwo aufgenommen werden musste. Mein Vater schrieb an alle Verwandten, die im Ausland lebten, ersuchte Arbeitskollegen von über 30 Jahren zu helfen und – vor allem nötiges Geld aufzutreiben, um eine Auswanderung zu finanzieren. Man lernte Fremdsprachen und manuelle Berufe, die man vielleicht brauchen könnte. Ich lernte Heilgymnastik sowie Anatomie und Massage in einem Kurs im ehemaligen Tanzstudio. Manche Freundinnen konnten als Hausgehilfinnen nach England kommen, was ich als hoffnungslos erachtete. Sehr reiche Leute mit Familie in Amerika konnten in die USA emigrieren, doch waren die Schiffe monatelang ausverkauft. Die Regierung erschwerte täglich die Ausreisen, man verlangte hohe Beträge und unzählige Dokumente und Zahlungen, um eine Erlaubnis zu erhalten.

> Als ich am Tag nach dem Einmarsch in die Schule kam, trug die halbe Klasse Hakenkreuz-Armbinden.

Auch das Leben war sehr schwer geworden mit täglich neuen Erschwernissen für Juden, ich kann gar nicht aufzählen, was man alles nicht mehr durfte.

Und dann kam die »Kristallnacht«:

Jubelnde Massen zogen durch die Straßen, zerbrachen Fenster und Auslagen, zerschmetterten Geschäfte, zündeten Tempel an und zerstörten, was ihnen Spaß machte.

Man drang in Häuser ein, schleppte Menschen heraus, misshandelte sie und sperrte sie ein. Wir saßen zitternd in unserer Wohnung, in Gefahr, dass unser Hausmeister uns anzeigen würde, doch wurden wir damals verschont.

Am nächsten Tag erklärte ich meinen Eltern, dass ich nicht mehr bereit wäre, zu warten, und dass ich nach Shanghai fahren möchte, wohin man jetzt noch keine Einreisebewilligung benötigte. Meine Eltern stimmten zu und waren bereit, alles zu tun, um mich aus Wien hinaus zu bekommen.

Gastgeber-Schule. Die LehrerInnen und SchülerInnen des **BRG 8** in der Feldgasse in Wien waren im Mai 2008 Gastgeber für Irmgard Neumann und besuchten gemeinsam die Gedenkveranstaltung von »A Letter To The Stars« auf dem Wiener Heldenplatz.

Wir begannen eine Passage nach Shanghai zu suchen, doch waren alle Schiffslinien auf Monate hinaus ausverkauft. Nach vielen Versuchen hörten wir von einer japanischen Schiffslinie, die aber auch für lange Zeit keine freien Plätze hatte. Inzwischen liefen wir herum, um die vielen nötigen Papiere einzureichen (ein Führungszeugnis, dass ich keine Schulden hatte, alle Steuern bezahlt hatte und dem Staat alles bezahlt hatte, was verlangt wurde). Für einen Pass konnte ich erst einreichen, wenn ich gültige Reisepapiere haben würde, was wiederum davon abhing, dass ich eine Schiffskarte hätte. Wir verbrachten ganze Tage mit Warten bei verschiedenen Organisationen – ohne Erfolg. Eines Tages warteten wir wieder bei einer japanischen Schifffahrtslinie, wo man uns wieder mitteilte, dass es vorläufig keine Plätze gäbe. Zufällig schaute die Beamtin der Linie hoch und bewunderte den Mantel, den ich anhatte. Es war mein neuer Mantel, welchen ich zur Meisterprüfung geschneidert hatte. Wir liefen sofort einen guten Stoff kaufen und ich nähte in drei Tagen einen identischen Mantel im Maß der Beamtin und präsentierte ihn als Geschenk, welches sie gerne akzeptierte. Bei meinem nächsten Besuch erhielt ich eine Schiffskarte für eine Fahrt im Januar.

Jetzt begannen die Formalitäten für meine kommende Ausreise, endlose Rennereien. Wir suchten auch um Erlaubnis an, sogenanntes Umzugsgut nachgeschickt zu bekommen. Knapp vor meinem Reisetermin erhielt ich einen deutschen Reisepass mit einem großen »J« und dem Namen »Sarah«

Ernst Neumann wird 1922 in Wien geboren. Nach der Vorladung seines Vaters zur Gestapo flüchtet er im Dezember 1938 mit seinen Eltern nach Genua und von dort nach Shanghai. 1943 muss er ins Ghetto ziehen, wo er seine spätere Frau Irmgard kennenlernt. Am Tag, als der Krieg zu Ende ist, heiraten die beiden – es ist die erste »Friedenshochzeit«. 1948 fliehen sie gemeinsam nach Israel.

»Das hieß anstellen und weiter hoffen ...«

Ernst Neumann über die Schikanen beim Versuch zu emigrieren.

Nach und nach begann man sich mit der neuen Situation abzufinden. Man hörte über die ersten KZ. Viele Bekannte und Verwandte waren bereits verschwunden. Wahre und unwahre Geschichten wurden erzählt, man wusste nicht mehr, was man glauben sollte. Die Hausmeister waren eine ständige Bedrohung. Man musste sich sehr in Acht nehmen, kein falsches Wort zu sagen. Man lebte in ständiger Angst. Nach einiger Zeit kam man dann zum Entschluss wegzugehen. Aber wohin? Dafür waren viele Dinge notwendig: Zuerst eine Ausreisebewilligung, dann eine Einreisebewilligung in ein anderes Land, dazu die nötigen Durchreisevisa. Doch das »Ausland«, besonders die USA und England, haben sich zu dieser Zeit schlecht benommen, viele Juden kamen deshalb ums Leben. Zunächst benötigte man einen gültigen Reisepass, was sehr kompliziert und sehr teuer war. Man musste sich einen Nazi-Anwalt nehmen – jüdische Anwälte gab es ja nicht mehr – und diese nutzten die Gelegenheit aus, viel Geld zu machen. Dann brauchte man eine Ausreisebewilligung. Dazu musste man bei einem Amt in der Prinz-Eugen-Straße vorsprechen und um Bewilligung ansuchen. Man musste sich bereits um Mitternacht anstellen, um in der Früh Einlass zu bekommen. Die Anzahl der Personen war beschränkt und wenn man nicht dran kam, so musste man sich in der nächsten Nacht wieder anstellen. Dazu kam, dass die Nächte in den Herbst- und Wintermonaten eisig kalt waren, viele zogen sich schwere Erkältungen zu oder starben. Und dann kam die wahre Schikanierung: Man musste warten, wurde auf den nächsten Tag verschoben, der Beamte ist gerade nicht da, kommen Sie doch morgen wieder. Das hieß wieder nachts anstellen und weiter hoffen. Dann hatte man endlich, wenn man Glück hatte, erreicht, was man wollte und bekam die verlangte Bewilligung. Bis man aber die zusätzlich nötigen Bewilligungen erhalten hatte, war die erste schon wieder abgelaufen und man musste um eine neue ansuchen. Und wenn man diese dann bekam, so waren die anderen Bewilligungen schon wieder abgelaufen. Dazu kam noch die ständige Angst vor willkürlichen Verhaftungen. Schließlich begann der Kampf um die Einreise in ein anderes Land. Auch der war sehr kompliziert. Die meisten Konsulate hatten Anweisungen »zu verschleppen«, unter tausend verschiedenen Ausreden wurde man hin- und hergeschickt. Dazu kamen Geldforderungen, welche man sich meistens nicht leisten konnte. Man hatte auch schon keine Kraft mehr, weiter zu kämpfen. Zudem wurden zu dieser Zeit die Juden ausgeraubt. Geschäfte und Wohnungen wurden »arisiert« und für eine Bagatelle weg genommen. Man musste sein Einverständnis geben, sonst ... Dadurch gingen auch die finanziellen Mittel zum Teufel, mit welchen man sich eventuell helfen hätte können. Man traute sich nur auf die Straße zu gehen, wenn es unbedingt nötig war. Und dauernd hatte man Angst, Angst und Angst.

angefügt und konnte damit 10 Dollar kaufen, welche mein Reisegeld waren. Das war alles, was erlaubt war, natürlich auch keinerlei Schmuck oder Wertsachen. Mein Koffer wurde direkt zum Schiff gesandt und ich hatte nur ein kleines Handköfferchen bei mir, als ich Österreich verließ.

Meine Mutter begleitete mich zum Bahnhof, als ich abfuhr (später fragte ich sie einmal, wie das war, ein Kind in die Fremde zu schicken, und sie antwortete einfach: um Dein Leben zu retten). Ich fuhr nach Neapel, wo ich übernachten musste und suchte am Morgen den Hafen ab, welcher voll mit herrlichen italienischen Schiffen war, um mein Schiff zu finden. Meine »Fushimu Maru« war nur ein kleines kombiniertes Fracht-Passagierboot. Ich erhielt ein oberes Bett in einer kleinen Kabine und bemerkte, dass ein Teil der Passagiere Emigranten aus Deutschland waren. Die Reise dauerte einen Monat mit einigen Stationen zum Laden von Fracht.

Es war eine nette Reise, die deutschen Emigranten waren guten Mutes, hatten sie doch pro Person 400 Dollar mitnehmen können. Ich war sehr beliebt und beschäftigte die kleinen Kinder, und es gab auch Passagiere, die mich bemuttern wollten. Nach dem letzten Stop in Hongkong änderte sich das Wetter und das Meer war nun schmutzig gelb.

Shanghai

Wir landeten im Hafen Shanghais und hatten einen Schock: Man konnte nur Unmengen von Chinesen sehen – keinen einzigen Europäer. Ich hatte auch geglaubt, dass eine »internationale Stadt« eine gemischte Bevölkerung haben würde. Ich hatte damals noch keine Ahnung, dass Shanghai aus verschiedenen Teilen bestand, die getrennte Verwaltungen hatten. Ein großer mittlerer Teil stand unter internationaler Kontrolle, ein anderer Teil unter französischer Kontrolle, ein kleiner, abgelegener Teil war chinesisch und ein kleiner Teil auf der anderen Seite eines Flusses war halb zerstört vom letzten Krieg mit Japan. Insgesamt lebten damals 10 Millionen Chinesen in Shanghai.

»Foreigner« waren in hohen Positionen, wohlhabend und vertraten ihre Regierungen in Handel und Politik, waren aber kaum zu sehen. Die Stadt hatte im Zentrum einen riesigen Racecourse und einige hochmoderne Warenhäuser, riesige Gebäude dem Fluss entlang und ein ständig stark pulsierendes Straßenleben.

Bei meiner Ankunft hatte ich keine Ahnung, wo ich hingehen könnte und hatte Glück: Reisegenossen, eine Familie aus Deutschland, hatten eine Bekannte in Shanghai, welche ihr Haus in der French Town vermieten wollte. Ein Zimmer war noch frei, nachdem die anderen Zimmer schon besetzt waren, und ich sagte sofort zu, obwohl die Miete für mich viel zu teuer war, aber ich musste ja irgendwo schlafen. Gemeinsam fuhren wir zur angegebenen Adresse und fanden eine schöne große Villa mit Garten und einigen Zimmern. Unser großes Gepäck erhielten wir am nächsten Tag und wir konnten uns ein wenig einrichten und uns in der Gegend umsehen. Die

Villa lag in einem schönen Wohnviertel in jenem Teil Shanghais, der unter französischer Kontrolle war, doch waren die Strassen voll mit Chinesen. Ich lief viel herum, um mich umzusehen, obwohl es sehr kalt war und kaufte mir bei den herumziehenden Straßenverkäufern etwas zu essen. Nach einigen Tagen erhielt ich Besuch: Zwei Frauen, scheinbar Französinnen, wollten das junge Mädchen sehen, welches allein angekommen war. Sie fragten mich aus, was ich für meinen Unterhalt machen wollte. Schweren Herzens erwähnte ich die Schneiderei, ein Geständnis, welches große Freude auslöste: »eine Schneiderin aus Wien« wäre wunderbar, bisher musste man doch chinesische Schneider dazu bewegen, Kleider laut mitgebrachten Modebildern zu nähen (zu dieser Zeit trugen orientalische Männer und Frauen nur chinesische Kleidung). Man lieh mir eine Nähmaschine und brachte mir Stoffe, und ich begann, bestellte Kleidung zu nähen. Ich war nicht glücklich darüber, aber froh, etwas verdienen zu können. Wenn ich Zeit hatte, lief ich in den Straßen herum und lernte bald verschiedene Ausdrücke in chinesischer Sprache. Nach einigen Monaten kam mein »Umzugsgut« aus Wien an und ich konnte mein Zimmer schön einrichten. Zusammen mit einer Nachbarin, welche Modistin war, konnten wir Kundinnen gut bedienen. Im Hochsommer verließen wohlhabende Familien die

Stadt (und vergaßen mich zu bezahlen) und so musste ich mir dringend Arbeit suchen. Inzwischen konnte ich mich schon auf Chinesisch verständigen und fand Arbeit als zweite Directrice in einem Schneidersalon in der Mitte der Stadt.

Nach kurzer Zeit wurde ich von einem Herrn aus Wien aufgesucht, da er eine Zuschneiderin suchte, die einen Betrieb leiten könnte, den er vorhatte zu gründen. Er hatte vor seiner Flucht aus Wien Modelle für englische Regenmäntel gekauft und wollte solche erzeugen, weil er gehört hatte, wie viel es hier regnet. Er fragte mich, ob ich so eine Arbeit machen könnte und ich antwortete »natürlich«, obwohl ich noch nie in Massen-Konfektion gearbeitet hatte. Ich war begeistert von dieser Chance und half sofort bei der Einrichtung der benötigten Werkstätten. Zu dieser Zeit konnte ich schon gut Chinesisch, was eine große Hilfe war, so konnte ich gut die Werkstätteneinrichtung aussuchen. Nachdem alles Nötige für die Erzeugung da war, begann ich einen sogenannten »Nr.One«-Schneider zu suchen, welcher die passenden Arbeitskräfte bringen sollte. So war das üblich – der »Nr.One« prüfte die verschiedenen Arbeiter und stellte sie an. Die Bezahlung erfolgte per Stückzahl. Wir hatten Glück, der ausgewählte »Nr.One« brachte gute Fachleute. Jetzt konnte ich die Schnitte für alle Größen vorbereiten und die ersten Modelle produzieren. Es würde zu weit führen, alles zu beschreiben, aber in kurzer Zeit waren wir erfolgreich und belieferten viele Warenhäuser und exportierten unsere Produkte. Wir hatten viele Angestellte und erweiterten die Produktion auch auf Männer- und Kinder-Regenmäntel.

Inzwischen war der Krieg ausgebrochen, und mehr und mehr Juden wurden eingesperrt

Allerdings arbeitete man damals sieben volle Wochentage, und Freizeit gab es nur zum Chinesischen Neujahr einmal im Jahr und am Tag der Republik am 10. Oktober, »Double Ten« genannt. Ich verdiente gut, doch ich tauschte mein großes Zimmer für ein kleines, billigeres, wo ich meine Möbel unterbringen konnte. Ich war ja kaum zu Hause, aß irgendwo unterwegs, wenn ich Zeit hatte.

Meine Hauptsorge waren meine Eltern in Wien, die große Schwierigkeiten hatten, das Land zu verlassen. Sie schrieben zwar nicht darüber, die Briefe waren so gehalten, dass sie durch die Zensur gehen konnten, aber ich verstand, was sie nicht schreiben konnten. Inzwischen war der Krieg ausgebrochen, es gab kaum noch eine Schifffahrt, und mehr und mehr Juden wurden eingesperrt. Meine Eltern sprachen nie darüber, was sie in den zwei Jahren seit meiner Abreise mitmachen mussten – ich las darüber erst viele Jahre später in einem Tagebuch meines Vaters (welches ich erst nach seinem Tod fand). Vor allem mussten meine Eltern Geld aufbringen, um etwas erreichen zu können, doch zahlte die Bank Vaters Lebensversicherung nicht aus und die Eltern mussten das Mobiliar der Wohnung verkaufen, für welches sie weniger als zehn Prozent des Wertes erhielten. Um Ausreisebewilligungen zu bekommen, musste man alle paar Wochen in verschiedenen

Ämtern Steuern bezahlen, gültige Einreisepapiere in irgendein Land haben und Fahrkarten für die Reise. Ich konnte meinen Eltern Einreisepapiere nach Shanghai verschaffen, welche man inzwischen brauchte, aber es gab keinen Schiffsverkehr mehr, weil doch der Krieg ausgebrochen war. Mein Vater setzte alles daran, um über Land nach Shanghai zu fahren, doch da gab es unzählige Probleme aufgrund der verschiedenen Durchreiseländer. Endlich, Ende 1940, konnten meine Eltern mit der Eisenbahn über Sibirien kommen. Ich mietete eine kleine Wohnung in einer guten Gegend, wo meine Eltern sich mit ein paar geretteten Möbeln einrichteten und gleich begannen, etwas Geld zu verdienen. Meine Mutter kochte für andere Immigranten, die in unserer Gegend arbeiteten, mein Vater kaufte am Markt die nötigen Lebensmittel und servierte. Meine Mutter arbeitete auch für ein Heim und strickte Babykleidung, um etwas Geld zu verdienen, und ich konnte zu Hause essen und schlafen, wenn ich spät abends von der Arbeit kam. Wir hörten, dass es viele andere Immigranten in einem weit entfernten Teil Shanghais gab, doch hatten wir keinen Kontakt, weil das sehr weit von unserem Stadtteil entfernt war. Obwohl meine Eltern sehr kränklich waren, arbeiteten sie viel.

Nach der japanischen Eroberung von Pearl Harbor wurde Shanghai von den Japanern besetzt. Alle Ausländer wurden heimgerufen und nur wir – die inzwischen Staatenlosen (weil wir doch mit deutschen Pässen eingewandert waren, die inzwischen abgelaufen waren) – waren die einzigen Weißen, die in der 10-Millionen-Stadt zurück blieben. Am Anfang ging das Leben ziemlich normal weiter, die einheimischen Chinesen bückten die Köpfe und lebten, zwar durch den Krieg sehr eingeschränkt, wie früher. 1943 waren die Japaner Verbündete der Deutschen und proklamierten, dass nun alle Staatenlosen innerhalb von drei Wochen in ein Ghetto übersiedeln müssen.

Als die Japaner sich mit den Deutschen verbündeten, mussten wir in Shanghai ins Ghetto.

Das Ghetto

Dieser kleine Stadtteil war in einem schrecklichen Zustand, ganz verarmt und überfüllt von ganz armen Chinesen und jüdischen Immigranten, die dort schon seit ihrer Ankunft hausten. Und jetzt mussten noch Tausende zusätzliche Menschen dort Platz finden. Mein Chef fand einen Raum für zwei Nähmaschinen, und ich musste für kurze Zeit auf meinem Fahrrad täglich die zehn Kilometer ins Ghetto fahren, da es keinen anderen Transport mehr gab. Meine Eltern hatten große Schwierigkeiten, eine Unterkunft zu finden, es war einfach kein Platz mehr da und die lokalen Chinesen nützten die Situation aus, um die kleinsten Stuben zu hohen Preisen zu vermieten. Wir fanden dann einen ganz kleinen Raum (2 x 3 m, ohne Fenster und Tür) im 1. Stock eines primitiven Hauses, welches uns der Hauptmieter vermietete. Die Bedingung war, dass meine Mutter für seine Kunden kochen sollte. Es

gab nur einen Wasserhahn im Hinterhof einer ganzen Häuserreihe und keine Toiletten in der ganzen Gegend, sondern nur hölzerne Kübel, die man zum Ausleeren auf die Straße stellen musste. Wir hatten keinen Platz für unsere Möbel, und mein Vater ließ eine hölzerne Decke im Zimmer einbauen, um dort Betten für Mutter und mich aufzustellen, er selbst schlief im Zimmer auf Sesseln.

Wir übersiedelten einige Möbel, für die wir Platz hatten und einen großen Tisch, welchen wir, zusammen mit unserem Reisekoffer, in einem kleinen Raum unterbrachten, welcher neben dem Hauseingang im Hinterhof war. Die restlichen Möbel und Küchengeräte mussten wir zurücklassen, da es keine Käufer dafür gab. Das Leben in den nächsten zwei Jahren unter diesen Bedingungen war sehr schwer, die Wohnungen waren voller Ungeziefer und schwere Krankheiten grassierten. Am Anfang war noch ein wenig Geld da, aber langsam wurde die Armut größer und es wurde immer schwerer, Essen zu finden. Das Wichtigste war, dass man Geld hatte, um abgekochtes Wasser kaufen zu können (das Leitungswasser war ungenießbar). Wir lebten monatelang von roten Linsen, welche meine Mutter auf einem kleinen Holzkohlen-Topf kochte. Wir waren vollkommen von der Außenwelt abgeschlossen, Radio war verboten, und Black Out wurde von den

Gastgeber. Die Klasse 4c des BRG 8 in der Wiener Feldgasse hat Irmgard Neumann als »Letzte Zeugin« eingeladen. »Wir bedanken uns für Ihr Kommen«.

Japanern kontrolliert. Wir wurden von der amerikanischen Luftwaffe bombardiert und litten auch gleichzeitig unter der japanischen Abwehr. Wir hatten keine Keller im ganzen Ghetto und erlitten Verluste. Wir hatten ein kleines Spital, in welchem freiwillige Doktoren und Schwestern arbeiteten, aber keine Medikamente für die tropischen Krankheiten, welche grassierten. Mein Vater erkrankte an Fleck-Typhus und es dauerte Wochen, bevor er halbwegs wiederhergestellt war, allerdings mit einem schweren Herzfehler. Im zweiten Ghetto Jahr ging mein Vater – trotz der Gefahr – täglich zum Markt, wo er irgendetwas von unseren Sachen zu minimalen Beträgen verkaufen musste und er ging auch manchmal – trotz der Gefahr – Essen von einer Küche holen.

Für uns junge Leute war es leichter. Ich lernte Ernst gleich am Anfang kennen, als er mein Fahrrad reparierte. Er versuchte damals in seinem Wohnhaus Fahrräder zu reparieren, um damit etwas verdienen zu können. Seine Familie hatte Glück gehabt, weil sie zufällig in einem Teil wohnten, welcher dann zum Ghetto gehörte und sie nicht übersiedeln mussten. Wir versuchten ständig irgendwie Geld zu verdienen. Ernst erfand Arbeitsgänge, um Stricke aus Teppich-Wolle aufzuspulen und so die einzelnen Fäden zu gewinnen, ich erzeugte warme Fäustlinge aus Stoffresten und vieles Andere.

Im Frühjahr 1945 erkrankte Ernst an Malaria, für welche es im Ghetto keine Medizin gab.

Wir hatten keine Ahnung, was in der Welt los war, doch hörten wir, dass die Japaner vorhätten, die Ghetto-Insassen auf eine Insel zu transportieren. Wir beschlossen gleich zu heiraten, um zusammen bleiben zu können. Da wir beide im August Geburtstag haben, wählten wir ein Datum dazwischen – den 12. August. Freunde halfen bei unserer Ausstattung, Ernst lieh sich einen Anzug und einen Hut aus und ich erhielt ein weißes Kostüm, welches ich umarbeiten konnte, und einen Hut und Schleier geborgt. Am 11. August erledigten wir die offiziellen Papiere (auf Chinesisch) und am 12. August fuhr ich mit meiner Mutter in einem Pedicab zum Tempel. Während der Fahrt war ich sehr unruhig, da ich nicht verstehen konnte, wieso keine Flugzeuge zu sehen waren und alles so still war. Im Tempel waren schon Familie und Freunde versammelt, als der Rabbiner eintraf. Er teilte uns mit, dass der Krieg zu Ende war, da die Japaner kapituliert hatten und demnach unsere Hochzeit die erste Friedens-Hochzeit war (viel später hörten wir von Hiroshima und dass auch der Krieg in Europa längst vorbei war). Nach dem Tempel waren wir bei Ernsts Eltern eingeladen. Wir erhielten einen Kuchen von einem Gast und ein paar Kleinigkeiten von anderen und gingen dann mit unseren Geschenken in die Wohnung meiner Eltern. Ernsts Eltern hatten meine Eltern eingeladen, bei ihnen zu wohnen, damit das junge Paar allein sein konnte. Wir lebten so noch über ein Jahr, da wir noch kein Geld hatten, um auszuziehen.

Bald nach Kriegsende war Arbeit da und man konnte verdienen. Erst arbeitete Ernst für die amerikanische Besatzungsarmee und später bekam er einen guten Job bei der Shell Company. Obwohl viele unserer Bekannten auswandern wollten, dachten wir gar nicht daran. Wir waren zufrieden, dass wir frei waren und betrachteten China als unsere Heimat. Als ich schwanger wurde, brauchten wir eine bessere Wohnung und mieteten ein Haus in der Nähe, mit Vorhof, Speisezimmer, Küche im Parterre und einem großen Schlafzimmer im ersten Stock. Wir hatten auch ein Badezimmer und ein richtiges Klosett. Das alles war ein großer Luxus für uns.

Und jetzt begann eine glückliche Zeit!

Meine Eltern mieteten ein Zimmer gleich daneben und Ernsts Eltern zogen aus dem Haus in ein schönes Zimmer in der Nähe. Wir möblierten unser Haus mit den Sachen, die wir besaßen, und produzierten vieles von dem, was wir brauchten, mit eigenen Händen. Ernst verdiente gut, ich arbeitete nur stundenweise und unterrichtete Frauen, die auswandern wollten, im Schnittzeichnen. Nach der Geburt unserer Tochter stellten wir eine Chinesin an, deren Aufgabe es war, die Wäsche zu waschen und das Haus zu putzen. Meine Mutter kochte für uns alle und ich fuhr mit meinem Fahrrad zum Markt, um einzukaufen. Wir hatten viele Freunde in Shanghai, die wir wöchentlich zum Bridge und Nachtmahl einluden und fuhren öfters in die

Stadt – zum Tanzen oder ins Theater. Wir erhielten unsere österreichischen Pässe zurück und waren nicht mehr staatenlos. Mein Vater beschäftigte sich damit, Verwandte in Europa zu suchen und deren Schicksale festzustellen. Er führte Bücher über die Vergangenheit und machte genealogische Familienlisten. Er versuchte auch seine ihm zustehende Pension von der Bundesbahn zu erhalten und sein Geld von seinem Konto in Wien – leider erfolglos.

Wir waren sehr glücklich, fuhren mit Freunden oft zum Meer oder machten andere Ausflüge. Unsere Tochter wuchs dreisprachig auf, sie lernte instinktiv Chinesisch, Englisch mit uns und Deutsch mit Ernsts Eltern.

Wir, als junges Paar, hatten die Möglichkeit, nach Kanada auszuwandern, aber wir wollten uns nicht von unserer Familie trennen, nachdem wir alle gemeinsam überlebt hatten. So lief das Leben bis zum November 1948, aber die Ereignisse im Inneren Chinas waren erschreckend und wieder wurden alle Ausländer heimgerufen, weil die Kommunisten sich näherten.

Inzwischen war der Staat Israel gegründet worden und man machte Propaganda, um Einwanderer zu gewinnen. Wir waren nicht interessiert, doch wir wussten auch fast nichts darüber. Die Kommunisten wurden immer bedrohlicher für Weiße, in denen sie Kapitalisten sahen. Man schickte ein Boot nach Shanghai, um Juden nach Israel zu holen, die dort dringend gebraucht wurden. Und wir hatten zu überlegen, was tun. Erst wollten wir absagen, aber dann wurde erklärt, wie gefährlich es wäre dazubleiben. Wir, unsere Familie und Freunde, beschlossen wegzufahren und meldeten, dass wir bereit waren, nach Israel zu reisen. Wieder mussten wir unser Hab und Gut zurücklassen, um zu flüchten.

Mühevoll hatten wir unsere Wohnung hübsch eingerichtet, hauptsächlich mit selbst fabrizierten Dingen, und jetzt mussten wir wieder alles aufgeben. Wir durften nur wenig mitnehmen, und für das, was wir zurück lassen mussten, konnte man kaum Geld bekommen. Die Anzahl der Transportkisten und das Gewicht waren vorgeschrieben (eine Vorschrift der Schifffahrtsgesellschaft, welche sich später als falsch herausstellte, weil das Schiff unterbelastet war).

Wir erhielten für unser ganzes Hab und Gut einen alten Frigidair und packten in die Kisten Hausrat, Nähmaschine, Schreibmaschine, sehr viel Werkzeug und nützliche Dinge. Wir mussten unseren Schäferhund weitergeben und unsere Amah wollte unbedingt mitkommen, »weil sie doch zur Familie gehörte«.

Wir waren sehr unglücklich, dass wir »unser« Land verlassen mussten. Es war nur ein kleiner Trost, dass viele unserer Freunde und deren Familien mit uns mitfuhren.

Die Schiffsreise war unbeschreiblich schwer. Frauen und Kinder waren in einem Saal am Heck des Boots untergebracht, direkt über der Schiffsschraube und hatten Hängematten – in zwei Reihen übereinander und für alle eine einzige Toilette und keinen Platz für unsere Sachen. Meine Mutter

bekam ein kleines Bett unten und ich und unser Kind die Liege darüber. Die Situation war ständig gespannt und man stritt die ganze Zeit um primitivste Sachen. Die Männer hausten in einem Saal einen Stock tiefer, midship, wo man die Bewegung der Schiffsschraube nicht spürte. Ernst flocht rund um meine Liege ein Netz, damit unsere Tochter nicht herunterfallen konnte. Die vielen Kinder litten sehr und deren Mütter umso mehr. Das Essen war sehr karg, am Anfang der Reise noch etwas besser, aber später immer weniger. Die Besatzung war gemischt, und das Boot segelte unter liberischer Flagge. Glücklicherweise hatten wir von Freunden in Shanghai zwei große Kartons mit Kakao-Dosen mitbekommen, welche die Hauptnahrung für unser Kind waren.

Die Fahrt dauerte zwei Monate, weil man nicht durch den Suez-Kanal fahren konnte und kreuzte zwei Mal den Äquator, was bedeutete, dass es abwechselnd sehr heiß oder kalt war. Wir landeten einmal in Kapstadt, durften aber nicht an Land, obwohl die dort lebenden Juden uns eingeladen hatten. Einmal auf der Reise war der Sturm so stark, dass das Schiff herumgeschleudert wurde und in großer Gefahr war. Während der zwei Monate gab es viele Krankheitsfälle an Bord, nicht nur Seekrankheit, sondern auch Unglücksfälle, Geburten, Todesfälle und Selbstmord. Endlich landeten wir im Mittelmeer in Neapel und wurden auf ein israelisches Boot umgeschifft, welches im Hafen lag. Wir wurden instruiert, unser Handgepäck vorzubereiten, während man die großen Kisten umlud. Zu unserem Schrecken sahen wir im letzten Moment, dass man das Handgepäck zuerst im Laderaum versenkte und dann die großen Kisten obendrauf, sodass es in den nächsten Wochen praktisch unerreichbar war.

Ernst kletterte schnell hinunter in den Laderaum und es gelang ihm,

unsere Handkoffer herauszuholen, so hatten wir für die nächsten zwei Wochen wenigstens die Toilettesachen. Neue Passagiere kamen an Bord, und wir staunten über deren weißen Teint, da wir alle eine leicht gelbliche Hautfarbe hatten. Wir erhielten eine Kabine mit 2 x 2 Betten für unsere Eltern und uns – Ernst und ich schliefen am Boden und unser Kind bei den Eltern. Unser Schiff, die »Negba«, fuhr zuerst nach Marseille und dann nach Haifa, wo wir am 14. Februar landeten.

Wir mussten bis spät abends an Bord bleiben und wurden dann mit Lastwagen in ein Lager gefahren und dort in einem großen Zelt untergebracht. Es war sehr kalt, am nächsten Morgen entdeckten wir, dass rund ums Zelt Wasser stand. Wir waren in einem großen Immigranten-Lager in der Nähe der Stadt Hadera und es dauerte lange, bevor wir eine etwas bessere Unterkunft erhielten: ein kleines Holzhaus, wo 2 x 2 schmale Campbetten übereinander standen, welche man abends ausbreitete. Ernst und ich schliefen darunter am Boden, das Kind bei den Großeltern. Unser Umzugsgut war im Zentrum gelagert, wir bezahlten einen großen Betrag, damit die Kisten neben unserer Unterkunft gelagert wurden.

Der Empfang der neu eingewanderten Immigranten war gar nicht schön, wir mussten für jede Sache viel bezahlen. Nach kurzer Zeit wurde die ausländische Währung entwertet und unser mitgebrachtes Geld war nur mehr ein Drittel wert. Wir wollten nur heraus aus dem Camp, doch man machte große Schwierigkeiten. Wir konnten keine Arbeit finden, weil man dazu Mitglied bei der politischen Partei sein musste, was aber nicht möglich war, solange man im Lager lebte. Wir entschlossen uns dann, zuerst eine Unterkunft für unsere Familie zu suchen und uns danach um einen Verdienst zu kümmern. Als man verlautbarte, dass man ruhig in leere Wohnräume einziehen könnte, fanden wir zusammen mit unseren Freunden aus Shanghai zwei kleine Häuschen, welche wir putzten und renovierten. Als wir fertig waren, wurden wir von Mitgliedern eines nahegelegenen Kibbutz hinausgeworfen.

Wir versuchten in einem Kibbutz aufgenommen zu werden, doch wollte man nur uns und nicht unsere Eltern und ähnlich war es bei jedem neuen Projekt. Eines Tages wurde Ernst von einem Freund aufgefordert, mit ihm nach Jerusalem zu fahren, um sich dort umzusehen. Er kam begeistert zurück und erzählte von einer richtigen Stadt mit schönen Häusern und richtigen Strassen, wo es zwar leere Wohnungen gab, aber keine Arbeit. Wir wollten zuerst unsere Familie unterbringen und dann Arbeit suchen. Und so fuhr Ernst wieder – von einem Lastwagen mitgenommen – zurück nach Jerusalem. Wir suchten entweder drei Wohnungen oder eine gemeinsame Unterkunft für uns alle und er fand einen Vermittler, der verschiedene Häuser an der Hand hatte.

Sie fuhren nach Tapiot – einem Gartenvorort mit Villen, welche vor dem letzten Krieg von wohlhabenden Leuten bewohnt waren und jetzt vom Verband für verlassenen Besitz verwaltet wurden. Er mietete das Haus, das am schnellsten zu haben war, wusste aber nicht, dass der Preis viel zu hoch war – man nützte Neulinge aus. Er kam glücklich ins Lager zurück und wir bereiteten uns auf die Übersiedlung vor. Wir wussten, dass das Haus viele Reparaturen brauchen würde, um es bewohnbar zu machen, und Ernst und ich wollten zuerst hinfahren, um die nötigen Arbeiten auszuführen, bevor die Familie kommen sollte. Wir packten einen großen Koffer voll mit Werkzeug und fuhren mit einem Lastauto nach Tel Aviv zur Autobus-Station. Wir hatten keine Ahnung, dass dieser Tag der Vorabend des Pessach-Festes (Ostern) war, dass man zum erstenmal nach dem Krieg in Jerusalem feiern konnte und dass ein riesiger Andrang sein würde, um hinzukommen. Die Schlange der Menschen war unübersehbar lang und bewegte sich nur langsam vorwärts. Ernst setzte mich mit dem Koffer irgendwo in der Mitte ab und lief schnell, um noch in Tel-Aviv etwas zu verkaufen, um Geld aufzutreiben. Ich verschenkte rund um mich etwas Obst, welches ich bei mir hatte, hatte keine Probleme und schob den schweren Koffer langsam mit mir vor. Und da hatte ich ein schönes Erlebnis: Vor mir in der Schlange stand eine junge Frau, welche sich mit einem Mann auf Englisch unterhielt, bevor er davoneilte, um etwas zu erledigen. Wir kamen ins Gespräch und es stellte sich heraus, dass dieses junge Paar auch nach Jerusalem fahren wollte. Die Zeit verging und wir fürchteten, dass die letzten Autobusse fortgefahren waren. Man verlautete noch, dass Lastwagen für eine kleine Aufzahlung auf die Buskarten nach Jerusalem fahren würden und wir bedauerten, dass unsere Männer nicht da waren. Da kamen plötzlich beide Männer gelaufen und wir rannten zusammen und erwischten im letzten Moment Plätze am Lastwagen. Während der Fahrt, die über drei Stunden dauerte, unterhielten wir uns und es stellte sich heraus, dass das junge Paar nach Jerusalem fuhr, um in Talpiot das Haus der Familie der Frau zu beziehen. Sie waren froh zu hören, dass wir in Talpiot wohnen wollten, ein verlassenes Viertel an der Grenze, welches noch vom Militär besetzt war. Der junge Mann stammte aus Wien und sein Vater war Lehrer in Ernsts Schule gewesen.

Wir erreichten Jerusalem knapp vor Beginn des Festes und unsere neuen Bekannten halfen uns noch schnell ein paar Sachen einzukaufen, welche wir zum Essen und zum Reinigen des Hauses benötigten. Es gab keinen Verkehr nach Talpiot und sie halfen uns auch, mit ihnen auf einem Militärbus mitgenommen zu werden. Wir erreichten unser Haus am Abend und sahen, dass es keine Fenster und Türen hatte und voll Schmutz war. Wir überlegten, in der Speisekammer zu schlafen, weil es sehr kalt war und da kam unsere neue Bekannte, um zu sehen, wie unsere Unterkunft aussah. Sie lud uns ein, in ihr Haus zu kommen, welches in tadelloser Ordnung war, weil das Militär darauf aufgepasst hatte. Es war mir peinlich, doch Ernst überredete mich und wir nahmen unseren Koffer und gingen im Finstern zum Haus der neuen Bekannten.

Wir feierten unseres erstes Pessach-Fest gemeinsam und steuerten zur Mahlzeit bei, was wir konnten. Wir wurden eingeladen, bei ihnen wohnen zu bleiben, bis unser Haus bewohnbar sein würde und es war eine große Hilfe, dass wir nach schwerer physischer Arbeit einen Platz zum Waschen und Schlafen hatten. Wir blieben während der ganzen Jahre, bis heute, gute Freunde und ich erzähle das nur, um zu zeigen dass es immer auch gute Menschen gab.

Es dauerte drei Wochen, bevor wir unsere Familie nachkommen lassen konnten. Jedes Elternpaar bezog ein Zimmer und zusätzlich hatten wir noch ein Wohnzimmer, ein großes Esszimmer, Küchen für jede der Großmütter und Badezimmer und verschiedene Vorzimmer mit eingebauten Schränken, zwei große Garagen und einen Garten rund ums Haus. Wir hatten kaum Möbel, außer Betten, doch wir konnten unser Haus nach und nach mit viel selbstgebauten Möbeln einrichten. Ich wurde bald als Directrice im größten Kleidergeschäft Jerusalems angestellt und arbeitete dort die nächsten siebzehn Jahre (in dem von mir verhassten Beruf). Ich lernte Hebräisch auf der Strasse und konnte bald sprechen und schreiben. Unsere Kundschaft waren die damals Prominenten, Politiker, Doktoren und Professoren. Die Arbeitstage waren lang und nur durch eine Mittagspause unterbrochen, welche teilweise durch Überstunden und Verkehrs-Schwierigkeiten verkürzt war.

In diesen Jahren passierten viele Dinge. Meine Schwiegereltern verließen Israel und kehrten zuerst nach Wien zurück, um später zur Tochter nach Amerika zu gehen. Mein Vater, der praktisch unsere Tochter großzog, starb im Jahr 1951, kurz nach der Geburt unseres Sohnes. Meine Mutter führte unseren Haushalt und pflegte die Enkel – obwohl sie oft krank war. Unsere Kinder hatten eine wunderschöne Jugend in Talpiot und wir hatten sehr viele Freunde in der Gegend. Mein Mann arbeitete oft in zwei Jobs (Lastwagenfahrer und Auto-Garage), um genug zu verdienen. Auch er hasste seine Arbeit, führte sie aber trotzdem tadellos durch und war beliebt. Er musste auch öfters Militärdienst machen und war dann wochenlang nicht zu Hause. Die Jahre vergingen, die Kinder wuchsen heran, aber immer wieder gab es Kriege im Land, die das Leben erschwerten. Langsam wurde das Haus schöner eingerichtet, die Kinder hatten eigene Zimmer und wir hatten ein altes Auto und ein Motorrad. Nach der Arbeit studierte mein Mann verschiedene technische Fächer, eines davon war »Production Engineering«, welches auch mich sehr interessierte.

Als man meinem Mann einen Posten als technischer Leiter einer Autofabrik in Haifa anbot, war er sehr interessiert. Er musste dazu in Haifa wohnen und konnte nur an den Wochenenden nach Hause kommen, was sehr schwer für uns war. Ernst hatte nette Kollegen und lernte ein neues Produkt kennen, das ihn faszinierte: »Fiberglass«. Daraus wurden die Auto-Karosserien produziert, die Eigenschaften dieses ganz neuen Materials waren erstaunlich gut. Ernst brachte Muster nach Hause, experimentierte mit den verschiedenen Komponenten und studierte die erzielten Eigenschaften. Nach über einem Jahr wollte Ernst nicht mehr allein in Haifa leben, und wir beschlossen, mit der Familie zu übersiedeln. Wir waren alle nicht glücklich darüber, die Kinder wollten ihre Freunde und Schulen nicht wechseln und ich wollte meine Arbeit nicht aufgeben. Wir liebten Jerusalem und unser Heim, und als man Ernst eine Arbeit als Leiter einer Buchbinderei in Jerusalem offerierte, nahm er die Arbeit an und wir waren glücklich, dass wir doch nicht übersiedeln mussten. Leider war dieser Job keine richtige Arbeit und Ernst war erneut gezwungen, wieder eine Auto-Garage zu leiten. Er benützte jede freie Minute, Fiberglass zu studieren, korrespon-

dierte mit Erzeugern in der ganzen Welt und lernte darüber. An Wochenenden arbeiteten wir alle an Mustern und staunten über die Erfolge. Eines Tages im Jahr 1962 verließ er die Arbeit in der Auto-Garage für immer und es begann wieder ein neuer Abschnitt in unserem Leben.

Fiberglass-Industrie

Ernst erhielt die ersten Aufträge, mietete eine Werkstätte und ein Jahr später brauchte er bereits ein größeres Arbeitslokal, weil er schon einige Arbeiter beschäftigte.

Nach weiteren zwei Jahren erzeugte er in seiner Fabrik sehr große Behälter für die chemische Industrie, mit vielen Arbeitern, die er ausbildete. Er musste sehr viel im Land umherfahren, um das neue Material zu bewerben und arbeitete viele Stunden, um seine Erzeugnisse zu entwickeln. Er studierte nächtelang, um über die Materie im Ausland zu lernen und Anfang 1966 kamen wir – schweren Herzens – zu dem Entschluss, dass wir die Produktion in die Mitte des Landes verlegen müssten, um den Transport unserer sehr großen Behälter zu ermöglichen (Jerusalem liegt am Berg und war damals nur mit einer Strasse erreichbar). Es tat uns sehr leid, unser geliebtes Jerusalem verlassen zu müssen, aber es war unbedingt notwendig. Wir begannen, Industrie-Gebiete in der Mitte des Landes zu suchen, welche an großen Verkehrsadern lagen. Außerdem mussten wir auch eine Wohnmöglichkeit in der Nähe finden, um unsere Familie unterzubringen – und das alles musste erschwinglich für uns sein. Wir fanden schließlich Fabriksräume im Industriegebiet der Stadt Netanya und ein kleines Haus in einer kleinen Siedlung in der Nähe. Das Haus hatte nur zwei Zimmer und einen großen Garten mit Bäumen. Wir erhielten für unser gemietetes Haus in Jerusalem zwei Drittel des Wertes und ich erhielt einen Teil meiner Abfindung von meinem Chef für siebzehn Jahre Arbeitszeit. Mit diesen Mitteln mussten wir die neue Fabrik mieten und unser Haus kaufen. Das Geld langte nicht und wir waren gezwungen, von einer Bank gegen Wechsel zu borgen. Die Übersiedlung sowie die Einrichtung der Fabrik kosteten viel, aber wir waren überzeugt, dass wir auch das »übertauchen« würden. Alle halfen mit: Meine alte, kränkliche Mutter hatte volles Verständnis, unser Sohn musste seine Schule wechseln und auch unsere Tochter, die damals beim Militär war, war einverstanden. Das Haus hatte wie gesagt nur zwei Zimmer, sodass unsere Sohn in einem kleinen Raum im Garten schlief und die Tochter auf einer Couch im Wohnzimmer. Ich hatte schon jahrelang darauf gewartet, in der Fabrik arbeiten zu können und war glücklich, dass ich das nun endlich tun konnte. Ich liebe Produktion – egal was – und konnte bald die verschiedenen Maschinen bedienen und die Arbeit überwachen. Mein Mann war viel unterwegs bei Kundschaft und abends arbeiteten wir am Entwurf von neuen Produkten. Nach einiger Zeit musste er auch manchmal ins Ausland reisen, um Kontakte zu knüpfen, neue Materialien zu kaufen und neue Maschinen zu prüfen. Wann immer Ernst Militärdienst leisten musste, war

ich mit der ganzen Verantwortung allein. Wir mussten sehr sparen, doch kamen wir weiter und vergrößerten ständig unsere Produktion.

Während dieser Zeit heiratete unsere Tochter und unser Sohn wurde zum Militär einberufen, wo er zunächst drei Jahre dienen musste. Er heiratete, doch musste er nach dem »Sechs-Tage- Krieg« noch zwei weitere Jahre dienen. Obwohl er die Möglichkeit hatte, zu studieren, wollte er nur in der Fabrik arbeiten. Im Laufe der Jahre wurde die Fabrik immer größer und vielseitiger, und unser Sohn übernahm die Leitung der Produktion. Wir drei arbeiteten gut zusammen, Ernst machte einige technische Erfindungen und wir kamen gut voran. Wir bauten riesige Rohrleitungen, Wasseranlagen und spezielle Projekte für die Armee und die Marine. Es würde zu weit führen, alles aufzuzählen. Im Lauf der Jahre renovierten und vergrößerten wir unser Haus und versahen es mit schönen Möbeln, doch als wir älter wurden, übersiedelten wir in eine Wohnung in der Stadt Netanya in eine gute Gegend, nahe am Meer. Es war ein schwerer Entschluss, doch mit zunehmendem Alter vernünftig.

Wir arbeiteten weiter, auch als wir die Fabrik in ein neues Industriegebiet übersiedelten. Ich war 80 Jahre alt, als unser Sohn die Fabrik schloss und seine neue Karriere begann – er ist heute ein bekannter und angesehener Fachmann für die Materialien und die Erzeugung in Industrie-Anlagen auf der ganzen Welt.

In der ersten Zeit fiel es mir schwer, eine »Privatfrau« zu sein, doch langsam lernte ich – zusammen mit meinem Mann – unserem Leben eine neue Bedeutung zu geben. Ich wuchs nach dem Motto meiner Eltern auf: »Wenn Du abends schlafen gehst, musst Du wissen, was Du getan hast, um diesen Tag zu verdienen.«

Ich habe zu viel erlebt, um eine einfache Hausfrau zu sein und bin dankbar dafür, dass es mir gegeben war, einige Male im Leben neu aufzubauen, nachdem ich alles verloren hatte.

Ich habe nach meiner Pensionierung viele Übersetzungen von Deutsch auf Englisch gemacht, unter anderem über 80 Briefe, die verzweifelte Juden aus Wien an ihre Verwandten nach Amerika schrieben.

Nach dem Ableben meines Vaters fand ich Aufzeichnungen darüber, was meine Eltern litten, bevor es ihnen gelang, aus Wien zu flüchten und konnte die in Kurrent-Schrift geschriebenen Zeilen übersetzen.

Ich besuchte auch die heute renovierten Konzentrationslager und lernte am meisten nicht aus den Relikten, sondern vom Inhalt der Schriften und Bücher ehemaliger Insassen.

Obige Zeilen beschreiben in Kürze das Leben einer vertriebenen Familie, deren Überlebende das Glück hatten, trotz aller Probleme wieder aufbauen zu können.

»Hätte ich an den Verbrechen mitgewirkt?«

Gerald Pollack musste als 9-Jähriger nach Amerika flüchten, der jüngste Besuch hat in ihm viele alte und neue Fragen aufgeworfen.

Gerald Pollack wird 1929 in Wien geboren, seine Eltern Bettina Herschel und Stephan Pollack sind säkuläre Juden, ihr Sohn wird »ohne Religionsbekenntnis« eingeschult, so kann er auch nach dem Anschluss noch eine kurze Zeit weiter zur Schule gehen. Im Juli 1938 kann er mit seinen Eltern in die USA fliehen, wo er zunächst in New York zur Schule geht. Die Großeltern, die nicht emigrieren konnten, werden in Maly Trostinec ermordet.

Im Projekt »Botschafter der Erinnerung« ist **Lia Kirwalidse** vom **JBBZ Wien** Gerald Pollack im April 2007 in der Nähe von New York begegnet und hat seine Lebensgeschichte dokumentiert. Die **Volkshochschule Hietzing** mit **Robert Streibel** hat Gerald Pollack im Mai 2008 im Rahmen des Projekts »A Letter To The Stars« zu einem Zeitzeugen-Gespräch eingeladen.

Als ich im April 2007 mit einer Gruppe von Jugendlichen als »Botschafterin der Erinnerung« nach New York reiste, habe ich Gerald Alexander Pollack besucht. Er ist im Juli 1938 als 9-Jähriger mit seinen Eltern von Wien in die USA geflüchtet. Freunde hatten seinen Eltern dafür ein »Affidavit« besorgt.

Gerald A. Pollack ist am 14. Jänner 1929 zu Welt gekommen. Er ist in der Auhofstraße 49 in die Volksschule gegangen, war immer ein guter Schüler und hat die Schule sehr geliebt. Seine Eltern Bettina Herschel und Stephan Pollack, die beide säkulare Juden waren, hatten bei seiner Einschreibung »ohne Bekenntnis« angegeben. Aus diesem Grund konnte er nach dem Anschluss, als alle jüdischen Kinder aus den Schulen geworfen wurden, die Schule weiterhin besuchen.

Gerald kann sich noch ganz gut an seine Kindheit in Wien erinnern. Er erzählte mir, dass seine Familie nicht arm, aber auch nicht sehr reich gewesen ist. Dabei erwähnt er einen Freund aus der Schule, dessen Name Schorm war. Dieser Junge war, wie er meinte, sehr arm und weil er Gerald immer leid getan hat, hat er auch für ihn immer etwas zu essen von zuhause mitgenommen. Er erinnert sich auch an die Haushälterin, die so alt war wie seine Mutter, aber im Umgang mit Kindern schon viel erfahrener war, weil sie selbst ein uneheliches Kind hatte. Geralds Mutter war immer gut gelaunt. Er sagte auch, dass sie sehr hübsch gewesen ist und als er über seine Mutter gesprochen hat, zeigte das Leuchten in seinen Augen, dass er sie sehr geliebt hat. Die Haushälterin, die bei Familie Pollack gearbeitet hat, hieß »Zilli«. Gerald hat Zilli sehr geliebt, weil sie immer viel mit ihm gespielt hat und ihm beim Einkaufen jedes Mal ein Stück seiner Lieblingssalami zugesteckt hat, die er zu Hause nicht essen durfte, da seine Mutter als Tierliebhaberin Vegetarierin war.

Nach dem Anschluss mussten seine Eltern Zilli jedoch entlassen, weil sie sich keine Haushälterin mehr leisten konnten. Bald darauf gelang es ihnen, aus Österreich zu flüchten. Sie sind mit dem Zug nach Paris gefahren, dann nach Cherbourg und von dort aus mit einem Schiff in die Vereinigten Staaten. Er und seine Eltern haben noch ein Jahr lang zusammen in New York gelebt, wo er in eine Boyschool mit 6000 Schülern, die »Brooklyn Technical Highschool« gegangen ist. Nach einem Jahr haben sich seine

Gerald Pollack wollte mit Österreich nichts mehr zu tun haben. Nach den Erfahrungen im Projekt »A Letter To The Stars« hat er kurz sogar überlegt, wieder die österreichische Staatsbürgerschaft anzunehmen.

Eltern getrennt und die Mutter hat einen Mann namens David geheiratet. Gerald verbrachte zwei weitere Jahre bei seiner Mutter und ist dann zu seinem Vater gezogen.

Wie schon erwähnt waren seine Eltern keine religiösen Juden, und deshalb ist er als Kind auch nie in einer Synagoge gewesen. In New York nahmen die Eltern einen Glauben an – sie traten den Quäkern bei.

Gerald kann sich noch ganz gut an die Zeit, die er in Wien verbracht hat, erinnern.

Auf meine Frage, ob er sich als Österreicher bezeichnen würde, hat Gerald Alexander Pollack geantwortet: »I don't feel like an Austrian, I feel like an American«. Er ist ein Ex-Österreicher, der seine Heimat verloren hat und auch keine Sehnsucht danach hat, weil er sich in erster Linie an die schlechten Zeiten erinnert, als er seine damalige Heimat verloren hat. Er

Verlorene Kindheit. Bilder einer kurzen Kindheit in Wien. Oben rechts: Gerald Pollack mit seiner geliebten Mutter Bettina.

denkt, es wäre alles anders geworden, wenn er sein Zuhause nicht verloren hätte, aber jetzt will er nicht mehr in Wien leben. Es macht ihm nichts aus, nach Wien zu kommen – das hat er auch vor ein paar Jahren gemacht – aber er hält es hier nicht länger als sechs Monate aus, und dies auch nur, um seine Deutschkenntnisse zu verbessern, weil er die deutsche Sprache sehr schön findet. Er mag auch die deutsche Kultur und um seine Deutschkenntnisse zu verbessern, sieht er sich gerne deutsche Filme an.

Gerald A. Pollack lebt heute mit seiner Frau und zwei Katzen in Old Greenwich. Er hat zwei Töchter und bald auch ein Enkelkind. Er ist sehr zufrieden mit seinem jetzigen Leben und möchte all die Jahre genießen, die er noch vor sich hat.

Wunden noch nicht verheilt.

Meiner Meinung nach ist es sehr wichtig, offen darüber zu reden, was passiert ist. Ich verstehe, dass es insbesondere für Überlebende sehr schwer ist, uns aus ihrer Vergangenheit zu berichten, wo soviel Schlimmes passiert ist. Dass sie es trotzdem versuchen, finde ich sehr bewundernswert. Gerald Pollack hat mir sehr viel erzählt, obwohl es ihm immer noch schwer fällt, darüber zu reden …

Ich habe in New York auch Holocaust-Überlebende aus Österreich getroffen, die mit der Vergangenheit offensichtlich schon seit einiger Zeit »abgeschlossen« und ihre Herzen wieder für die frühere Heimat geöffnet haben. Bei anderen wiederum habe ich gespürt, dass ihre Wunden noch nicht verheilt sind.

Einladung. Gerald Pollack war einer von 200 österreichischen Überlebenden des Holocaust, die im Mai 2008 eingeladen wurden, als »Letzte Zeugen« an Schulen zu sprechen. Er kam aus New York.

Es gab zum Beispiel einen Mann, der zu uns gesagt hat, er mache uns zwar nicht dafür verantwortlich, was damals passiert ist, aber er könne unseren Großeltern nicht in die Augen sehen, weil er denkt, dass sie diejenigen seien, die ihm und seiner Familie und seinen Freunden das angetan haben. Diese Aussage hat einige Schüler sehr verletzt, aber wenn man sich vorstellt, an seiner Stelle zu sein, so oft dem Tod in die Augen gesehen zu haben, Familienmitglieder verloren zu haben und selbst erniedrigt worden zu sein, kann man solche Gefühle schließlich sehr gut nachvollziehen.

»Die Zeit heilt alle Wunden« hat eine alte Dame zu mir gesagt, die nach ihrer Flucht aus Österreich noch sehr oft in ihrer ehemaligen Heimat gewesen und stolz darauf ist, ein Teil von Österreich zu sein. Aber man hat bei manchen Leuten deutlich gesehen, dass trotzdem Narben bleiben, die das Leben verändern. Im Gespräch mit den Holocaust-Überlebenden habe ich jedenfalls gesehen und gefühlt, dass es nie zu spät ist, Trauer dafür zu zeigen, was passiert ist.

»Die Zeit heilt alle Wunden« hat eine alte Dame zu mir gesagt. Bei anderen blieben Narben.

Die heute 70- bis 80-Jährigen, die in meinem Alter waren, als sie von Österreich flüchten müssten, haben sich darüber gefreut, dass sie nicht vergessen wurden und das hat mir persönlich sehr viel Freude bereitet. Man kann das Gefühl nicht beschreiben, wie es ist, mit jemanden zu reden, der so viel erlebt hat, aber trotzdem nie die Hoffnung auf ein Überleben aufgegeben hat.

Was ich in New York erlebt habe, werde ich nie vergessen. Diese Reise war für mich etwas, woraus ich sehr viel gelernt habe. Ich wünsche mir von

Reise nach Wien. Gerald Pollack (im Bild mit seiner Frau Patricia) war vom »neuen Österreich« positiv überrascht: »Kaum zu glauben, dass, was in der Hitler-Zeit passiert ist, tatsächlich passiert ist …«

ganzen Herzen, dass die Welt sich ändert und so etwas nie wieder passiert. Wir sind alle mit den gleichen Rechten zu Welt gekommen, und niemand darf ein Leben auslöschen, außer Gott. Ich hoffe, der 2. Weltkrieg hat der Menschheit eine Lektion erteilt, die unvergesslich ist. Jeder sollte versuchen, sich zurückzuhalten, damit endlicheinmal Frieden auf der Welt entsteht.

Hitler im Himmelreich.

Gerald Pollack erzählt von einer Begebenheit, die ihn bei seinem Besuch im Mai 2008 sehr beeindruckt hat: »Nachdem wir eine Woche in Wien verbracht hatten, liehen meine Frau und ich uns ein Auto und reisten 10 Tage durch Österreich, um die wundervolle Landschaft des Salzkammerguts zu erkunden. Zwei Tage verbrachten wir dabei in Salzburg. Als wir dort eines Tages durch die Innenstadt schlenderten, kamen wir zu einem großen Platz, auf dem ein Puppentheater seine Zelte aufgeschlagen hatte. Eine Menschenmenge stand davor und sah sich das Stück an, das gerade aufgeführt wurde. Das machte auch uns neugierig und wir traten näher. Zu unserer Überraschung ging es im Stück um Adolf Hitler.

Der Titel des Puppenspiels war: »Hitler im Himmelreich«. Auf der Bühne tummelten sich neben der Figur von Hitler noch die von Goering, von Goebbels, Speer und Himmler. Sie hatten all kleine Flügel auf ihrem Rücken. Auch wenn ich akustisch nicht alles genau verstanden habe, so habe ich doch mitbekommen, dass Hitler offensichtlich eine Rückkehr zur Erde plante und seine Mitstreiter dazu konsultierte. Man riet ihm, sein »Comeback« in Tibet zu starten ... Mir ging es zu Herzen, dass dieses satirische Puppenspiel in einer Stadt aufgeführt wurde, die ehemals eines der Zentren nationalsozialistischer Aktivisten war. Offensichtlich kann man sich heute dort über Hitler auf einem öffentlichen Platz lustig machen und das Publikum applaudiert dazu. Das Ganze war keine Vorführung, um irgendeinen Holocaust-Überlebenden zu beeindrucken, der gerade zu Gast war – es war für mich ein authentischer Ausdruck der gesellschaftlichen Stimmung im Land.Und warum sollte es anders sein? So viel Wohlstand überall, so viele Porsche auf den Straßen, warum sollte man Sündenböcke suchen, den Juden oder sonst jemandem Schuld zuweisen. Wobei natürlich, da gibt's noch die Moslems, irgend jemanden muss es wohl immer geben.«

Puppentheater. Gerald Pollack verfolgte bei seiner Reise durch Österreich in Salzburg das Stück »Hitler im Himmelreich«.

»Yes, there is a new Austria now ...«

Gerald Pollack über die Möglichkeit, wieder österreichischer Staatsbürger zu werden.

Ich bin mit der Frage konfrontiert, ob ich wieder Österreicher werden möchte, ohne meine US-Staatsbürgerschaft aufzugeben. Nun, vor meiner Teilnahme am Projekt »A Letter To The Stars« wäre es mir ein leichtes gewesen, diese Frage eindeutig mit »Nein« zu beantworten. Aber nun ist es nicht mehr so einfach. Jetzt, da ich die guten Seiten Österreichs gesehen habe, da ich den herzlichen Empfang sowie viele Liebenswürdigkeiten genossen habe, jetzt, wo ich meine schöne frühere Nachbarschaft in Hietzing gesehen habe, und jetzt, wo ich an die malerischen Seen des Salzkammerguts gereist bin. Ja, es gibt heute ein neues Österreich, das nicht mehr seine dunkle Vergangenheit verleugnet.

Jetzt, da ich gesehen habe, wie schön das Land ist, bemerke ich in mir eine gewisse Sehnsucht nach meiner alten »Heimat«. Aber ich habe von meinen 79 Jahren 70 in den Vereinigten Staaten gelebt. Meine Wurzeln sind nun dort, wo ich ausgebildet worden bin, wo meine Freunde und meine Familie leben, wo ich gearbeitet habe, wo ich weiterhin wohnen sollte.

Meine Wiener Großeltern, die ich als Kind gut gekannt hatte, wurden in der Nazizeit umgebracht. Zuerst wurde ihnen die Wohnung genommen, dann ihr Besitz, und schließlich ihr Leben. 1942 wurden sie nach Theresienstadt deportiert, und schließlich in Maly Trostinec getötet.

Und so schaffe ich es doch nicht, »Ja« zu sagen, obwohl ich die Idee sehr anziehend finde. Ich habe mich deshalb entschlossen, diese Angelegenheit nicht weiter zu verfolgen.

»Hätte ich mich an der Verfolgung beteiligt?«

Gerald Pollack über die Frage, wie sein Leben als Nichtjude verlaufen wäre.

Mein Besuch in Wien dieses Jahr war nicht mein erster seit dem Ende des Krieges, aber es war der mit Abstand fesselndste. Ich hatte zuvor nie gesehen, wie schön die Stadt ist. Nun scheint sie zu blühen, ist reich, mit einem wunderbaren öffentlichen Verkehrssystem und hervorragenden Straßen und Autobahnen. Ich habe keinerlei Anzeichen für Nationalismus gesehen, und, wenn man sich heute umsieht, so ist es kaum zu glauben, dass, was in der Hitler-Zeit passiert ist, tatsächlich passiert ist, dass es nicht nur ein furchtbarer Traum gewesen ist. Aber, wie die Nachrichten vom Juni belegen, hallt die Vergangenheit immer noch nach: Dass einer der meistgesuchten Nazi-Verbrecher, Milivoj Asner, ein Kroate, in Klagenfurt lebt und dass Jörg Haider ihn als »geschätzten Nachbar« gepriesen hat. Kroatien möchte ihn als Kriegsverbrecher anklagen, aber Österreich hat seine Auslieferung abgelehnt.

Die Gedenkveranstaltungen zum 5. Mai 2008, dem Gedenktag anlässlich der Befreiung des KZ Mauthausen, waren würdig und berührend. Aber wie ernsthaft solche öffentlichen Zeremonien auch sein mögen, so gibt es immer das Element der »political correctness«, dass den Eindruck schmälert.

Was mich betrifft, so hat mich ein Erlebnis am meisten betroffen. Es passierte vor meiner vereinbarten Rede an der Volkshochschule Hietzing. Dort wurde ich, bevor ich vor einer Klasse von Erwachsenen sprach, die sich in einem Englischkurs eingeschrieben hatten, einem Studenten vorgestellt, der mit mir reden wollte. Er hatte aus meiner Kurzbiografie ersehen, dass wir annähernd gleich alt waren. Und so reflektierte er über die verschiedenen Wege, die unsere beiden Leben genommen hatten. Er schilderte mir in Kürze sein eigenes Schicksal, erzählte, dass er 1943, gerade 15 Jahre alt geworden, zum Dienst bei der Luftwaffe verpflichtet worden sei. Er merkte an, dass er »darüber informiert war, dass es in Dachau und Mauthausen Konzentrationslager gab – von zweiterem wusste ich es, weil ich in Linz bei der Luftwaffe stationiert war und das Lager in der Nähe war. Ich dachte damals, dass in diesen Lagern jene Menschen waren, die meinem Land schaden wollten. Was dort wirklich geschah, das wusste ich nicht.« Er fuhr fort: »Als der Krieg im Mai 1945 zu Ende ging, brach für mich eine Welt zusammen – aus gleich drei Gründen. Erstens: Ich hatte bis zuletzt an die angekündigte Wunderwaffe geglaubt. Zweitens: Wir hatten den Krieg verloren. Und drittens: Langsam begann ich zu begreifen – durch Dichter und Denker, was in diesem meinem Land vorgefallen war, das ich so hoch geschätzt hatte.«

Ich habe sehr viel über die Begegnung mit diesem Mann nachgedacht. Er ist ein gebildeter Mensch, ein Techniker, aber jetzt in Pension und pflegt ein aktives Leben. Ich dachte, dass ich, wäre ich nicht in eine jüdische Familie geboren worden, nach dem Anschluss sicherlich nicht ausgewandert wäre.

Ich wäre vielmehr wohl in die Hitler-Jugend eingetreten und später zur Wehrmacht eingezogen worden. Mein Weg hätte genauso wie seiner verlaufen können. Ich weiß natürlich nicht, welche Einstellung er zur damaligen Zeit hatte.

Aber wäre ich ein Antisemit gewesen oder geworden? Wohin hätten mich die von Hass erfüllte Propaganda sowie der soziale Druck geführt? Hätte ich mich an der Verfolgung der Juden beteiligt? Hätte ich an Verbrechen mitgewirkt? Dies sind verstörende Fragen, und sie können nicht beantwortet werden.

In diesem Zusammenhang denke ich an die Rede von Richard von Weizsäcker vom 8. Mai 1985. Er hat diese Rede als Bundespräsident Deutschlands anlässlich 40 Jahre Kriegsende gehalten. Es ist eine der größten je gehaltenen Reden. Er sagte damals:

» … Es gibt kaum einen Staat, der in seiner Geschichte immer frei blieb von schuldhafter Verstrickung in Krieg und Gewalt. Der Völkermord an den Juden jedoch ist beispiellos in der Geschichte.

Die Ausführung des Verbrechens lag in der Hand weniger. Vor den Augen der Öffentlichkeit wurde es abgeschirmt.

Aber jeder Deutsche konnte miterleben, was jüdische Mitbürger erleiden mussten, von kalter Gleichgültigkeit über versteckte Intoleranz bis zum offenen Hass. Wer konnte arglos bleiben nach den Bränden der Synagogen, den Plünderungen, der Stigmatisierung mit dem Judenstern, dem Rechtsentzug, den unaufhörlichen Schändungen der menschlichen Würde?

Wer seine Ohren und Augen aufmachte, wer sich informieren wollte, dem konnte nicht entgehen, dass Deportationszüge rollten.

Die Phantasie der Menschen mochte für Art und Ausmaß der Vernichtung nicht ausreichen. Aber in Wirklichkeit trat zu den Verbrechen selbst der Versuch allzu vieler, auch meiner Generation, die wir jung und an der Planung und Ausführung der Ereignisse unbeteiligt waren, nicht zur Kenntnis zu nehmen, was geschah.

Es gab viele Formen, das Gewissen ablenken zu lassen, nicht zuständig zu sein, wegzuschauen, zu schweigen.

Als dann am Ende des Krieges die ganze unsagbare Wahrheit des Holocaust herauskam, beriefen sich allzu viele von uns darauf, nichts gewusst oder auch nur geahnt zu haben …«

Eine »wunderschöne« Zugfahrt ins KZ

Martha Raviv kam mit sieben Jahren nach Bergen-Belsen. Ihr Vater wurde im Euthanasie-Programm des NS-Regimes getötet.

Martha Raviv wird 1936 in Wien geboren. Ihr Vater wird nach »anthropologischen Untersuchungen« 1942 in einer Euthanasie-Anstalt ermordet. Martha und ihre Mutter werden ab 1942 immer wieder verhaftet und in zahlreichen Gefängnissen und Lagern interniert. 1943 werden Martha Raviv und ihre Mutter in das KZ Bergen-Belsen deportiert. Nach der Befreiung durch die Alliierten 1944 gehen die beiden 1948 nach Israel, wo sich Martha Raviv als Anwältin heute auch um die Anliegen österreichischer Shoa-Überlebender kümmert.

Im Projekt »38/08« war Martha Raviv im Mai 2008 zu Gast am **Sacre Coeur Bregenz** bei Schülerin **Mirella Johler**, die ihre Lebensgeschichte dokumentiert hat.

Einst hieß es in der Bibel, das jüdische Volk werde so zahlreich sein wie die Sterne am Himmel. Zwischen 1933 und 1945 wurden sechs Millionen dieser Sterne ausgelöscht, jeder Stern steht für einen Menschen aus dem jüdischen Volk, dessen Leben zerstört und dessen Familie auseinander gerissen wurde.

Wähle die Menschlichkeit!«. Das ist die zentrale Botschaft, die uns Martha Raviv bei ihrem überwältigenden Vortrag in unserer Schule mitgab. Martha Raviv ist Holocaust-Überlebende und wurde von uns, der 6. Klasse, im Zuge des Projektes »A Letter To The Stars« eingeladen. Heuer, im Jahr 2008, konnten gleich zwei Ideen verwirklicht werden, das »Denk.Mal«-Projekt und das »Einladungsprojekt«. Ziel des »Denk.Mal«-Projektes war es, für jeweils ein österreichisches NS-Opfer ein kreatives Denkmal als Erinnerung zu gestalten.

Wir wählten Frau Sarah Schmetterling aus Bregenz aus. Sie wurde 1942 in Polen im Ghetto Izbica ermordet. Für Sarah Schmetterling malte unsere Klasse ein großes Schmetterlingsbild.

Das Einladungsprojekt ermöglicht es den teilnehmenden SchülerInnen, mit Holocaustüberlebenden, die sich bereit erklärt haben, SchülerInnen aus Österreich zu besuchen, Kontakt aufzunehmen und sie zu sich in die Schule und nach Hause einzuladen.

Wir freuten uns sehr, als wir erfuhren, dass uns Martha Raviv aus Petah Tikva in Israel besuchen wird. Am 28. April 2008 war es dann endlich soweit. Gemeinsam mit ihrer Enkelin Lya kam sie nach Vorarlberg. Wir organisierten ein schönes Programm für die beiden, unter anderem führten wir sie ins »KUB«, an den See und ins jüdische Museum. Am Dienstag luden wir sie in die Riedenburg ein und nach einem Kennenlernen mit der 6. Klasse erzählte Martha Raviv allen Mädchen der Schule ausführlich von den furchtbaren Ereignissen ihrer Kindheit. Als Österreich an Nazi-Deutschland angeschlossen wurde, war sie gerade zwei Jahre alt.

An ihrem Vater wurden – zusammen mit anderen jüdischen Männern – »Anthropologische Untersuchungen“ vom damaligen Direktor des Naturhistorischen Museums in Wien durchgeführt. Seiner Familie wurde erzählt, er hätte einen Herzschlag erlitten. Doch Martha Raviv besitzt Dokumente, in denen verzeichnet ist, dass ihr Vater nicht an einem Herzinfarkt starb,

Martha Raviv ist heute als Rechtsanwältin im Zentralkomitee der Juden für andere österreichische Opfer des NS-Regimes tätig.

sondern am 19. 3. 1942 in den Gaskammern der »Euthanasie-Anstalt« Bernburg ermordet wurde.

Marthas damals 11 Jahre alte Schwester wurde von ihrer Mutter alleine nach Palästina zu einer Tante geschickt. Sie selbst und ihre Mutter Gena Falkenflik blieben in Wien, doch in ihrer Wohnung konnten und durften sie nicht mehr bleiben. Verstecke waren nun die einzige Möglichkeit, der Gestapo zu entkommen. Zwischendurch versteckten sie sich auf Bahnhöfen, unter den vielen reisenden Menschen fiel man nicht so leicht auf. Doch im Herbst 1942 wurden Martha Raviv und ihre Mutter in einer Wohnung im 3. Wiener Bezirk verhaftet und in ein überfülltes Sammellager in der Malzgasse im 2. Bezirk gepfercht – und später wieder entlassen.

Martha schaffte es, 12 Stunden still zu stehen. Aus Angst vor den SS-Aufsehern.

Auch wenn Martha und ihre Mutter oft Glück hatten, wurden sie im September 1943 erneut verhaftet und diesmal in das berüchtigte Gefängnis an der Elisabethpromenade in Wien eingeliefert. In den nächsten zwei Monaten folgten weitere Internierungen in den Gefängnissen von Linz, Prag, Chemnitz, Leipzig, Hildesheim und Halle an der Saale.

Aus dieser Zeit gibt es besonders schlimme und grauenhafte Er-

Botschafterin der Erinnerung. Die Vorarlberger Schülerin Mirella Johler trägt die Lebensgeschichte von Martha Raviv ebenso weiter wie deren Enkeltochter Lya.

innerungen. Einmal mussten sie den ganzen Tag vor einer Mauer still stehen. Ein Mann, der ein bisschen wackelte, wegen eines kürzeren Beins, wurde sofort von einem SS-Aufseher erschossen. Aus Angst, das Gleiche erleiden zu müssen, schaffte es Martha Raviv – damals im Alter von sechs oder sieben Jahren – 12 Stunden still zu stehen.
Hunger, Kälte und Krankheiten waren ständige Begleiter dieser unvorstellbaren Jahre.

Im November 1943 wurde die Gefangenengruppe, der auch Martha Raviv und ihre Mutter angehörten, in das KZ Bergen-Belsen deportiert.

In ein winziges Zugabteil, für einen Gefangenen gedacht, wurden vier Menschen gesperrt. Die Luft wurde knapp, die Leute drohten zu ersticken. Zwei Frauen gelang es, mit den Nägeln der Schuhsohlen das Fensterglas zu zerbrechen. Frau Raviv erinnert sich, wie sie – aus dem Fenster schauend – den Weg für alle beschrieben hat. Als der Zug schon längst den Lagereingang von Bergen-Belsen passiert hatte und sich ihr ein Bild des Grauens bot, erzählte sie noch immer von einem schönen Wald. An die vielen traurigen Erlebnisse aus dieser schrecklichen Zeit kann sich Martha Raviv heute nur noch in Bildern erinnern: Leichen im elektrischen Stacheldrahtzaun, Hunde, die danach schnappten, Massen-erschießungen ...

Die letzte Station vor Kriegsende war im März 1944 Vittel in Frankreich/ Elsass. Dort wurden sie im darauf folgenden Herbst endlich von den Alliierten befreit. Bis zur Staatsgründung Israels im Jahre 1948 verbrachten Mutter und Tochter ihre Zeit in Frankreich, wo Frau Raviv auch zum ersten Mal eine Schule besuchen konnte. 1948 gingen Mutter und Tochter nach Israel, wo sie auch Martha Ravivs Schwester wiederfanden.

Heute ist Martha Raviv längst Oma, arbeitet noch immer voller Begeisterung als Rechtsanwältin und vertritt als Rechtsberaterin und Vorstandsmitglied des Zentralkomitees der Juden vor allem aus Österreich stammende NS-Opfer.

Wir alle bewundern Martha Raviv für ihren Lebensmut und für ihre Stärke, ihren Optimismus und ihre freundliche, offene und herzliche Art. Außerdem ist es ihr hoch anzurechnen, dass sie es schaffte, offen in Österreich über die grauenhafte Vergangenheit zu sprechen.

Und wir, das hat auch die Gedenkveranstaltung am 5. Mai 2008 auf dem Wiener Heldenplatz gezeigt, haben die Menschen, die einfach aus unserer Mitte, aus dem Leben herausgerissen wurden, nicht vergessen! Zwischen den Bäumen rund um den Heldenplatz begannen wir, unsere Kunstwerke aufzuhängen. Alle zusammen waren ein richtig schöner und berührender Anblick. Gegen Mittag startete der offizielle Teil am Heldenplatz, nun

Gastgeberinnen. Martha Raviv im Kreis ihrer Gastgeberinnen, der Schülerinnen der 6. Klasse des Sacre Coeur in Bregenz.

präsentierten SchülerInnen aus ganz Österreich ihre Ideen für das »Denk. Mal«-Projekt. Das Gezeigte reichte von Tänzen über Bilder bis hin zu selbstgedichteten Liedern. Dazwischen kam auch ein ehemaliges Mitglied des österreichischen Widerstandes zu Wort. Zwischendurch wurden jiddische Lieder gespielt. Bald darauf kamen die Überlebenden aus dem Parlament durch den Volksgarten zu uns auf den Heldenplatz. Ein ergreifender Augenblick! Doch besonders berührend waren die Reden einzelner Überlebender, die heute in Israel, Australien, Kanada, Großbritannien oder den USA wohnen. Das zentrale Motto dieser Ansprachen war der Gedanke, den Verlust der Familie, Kindheit und Heimat noch immer schwer verkraften zu können, dass jedoch »A Letter To The Stars« ein kleiner Hoffnungsschimmer sei.

Es war eine wunderschöne, jedoch traurige und ergreifende Veranstaltung, die nur positiv bewertet werden kann. Noch immer gibt es in Österreich Rassismus und offene Diskriminierung in verschiedenen Formen. Doch diese Situation können wir nur verbessern, wenn wir die Geschichte kennen und aus ihr zu lernen wissen. In diesem Sinne lade ich andere Klassen ein, nächstes Jahr wieder bei »A Letter To The Stars« mitzumachen, denn es gibt diesbezüglich noch vieles aufzuarbeiten.

Martha Raviv betonte immer wieder, dass sie ihr Überleben einzig dem Mut und der Klugheit ihrer Mutter sowie dem Zufall, nach Westen statt nach Osten deportiert worden zu sein, zu verdanken hat.

Es gab in dieser ganzen grausamen Zeit aber auch ein paar wenige Begebenheiten, in denen die Menschlichkeit obsiegte und die kleine Martha Raviv und ihre Mutter vor dem sicher scheinenden Tod retteten.

Auf die Frage, welchen Gedanken sie uns jungen Menschen mitgeben wolle, antwortete Martha Raviv: »Wähle die Menschlichkeit!«

»Für eine Bratpfanne ...« Eine Anklage

Leo Rechter erzählt in der dritten Person, wie er als Kind von einer Nachbarin für eine Bratpfanne an die Gestapo verkauft wurde.

Leo Rechter wird 1927 in Wien geboren und besucht die erste Klasse Gymnasium, als die Nazis einmarschieren. Nach der »Kristallnacht« im November 1938 flieht seine Familie, zu der auch eine jüngere Schwester gehört, nach Belgien, wo sie jedoch von den Nazis eingeholt werden. Sein Vater wird deportiert und kehrt nie mehr zurück. Ein Bruder wird zwei Monate später, im Jahr 1942, geboren. Relativ jung wird Leo bereits der Hauptverdiener der Familie. Sie ziehen von einem Versteck ins nächste. Nach dem Krieg geht Leo Rechter nach Israel, wo er sieben Jahre verbringt. 1957 zieht er in die USA.

Das **BRG Ringstraße Krems** mit Professorin **Elisabeth Streibel** war im Mai 2008 Gastgeber für Leo Rechter.

PROLOG.

Die Bratpfanne schien in einem ganz guten Zustand zu sein: Die Teflon-Schicht war nicht zerkratzt, der Metallrand tadellos rund, ohne Scharten und rostfrei. Doch der äußere Boden der Pfanne und der untere Außenrand wiesen die Spuren sechsjähriger Verwendung auf und meine liebe Frau bat mich, die Pfanne in den Mülleimer zu entsorgen.

Als ich vorschlug, sie vielleicht zu spenden, erwiderte meine bezaubernde Ehefrau: »Sei nicht lächerlich, in Amerika nimmt keiner gebrauchte Bratpfannen.« Ich trug die Pfanne hinaus, aber anstatt sie in den Müll zu werfen, stellte ich sie auf den Deckel des Brauch-ich-nicht-mehr Behälters. Innerhalb von zehn Minuten war sie verschwunden.

Teil I.

Ein Junge, gerade erst den Kinderschuhen entwachsen, streifte auf der Suche nach einem Versteck für die Nacht durch die Straßen von Anderlecht, einem Bezirk außerhalb des Zentrums von Brüssel. Es war im Herbst 1943. Beißender Frost lag in der Luft dieses späten Nachmittags.

Schon bald würde es Abend sein und die Zeit der Ausgangssperre kam schnell näher. Er fragte sich, ob ihn jetzt endlich sein Glück verließe. Er war schlank, blauäugig und sah eher arisch aus, doch er wusste: Sollte er nach der gefürchteten Ausgangssperre auf der Straße gesehen werden, wäre er verloren und seine Familie wahrscheinlich auch. Während er versuchte, bei gelegentlichen Passanten oder zufällig aus dem Fenster blickenden Personen keinen Verdacht zu erwecken, suchten seine Augen die Fassaden der vom Alter gezeichneten Gebäude in dieser heruntergekommenen Gegend ab und suchten ein offenes Tor, das zu einem unbewohnten Hinterhof führte oder eine unverschlossene Falltür in einen Kohlenkeller. Aber die verarmten Bewohner dieser Gebäude hatten ganz offensichtlich nicht die Absicht, ihre mageren Habseligkeiten ungesichert und ungeschützt vor Langfingern zu lassen.

Bis jetzt hatte er sich mit der typisch sorglosen und selbstbewussten Einstellung, die allen Jugendlichen eigen ist, für unbesiegbar gehalten. Er hatte mit einem älteren Cousin in einem gemieteten möblierten Zimmer gearbeitet, das nur einen Häuserblock vom Gestapo-Hauptquartier in der

Leo Rechter wanderte nach dem Überleben im Versteck zuerst nach Israel, dann in die USA aus: »Die Narben verheilt, der Kummer geteilt …«

Avenue Louise lag. Dieser hatte, nachdem er mehrmals den Gestapo-Razzien entkommen war, damit argumentiert, dass die Nazis in dieser eleganten Gegend und in edlen Domizilen nicht nach Juden suchen würden. Der gemietete Raum befand sich im Erdgeschoss. Er hatte ein großes Fenster in den Hinterhof, das dadurch einen möglichen Fluchtweg bot. Eine Belgierin, die als Hausmeisterin agierte, hatte eine Zwei-Zimmer-Wohnung gleich daneben, die auf der Straßenseite lag. Zwei große Wohnungen in den oberen Stockwerken wurden von Gestapo-Familien bewohnt.

Zwei große Wohnungen in den oberen Stockwerken wurden von Gestapo-Familien bewohnt.

Der Junge half seinem Cousin mit der heimlichen Herstellung gefälschter »amerikanischer« Zigaretten. Der Cousin, dessen Gesichtszüge jüdischer aussahen, verließ den Raum fast nie. Der Junge war seine Verbindung zur Außenwelt. Er beschaffte den nötigen Nachschub und Lebensmittelvorräte, wie er es auch für seine eigene Familie tat – für seine Mutter, seine jüngere Schwester und den kleinen Bruder – die sich in einem anderen Teil der Stadt versteckten. Um zur Arbeit zu kommen, musste er hin und her, tagein tagaus mit den städtischen O-Bussen fahren, Ellbogen an Ellbogen mit SS-lern, deutschen Soldaten und Gestapo. Immer wenn er von diesen Leuten nach der Richtung oder nach etwas Anderem gefragt wurde, gab er, der fließend Deutsch sprach, vor, nur schwer zu verstehen und antwortete mit einem gespielten französischen Akzent in gebrochenem Deutsch. Jedes Mal, wenn es ihm gelungen war, einen Deutschen zu überlisten, wurde er selbstsicherer und betrachtete es als einen persönlichen Sieg über seine Feinde. Aber jetzt, da die Dämmerung hereinbrach, begann seine Selbstsicherheit langsam zu bröckeln und die Ereignisse dieses Tages, die zu seinem gegenwärtigen Dilemma geführt hatten, passierten in seinem Kopf immer wieder Revue.

Nachdem sie im Winter 1941/42 aus einem Internierungslager in der Kohlenbergwerksregion Belgiens entlassen worden waren, hatten sich der Junge und der Rest seiner Familie in einer Seitenstraße von Anderlecht versteckt. Der Vater war von den Deutschen nach Frankreich gebracht worden, wo er für die Organisation »Todt« arbeitete, die die Atlantik-Mauer baute. Später hatte man ihn nach Auschwitz deportiert, wo er ums Leben kam.

Später hatte man Vater nach Auschwitz deportiert, wo er ums Leben kam.

Die enge Gasse, in der die Familie nun wohnte, bestand aus einem ziemlich kurzen Häuserblock. Wenn man von einer der senkrecht angrenzenden Straßen hineinblickte, sah sie wie eine enge Sackgasse aus, was die plündernden Gestapo-Fahrzeuge wahrscheinlich davon abhielt, hineinzufahren, da man vielleicht nur mit Schwierigkeiten umkehren konnte. Die meisten Gebäude in der Straße waren Warenlager oder kleine Fabriken. Die Wohnung der Familie lag im dritten Stock eines baufälligen Miethauses ohne Lift. Sie bestand aus einem Raum von ungefähr 10 Quadratmetern mit zwei Fenstern zur Straße hinaus und einem kleinen, fensterlosen Alkoven. Fließwasser mit einem Spülbecken gab es im Hausflur einen Stock tiefer und die Plumpsklos waren in einem geschlossenen Hof an der Rückseite des Hauses. Ein gußeiserner Ofen im großen Raum diente zum Kochen und Heizen – sofern Holz oder Kohle erhältlich waren. Der Rest des Mobiliars der Familie bestand aus einer alten Couch, zwei verschlissenen Matratzen, einer alten Nähmaschine, einem klapprigen Holztisch und zwei ramponierten Holzstühlen. Tagsüber wurden die Matratzen an die Wand gelegt und in der Nacht auf dem Boden ausgebreitet.

Das Erdgeschoss wurde von Lagerräumen eingenommen. Im ersten Stock wohnte die kleine Hausmeisterin mittleren Alters mit ihrem hochgewachsenen, ausgemergelten und arbeitslosen Ehemann, der den Großteil seiner Tage in einer benachbarten Bier-Kneipe verbrachte. Ein weiterer kleiner, möblierter Raum im zweiten Stock wurde von einem einfachen Arbeiter bewohnt, einem späten Fünfziger, der von der Wohlfahrt lebte. Sein einziges Fenster lag in Richtung Hof, gerade über den Dächern der Plumpsklos. Das einzig andere Mietshaus in der Gasse, das in einem etwas besseren Zustand war, lag auf der anderen Seite der Straße. Im Erdgeschoß wohnte eine alleinstehende Belgierin, die mit ihrer neunjährigen Tochter von der Wohlfahrt lebte, im zweiten Stock ein pensioniertes, älteres belgisches Ehepaar und im dritten Stock zwei jüdische Schwestern Mitte fünfzig, die auch versuchten, sich in dieser Gasse zu verstecken. Das 9-jährige Mädchen von gegenüber kam ab und zu, um mit der jüngeren Schwester des Jungen zu spielen, bis die Schwester Scharlach bekam.

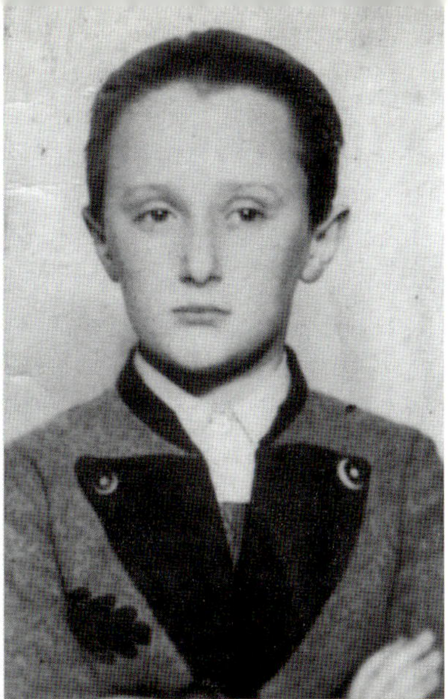

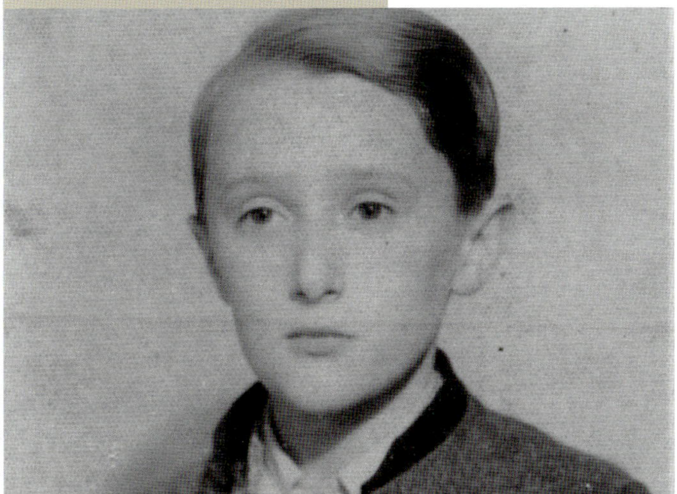

Leo Rechter hat sein Schicksal als Kind auf der Flucht und im Versteck als Geschichte »des Jungen« aufgezeichnet.

An einem schicksalhaften Tag vor einer Woche war eine der jüdischen Schwestern, die sich hinaus gewagt hatte, um Essen zu kaufen, von der Gestapo gefangen genommen worden. Sie brachten sie zu ihrer Wohnung zurück, befahlen den Schwestern, ihre Habe zu packen und deportierten sie. Ihrer üblichen Routine folgend, brachte die Gestapo ein Siegel an der Wohnungstür an. Von den Schwestern hat nie wieder jemand etwas gehört.

Eine Woche später, an eben diesem Morgen, war ein Lastwagen mit zwei Gestapo-Männern in ihren Ledermänteln und ein paar Helfern in die Gasse gekommen. Sie räumten die Wohnung der Schwestern leer, trugen das ganze brauchbare Mobiliar weg, die Kleidung und alles, was auch nur irgendeinen Wert zu haben schien. Ein kleines Häuflein Anwohner scharte sich neugierig zusammen und betrachtete die Vorgänge. Eine Stunde später, als die Arbeit erledigt schien und sie bereit zum Aufbruch waren, reichte einer der Gestapo-Männer der alleinstehenden Belgierin von der Wohnung im Erdgeschoß gegenüber eine alte Bratpfanne. Sie war draußen gestanden und hatte zugesehen. Dann fragte er sie offenbar, ob sie noch von anderen Juden wusste, die in der Nähe versteckt waren.

Auf der anderen Straßenseite hatte die Familie des Jungen - hinter einer fadenscheinigen Gardine versteckt und zitternd vor Angst – den ganzen Vorgang beobachtet. Die Belgierin zeigte zu ihrem Fenster hinauf und die entsetzte Familie sah die beiden Gestapo-Männer über die Straße kommen und hörte sie die Stiegen herauf trampeln: »Aufmachen – Schnell!«

Es gab keine Möglichkeit zur Flucht. Die Mutter versuchte ihr Zittern zu unterdrücken und öffnete die Türe: »Papiere – Bitte.« Die Mutter legte ihren in Belgien ausgestellten Personalausweis vor, der deutlich machte, dass sie eine Familie jüdischer Flüchtlinge aus Wien waren. Die Gestapo-Männer befahlen ihr, die Kinder und die Habe, die sie tragen konnten, zu nehmen und ihnen zu folgen. Die Mutter wusste, dass kein Bitten und Betteln diese ruchlosen Seelen erweichen würde können, und in ihrer Verzweiflung griff sie zu einer anderen Strategie. Mit gespielter Entrüstung rief

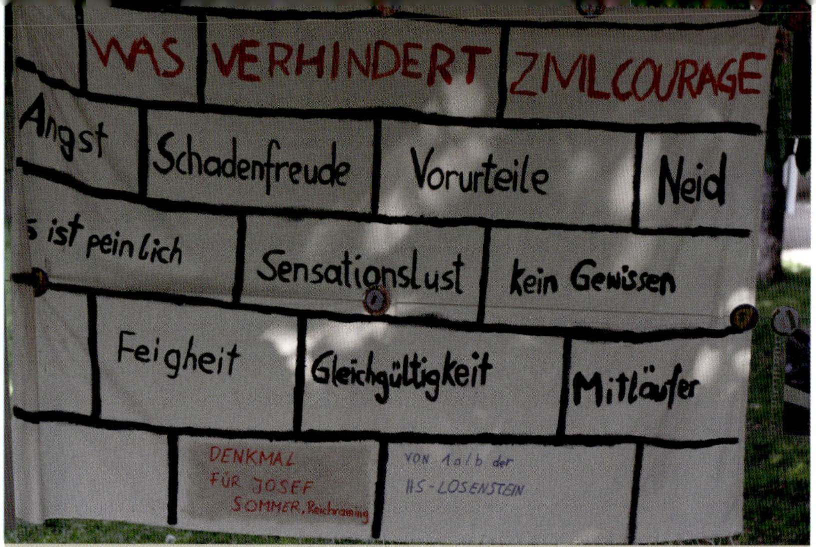

Denk.Mal Diese Tafel mit dem »Vermächtnis« von **Leo Rechter** (unten und übersetzt rechts) wurde im Mai 2008 am Heldenplatz in Wien installiert. Das Denk.Mal (rechts) für Josef Sommer wurde von der **HS Losenstein** gestaltet.

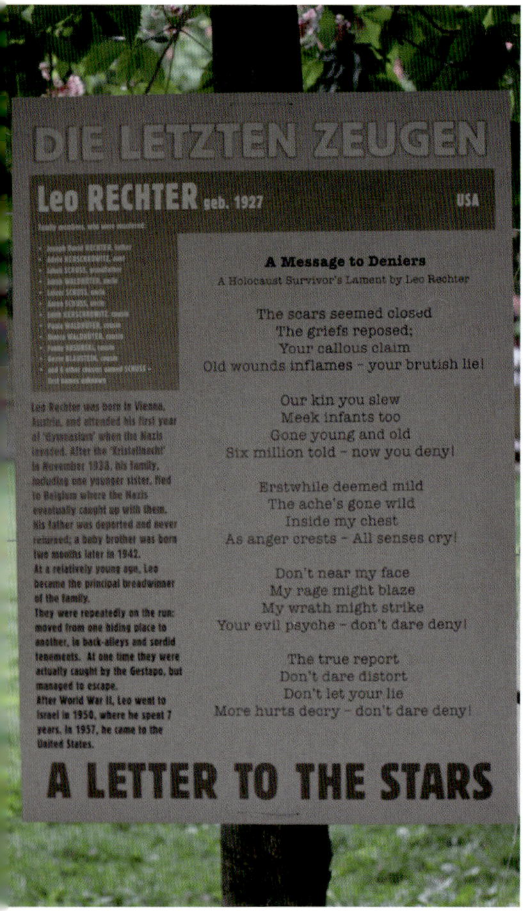

»Eine Botschaft an Leugner«

Die Klage eines Holocaust-Überlebenden, von Leo Rechter.

Die Narben schienen verheilt,
der Kummer geteilt,
Eure Behauptung, so ohne Gefühl,
Entzündet die alten Wunden – Eure brutale Lüge spricht!

Unser Volk geschlachtet
Selbst Kinder verachtet
Junge und Alte für immer verloren
Sechs Millionen beschworen – jetzt leugnet ihr!

Der Schmerz erst schwach
Brennt hundertfach
Nunmehr in meiner Brust
Aus Zorn wird Frust – alles Gefühl zerbricht!

Kommt mir nicht näher!
Meine Wut steigt höher,
mein Zorn könnt´ sich entladen,
Eure bösen Seelen zerschlagen – wagt zu leugnen nicht!

Die Wahrheit steht, so ist´s geschehen
Wagt nicht, sie zu verdrehen
Lasst nicht zu, dass Eure Lügen
Noch mehr Schmerzen zufügen – wagt zu leugnen nicht!

sie aus: »Sie dürfen das nicht tun! Mein Mann hat sich freiwillig zur Arbeit an der Atlantik Mauer der Organisation Todt gemeldet und wir sind eine ›geschützte‹ Familie!« Sie legte ein Dokument vor, das im Juni 1942 von den deutschen Behörden ausgestellt worden war und erklärte, dass ihr Ehemann für die Organisation »Todt« arbeitete. Ihr Mann hatte sich nicht wirklich freiwillig gemeldet. Das Dokument gewährte auch keinen wahren Schutz und viele Familien in ähnlichen Situationen waren deportiert worden.

Die beiden Gestapo-Männer gingen in eine Ecke des Zimmers und begutachteten das Dokument einige Minuten lang, die der Familie wie Stunden vorkamen. Sie besprachen sich flüsternd und betrachteten den Raum und seine Bewohner. Sie sahen den ausgemergelten Jungen, das kleine Mädchen auf der Couch mit den verräterischen Scharlachflecken, das Baby. Sie besprachen sich wieder in gedämpftem Ton und brüllten schließlich: »Wir werden Ihrer Geschichte nachgehen. Es wäre besser für Sie, wenn sie wahr ist. In der Zwischenzeit dürfen Sie den Raum nicht verlassen. Wir postieren jemanden an der Ecke und wenn Sie hinausgehen, werden Sie erschossen.«

Waren sie von Mitleid gerührt? Das war ziemlich unwahrscheinlich, wie spätere Ereignisse gezeigt haben. Wahrscheinlich waren sie sich ganz einfach nicht sicher.

Sie spielten immerhin nur die zweite Geige und sammelten die Möbel und Habseligkeiten der Juden ein, die bereits deportiert worden waren. Jeder erstrangige Gestapo-Rohling mit dem Auftrag, Juden zusammen zu treiben, hätte sich nicht so leicht bluffen lassen. Oder vielleicht mussten sie die Möbel auf ihrem Lastwagen in einen anderen Stadtteil fahren und wollten keinen Umweg machen, um diese unglückliche jüdische Familie zuerst woanders abzuliefern. Möglicherweise fürchteten sie auch, ihre Familien mit Scharlach anzustecken. Vielleicht dachten sie auch, diese Familie wäre nicht imstande sich aus dem Staub zu machen. Wohin sollten sie gehen? Und diese Frau schien so überzeugt davon zu sein, dass sie »geschützt« waren. Sie werden wahrscheinlich bleiben, wo sie sind, und wir werden sie später abholen.

Sie stampften die Treppen nach unten, starteten den Lastwagen und verließen die Gasse. Die Familie raffte schnell ihre wertvollsten Habseligkeiten zusammen: Ein paar Decken, um das Baby und das Mädchen einzuwickeln, die Babyflaschen, einige Lebensmittel und Kleidungsstücke. Zehn Minuten später hatten sie die Wohnung und die Gasse verlassen.

Nun kam die schwierigste Frage: Wohin sollten sie gehen? Wo kann man kurz vor der Ausgangssperre ein Versteck finden? Sie wussten von ein paar jüdischen Familien, die sich unter ähnlichen Bedingungen versteckten. Der Junge hatte diese Familien mit Brot vom Schwarzmarkt und mit Hosen vom Flohmarkt beliefert, da sie sich nicht auf die Straße hinaus wagten. Die jüdischen Schneiderfamilien trennten diese Männerhosen auf, reinigten und färbten sie und stellten daraus neue Kinderhosen her, die unser Junge dann zu verkaufen versuchte. Aber keine dieser Familien konnte eine weitere jüdische Familie mit einem kranken Kind und einem Baby aufnehmen. Sie wohnten alle in beengten Quartieren und ein plötzlicher Zuwachs von vier weiteren Personen könnte den nichtjüdischen Nachbarn verdächtig vorkommen und damit alle in Gefahr bringen. Nein, zu anderen Juden zu ziehen war kein gangbarer Weg. Aber wohin sollten sie gehen? Wohin nur?

Nachdem der Vater deportiert worden war, musste der Junge Wege finden, seine Familie zu erhalten. Die Mutter hatte die Idee, ihn alte Pullover auf dem Flohmarkt kaufen zu lassen. Sie trennte sie auf, wusch und färbte die Wolle. Mutter und Schwester strickten dann neue Pullover, die der Junge zu verkaufen versuchte, manchmal indem er damit von Tür zu Tür ging. Die Einkünfte aus diesen Bemühungen waren sehr mager und der Junge suchte andere Einkommensquellen. Er wandte sich an einen ortsansässigen Bäcker und fragte ihn, ob er ihm Brot nicht gegen Lebensmittelmarken, sondern gegen Geld verkaufen würde. Der Bäcker, der gerne zusätzliches Geld verdienen wollte, aber nicht an Erwachsene verkaufen wollte, die deutsche Geheimagenten sein könnten, war nur zu gerne bereit, den Jungen als Mittelsmann und Vertrieb für Schwarzmarktbrot zu verwenden.

Leo Rechter beim Besuch seiner früheren Heimat Österreich im Gespräch mit den Überlebenden Bernard Adler und Charles Stein.

Der Junge hatte einen Kreis von versteckten jüdischen Familien kennen gelernt. Sie waren erleichtert, sich nicht mehr auf die Straße hinauswagen zu müssen und wurden daher dankbare Kunden. Dennoch reichten beide Einkünfte zusammen nicht aus, um mehr als das Allernötigste zu kaufen und Hunger war in ihrem Haushalt ein häufiger Gast.

Zu seinen Kunden zählte eine stämmige deutsche Frau mittleren Alters. Frau Hoolman hatte zu einer deutschen linksgerichteten Organisation gehört, einen Belgier geheiratet, der der gleichen Partei angehörte und hatte – nachdem Hitler an die Macht gekommen war – Deutschland Mitte der 30er Jahre verlassen. Ihr Mann starb bald darauf und da sie anfangs nur Deutsch sprach, freundete sie sich mit einem Kreis deutschsprachiger jüdischer Familien an.

Die Familie beschloss, Frau Hoolman um vorübergehendes Obdach zu bitten. Sie lebte nur wenige Häuserblocks entfernt in einem der wenigen hübschen Wohnhäuser, aber sie hatte belgische Nachbarn, deren politische Ansichten sie nicht kannten und die Verdacht schöpfen könnten. Sie wusste, wenn Juden in ihrer Wohnung gefunden wurden, würde sie als Vaterlandsverräterin hingerichtet werden. Sie war jedoch eine freundliche und weichherzige Person und willigte ein, die Mutter, das Mädchen und das Baby für einige Tage bei sich aufzunehmen. Sie fürchtete sich jedoch davor, den Jungen zu beherbergen. Unter dem Schutz ihrer deutschen Staatsbürgerschaft könnte sie im Notfall noch behaupten, dass die Frau, das Mädchen und das Baby für kurze Zeit ihre Gäste seien, aber ein großer, beschnittener Junge stellte eine allzu große Gefahr dar.

Hier kommt der jüdische Junge, den das Glück verlassen hat ...

Also wanderte der Junge durch die Straßen von Anderlecht – auf der Suche nach einem Versteck. Düstere, seltsam geformte, dunkle Wolken zogen auf dem Abendhimmel auf, wie das Omen eines drohenden Verhängnisses. Angst ergriff den Jungen, wie eine eiserne Faust an seinem Hals. Dämmerung und Ausgangssperre brachen schnell in die bereits verlassenen Seitenstraßen ein. Jeder seiner Schritte schien laut von den grauen, heruntergekommenen Fassaden der vom Zahn der Zeit angenagten Gebäude widerzuhallen: Es schien ihm wie eine Nachricht an die plündernden deutschen Patrouillen: »Hier kommt der jüdische Junge, den das Glück verlassen hat.« In seiner Verzweiflung war er bereit, an irgendeine Tür zu klopfen, als er plötzlich in der Nähe Kirchenglocken läuten hörte. Er folgte hastig dem Klang und da, in einer L-förmigen Ecke zweier in einem kleinen Platz zusammenlaufenden Straßen, stand eine kleine Backsteinkirche, deren Turmspitze kaum die sie umgebenden zweistöckigen Häuser überragte. Er trat durch das offene Portal ein und hoffte, die Kirche leer zu finden, damit er zwischen den Bankreihen schlafen könnte. Doch die Kirche war nicht leer. Ein junger Priester stand neben dem Altar und sammelte Kerzen und Sakralgefäße ein. Er hatte den Jungen eintreten sehen und blickte ihm entgegen. Der Junge kam auf ihn zu, senke seinen Kopf und gestand: »Vater, ich bin Jude und brauche eine Zuflucht für die Nacht. Darf ich in einer Eurer Kirchenbänke schlafen?« Beide, der Junge und der Priester standen einander eine Weile schweigend gegenüber. Der Junge mit gesenktem Kopf, betete zu seinem Gott – zu gleich welchem Gott – um Rettung. Der Priester betete zu seinem Gott um Rat. Dieser Junge sah nicht jüdisch aus und der Priester fürchtete sich vor einer deutschen Falle.

Endlich brach der Priester das Schweigen und sprach: »Du weißt, dass die Deutschen es verbieten, Juden Obdach zu gewähren. Wir können die Kirche nicht in Gefahr bringen. Wir können ihre Anordnungen nicht missachten. Wir hatten schon mehrere Probleme und es gab andere Schwierigkeiten. An der Rückseite der Kirche ist eine kleine Tür, hinter der eine kleine Treppe zu einem leeren Raum führt. Ich habe schon manchmal vergessen, sie abzuschließen. Landstreicher haben dort übernachtet. Ich bedaure, aber du kannst nicht in unserer Kirche schlafen.«

Der Junge, der für sein Alter einen scharfen Verstand und große Erfahrung hatte, verstand die Botschaft. Er verließ die Hauptkirche, ging einmal um den Häuserblock und kam zur Rückseite der Kirche. Die kleine Tür war unverschlossen. Er kletterte die paar knarrenden Stufen nach oben und fürchtete sich bei jedem Schritt mehr, da sie solchen Lärm machten. Er fand den leeren Raum, der nicht viel größer als eine Besenkammer war. Er rollte sich in einer Ecke zusammen und versuchte, seine Körperwärme zu erhalten und zu schlafen. Aber sein Geist war schmerzhaft wach. Er fühlte sich in dem beengten Raum wie gefangen. Es gab keine Fluchtmöglichkeit in seinem Versteck. Er machte sich auch Sorgen, wo er einen anderen Unterschlupf für seine Familie finden könnte und wie er zu ihrem Hab und Gut kommen würde. Er war wild entschlossen, nichts von ihrem spärlichen weltlichen Besitz in die Hände der Deutschen fallen zu lassen. Endlich döste er ein und erwachte jedes Mal, wenn eine deutsche Patrouille die Stille der Nacht störte. Bei Tagesanbruch war er hellwach. Er wartete, bis er draußen vor der Kirche Betrieb hörte, der das Ende der Ausgangssperre ankündigte. So leise er konnte, ging er die Treppe nach unten und verließ die Kirche.

Der Junge betete zu seinem Gott. Der Priester fürchtete sich vor einer deutschen Falle.

Begegnung. Die SchülerInnen des **BRG Ringstraße Krems** haben Leo Rechter als einen der »Letzten Zeugen« im Mai 2008 eingeladen.

Wieder wanderte er durch die Straßen dieser schäbigen Gegend, diesmal auf der Suche nach einem Schild »à louer«, das heißt »zu vermieten«, in den Fenstern. Er fand in der Nähe eine Wohnung im zweiten Stock eines zweistöckigen Hauses. Im ersten Stock wohnten die Besitzer, ein Ehepaar Mitte vierzig. Er holte seine Mutter, um die Wohnung zu beurteilen und in aller Form zu mieten. Nachdem sie die Unterkunft begutachtet und mit den Vermietern gesprochen hatte, vertraute sie dem Jungen an, dass sie ernste Zweifel an den letzteren hatte. Der Junge musste die Intuition seiner Mutter respektieren und willigte ein, weiter zu suchen. Als sie zu Frau Hoolmans Wohnung zurück kamen, erfuhren sie, dass diese in der Zwischenzeit in der

Empfang in N.Y. Leo Rechter bespricht mit Kimberly Harris vom »A Letter To The Stars«-Projektteam in New York die bevorstehende Reise nach Wien.

Nähe eine andere Wohnung gefunden hatte. Es war ebenfalls eine Wohnung im dritten Stock eines ramponierten Hauses ohne Lift. Im Erdgeschoss waren Lager und Büro eines verwitweten Kohlehändlers. Er war ein sehr einfacher, wortkarger Mann, der mit seinem jugendlichen Sohn im zweiten Stock wohnte. Die zu vermietende Unterkunft im dritten Stock bestand aus einem Raum, der etwas größer war, als der, den sie früher bewohnten, auch mit zwei Fenstern zur Straße hinaus. Daneben war ein länglicher Alkoven mit einem Fenster in einen winzigen Hof, in dem sich das einzige Plumpsklo befand.

Sie beschlossen, das Risiko einzugehen und die Mutter händigte die übliche Zweimonatsmiete aus. Der Abend und die Ausgangssperre standen wieder vor der Tür. Die Mutter kehrte zu ihren Kindern zurück, der Junge in das Kämmerchen in der Kirche.

Am nächsten Morgen verließ er die Kirche so früh wie möglich, wild entschlossen, ihre persönliche Habe aus deutschen Händen zu retten. Er mietete eine zweirädrige Karre und ging in die Gasse zurück, aus der sie tags zuvor geflohen waren. Er fand die Tür zu ihrer früheren Bleibe mit einem Vorhängeschloss versperrt. Darüber hinaus waren Siegel an allen Schlössern angebracht worden, die Einbrecher mit den schwersten Strafen bedrohten, die

Shoa-Überlebende. Leo Rechter ist in Wien auch mit Meshulam Schlesinger zusammen getroffen, der in der israelischen Armee gekämpft hat.

im Dritten Reich denkbar waren. Offensichtlich war die Gestapo zurückgekommen, um ihre Opfer und ihre Beute abzuholen, aber die ersteren waren entkommen.

Empörung, die an kalte Wut grenzte, bemächtigte sich des Jungen. Diese Schurken, die vortäuschten, aufrichtige Menschen zu sein, die in ihren Schulen über die Ehrlichkeit und Anständigkeit ihres »Herrenvolks« sprachen und lehrten, über gute Manieren und den Respekt vor persönlichem Eigentum! Sie waren nichts Anderes als eiskalte Schläger, denen es Spaß machte, wehrlose Frauen und Kinder zu jagen und ihre spärlichen Habseligkeiten zu stehlen. Ohne zu zögern riss der Junge die Siegel herunter und trat gegen die Tür. Dann ging er zum Fenster und beobachtete mehrere Minuten lang durch die Vorhänge, ob die Frau, die sie für eine gebrauchte Bratpfanne verkauft hatte, aus ihrer Wohnung kommen würde. Er wusste, dass niemand in dieser Gasse ein Telefon besaß, und dass sie herauskommen und zur Hauptstraße gehen musste, wenn sie sie abermals verraten wollte. Als er beruhigt war, dass ihm von dieser Seite keine Gefahr drohte, begann er ihre wenigen Kleidungsstücke einzusammeln, wickelte die kleineren Dinge in Laken und Handtücher, trug die Bündel nach unten und lud sie auf den Handwagen. Er stieg noch mehrmals die Stufen hinauf, und nahm alles mit, mit Ausnahme der Möbel und schwererer Gegenstände, die er später abholen wollte. Er fürchtete, dass die Nachbarn sich aufgrund der nun nicht mehr versperrten Tür an den kleineren Dingen »bedienen« würden.

Nachdem er ihre Besitztümer in der neuen Wohnung abgeladen hatte, kehrte er wieder zur alten zurück. Bevor er mit seiner Karre in die Gasse hineinfuhr, ging er mehrmals die umliegenden Straßen ab und suchte nach geparkten Gestapo Autos mit den verräterischen »POL« Kennzeichen. Wenn ihn jemand in der Zwischenzeit verraten hatte, wollte er der Gestapo nicht die Genugtuung zuteil werden lassen, in ihre Falle zu geraten.

Als er in die nun nicht mehr versiegelte Wohnung eintrat, sah er, dass die Nähmaschine und die bessere der beiden Matratzen verschwunden waren. Er fragte die Hausmeisterin im zweiten Stock, ob sie wisse, wer die beiden Dinge genommen haben könnte. Sie gab bereitwillig zu, dass sie die Nähmaschine genommen hätte, um sie »in Sicherheit« zu bringen und war sofort bereit, sie wieder zurück zu geben. Sie teilte dem Jungen auch mit, dass die Matratze von Antoine, dem alleinstehenden Mann mittleren Alters genommen worden war, der in dem kleinen Raum im gleichen Stockwerk wohnte. Der Junge klopfte an Antoines Tür, der sie einen Spalt breit öffnete. Der Junge dankte ihm, dass er die Matratze »gerettet« hatte und bat ihn, sie zurück zu geben. Antoine stritt vehement ab, die Matratze oder irgend etwas Anderes genommen zu haben und erklärte, dass die Hausmeisterin die Matratze hätte und nun versuche, ihn zu beschuldigen. Obwohl die Tür nur ein paar Zentimeter weit geöffnet war, hatten die scharfen Augen des Jungen die Matratze auf Antoines Bett erspäht. Scharfsinnig entschuldigte er sich für seinen Irrtum, aber in seinem Herzen schwor er sich, das Eigentum der Familie zurückzubekommen, koste es, was es wolle.

Er lud die Couch, die Nähmaschine, die andere Matratze und den Tisch auf die Handkarre. Bevor er die Ladung ausbalancieren konnte, kamen zwei Belgierinnen aus der Nachbarschaft zu ihm gerannt und riefen aufgeregt, dass die Gestapo auf der angrenzenden Straße war und in diese Richtung fuhr. Er hätte seine Habe und die Karre zurücklassen und um sein Leben rennen können, doch er war dickköpfig, fasste den Griff und versuchte mit dem Wagen zu laufen. Die Ladung geriet jedoch aus dem Gleichgewicht, die Couch, und die Nähmaschine begannen nach vorne zu rutschen. Er taumelte, fiel kopfüber in die Gosse und die Couch auf ihn. Er konnte sich nicht bewegen oder seinen Kopf drehen. Er brachte nur einen erstickten Hilferuf hervor. Die beiden Frauen standen dabei ohne zu helfen und lamentierten weinerlich, dass der Junge wahrscheinlich schwer verletzt war und seine arme Familie, die bereits so viel gelitten hatte, nun auch noch auf seine Unterstützung verzichten musste.

In der Zwischenzeit hatte die Mutter begonnen, sich über die lange Abwesenheit ihres Sohnes Sorgen zu machen und – obwohl sie sich fürchtete, auf die Straße zu gehen – hatte sie sich entschlossen, ihm mit dem Zurückbringen ihrer Besitztümer zu helfen. Sie fand ihn fast bewusstlos, hob die Last von seinem Kopf und half ihm, unter dem Haufen hervorzukommen. Glücklicherweise waren sein Kopf und Körper nur zerschrammt und er hatte sich keine Brüche oder andere Verletzungen zugezogen.

Einladung. Leo Rechter hat seine Lebensgeschichte auch der Lehrerin Elisabeth Streibel (unten) anvertraut, Schüler und Lehrer das BRG Ringstraße Krems sind nun »Botschafter der Erinnerung«.

Die Behauptung der beiden Frauen, dass die Gestapo unterwegs sei, hatte sich als falscher Alarm erwiesen. Mutter und Sohn balancierten den Wagen aus und transportierten ihren Besitz in das neue Versteck.

Noch einmal kam der Junge in die Gasse zurück. Wieder ging er zuerst die umliegenden Straßen ab, um einer Falle der Gestapo zu entgehen. Er sammelte alle übrigen Gegenstände ein und lud sie auf die Karre. Dann sah er sich um, ob er etwas übersehen hatte. In dem Raum war nichts mehr außer dem eisernen Ofen, der zur Wohnung gehörte, und ein paar Nägeln, die in die Wand gehämmert waren. Der Junge hatte kein Werkzeug, also begann er mit bloßen Händen die Nägel herauszuziehen. Er wusste nicht, ob er sie je brauchen würde, aber er betrachtete es als Verletzung seiner persönlichen Rechte, wenn er irgendetwas in die Hände der Nazis fallen ließ. Der Mörtel war sehr hart und es war eine anstrengende Arbeit, die Nägel aus der Wand zu bekommen. Als er fertig war, waren seine Hände ordentlich abgeschürft. Er sah sich abermals um. Die Wände waren kahl. Alle beweglichen Dinge waren entfernt worden, aber er war noch nicht zufrieden.

Er war in einer respektablen Mittelklasse-Familie aufgewachsen. Prinzipien wie Tugend, Ehrlichkeit und Respekt vor dem Eigentum anderer waren ihm von Kindesalter an anerzogen worden. Er war ein Junge mit mustergültigem Benehmen gewesen. Die Erwachsenen hatten ihm immer versichert, dass Kindern nichts geschehen konnte, wenn sie sich ordentlich benahmen. Nun brachen diese arroganten Tyrannen alle Regeln, jegliche Norm zivilisierten Benehmens. Sie hatten Chaos in diese Welt gebracht und sie unverständlich gemacht. Er wusste, dass sie keine »Superrasse« waren. Er war mit ihnen in überfüllten Straßenbahnen gefahren, Körper an Körper gepresst und hatte ihre oft albernen Gespräche gehört. Er war in der Lage gewesen, sie immer wieder an der Nase herumzuführen. Sie besaßen die brutale Macht, aber er wollte ihnen zeigen, dass sie gegen seinen Scharfsinn nicht ankamen. Er war begierig, ihnen eine Nachricht äußerster Verachtung zu hinterlassen.

Mit Hilfe der herausgezogenen Nägel begann er Löcher in die Wand zu machen – so groß und sichtbar es ihm möglich war.

Noch eine Angelegenheit musste geregelt werde. Er lauschte an Antoines Tür, ob dieser zu Hause war. Zufrieden, dass keine Geräusche heraus drangen und der Raum offenbar leer war, ging er in den Hof und stieg auf das Dach der Plumpsklos. Antoines Fenster lag nur knapp über dieser wackeligen Konstruktion und es stand offen. Flink kletterte der Junge hinein. Er ergriff die Matratze, die seiner Familie gehörte, und warf sie in den Hof. Dann schleifte er sie vor das Haus und lud sie auf die Karre. Er wollte gerade weggehen, als Antoine in die Gasse schlenderte. Er sah die Matratze auf der Karre, starrte den Jungen an und der Junge starrte zurück. Beide waren voller Angst und Sorge. Der Junge wusste, wenn der Mann nach der Polizei oder der Gestapo rief, wenn sie zufällig in der Nähe war, wäre er in ernsten Schwierigkeiten, sollte man ihn festnehmen. Aber sein Gegner war

ein einfacher, naiver Mann, der Angst hatte, des versuchten Diebstahls bezichtigt zu werden. Er gab zuerst auf und platzte heraus: »Wenn diese Matratze in meinem Raum gefunden wurde, dann muss sie die Hausmeisterin dorthin getan haben.« Der Junge versicherte Antoine, dass er wüsste, dass er ein ehrlicher und aufrichtiger Mann war und forderte ihn auf, den Vorfall zu vergessen.

Dann verließ er die Gasse zum letzten Mal und kam während der Kriegsjahre nie mehr zurück. Er verließ die Gasse, wo er Hunger und Entbehrung kennen gelernt hatte, Furcht und Schrecken. Die Gasse, in der sein kleiner Bruder geboren worden war. Die Gasse, die er in einer Nacht während der Ausgangssperre verlassen hatte, als er verstohlen in den dunklen Schatten der Gebäude lief, um Rat von einem Arzt zu holen, weil sein kleiner Bruder ein Dutzend Aspirin gefunden und geschluckt hatte. Die Gasse, wo er die ersten erwachenden Turbulenzen der Pubertät erfuhr. Die Gasse, in der eine zuvor freundliche Nachbarin sie für eine Bratpfanne verkauft hatte. Die Gasse, wo das Ballspiel einiger Jungen ihn und seine Familie vor der Deportation bewahrt hatte – aber das ist eine andere Geschichte, die kann ein anderes Mal erzählt werden.

1998 – Wohlhabendes New York, U.S.A.: Eine ausrangierte Bratpfanne – innerhalb von zehn Minuten war sie verschwunden.

Die verlorenen Kinder von Theresienstadt

Chana Käthe Rubinstein war 18 und Krankenschwester, als sie ins KZ kam. Jetzt erzählte sie ihre Geschichte Kindern der Heilstättenschule.

Chana Käthe Rubinstein wird 1925 als Käthe Stux in Wien geboren. Beim Anschluss ist sie 13 Jahre alt, mit 18 Jahren wird sie ins KZ Theresienstadt deportiert, wo sie im Kinderheim mit ansehen muss, wie die Kinder in die Gaskammern von Auschwitz geschickt werden. Sie überlebt das KZ und kann nach Israel auswandern, wo sie mit ihrem Mann, der wie sie den Holocaust überlebt hat, ein neues Leben beginnt.

Julia Felberbauer hat als »Botschafterin der Erinnerung« im April 2008 Käthe Rubinstein in Israel besucht und ihre Lebensgeschichte dokumentiert. Im Mai 2008 war die **Heilstättenschule Wien** unter der Schulleiterin **Ingrid Schierer** Gastgeber für Käthe Rubinstein.

Ich habe in Israel gemeinsam mit meiner Kollegin Agnes Vana die Holocaust-Überlebenden Chana Käthe Rubinstein und Benjamin Ben-Rechav besucht. Die beiden kennen sich schon seit Kinder- bzw. Jugendtagen, überlebten gemeinsam das Konzentrationslager Theresienstadt und gehören seit der Heirat ihrer Eltern auch zur selben Familie.

Frau Rubinstein, mit der ich vor meiner Reise nach Israel brieflichen und telefonischen Kontakt hatte, durfte ich als »Botschafterin der Erinnerung« in Tiberias am See Genezareth zum ersten Mal treffen.

Kindheit und Jugend in Österreich

Chana Käthe Rubinstein wurde als Käthe Stux am 2. Februar 1925 als Tochter von Paul und Stefanie Stux in Wien geboren. Ihre gesamte Jugend wurde von der NS-Diktatur bestimmt – zur Zeit des »Anschlusses« war sie 13 Jahre alt und wurde im Alter von 20 Jahren aus dem Konzentrationslager Theresienstadt befreit.

Frau Rubinstein kann sich heute nicht mehr vorstellen, wie es möglich war, so zu leben, wie sie und ihre Familie damals – in ihrer Freiheit extrem eingeschränkt – lebten. Sie mussten ihre Wohnung im 15. Bezirk aufgeben, einen »Judenstern« tragen, durften die Straßenbahn nicht mehr benutzen, nicht mehr in Geschäften einkaufen, nicht mehr telefonieren, keinen Kontakt mehr mit Nichtjuden haben. Aus heutiger Perspektive weiß sie nicht mehr, wie sie als Jugendliche im Wachstum genug Nahrung bekam und so ein Leben überhaupt ertragen konnte. Sie bekam auch die ganze Zeit über nie neue Schuhe und Kleider. Um sich selbst in dieser einengenden und gefährlichen Situation zu helfen, riskierte sie sogar einmal, nach Einbruch der Dunkelheit ohne ihren »Judenstern« außer Haus zu gehen, das heißt sich als »Arierin« auszugeben und auf einem Gemüsemarkt hinter der Stefanskirche Essen einzukaufen. Trotzdem sagt sie heute, dass sie als Jugendliche diese Zeit anders erlebt hat als ihre Eltern, die natürlich immer sehr besorgt waren, während sie selbst zu ihrem Glück diese Qual nicht so stark erlebte.

Nach dem »Anschluss« ging sie noch ein Jahr lang zur Schule, danach aber war ihr Leben durch und durch von Arbeit bestimmt. Im Alter von 15 Jahren begann sie ihre Tätigkeit als Krankenschwester in einem Säuglingsheim und später in einem neueröffneten Kinderspital in der Ferdinand-

Chana Käthe Rubinstein lebt heute mit ihrem Mann, dessen gesamte Familie in der Shoa ermordet wurde, in Israel. »Wir müssen widersprechen, wenn der Holocaust geleugnet wird.«

straße im zweiten Wiener Gemeindebezirk, das sie im Jahr 1940 aufnahm. Frau Rubinstein war für die dortige Ambulanz zuständig, wo sie Kinder mit ansteckenden Krankheiten betreute. In dieser Ambulanz traf sie zum ersten Mal auf den damals dreijährigen Benjamin Ben-Rechav und seinen Bruder Uri.

In der Sperlgasse im 2. Bezirk gab es ein Sammellager, von dem aus Menschen in das KZ Theresienstadt deportiert und sehr kranke Kinder von der SS in das Kinderspital geschickt wurden, welches selber über sehr wenige Medikamente verfügte.

Frau Rubinstein musste das Leiden, den Tod und die Deportation vieler Kinder mit ansehen.

Frau Rubinstein erlebte diese Zeit als sehr schwierig, da sie das Leiden, den Tod und die Deportation vieler Kinder mit ansehen musste und die schwere und traurige Aufgabe hatte, die verstorbenen Kinder aus dem Spital zu bringen, wenn diese vom Bestattungsunternehmen abgeholt wurden. Die Kinder, die sie und die anderen Schwestern gesund pflegen konnten, wurden wieder in das Lager in der Sperlgasse gebracht und von dort mit ihren Eltern in verschiedene Konzentrationslager deportiert.

Gegenüber dem Kinderspital, in dem Frau Rubinstein arbeitete, befand sich ein Kinderheim, das sich um verwaiste und zurückgelassene Kinder, sowie später auch sogenannte »Mischlingskinder« kümmerte. Letztere hatten einen jüdischen und einen nichtjüdischen Elternteil und waren aufgrund ihrer Herkunft von ihren Klosterschulen verwiesen worden.

Konzentrationslager Theresienstadt

Im Jahr 1943 wurde Frau Rubinstein im Alter von 18 Jahren gemeinsam mit ihrer Familie als einige der letzten sogenannten »Volljuden« in Wien in das Konzentrationslager Theresienstadt deportiert. Dort musste sie in einem Säuglingsheim und später in einem Spital mit lungenkranken Waisenkindern arbeiten. Von diesen Kindern wurden etwa einhundert im Jahr 1944 nach Auschwitz deportiert, und nur eine Krankenschwester und eine Patientin, die sich als Krankenschwester ausgeben konnte, kamen zurück. Auch nach der Befreiung des Konzentrationslagers blieb Frau Rubinstein eine Zeit lang in Theresienstadt, um sich um die zurückgebliebenen, verwaisten Kinder zu kümmern.

Jeder Tag im KZ brachte quälende Ungewissheit und Angst mit sich, weil immer die Möglichkeit bestand, in ein anderes KZ deportiert zu werden. Allgegenwärtig war auch der Zynismus der SSler, die es sich sehr gut gehen ließen, während die Inhaftierten täglich mit Arbeit, Krankheit und Tod konfrontiert waren. Nur anlässlich des Besuchs des Komitees des Roten Kreuzes wurde der Anschein einer »heilen« Lagerwelt, in der alle gut versorgt waren, erweckt. Frau Rubinstein musste damals in einem für den Besuch des Komitees errichteten Kinderheim arbeiten, nach dessen Ende zwei Kindertransporte in die Schweiz, alle anderen nachfolgenden jedoch in die Gaskammern von Auschwitz geschickt wurden.

> Zwei Kindertransporte gingen in die Schweiz, alle anderen in die Gaskammern von Auschwitz.

Sie berichtete mir von dem für mich deutlichsten und schockierendsten Ausdruck der Menschenverachtung und des Zynismus der SS, der sogenannten »Judenseife«, die die Häftlinge zum Waschen bekamen und von der sie erst später erfuhren, dass sie aus den Knochen der von den Nazis ermordeten Juden hergestellt wurde. Sie konnte und kann sich nicht vorstellen, wie die SS-Männer, die so viele Menschenleben auf dem Gewissen hatten, abends nach Hause zu ihren Familien gehen konnten, wie sie überhaupt mit ihren Taten leben konnten. Sie fragte sich immer wieder, was sie und die anderen Juden angestellt hätten, um mit solcher Grausamkeit be-

Bilder der Vergangenheit. Das Bild links zeigt Käthe Rubinstein, als sie noch Käthe Stux hieß, mit ihrem Bruder beim Purim-Fest. Am Bild oben arbeitete sie bereits als Krankenschwester.

handelt zu werden und der Willkür der Nazis völlig ausgeliefert zu sein, und hoffte einfach nur, dass alles schnell vorbeigehen würde. Ihre Hoffnung hielt sie mit den immer wieder durchsickernden Durchhaltebotschaften »von außen« aufrecht. Zu ihrem Glück konnten die Nazis die Gaskammern, die sie in Theresienstadt gegen Kriegsende zu errichten begannen, nicht mehr fertig stellen. Trotzdem starben im Lager viele Menschen an Krankheiten wie z.B. Bauchtyphus.

Nach der Befreiung

Frau Rubinsteins Mutter war sehr krank, und obwohl ihre Familie ihr Bestes versucht hatte, sie im KZ Theresienstadt durchzubringen, verstarb sie 1946 im »Displaced Persons«-Lager (DP-Lager) Deggendorf in Bayern, das zu der von den USA besetzten Zone gehörte, wo sie, ihr Ehemann und ihre Tochter nach der Befreiung des KZ hingebracht wurden. Auch dort richtete Frau Rubinstein ein Kinderheim für die im Lager ankommenden Kinder ein. Sie selbst litt auch an schweren gesundheitlichen Problemen und musste wegen einer Typhusinfektion 1947 operiert werden.

Während ihres Aufenthalts im DP-Lager lernte sie auch ihren aus Polen kommenden zukünftigen Ehemann kennen, der seine gesamte Familie in der Shoa verloren hatte. Die beiden heirateten 1946 und wanderten im darauffolgenden Jahr nach Israel aus. Ihr Bruder, der sich schon in einem Kibbutz in Israel befand, schickte von dort aus an seine Angehörigen Zertifikate, die sie zu Auswanderung benutzen sollten, doch inzwischen war Frau Rubinsteins Mutter leider schon verstorben, sodass Herr Ben-Rechavs Mutter, die auch in Deggendorf war, dieses Zertifikat übernahm.

Frau Rubinstein wurde von einer jüdischen Organisation auf die Auswanderung nach Palästina vorbereitet und kam über Marseille in Frankreich ins Land, wo sie wieder einen Krieg und schlechte Lebensbedingungen miterleben musste. Es war aber das Wichtigste für sie, Europa hinter sich gelassen zu haben und endlich in Israel zu sein.

Umgang mit den Erinnerungen an die Shoa

Frau Rubinstein erzählte ihren Kindern nicht von der Shoa, weil sie sich wünschte, dass sie normal aufwachsen und nicht leiden sollten, und weil sie in Israel neu anfangen und alles Vergangene hinter sich lassen wollte. Es war für sie und ihren Mann, die beide an nächtlichen Alpträumen aufgrund ihrer Vergangenheit litten, schon schwer genug, mit dem Erlebten umzugehen, und ihre Kinder fragten auch von sich selbst aus kaum nach. Erst mit der Generation der Enkelkinder trat für sie die Vergangenheit wieder mehr in den Vordergrund, und heute ist es ihr wichtig, dass Jugendliche und Er-

»Es geht um Engagement für Gerechtigkeit«

Wie Julia Felberbauer ihre Begegnung mit Überlebenden in Israel beschreibt.

Meine Begegnung mit den Überlebenden Herrn Ben-Rechav und Frau Rubinstein hat mich sehr beeindruckt, vor allem die Art, wie die beiden über ihre Erlebnisse sprachen.

Einerseits konnten sie über einige Ereignisse und Umstände sogar lachen, andererseits war es sicher beizeiten nicht leicht für sie, dieses Interview zu führen. Ich finde es bewundernswert, dass sie den Mut aufbringen, über so schlimme und bestimmt traumatisierende Erlebnisse mit Menschen zu sprechen, die sie noch nie getroffen haben, einfach weil es ihnen wichtig ist, dass ihre Geschichte und jene der Menschen, die von den Nazis ermordet wurden, nicht vergessen werden und nicht geleugnet werden können.

Gleichzeitig geht es ihnen nicht nur um die Erinnerung, sondern darum, dass sich die Geschichte nicht wiederholt, das heißt es geht um mein und unser persönliches Engagement für Demokratie und Gerechtigkeit, gegen Vorurteile, Hass und Krieg.

Mich persönlich beschäftigte und beschäftigt dieser Aspekt meiner Begegnung am meisten, weil ich trotz meiner längeren Auseinandersetzung mit Antisemitismus, Rassismus und dem Holocaust bisher nicht wusste, wie ich mich von diesem Punkt aus weiter sinn- und wirkungsvoll engagieren sollte. Es ist viel einfacher, den Überlebenden zuzuhören und ihre Geschichten in Erinnerung zu behalten, als anschließend auch den nächsten und wichtigsten Schritt zu gehen und in der Realität praktische Konsequenzen aus diesen Erinnerungen zu ziehen und diese in die Tat umzusetzen.

Dies ist wahrscheinlich eine Lebensaufgabe, und in jedem Fall der Gedanke und Auftrag, den ich aus diesem Projekt an erster Stelle mitnehme.

wachsene sowohl in Israel als auch in Österreich den Holocaust in Erinnerung behalten, und dass den immer noch oder wieder den Holocaust leugnenden Menschen widersprochen wird. Ihre Enkel lernen in der Schule über den Holocaust und stellen ihrer Großmutter häufig dazu Fragen. Mit fortschreitendem Alter fällt es ihr immer leichter, diese zu beantworten.

Ich bin sehr dankbar, dass Frau Rubinstein sich bereit erklärte, ihre Lebensgeschichte mit mir zu teilen, obwohl sie mich bis zu unserem Gespräch noch nie getroffen hatte und es sicher nicht leicht ist, einem fremden Menschen so persönliche und leidvolle Erinnerungen mitzuteilen. Deswegen ist es mir umso wichtiger, Frau Rubinsteins Geschichte zu bewahren, weiterzugeben und auf dieser Basis zu handeln, um nicht nur der Vergangenheit zu gedenken, sondern auch die Gegenwart zu verändern.

Umso wichtiger, Frau Rubinsteins Geschichte zu bewahren, weiterzugeben und zu handeln.

Als **Denk.Mal** für Käthe Rubinstein haben SchülerInnen der Tagesklinik für Psychosomatik am Wiener AKH gemeinsam dieses Plakat gestaltet.

»Nicht nur Zeitzeugin, sondern unser Gast«

Wie die LehrerInnen der Heilstättenschule die Begegnung erlebten.

Lehrerinnen und Lehrer der Wiener Heilstättenschule haben mit einzelnen Kindern schon in einem der Vorjahre an »A Letter To The Stars« teilgenommen. Als auch im Jahr 2007 ein Projekt für die Schulen in Aussicht gestellt worden war, bekundete ich als Direktorin der Schule wieder unser Interesse. Mit einigen der stationär aufgenommenen Kinder wollten wir am Projekt 38/08 teilnehmen - zu diesem Zeitpunkt wollten wir wirklich bloß teilnehmen, die zeitgeschichtlichen Informationen der Organisation im Unterricht nützen, die Vorbereitungen etc. auf der Homepage verfolgen, vielleicht mit einigen Kindern bei der großen Veranstaltung am Heldenplatz dabei sein – aber es war keine Einladung eines/r ZeitzeugIn geplant.

Grund für die Zurückhaltung war einerseits die besondere Struktur der »Heilstättenschule« – nämlich viele vereinzelte Klassen in verschiedenen Wiener Spitälern – und anderseits die Tatsache, dass wir uns zunächst nicht zutrauten, die Reaktion unserer Schulkinder – selbst krank, selbst traumatisiert etc. – einzuschätzen. Wie würden sich unsere in ihren eigenen Seelen verletzten Kinder damit tun, mit einer Person in direkten Kontakt zu treten, die selbst Schreckliches erlebt hat, wie würden sie anderes Leid, andere Traumata, die Schilderung unfassbarer Erlebnisse aushalten?

Als aber das Organisationsteam für die Kinder und Jugendlichen der Heilstättenschule Frau Rubinstein – Wienerin und Krankenschwester, mit einer eigenen Beziehung zum Wilhelminenspital – gefunden hatte, waren alle Bedenken wie weggewischt. Frau Rubinstein hat uns Kraft gegeben, das Projekt durchzuziehen, noch ehe wir sie persönlich bei uns hatten.

Projekt an der Tagesklinik für Psychosomatik im AKH

Sieben Schülerinnen und Schüler einer heterogenen Gruppe zwischen zehn und fünfzehn Jahren waren aktiv beteiligt. Als Vorbereitung auf den Besuch und die Festveranstaltung wurde an Hand von Filmausschnitten, Zeitungsartikeln und anderem Unterrichtsmaterial der historische Hintergrund erarbeitet. Der Lebenslauf von Frau Rubinstein und die Besprechung ihrer Lebensgeschichte setzten in der Arbeit mit den Kindern einen deutlichen Akzent. Es war dies eben keine abstrakte Schilderung der Nazigräuel aus den Schulbüchern, sondern die individuelle Lebensgeschichte eines Menschen, mit dem eine Identifizierung möglich war; einer Frau, mit der Kommunikation möglich war. Deutlich anders als üblich reagierten die Kinder auf den Unterrichtsstoff Nationalsozialismus. Die Kinder selbst wollten ihre persönliche Wertschätzung in Form einer kreativen Arbeit zum Ausdruck bringen. So entstand ein Plakat für sie, wo sich jedes Kind vorher genau überlegte, was es darstellen wollte und das Motiv dann auch akribisch umsetzte. Die Kinder fühlten sich an Hand der Lebensgeschichte beim Arbeiten am Plakat in die Person und in ihr Schicksal hinein. Besonders

wichtig war ihnen, dass es ihr gefällt! Auch wenn kein persönlicher Kontakt stattgefunden hat – die Kinder der Tagesklinik haben Frau Rubinstein nur kurz beim Vorbeigehen am Heldenplatz gesehen – hatten die Kinder große Freude, sich zu beteiligen und es war für sie etwas Besonderes, dabei sein zu dürfen. Beeindruckt waren sie auch von der großen Menge der teilnehmenden SchülerInnen auf dem Heldenplatz, den Berichten der anderen ZeitzeugInnen und den Werken der anderen Schulklassen. Auf Grund der persönlichen Leidensgeschichte der Kinder ist besonders sensibel mit der Lebensgeschichte der Zeitzeugin umgegangen worden. Ein Kind mit jüdischem Hintergrund hat viele Erinnerungen der eigenen Familie beigetragen.

Projekt am Wilhelminenspital

Die Motivation, am Projekt teilzunehmen, ergab sich aus der permanenten Auseinandersetzung mit Zeitgeschichte. Es ist notwendig, dass SchülerInnen undemokratische, menschenfeindliche und andere ausgrenzende Tendenzen in der Vergangenheit kennen lernen, um ebensolche in ihrem Alltag jetzt und heute zu erkennen. Der Anspruch, sich früh genug dagegen zu wehren und zu Wort zu melden, konnte durch die Begegnung mit Frau Rubinstein gefördert und gefestigt werden. Im Geschichtsunterricht wurde zunächst als Vorbereitung ein Grundwissen über Nationalsozialismus und Shoa vermittelt. Durch ein Telefonat mit Frau Rubinstein war es möglich, den SchülerInnen vorab schon etwas aus deren Leben zu erzählen. Drei Schülerinnen waren besonders interessiert, sie entschieden sich dafür, T-Shirts zu bemalen. Die Gedenkveranstaltung am Heldenplatz und dass sie Frau Rubinstein dort persönlich kennen gelernt haben, hat die Schülerinnen sehr berührt und nachdenklich gestimmt. Sie wurden sehr aufmerksam und hellhörig gegenüber den Ausgrenzungen, mit denen sie in ihrem Leben heute konfrontiert sind.

Frau Rubinstein besuchte die Station und stellte sich zuerst den Jugendlichen als Auskunftsperson im Rahmen einer Schulstunde zur Verfügung. Später fand für das Team von Pavillon 15 eine eigene Gesprächseinheit (nur für Erwachsene) statt, in der sie ihre Lebensgeschichte erzählte und Fragen beantwortete.

Wir alle haben Frau Rubinstein als sehr vitale, fröhliche, nach vorne blickende Frau erlebt, die uns sehr berührend und konzentriert aus ihrem Leben und Erleben in der Nazizeit erzählt hat. Viele Details aus dieser Zeit waren auch für uns Erwachsene neu. Die authentische Schilderung einer Betroffenen hat sehr zur Aufklärung und Sensibilisierung beigetragen. Sie hat uns aber auch teilhaben lassen an ihrem Leben in Israel seit 1948. Ganz besonders wichtig war uns, Frau Rubinstein nicht nur als Zeitzeugin zu sehen, sondern sie als Gast bei uns zu haben. Wir waren fasziniert von ihrem Interesse an uns, von ihrer Gegenwartsbezogenheit und von ihrem Charme. Unser Dank gilt auch ihrem Sohn, der sie begleitet hat.

Veronika Wagner-Kraus (Allgemeines Krankenhaus), Susanne Tomsu-Müllner (Wilhelminenspital), Ingrid Schierer (Schulleiterin)

Wien, Auschwitz, Mauthausen, New York

Thea Rumstein hat Theresienstadt, Auschwitz und Mauthausen überlebt. Ihr Vater wurde vergast, ihr Großvater erschossen.

Thea Margarete Rumstein wird 1928 in Wien geboren. Nach dem Anschluss muss das 10-jährige Mädchen den Judenstern tragen und darf nicht mehr zur Schule gehen. 1942 wird sie mit ihren Eltern nach Theresienstadt deportiert. Von dort kommt die Familie ins KZ Auschwitz, wo Theas Vater vergast wird. Gemeinsam mit ihrer Mutter wird Thea ins KZ Mauthausen gebracht, wo sie im Mai 1945 befreit wird.

Nina Kompein, Schülerin am **Gymnasium für Sloweninnen und Slowenen Klagenfurt**, war im Projekt »Botschafter der Erinnerung« im April 2007 zu Gast bei Thea Rumstein in New York und hat ihre Lebensgeschichte dokumentiert. Im Mai 2008 war Thea Rumstein zu Gast an der Wiener **Fachschule für wirtschaftliche Berufe Sta. Christiana**.

Thea wurde am 6. Februar 1928 in Wien geboren. Ihre Mutter – ebenfalls gebürtige Wienerin – war Hausfrau, ihr Vater stammte ursprünglich aus Budapest und war Magister der Pharmazie.

Zusammen mit ihren Eltern und ihrem um ein Jahr älteren Bruder Georg wohnte Thea in Gersthof. Der vierköpfigen Familie fehlte es an nichts, sie führte ein sehr schönes Leben.

Doch am 13. März 1938 – Thea war gerade 10 Jahre alt – marschierten Hitlers Nationalsozialisten in Österreich ein. Kurz darauf änderte sich alles für die Familie, denn schon bald wurde sie aus ihrer Wohnung in Gersthof hinausgeworfen und so zogen Thea, ihre Eltern und ihr Bruder in die Heinestraße. Aber auch da konnten sie nicht lange bleiben, denn die Heinestraße ist eine große Straße, auf der es damals ständig Aufmärsche der Nazis gab.

Thea ging dort noch ein Jahr zur Schule, bevor es Kindern jüdischen Glaubens 1939 verboten wurde, »normale« Schulen zu besuchen. Ab nun besuchte Thea eine so genannte »Judenschule« in der Vorgartenstraße nahe der Reichsbrücke.

In Wien war es zu dieser Zeit furchtbar. Thea und ihre jüdischen Mitschüler wurden von den anderen Kindern angespuckt und ihr wurde oft die Kappe vom Kopf gerissen. So konnten sie bald nirgends mehr hingehen.

Ab 1940 mussten Juden den gelben, sechszackigen »Judenstern« tragen, und es wurde ihnen generell verboten zur Schule zu gehen. Zur gleichen Zeit kam der Erlass, dass jede jüdische Frau zusätzlich zu ihrem eigenem Vornamen den Namen Sarah und jeder jüdische Mann den Namen Israel annehmen musste.

Im Winter wurden sie, ihr Bruder, ihr Vater, ihre Mutter und andere jüdische Leute, die dort wohnten, oft aus der Wohnung »*herausgezogen*«, um Schnee zu schaufeln. Im Winter wollten die Nazis Thea sogar ihre Stiefel herunterreißen, doch zum Glück taten sie es doch nicht. »*Die Leute sind – waren wie Pöbel, die Menschen. Man – wenn ich sage, man kann sich das nicht vorstellen, dass Menschen – vielleicht war das, weil sie im 2. Bezirk waren und es, … aber: Es war überall so …*« tut sich Thea schwer, ihre Erinnerungen daran in Worte zu fassen.

Bald darauf musste sie mit ihrer Familie aus der Heinestraße ausziehen.

Thea Rumstein und ihr Mann **Jack Rumstein** zu Besuch in Wien, aus dem sie vertrieben wurden. »Ich habe Vertrauen in die heutige Jugend.«

Von nun an lebten sie in einer Sammelwohnung in der Große Stadtgutgasse. Dort wohnten, wie es der Zufall so will, zwei Professoren – auch jüdische Männer. Die Wohnung, bestehend aus fünf Zimmern, einer Küche und einem Badezimmer, war relativ groß. Thea und ihre Familie bekamen ein Zimmer und ein Kabinett, wobei sie und ihr Bruder im Kabinett schliefen und ihre Eltern sich das Zimmer teilten.

Thea tut sich schwer, ihre Erinnerungen an Wien nach dem Anschluss in Worte zu fassen.

In einem anderen Zimmer lebte ein Ehepaar, das mit Nachnamen Kornitzer hieß. Professor Kornitzer war zu der Zeit in Wien sehr bekannt. Die zwei Professoren gaben Thea nun regelmäßig Schulaufgaben, wodurch sie einiges lernte. Das bedeutete großes Glück für sie, denn zur Schule durfte sie ja nicht mehr gehen. Nach dem Krieg wunderte sie sich über ihre guten Deutschkenntnisse, die sie wahrscheinlich den beiden zu verdanken hatte.

1941 hätten Thea und ihr Bruder Georg mit dem Kindertransport nach England flüchten sollen, doch noch hatten sie nicht alle dafür nötigen Papiere. Außerdem hatten die Eltern beschlossen: »*Was immer uns passiert, wir werden es zusammen erleben.*«

Damals hatte sie nicht ahnen können, was ihnen noch zustoßen würde.

Noch im selben Jahr wurden sie »ausgehoben«. Die Nazis kamen mit einem großen Lastwagen und befahlen der Familie, innerhalb von zwei Stunden die Koffer zu packen, um dann wegfahren zu können.

Zu der Zeit hatten auch Theas Großvater und Großmutter schon die Vorladung für das Sammellager in der Sperlschule erhalten. Heutzutage ist es eine ganz normale Schule in der Sperlgasse in Wien, doch damals hatte diese Schule die Funktion eines Auffanglagers.

Die Leute wurden in diesem Lager zusammengepfercht, geschlafen wurde am Boden. Von dort aus wurde man dann nach Polen – jedoch noch nicht nach Theresienstadt – geschickt.

Der Großvater hatte jedenfalls schon die Vorladung in die Sperlschule und meldete sich freiwillig, denn Thea, Georg und ihre Eltern waren schon drinnen und er dachte, wohin sie auch gebracht würden, »*wir gehen alle zusammen.*«

Thea weiß heute, dass ihr Großvater einfach in eine Grube geschossen wurde.

Theas Vater kannte aber ein paar Männer, deren Aufgabe es war, das Gepäck der Leute, welche »ausgehoben« worden waren, von den Lastwagen in die Sperlschule zu tragen. Diese Männer, die auch Juden waren und teilweise zur Kultusgemeinde in Wien gehörten, packten nun Theas Vater, er hieß Djula (Julius), Koffer auf die Schultern und meinten, er wäre ein guter Mann, den man gebrauchen könnte.

Der SS-Mann, der dort stand, meinte: »No ja, dann lassn`s ihn hier arbeiten.« Jemand sagte dann, dass er Familie – Frau und zwei Kinder – hier hätte. Darauf der SS-Mann: »Ja, die schicken`s wieder nach Haus.« Und tatsächlich hatte man Thea und ihre Familie aus der Sperlschule entlassen.

Ihre Großeltern wurden jedoch nach Litzmannstadt (Łodz) deportiert, wo der Großvater sofort ermordet wurde. Thea weiß heute von anderen Leuten, dass er einfach in eine Grube geschossen wurde.

Thea, Georg und ihre Eltern verbrachten also noch ein furchtbares Jahr in Wien in der Große Stadtgutgasse, aber solange der Vater als Kofferträger arbeitete, waren sie zumindest ein wenig geschützt. Die anderen Leute, die dort wohnten, waren deportiert worden, doch Professor Kornitzer war mit einer Nichtjüdin verheiratet und so gab er Thea weiterhin Unterricht.

Die meiste Zeit saß sie jedoch am Fenster. Die Große Stadtgutgasse führt direkt zum Prater, und so beobachtete sie – vor allem sonntags – die Leute, die dort spazieren gingen. Thea beneidete sie so sehr, denn sie war noch ein Kind, durfte aber nicht aus der Wohnung. Mit dem Judenstern war das (fast) undenkbar. Im Jahr 1942 fingen die Transporte nach Theresienstadt an. Dadurch, dass Theas Vater immer noch in der Sperlschule arbeitete, waren sie

Thea Rumstein (im Bild oben links 1938 in Wien) hieß mit Mädchennamen Gottesmann. Ihr Vater Julius Gottesmann wurde 1944 im KZ Auschwitz ermordet.

einigermaßen privilegiert, nach Theresienstadt zu kommen, denn die Verhältnisse dort waren um einiges besser als in anderen Lagern. Die meisten Menschen, die in dieses Durchgangslager (es wird in manchen Geschichtsbüchern als »Sonderlager« eingestuft) kamen, wurden jedoch weitergeschickt.

Thea und ihre Familie sollten nun zwei Jahre hier verbringen, doch schon kurz nach der Ankunft erlitt der Vater einen Nervenzusammenbruch. Als optimistischer Mensch war er nämlich stets davon überzeugt, dass die Welt nicht zusehen – dass die Welt so etwas nicht zulassen würde. Er meinte, man würde sie befreien. Dass es noch Jahre dauern sollte, dachte er nicht.

»Die Welt macht heute nichts … in Darfur werden die Menschen umgebracht. Die Menschen – die Menschen haben sich absolutely nicht geändert. Ich glaub, sie sind noch ärger. Obwohl – damals haben sie nicht television gehabt, in der Zeitung hast du nur Schlechtes darüber gelesen, was die Juden machen und die Bolschewiken. Der Bolschewik und die Juden, die waren an allem schuld. An dem Krieg und allem, allem immer – die Amerikaner – die sagen das noch heute. Die Menschen haben sich nicht geändert.«

Damit macht Thea auf Parallelen zwischen der Vergangenheit und der gegenwärtigen Situation in bestimmten Regionen der Welt und die Wiederholung der Geschichte aufmerksam. Auf diese Weise schafft sie es mit einigen wenigen Worten auszudrücken, dass man diese damals verübten Verbrechen keinesfalls vergessen darf, auch wenn manche Beteiligten es aus verständlichen Gründen krampfhaft versuchen.

In Theresienstadt wurden Thea und Georg in ein Kinderheim gebracht. Zwar wurden sie aus ihrem Zuhause gerissen, doch in Theresienstadt wurden ihnen – anders als in Auschwitz oder Mauthausen – nicht die Haare rasiert und sie durften alles, was sie im Koffer mitgebracht hatten, behalten.

Thea teilte sich mit etwa 35 Mädchen ein Zimmer und gemeinsam versuchten sie das Beste aus ihrer Situation zu machen. Doch sie bekamen wenig zu essen und so war der Hunger ein permanenter Begleiter.

Die meisten Burschen und Mädchen gingen damals in die Landwirtschaft, aber Thea entschied sich für die Schneiderei, um vielleicht nach dem Krieg einen Beruf zu haben. Noch heute scheint sie glücklich über ihre Entscheidung zu sein, denn immer noch hilft ihr das damals Gelernte im Alltag.

Eine gute Erinnerung hat sie noch an die damalige Zeit. Mit Gleichaltrigen – acht Burschen und vier Mädchen – gründete sie eine Verbindung. Freitags trafen sie sich regelmäßig und brachten Brot, Zucker und Margarine mit, woraus sie sich dann eine Brottorte machten. Zusammen lernten sie auch Hebrä-

isch, was stark zur Harmonie innerhalb der Gruppe beitrug.

Die älteren Mitglieder ihrer Verbindung, die etwa 25 Jahre alt gewesen sind, waren bereits in Wien Zionisten gewesen und wollten alle schon nach Palästina (Israel gab es damals noch nicht) auswandern. Diese konnten also schon Hebräisch und gaben es an die jüngeren Mitglieder weiter. So lernten sie zunächst das Alphabet und nach und nach auch die Sprache.

Damals sagte Thea ihrer Mutter immer, sie müsste nach dem Krieg noch ein Kind bekommen, denn sie selbst und Georg wollten ebenfalls nach Palästina gehen.

Thea wollte keinesfalls zurück nach Wien, die Stadt, aus der sie rausgeworfen worden waren.

So lebten sie zwei Jahre lang in Theresienstadt. Badezimmer gab es dort natürlich keine. Es gab ein einziges Klo, vor dem sich jedoch immer eine Schlange bildete. Ihre einzige Waschgelegenheit waren drei oder vier Lavoirs, die sich alle 35 Mädchen teilen mussten. Mit einem Lächeln denkt Thea heute daran zurück, wie sie sich immer als Erste meldete: »*Ich bin die Erste!*« Von Brausebädern konnte man damals nur träumen, doch immer noch waren sie alle zusammen und voll Hoffnung.

Eines Tages im Jahr 1944 erhielten alle in Theresienstadt den Befehl, sich in Hundertschaften aufzustellen. Es hieß, man würde sie alle erschießen. Der Grund dafür war der missglückte Mordversuch an Hitler, doch das wussten sie damals natürlich nicht.

Vom frühen Morgen bis in die Nacht hinein warteten sie – immer noch in Hundertschaften aufgestellt. Sie durften nicht einmal auf die Toilette und so mussten sie ihre Notdurft an Ort und Stelle verrichten.

In der Nacht kam dann die Nachricht (wahrscheinlich aus Berlin), dass alle 60 000, 70 000 Gefangenen wieder zurück ins Lager gehen mussten.

Ein paar Monate nach diesem Mordversuch an Hitler wurden Transporte organisiert. Schon seit Thea mit ihrer Familie nach Theresienstadt gekommen war, wurden regelmäßig Gefangene in Vernichtungslager, etwa nach Bergen-Belsen, deportiert. Den Gefangenen wurde selbstverständlich keine Auskunft darüber erteilt. Es hieß stets, sie würden bloß in andere Lager, Arbeitslager, gebracht. Dort würden nämlich neue Arbeiter gebraucht. Niemand wusste, wohin man sie wirklich brachte.

Theas Vater und Bruder waren schon im ersten Transport nach dem Mordversuch an Hitler. Am Tag danach hieß es dann, die Frauen könnten sich freiwillig melden, um ihren Männern zu folgen. Thea und ihre Mutter meldeten sich sofort. Sie wären so oder so drangekommen, denn alle wurden früher oder später deportiert.

Rafael Rumstein, der Vater von Theas Mann Jack Rumstein, wurde 1943 im KZ Auschwitz ermordet.

Sie waren also im so genannten »Zweiten Männertransport«. Drei Tage waren sie unterwegs, ohne zu wissen, wo der Zielort war. Sie fuhren und fuhren und auf einmal sahen sie das Schild: Oswiecim (Auschwitz).

Nun wussten sie, wo sie waren – und sie wussten, es bedeutete etwas Schreckliches. Sie hatten vorher schon von Auschwitz gehört, doch sie wussten nicht, was dort passierte. Der Zug hielt direkt vor der Aufschrift »Arbeit macht frei«. Sie mussten raus aus den Waggons, sich in Reihen aufstellen. Ein einziges Gefühl beherrschte alle: unbeschreibliche Angst. Und da waren Dr. Mengele und noch zwei oder drei SS-Männer, die meinten, es sei ein langer Weg ins Lager. Wer sich müde, krank oder schwach fühlte, wer Kinder hatte und älter sei, könne mit dem Lastwagen ins Lager geführt werden.

Sie fuhren und fuhren und auf einmal sahen sie das Schild: Oswiecim – Auschwitz.

Bei der »*Ausmistung*« (Selektion) durch Dr. Mengele und einen anderen SS-Mann wurde Theas Mutter dann gefragt, ob sie krank sei. Und sie, müde von den Strapazen der letzten drei Tage, sagte in der Hoffnung mit dem Lastwagen fahren zu können: »*Ich bin nicht krank, ich bin verkühlt.*«

Dann musterte Mengele Thea, deutete ihr mit einer Handbewegung, weiter zu gehen und sagte: »Diese Seite.« Es war nicht die Seite, auf die ihre Mutter geschickt wurde. Hinter den SS-Männern packte Thea die Hand ihrer Mutter und dachte sich: »*Ich geh nicht dahin, wo die alten Leute sind.*«

Die jungen, arbeitsfähigen Leute wurden nämlich alle auf die gleiche Seite geschickt wie sie selbst. Und so rettete Thea, ohne es zu wissen, ihrer Mutter das Leben. Denn diese war schon auf der Seite gewesen, von wo aus die Menschen direkt in die Gaskammer geführt wurden.

»*So dann – Auschwitz war die Hölle, die Hölle auf Erden*«, denkt Thea an diese Zeit zurück. Es war im Oktober und in Auschwitz (gelegen in Oberschlesien) »*regnet es so wie in Russland. Es regnet, es schneit, es … Wasser, überall Wasser…*« Gras wuchs dort keines. Am Boden war nur Dreck, in den man einsank.

Nun kamen sie in große Baracken, die vorher anscheinend Pferdeställe gewesen waren. Drinnen befanden sich bloß Stockbetten – ohne Matratzen, ohne Decken.

Doch vorher brachte man sie noch in einen großen Raum, wo sie alles, das ihnen gehörte, auf den Boden legen mussten. Schmuck, Gold, Silber – alles was sie hatten, mussten sie auf den Boden schmeißen. Dann wurden ihnen alle Haare abrasiert. So saßen sie dort, mit Glatzen. Sie erkannten sich kaum noch.

Komplett nackt standen sie nun vor einem großen Kleiderhaufen - Gewand, das anderen, die vergast wurden, abgenommen worden ist. Thea schnappte sich ein Kleid, einen Mantel und ein Paar Männerschuhe. Die waren zwar verschieden, aber zum Schnüren und um diese beneideten sie dann später alle. Sie konnte nämlich Papier hineinstopfen, um sich wenigstens ein wenig vor der eisigen Kälte zu schützen.

Alle Haare abrasiert. So saßen sie dort mit Glatzen. Sie erkannten sich kaum noch.

Inzwischen waren wieder die SS-Männer gekommen und es gab eine neuerliche Selektion, bei der sie sich wieder nackt ausziehen mussten.

Impetigo (eine Hautkrankheit), ein einziges Wimmerl, oder was immer die SS-Männer störte, konnte ein Grund dafür sein, unverzüglich in die Gaskammer geschickt zu werden.

Zu dem Zeitpunkt wussten sie aber noch nicht, dass diese Menschen in die Gaskammer geschickt wurden. Sie wunderten sich, wo die selektierten Leute wohl sein mögen und fragten später immer die dortigen Wärter, die Kapos. Diese waren meistens Polen, selbst Juden. Und sie zeigten bloß auf große rauchende Kamine.

Spätestens jetzt realisierten Thea und die Mitgefangenen rings um sie, dass sie sich in einem reinen Vernichtungslager befanden.

Die Aufseher waren vorwiegend Frauen in grauen SS-Uniformen. Jede hatte einen Hund, meist einen Wolfs- oder Schäferhund und eine Peitsche. Daran kann sich Thea noch sehr gut erinnern.

Thea und die anderen Häftlinge taten dort nichts. Sie wurden immer von neuem selektiert, oder auf den Zählappell gerufen, wo sie sich aufstellen mussten und sie wurden gezählt und wieder gezählt … Viele brachen während dieser Appelle zusammen und wurden deshalb von den Kapos mit eiskaltem Wasser begossen. Sie taten es nicht, um die Gefangenen noch mehr zu quälen, sondern um ihnen ihr Leben zu retten, denn dadurch kamen die meisten wieder zu Bewusstsein und standen auf. Andernfalls hätte man sie sofort weggeschafft.

Nach etwa drei Wochen wurden dann ungefähr 1000 Frauen – unter ihnen Thea und ihre Mutter – auf Viehwaggons getrieben. Und wieder befanden sie sich auf einer Fahrt ins Ungewisse. Sie fuhren und fuhren und fuhren – bis sie schließlich in Freiberg in Sachsen, einem Nebenlager des Konzentrationslagers Flossenbürg, landeten.

Dort arbeiteten sie in einer ehemaligen Porzellanfabrik, die zu einer Flugzeugfabrik umfunktioniert worden war. Es war eine der im 3. Reich sehr bekannten »Messerschmitt« Fabriken, die für die Nazis Tragflächen für Flugzeuge herstellten.

Anfangs schliefen sie in Stockbetten in der Fabrik, in denen es von Ungeziefer nur so wimmelte, bis später Baracken gebaut wurden.

Der »Arbeitstag« in der Fabrik dauerte etwa 14 bis 16 Stunden. Zu essen bekamen sie in der Früh eine schwarze Flüssigkeit, die Kaffee genannt wurde, und eine Scheibe Brot. Das musste für den ganzen Tag ausreichen, denn erst am Abend gab es dann einen Schöpflöffel Rübensuppe.

Theas Aufgabe in der Fabrik war es, am Fließband Nägel in irgendwelche Tragflächenteile zu hämmern. Ein Aufseher kontrollierte die Arbeit der Gefangenen.

Es war Winter. Die Gefangenen besaßen weder Unterwäsche noch Strümpfe, Thea hatte bloß ihr Kleid und ihren Mantel.

Aufgrund des Schocks, den die Frauen und Mädchen dort erlitten, blieb bei vielen die Menstruation aus. Es war eiskalt und furchtbar.

Sie mussten jeden Morgen um 4.30 Uhr aufstehen und ihre Baracken verlassen. Dem folgte ein einstündiger Marsch, doch trotz der Kälte, des Schnees und der mangelhaften Bekleidung bekamen die wenigsten eine Verkühlung. Das ist durchaus interessant, aber damals wunderten sie sich nicht darüber. Sie dachten nicht darüber nach. Sie dachten gar nichts. Sie ließen sich einfach treiben, wie Vieh – wie Schafe, die man grasen lässt.

Die meisten Frauen waren Hausfrauen und unterhielten sich übers Kochen, tauschten Erfahrungen über Rezepte aus. Thea war damals 16 Jahre alt und diese Gespräche regten sie auf, nicht zuletzt, weil sie ohnehin immer hungrig war.

In der Fabrik hatte sich Thea einmal eine Schürfwunde zugezogen. Durch ein Öl, das dort verwendet wurde, bekam sie eine Blutvergiftung. Als sie am nächsten Morgen aufwachte, war ihre Hand zweimal so dick wie normal. Das versetzte sie in Angst, denn es gab weder eine Krankenstube, noch hatte sie einen Verband. Also schlitzte sie sich die Hand selbst auf und presste alles heraus. Wenn Thea heute ihre Hand ansieht, denkt sie daran zurück wie an ein Wunder. Flüssigkeit rann aus der Wunde und mit etwas Papier gelang es ihr, eine Art Verband dafür zu machen.

Erschüttert denkt sie an die Weihnachtszeit 1944 zurück. Wie üblich marschierten sie von den Baracken in Richtung Fabrik. Die Fenster waren beleuchtet und im Vorbeigehen hörte Thea Musik. Es war das Fest des Friedens, doch nicht ein Mensch, nicht eine Seele gab ihnen ein Stück Brot oder ließ ihnen etwas zukommen. Thea sah die Weihnachtsbäume und die Leute, die feierten. Sie war ihnen neidig, in einem solchen Frieden leben zu können. Damals hatte es noch keine Bombenangriffe gegeben.

Die meisten Leute in ihrer Umgebung waren jung, etwa zwischen 20 und 30 Jahre alt. Es gab nur wenige ältere Leute. Die Älteren wurden meist unverzüglich getötet.

Am 15. 02. 1945 gab es einen großen Luftangriff auf Dresden, bei dem Tausende von Menschen ihr Leben verloren. Die Engländer bombardierten die Stadt flächendeckend.

Für Thea und die anderen Gefangenen gab es keine Luftschutzkeller. Sie wurden alle vor die Fabrik geschickt, wo sie völlig schutzlos im Schnee saßen und den roten Himmel anschauten. Die Bomben fielen vom Himmel, Thea saß zitternd neben ihrer Mutter und fragte verzweifelt was wäre, wenn sie nur verletzt würden, wenn sie nicht gleich getötet werden würden. Dann würden sie wieder zurück nach Auschwitz gebracht werden. Sie hatte große Angst.

Etwa 35 000 Menschen waren bei diesem Angriff ums Leben gekommen. Es war Krieg …

Die Russen kamen immer näher und befreiten Sachsen. Thea und die anderen Gefangenen wurden nun auf offene Viehwaggons gepfercht und herumgeführt. Sie sahen unzählige Kampfflieger und hörten Menschen schreien. Viele wurden wahrscheinlich aus den Waggons geholt und dort erschossen.

Es war wieder eine Odyssee ins Unbekannte. Sie fuhren durch Pilsen und überlegten, wo sie wohl hingebracht werden würden. Sie hofften, dass ihr Zielort Theresienstadt sein würde. Sie waren alle ausgehungert, denn sie hatten während der Fahrt nichts zu essen bekommen. Von Zeit zu Zeit blieb der Zug stehen. Auf den Bäumen wuchsen schon Blüten, die sie aßen, und sie tranken Wasser aus Bächen. Nach zwei Wochen erkannten sie schließlich, wohin sie wirklich gebracht wurden: Mauthausen.

Thea sah die Weihnachtsbäume und die Leute, die feierten. Sie war neidig …

Die wenigsten von ihnen waren Österreicherinnen, die meisten Frauen waren Slowakinnen. Doch für Thea und ihre Mutter war es eine gewisse Ironie, dass sie zuerst aus dem Land, in dem sie geboren worden sind, vertrieben wurden, und nun in eben diesem Land in ein KZ gesperrt wurden.

Die Frauen und Männer, die bei ihrer Ankunft dort standen, sahen sie an und meinten: »Noja, ihr Judenweiber, … hier werdet ihr eure ewige Ruhe finden. Da kummt kana raus!«

Dabei darf man nicht vergessen, dass es schon Ende März, Anfang April 1945 war.

Allein der Aufstieg beim Eingang und das Treppensteigen waren schon eine Tortur. Als sie oben im Lager ankamen, brachen sie alle zusammen.

Später sahen sie dann das Schild mit der Aufschrift »Brausebad« und als Thea dieses erblickte, fing sie an zu weinen, denn sie dachte, sie würden alle vergast werden. Da wussten sie nämlich schon über Mauthausen Bescheid und sie wussten auch, was »Brausebad« bedeuten konnte. Hoffnung hatten sie damals keine mehr.

Nach dem Krieg fragten dann die Leute oft, wieso sie denn nicht zurück geschlagen hätten. Diese Frage hat Thea immer schon gestört, denn womit hätten sie sich wehren sollen? Man wurde bereits erschossen, wenn man bloß den Mund aufmachte.

Thea und die anderen Gefangenen standen also dort, da kam ein Mann in gelber Uniform (kein SS-Mann) zu ihr und wollte wissen, wieso sie weinte. Sie antwortete, dass sie doch vergast werden würden, doch er erklärte ihr, dass dies nun nicht mehr geschah.

Weiters fragte er sie, woher sie kam und ob sie allein dort wäre. Er war ein Soldat des Afrika-Korps und man hatte ihn als Aufseher nach Mauthausen geschickt. Er wusste schon damals, dass es zu Ende ging, doch die Gefangenen wussten es nicht. Sie hatten weder Radio, noch Zeitung, noch hatte ihnen irgendwer etwas gesagt. Das einzige, was sie wussten, war, dass sie in Mauthausen waren.

Eigentlich empfanden sie gar keine Gefühle, waren komplett gefühllos und blieben liegen.

Der Aufseher fragte sie also, ob sie allein dort wäre und sie sagte ihm, dass auch ihre Mutter bei ihr war. Er deutete ihr zu warten und als er zurückkam, hatte er für Thea und ihre Mutter jeweils ein Stück Brot mitgebracht. Er erzählte ihr, dass er aus München sei, eine Frau und sechs Kinder gehabt hatte, die aber alle bei einem Angriff getötet wurden. Nach diesem Gespräch hatte sie ihn nie wieder gesehen.

Sie gingen nun die Todesstiege hinunter und wurden ins »Zigeunerlager« gebracht. Dort lagen sie und taten nichts. Sie hörten Schüsse und Kanonen, doch sie wagten nicht zu denken, dass der Krieg zu Ende ging.

Sie bekamen alle 14 Tage einmal etwas zu essen. Aus großen Fässern wurden Gurken ausgeteilt. Sonst lagen sie nur.

Eines Tages kam jemand von außen ins Lager und erzählte, er habe Amerikaner in Jeeps gesehen. Doch von Euphorie oder ähnlichen positiven Gefühlen merkte man nichts. Niemand freute sich. Eigentlich empfanden sie gar keine Gefühle, waren komplett gefühllos und blieben liegen.

Da kam noch einmal der Münchner Aufseher zu Theas Mutter, fragte sie nach ihrem Namen und verschwand. Uniform trug er zu diesem Zeitpunkt keine mehr.

Inzwischen war Theas Mutter furchtbar krank geworden, hatte angeschwollene Beine. Da sah Thea einen Krankenwagen, mit dem ihre Mutter ins Lager hinauf gebracht wurde. Wäre sie unten geblieben, wäre sie wahrscheinlich gestorben.

Gemeinsam mit ihrer Freundin Gerti, die sie schon in Auschwitz wieder getroffen hatte, verbrachte Thea noch zwei Wochen dort. Sie lagen da, denn sie hatten keine Kraft mehr, waren todkrank.

Andere Gefangene, Ukrainerinnen, gingen nach der Befreiung öfter aus dem Lager und kamen von den umliegenden Bauernhöfen mit (wahrscheinlich) gestohlenen Hühnern zurück.

Da meinte auch Thea eines Tages, dass sie etwas unternehmen müssten. Thea dachte, dass man ihnen vielleicht etwas geben würde, ihnen helfen würde, wenn sie sagten, sie seien Österreicherinnen. Also gingen Gerti und sie zu einem Bauernhaus, klopften an die Tür und baten den Besitzer um ein wenig Nahrung. Dieser gab ihnen jedoch jeweils ein Glas Wein.

Plötzlich kamen zwei Österreicher mit Gewehren und betrachteten Thea und Gerti. In Mauthausen hatte man ihnen ihre Kleidung weggenommen und so saßen sie in verlausten Männerunterhosen und Hemden dort. Und da meinten die zwei Österreicher: »No, was machen denn die zwei Judenweiber hier? Heraus, heraus von hier!« Dabei muss man beachten, dass das schon nach dem Krieg war. Thea und Gerti standen auf und liefen weg – sie hatten Glück, dass sie nicht erschossen wurden.

Nach der Befreiung gingen sie die Todesstiege hinauf. Thea dachte, sie würde auf dieser Stiege sterben.

Sie liefen, doch vom Wein bekamen sie furchtbaren Durchfall und mussten fast bei jedem Baum stehen bleiben, bis sie schließlich im »Zigeunerlager« ankamen. Dort blieben sie – geschwächt vom Durchfall – wieder einfach liegen. Doch dann beschlossen sie, Theas Mutter zu suchen.

Eines Tages in der Früh – sie konnten kaum gehen, so schwach waren sie – gingen sie die Todesstiege hinauf. Sie mussten auf jeder zweiten Stufe rasten und Thea dachte, sie würde auf dieser Stiege sterben.

Stunden später waren sie völlig erschöpft oben angekommen und fingen an, nach Theas Mutter zu rufen. Wieder vergingen einige Stunden, als sie plötzlich die Mutter ganz leise Theas Namen rufen hörten. Thea und Gerti stiegen durchs Fenster ins Zimmer, in dem die Mutter lag und legten sich in ein Bett.

Die Amerikaner waren auch schon da und versorgten sie mit Essen.

Im Lager gab es viele so genannte »Mischlinge«, Kinder aus Familien mit einem nichtjüdischen Eltern- oder Großelternteil. Da kam es vor, dass manche Eltern ihre Kinder wegschickten, weil sie meinten, sie seien sowieso nur »Judenkinder«. Denen waren ihre eigenen Kinder egal.

Jedenfalls war da im Lager dieses »Mischlings«-Mädchen Anne-Marie. Sie hatte irgendwo ein Stück Speck bekommen und aß ihn. Plötzlich sah Thea sie am Boden liegen und meinte, sie solle sich doch lieber ins Bett legen. Doch da war sie schon tot. Der Körper war die Nahrung nicht mehr gewöhnt.

Es war schon Ende Mai, Anfang Juni 1945, und obwohl sie schon am 5. Mai befreit worden waren, waren sie zu dem Zeitpunkt immer noch in Mauthausen. Da meinte Thea, es sei Zeit, nach Wien zurückzukehren. Doch sie hatten nichts außer ihrer verlausten Unterwäsche. Sie bekamen von den

Amerikanern drei Tischtücher, die Thea zu drei Blusen und Röcken verarbeitete, um eine anständige Kleidung für die Rückreise nach Wien zu haben. Schneidern hatte sie damals in Theresienstadt gelernt und so war das kein Problem für sie.

Über viele Umwege kamen sie dann nach Wien. Auf der Fahrt dorthin wäre Thea beinahe von einem Russen vergewaltigt worden. Sie saßen in einer Bäckerei und aßen, als der Russe – ein hoher Offizier – kam und sie in ein Zimmer führte. Mit letzter Kraft schaffte sie es, sich loszureißen und wegzurennen. Danach weinte sie.

Da sprach sie ein Mann in Jiddisch an und fragte, wieso sie denn weine. Sie erzählte ihm von dem Vorfall und dieser Pole, der in der russischen Arme diente, meinte, sie solle ihre Mutter holen. Von nun an wurden sie von ihm beschützt. Er suchte ihnen ein Zimmer im russischen Quartier und versprach immer zu helfen, wenn sie nicht in Ruhe gelassen würden.

Ein paar Tage später kamen sie schließlich nach vielen Zwischenstopps am Westbahnhof in Wien an. Alles dort, die ganze Mariahilfer Straße, alle Geschäfte waren zerbombt. Mit der Mutter ging Thea die Straßen entlang und am Schottenring trafen sie einen ehemaligen Bekannten ihres Vaters. Dieser brachte sie dann über eine Brücke und durch die Malzgasse in ein jüdisches Spital. Dort blieb Thea etwa vier Wochen. Sie wog bloß 37 Kilo, doch ihre Haare begannen wieder nachzuwachsen.

Die Mutter blieb jedoch noch lange im Krankenhaus. Sie war komplett entkräftet und sehr krank. Zu dem Zeitpunkt wussten sie noch nicht, wo sie hin sollten. Vor dem Krieg hatten sie aber eine Haushelferin gehabt, die inzwischen Hausmeisterin in der Vereinsgasse geworden war. Diese nahm sie dann bei sich auf.

Später fanden sie heraus, dass Theas Großmutter und die Geschwister ihres Vaters in Budapest noch am Leben waren. Diese wollten, dass die beiden zu ihnen auf Erholung kamen, aber Thea wollte nicht in Ungarn bleiben und so gingen sie wieder zurück nach Wien. Doch sie hatten nichts, sie besaßen gar nichts.

Theas Mutter fand eine Wohnung im 13. Bezirk, welche Nazis gehört hatte, die geflüchtet waren.

Thea besuchte einen Kurs in der Handelsschule Weiß und lernte dort Stenographie und Maschinenschreiben. Mit Hilfe eines Freundes bekam sie dann einen Job im American Joint Distribution Comittee (AJDC).

Statt Geld bekamen sie Care-Pakete und die Mutter fand eine Wohnung in einem Siedlungshaus der Gemeinde im 13. Bezirk, welche ursprünglich Nazis gehört hatte, die geflüchtet waren. Diese Wohnung bedeutete für Thea und ihre Mutter eine Art Neubeginn.

In der Arbeit verdiente Thea Zucker, Mehl, Konserven und ähnliche Sachen, die sie auf dem Schwarzmarkt verkaufte. Geld war damals nicht viel wert, doch sie konnten sich ein Radio kaufen oder was immer sie eben brauchten. Ein guter Freund ihres Vaters war Zahnarzt. Er kam jede Woche, holte die Sachen ab, für die sie keine Verwendung hatten, verkaufte sie auf dem Schwarzmarkt und brachte ihnen das Geld.

Als Thea eines Tages im Jahr 1946 in der Kultusgemeinde am Schottenring 25 war, kamen zwei amerikanische Soldaten, die nach Thea Gottesmann suchten. Sie wollten, dass sie mit ihnen nach München ging. Sie sagten ihr nicht, worum genau es ging, doch sie war damals 18 Jahre alt und dachte sich, das sei ein Abenteuer, ein Erlebnis.

Das war das erste Mal, dass sie mit einem Flugzeug der »Airforce« flog. In München wurde sie mit einem Jeep abgeholt und nach Dachau gebracht. Dort gab man ihr ein Buch mit Bildern und bat sie nachzusehen, ob sie jemanden kannte. Und plötzlich erkannte sie auf einem der Bilder den Mann, der ihr und ihrer Mutter in Mauthausen das Brot gegeben hatte. Sie erzählte diese Geschichte und war furchtbar nervös. Sie musste vor den Richter, denn wie den Nürnberger-Prozess, gab es auch den Dachauer-Prozess. Nun musste sie die Geschichte niederschreiben und Fragen beantworten.

Thea und Jack möchten keinen Hass im Herzen tragen, nichts und niemanden hassen …

Sie regte sich sehr auf, denn sie war Zeugin für die Verteidigung. Wie hätte dieser Mann Aufseher werden können, wäre er nicht ein Nazi gewesen? Er brauchte ein Alibi und Thea musste ihre Aussage machen. Als sie endlich wieder daheim war, las sie dann in der Zeitung, dass 62 Nazis schuldig gesprochen worden und ins Gefängnis in Landsberg gekommen sind. Aber schon bald las sie einen Artikel, in dem berichtet wurde, sie seien alle wieder entlassen worden. Nur diejenigen, die beim Nürnberger-Prozess verurteilt wurden, bekamen härtere Strafen. Doch viele waren nach Südamerika geflohen.

In Wien arbeitete Thea bei AJDC weiter, doch 1947 beschloss sie, ihren Abschluss nachzuholen. Professor Kornitzer, mit dem sie Jahre zuvor die Wohnung geteilt hatten, schrieb ihr ein Empfehlungsschreiben für den Stadtschulrat. Damit ermöglichte er ihr eine so genannte Externisten-Reifeprüfung. Viele von Theas Freunden legten ebenfalls so eine Prüfung ab. Eine ihrer Freundinnen ist Herzspezialistin, eine andere Anwältin …

Damals bekam sie immer öfter Briefe von Jack, ihrem jetzigen Mann.

Ihre Freundin Gerti wanderte 1949 nach Amerika aus. Thea besuchte sie dort und nach drei Jahren in Wien brach sie ihr Studium ab. Sie kehrte nach Amerika zurück und sah nach sechs oder sieben Jahren Jack wieder.

Zum ersten Mal waren sie sich in Wien begegnet, als seine Mutter, die auch das KZ Auschwitz überlebt hatte, noch am Leben war. Diese war nach dem Krieg, im Jahr 1946, wie auch viele andere, die sowohl psychisch als auch physisch zugrunde gingen, gestorben.

Das Alter spielte dabei eine wichtige Rolle, denn Thea war jung und verarbeitete alles viel schneller als etwa ihre Mutter.

In der Leopoldstadt in Wien gab es jedenfalls eine Küche, und eines Tages saß Thea mit ihrer Mutter an einem Tisch, als diese plötzlich überrascht feststellte, dass sie neben Frau Rumstein und ihrem Sohn Jack saßen. Ihre Mutter hatte die beiden schon länger gekannt.

Thea gefiel Jack sofort, sie mochte vor allem seine blauen Augen. Er war damals 24 Jahre alt, sie jedoch war noch sehr kindisch. Trotzdem gingen sie bald gemeinsam aus – ins Kino zum Beispiel. Doch dann wurde seine Mutter sehr krank und sie sahen sich etwa ein Jahr nicht. Jack wollte sowieso nicht in Wien bleiben. 1939 hätte Jack genau wie sein Bruder nach Amerika flüchten sollen. Es war schon alles bereit, sie hatten sogar schon eine Schiffskarte und die Einreisebewilligung. Doch da wurde er im Alter von 17 Jahren deportiert.

Seinen Bruder, der 13 Jahre alt war, ließen sie daheim. Dieser fuhr dann alleine nach Amerika, aber er hat es nie richtig verkraftet.

Jack jedoch war bis Kriegsende in verschiedenen Konzentrationslagern.

Obwohl beide – Thea und Jack – unvorstellbar Schreckliches während des 2. Weltkrieges erlebt hatten, obwohl sie aus ihrer Heimat vertrieben wurden, kommen sie noch heute gerne nach Österreich zurück, um unter anderem auch ihre Freunde zu besuchen.

Sie können und wollen die Vergangenheit zwar nicht vergessen, es ist ihnen aber wichtig, keinen Hass im Herzen zu tragen - nichts und niemanden zu hassen.

Thea Rumstein, fotografiert 1947.

Thea hat mir ihre ganze Geschichte ohne Zögern näher gebracht, doch trotz ihrer offenen Art zu erzählen, meinte sie abschließend, eigentlich nicht gerne über ihre Vergangenheit zu reden. Umso dankbarer bin ich ihr für die Zeit, die ich mit ihr und Jack in ihrem gemütlichen Haus in Long Island verbringen durfte.

Ein Leben lang im Widerstand

Käthe Sasso wurde mit 16 Jahren wegen Widerstands gegen das NS-Regime inhaftiert, verurteilt und in das KZ Ravensbrück deportiert.

Käthe Sasso wird im März 1926 in Wien geboren. Ihre Eltern sind politisch tätig und engagieren sich gegen die aufstrebenden Nazis. Nachdem ihr Vater zur Wehrmacht eingezogen wird und ihre Mutter stirbt, bleibt Käthe Sasso als 16-jährige in der Widerstandsgruppe »Gustav Adolf Neustadl« aktiv. 1942 wird sie inhaftiert, durchlebt fast zwei Jahre in Gefängnissen, ehe sie 1944 ins KZ Ravensbrück deportiert wird. Käthe Sasso bleibt nach dem Krieg in Österreich, heiratet Josef Sasso – wie sie Widerstandskämpfer. Bis heute engagiert sie sich für das Andenken an die politisch Verfolgten des NS-Regimes.

Am 5. Mai 2008 hat **Käthe Sasso,** die als Zeitzeugin regelmäßig Schulen besucht, auf der Gedenkveranstaltung am Heldenplatz in Wien gesprochen. Ihre Geschichte hat **Katja Seidel** vom Team »A Letter To The Stars« aufgezeichnet.

Käthe Sasso wird am 18. März 1926 als Käthe Smudits im dritten Wiener Gemeindebezirk, in der Dietrichgasse, geboren. Als Kleinkind wächst sie bei ihrer Großmutter Majka in Nebersdorf im Burgenland auf. Diese enge Bindung an die Großmutter ist auch der Grund für ihre Zweisprachigkeit, Kroatisch-Deutsch, die es ihr später erleichtert hat, Russisch zu erlernen, eine Sprache, die ihr immer wieder sehr geholfen hat. In Wien geht Käthe Sasso in der Herzgasse zur Schule und wohnt bei den Eltern in die Eckertgasse 5/18 im 10. Bezirk.

Die Eltern Agnes und Johann Smudits sind beide politisch sehr engagiert, der Vater wird deshalb schon im Jahre 1935, in der so genannten Systemzeit der Jahre 1934 - 38, verhaftet und vier Wochen lang auf der Rossauer Lände inhaftiert. Nach seiner Entlassung wird er aus Wien verwiesen und muss im angrenzenden Niederösterreich leben. Mit Ausbruch des Zweiten Weltkriegs wird Johann Smudits zur Wehrmacht eingezogen, beim Flieger-Bodenpersonal, und kommt nach Russland. Die Mutter bleibt weiterhin – trotz schwerer Krankheit – politisch tätig, und auch die junge Käthe beteiligt sich von Anfang an an der Widerstandstätigkeit.

»Ich hatte eine Lehrerin, meinen Klassenvorstand, die ich verehrt habe. Sie war eine besorgte und liebende Mutter und hat uns immer von ihrer 8-jährigen Tochter erzählt, ich war damals 13 Jahre alt. Und diese Frau trug das österreichische Abzeichen auf ihrem blauen Arbeitsmantel, eine Kokarde, rot-weiß-rot. Zu Hause fragte ich meine Eltern über das Abzeichen. ›Ja, das ist das von der christlich-sozialen Partei, das musst du verstehen‹, hat man mich aufgeklärt, ›sonst verliert sie wahrscheinlich ihren Arbeitsplatz!‹, denn Arbeitslose gab es damals zu Tausenden. Das konnte ich begreifen. Und wie gesagt, ich hab sie verehrt, diese Frau Klassenvorstand.

Dann kam der 12. März 1938, zwei Tage waren wir nicht in der Schule. Wieder in der Klasse, kommt die Frau Lehrerin, der Arbeitsmantel war der gleiche, aber die Kokarde war nicht mehr drauf. Stattdessen ein großes Hakenkreuz, golden umrahmt. Neugierig, wie ich war, habe ich aufgezeigt und gefragt: ›Bittschön Frau Klassenvorstand, was ist das für ein Abzeichen?‹ ›Ja‹, hat sie gesagt, ›ich bin Blutordensträgerin. Das ist das neue nationalsozialistische Abzeichen.‹ ›Blutordensträgerin?‹ ›Naja, ich war schon illegal bei den Nationalsozialisten. Und dafür ist das sozusagen ein Orden.‹ Da hab

Käthe Sasso setzt sich heute dafür ein, dass die Gräber der hingerichteten WiderstandskämpferInnen zu Ehrengräbern gemacht werden.

ich mich wieder hingesetzt. Nach ein paar Minuten habe ich noch einmal aufgezeigt und gefragt: ›Bittschön, wo ist die Fleißig Litzi, wo ist die Spielberg Inge, wo ist die Fischer Erika?‹ Das waren drei jüdische Mitschülerinnen in der Klasse, wir haben uns schon seit der Volksschule gekannt. Und diese gutmütige Mutter und Blutordensträgerin hat mich angeschnauzt, ich solle mich sofort niedersetzen, jüdische Kinder hätten in unserer Klasse keinen Platz ... Was wäre, wenn sie eine Jüdin gewesen wäre? Oder einen Juden geheiratet hätte? Hätte sie dann auch so gedacht oder gehandelt? Und damals habe ich mit meinen 12 Jahren begriffen, dass es stimmt, was meine Eltern und die Menschen in der Umgebung meiner Eltern gesagt haben, nämlich, dass Hitler wirklich schlimm ist. Die haben damals schon gesagt, dass er Krieg bedeutet. Und so bin ich in all das reingekommen ...«

»Bittschön, Frau Lehrerin, wo ist die Fleißig Litzi, wo ist die Spielberg Inge, wo die Fischer Erika?«

Am 8. 7. 1941 stirbt Käthe Sassos Mutter an ihrer schweren Krankheit, Käthe bleibt allein – als einzige Minderjährige – in der Widerstandsgruppe

Erinnerungen. Das Bild oben zeigt Käthe Sasso als Kleinkind. Unten: Käthe Sasso mit Harald Krassnitzer am 5. Mai 08 auf dem Heldenplatz.

»Gustav Adolf Neustadl«. Die Ziele der Gruppe sind vor allem die Unterstützung von Witwen hingerichteter Widerstandskämpfer mit Lebensmitteln, das Hören ausländischer Radiosender und das Verteilen von Flugblättern gegen den Faschismus. »Man wollte aufmerksam machen, dass es noch Menschen gibt, die sehen, was in Österreich, was in unserem schönen Wien, passiert ist – besonders mit der armen jüdischen Bevölkerung. Wir wollten einfach zeigen, dass es noch Leute gibt, die dagegen sind!«

Einige wichtige Mitglieder der Gruppe waren Emi Tolnay, Teresia Dworschak, Maria Sip, Rosalia Graf und Gatte sowie das Ehepaar Gaida. Sie alle wurden im Laufe der Zeit wegen Hochverrats hingerichtet.

Nachdem Käthe Sasso von einem Spitzel, der von der Gestapo in die Gruppe eingeschleust worden war, denunziert wurde, wird sie am 21. 8. 1942 inhaftiert und bis Oktober auf der »Liesl« eingesperrt, wie das Polizeigefängnis auf der Rossauer Lände genannt wurde. Von dort wird sie in die Schiffamtsgasse überführt, wo sie bis 1943 bleibt. Im Jänner 1943 kommt es zur Verlegung auf das Landesgericht I, wo sie bis zu ihrer Verhandlung am 26. 4. 1944, wenige Wochen nach ihrem 18. Geburtstag, über ein Jahr inhaftiert ist und auf ihre Verhandlung warten muss. Auf Grund von Käthe Sassos Minderjährigkeit zum Zeitpunkt der Verhaftung wird bei ihr eine Ausnahme gemacht, und die Verhandlung vor dem 6. Senat abgehalten, wodurch Frau Sasso dem Todesurteil entkommt – im Gegensatz zu siebzig Prozent ihrer Gruppenmitglieder.

Nach dem Schuldspruch wird Käthe Sasso in das Arbeitserziehungslager Oberlanzendorf gebracht, ein Ort, der für sie unerträglich ist. Alle anderen Mitgefangenen sind junge Griechinnen, Käthe Sasso wird als »Deutsche« von der Lagerleitung bevorzugt behandelt, erhält ein Bett für sich alleine und eine Arbeit in der SS-Kaserne. Doch auch wenn das Überleben für Käthe Sasso in Oberlanzendorf vielleicht leichter gewesen wäre als andernorts, ist die Situation für sie nicht auszuhalten. »Die Griechinnen, die waren viele, und ich war allein. Vielleicht haben sie sogar angenommen ... wenn ich in der Früh zur SS geholt und am Abend zurückgebracht werde, ein Bett allein und ein Leintuch nur für mich habe, das ist doch irgendwie verdächtig. Ich hätte auch nicht anders reagiert. Ich hätte ihnen ja nicht erklären können, dass ich ein politisches Opfer bin – ich hätte ja auch ein Spitzel sein können, oder sonst was.« Um wieder mit anderen politischen Gefangenen zusammengelegt zu werden, erwirkt sie bei der SS-Lagerleitung eine Verlegung und kommt zurück auf die »Liesl«.

Von dort wird Käthe Sasso im September 44 nach Berlin gebracht, wo sie zwei Wochen lang – gemeinsam mit im Zuge des Hitler-Attentats eingesperrten Reichstagsabgeordneten aller Parteien – inhaftiert wird. Die Gespräche mit diesen Mithäftlingen geben ihr neue Kraft. Danach wird Käthe Sasso in das KZ Ravensbrück deportiert, wo sie bis zum Todesmarsch in Richtung Bergen-Belsen am 28. 4. 1945 überleben muss. In der ersten Nacht des Todesmarsches, nahe Wustrow, gelingt Frau Sasso gemeinsam mit ihrer

Freundin Mizzi Bosch die Flucht aus der Gruppe und anschließend die Rückkehr nach Wien.

Käthe Smudits heiratet im Jahr 1946 ihren Mann Josef Sasso, ebenfalls ein österreichischer Widerstandskämpfer. Gemeinsam ziehen sie nach Winzendorf, Käthe Sasso bringt drei Kinder zur Welt und lebt bis heute in ihrem Haus in Niederösterreich.

Stille Nacht im KZ Ravensbrück.

Die Zeit im KZ Ravensbrück, diese an sich unbeschreibliche Zeit, versucht Käthe Sasso anhand einzelner Begebenheiten verständlich zu machen. So erzählt sie über Kinder im Winter 44/45: »Einmal kamen 200 ungarische Judenkinder von Auschwitz zu uns nach Ravensbrück. Die Kinder hatten Erfrierungen an den Handerln, an den Zecherln, sie sind ja Wochen unterwegs gewesen – im Dezember 44. So liebe Kinder! Und wir bekamen sie zu uns, auf den 12er-Block, und ich eh` so eine Kinderfanatikerin! Irgendwer hat den Sturmscharführer Pflaum, seinerseits Leiter des Arbeitseinsatzes, gebeten, ob wir an einem Sonntag im Block eine Weihnachtsfeier machen dürfen, für die Kinder. Und er sagte ja. Wir sparten unser Brot zusammen, und manche haben aus irgendeinem Fetzerl und einer Nadel, die sie heimlich gehabt haben, so kleine Pupperl gemacht und all solches Zeug. Und diejenigen, die in Hohenlüchen gearbeitet haben, haben irgendetwas zusammengestohlen, Rüben und ähnliches. Und wir durften wirklich mit den 200 Kindern die Weihnachtsfeier machen. Die Hübner Tini hat von irgendwoher eine Ziehharmonika gehabt, die SS hatte es ja erlaubt. Wir sangen ›Stille Nacht‹ und andere Lieder, Lichterl hatten wir keine – und plötzlich geht die Türe auf und der Pflaum kommt herein. Er hat eine große Tüte, ein Stanitzel, mit Zuckerln dabei, die er dann unter die Kinder geschmissen hat, mit den Worten: ›Damit ihr seht's, dass auch die SS nicht böse ist!‹ Für viele Kinder waren das die ersten Zuckerl, wahrscheinlich seit Jahren. Und eine Woche darauf sind die Kinder ins Gas gekommen. Eine Woche darauf! Alle tot. Und vor dem 12er-Block ist der Verbrennungsofen, der Schlot, gestanden. Niemand kann sich vorstellen, wie Menschenfleisch stinkt, wenn es verbrannt wird ...«

Käthe Sasso erinnert sich: »Und da war ich soweit, ich hab` nicht mehr können und wollt` am Draht gehen – am Draht, das heißt am Stacheldraht, der elektrisch geladen war, mit Starkstrom. Und jeder, der dort hingegangen ist, ist schwarz geworden wie eine Kohle. Ich war so verzweifelt, ich wollt` mir das Leben nehmen. Die Kinder konnte ich einfach nicht verkraften. Die waren ja drei, vier Wochen bei uns am 12er-Block. Und als ich dort hingegangen bin, zum Draht, kommt eine Österreicherin, die Bertl und fragt was mit mir los ist? Ich sagte ihr – ich kann nicht mehr, ich geh am Draht! Die

Gelebter Widerstand. Oben: Käthe Sasso im Oktober 2008 auf dem Wiener Stephansplatz bei einer Ausstellung der Katholischen Jugend über Menschen im Widerstand – mit der Geschichte ihres Mannes. Unten: Leopoldine Sasso, ihre spätere Schwiegermutter, konnte das KZ trotz schlohweißer Haare überleben, weil ihre Mithäftlinge diese immer wieder gefärbt haben.

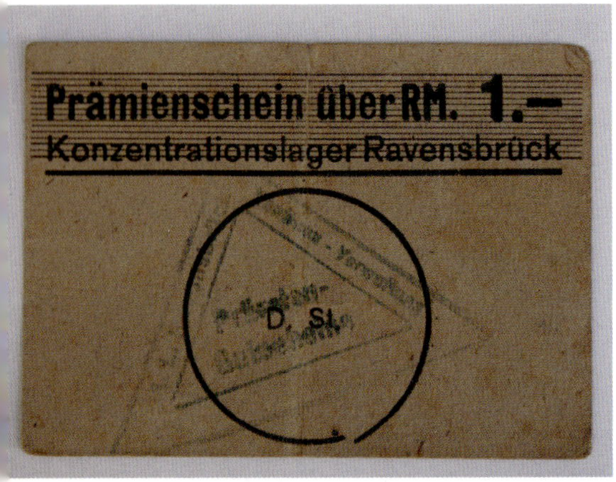

Ravensbrück. Oben: Lagergeld aus Ravensbrück, mit dem zu Beginn »eingekauft« werden konnte. Unten: Käthe Sasso 1988 in der DDR auf einem Ausflug an der Spree mit ehemaligen KZ-Kameradinnen, den »Ravensbrückerinnen«.

hat mir rechts eine Watschen gegeben und links eine Watschen, die waren von keinen schlechten Eltern – und ich bin nicht mehr am Draht gegangen. Ich war empört – das Luder! Ein Häftling und haut auf mich. Das war aber das einzige was geholfen hat. Und dann hat sie noch gesagt: ›Glaubst`, wir wollen wieder alle Appell stehen?‹ Weil, wenn einer am Draht gegangen ist, mussten alle Strafappell stehen. Aber das war nicht die Triebfeder, sondern sie wollte mich einfach zurückhalten. Und daraufhin bin ich wieder zurück in meinen Block und habe es nicht getan... Der Pflaum ist dann vom Gerichtshof zum Tode verurteilt worden, ich glaub' durch Erhängen.«

Eichenrinde und Margarine

In Wiener Neustadt erfährt Josef Sasso, dass eine Frau aus Ravensbrück nach Wien zurückgekehrt ist. Auf der Suche nach seiner Mutter und noch ohne zu wissen, dass diese Überlebende bald seine Ehefrau sein würde, setzt er sich auf das Fahrrad und fährt nach Wien. »Und auf einmal hat so ein Halbverhungerter an meine Türe geklopft und mich gefragt, ob ich weiß, was mit seiner Mutter ist«, beschreibt Käthe Sasso, geborene Smudits, diesen Augenblick. Ein Zufall, Käthe Sasso weiß Bescheid, sie kennt die Frau, die später ihre Schwiegermutter werden sollte: Leopoldine Sasso, eine der Strickerinnen, denen sie und andere das Leben gerettet haben.

»In vielen Lagern war es üblich, dass Häftlinge für SS-Frauen Strümpfe stricken mussten – so auch in Ravensbrück. Vor allem die älteren Frauen strickten tagsüber in einer eigenen Baracke lange, graue Strümpfe für die ›SS-Weiber‹.« Durch organisierte Solidarität gelingt es den österreichischen Widerstandskämpferinnen, mit Hilfe der Blockältesten und der Stubenältesten einige ältere Frauen aus Österreich in dieser Baracke unterzubringen – so etwa Frau Wundsam, Frau Federspiel aus Tirol und eben auch Frau Leopoldine Sasso. Oft müssen die jüngeren Frauen am Abend an den Strümpfen noch nachstricken, um das geforderte Tagessoll zu erfüllen.

In Ravensbrück kommt es ab 1945 regelmäßig zu Selektionen, in denen vor allem ältere und arbeitsunfähige Frauen ausgewählt und anschließend in der »Uckermark« – dem früheren Jugendkonzentrationslager, das 1945 in ein Vernichtungslager umgestaltet worden war – vergast werden. Die »Oma Sasso« hat schon im Alter von 50 Jahren völlig weiße Haare, »schlohweiß, so schöne weiße Haar` hat die gehabt«, wie Käthe es ausdrückt.

Um das Alter der Frauen zu vertuschen, versuchen sich die Ravensbrückerinnen mit einem besonderen Trick zu helfen: »In der Waldkolonne, da gab es Österreicherinnen, die Hanna Sturm, die war der älteste Häftling, und die Lilo Heiss, die war auch schon in der Lichtenburg, die haben Ravensbrück mit aufbauen müssen. Und die haben uns geholfen, harte Rinde von alten, kaputten Eichen ins Lager zu schmuggeln, keine Unmengen, aber doch genug. Und die haben wir mit den Fingern, mit einem kleinen Stein oder mit dem Scheckl zerrieben; und wenn wir dann eine Margarine bekommen haben, einmal die Woche, dann ist die aufgehoben worden, nicht von allen Häftlingen, sondern eben von uns Widerstandsdingern. Die Margarine haben wir dann mit der Eichenrinde gemischt, und damit haben wir den Weißhaarigen die Haare gefärbt!«

Durch ein gut organisiertes Netzwerk unter den politischen Häftlingen erfahren die Frauen über Umwege immer rechtzeitig, wann es zur nächsten Selektion kommt, weil »wir konnten natürlich nicht immer die Haare färben«.

Am Ende dieser Erzählung wird Käthe Sassos Stimme noch einmal traurig: »Bitteschön, es ist kein Ruhmesblatt, was ich jetzt erzählt hab', weil die Zahl hat stimmen müssen. Wenn die gesagt haben, in die ›Uckermark‹ kommen jetzt 50 alte Kranke, wenn sie bei den Strickern, bei den Weißhaarigen nicht so viele gefunden haben, dann haben sie sie halt vom Revier raus genommen. Die Zahl hat stimmen müssen!«

Lichtblicke in grauenhaften Tagen

Käthe erzählt von raren Glücksmomenten und davon, was einem nach mehr als 60 Jahren immer noch passieren kann ...

»Beim Appell stehen, halb nackert, kalt, der Wind ist gegangen, das hat gedauert von 4 in der Früh solang sie wollten. Die Arbeitskolonnen sind raus, die verfügbaren sind weitergestanden. Die SS-Weiber sind ja warm angezogen gewesen, in ihr Zimmer rein gegangen und wir haben stehen müssen. Und ich zum Beispiel bin, weil ich groß war, immer in der letzten Reihe gewesen, und jetzt muss man sich vorstellen, Schnee, Eis, Regen, alles kommt auf den Buckel runter und du hast keine Unterwäsche, bist schlampig angezogen, ich hatte auch nie ein Häftlingsgwand, weil sie für mich keines mehr gehabt haben. Und wie wir so gestanden sind, in 10er-Reihen, habe ich immer dann, wenn die Aufseherin in die andere Richtung gegangen ist, versucht, der vor mir ein bisserl den Buckel zu reiben. Das war ein Glücksmoment. Es hat sehr schlimme Momente gegeben, aber ein Händedruck, ein freundliches Wort, ein Streicheln, ein mitleidiger Blick von einem anderen Häftling, das waren die Lichtblicke, die Glücksmomente.

So einen Glücksmoment erlebt Käthe Sasso am 5. Mai 2008 am Heldenplatz. Es ist ausgemacht, dass die Widerstandskämpferin dem Moderator der Veranstaltung, Harald Krassnitzer, drei Fragen beantwortet.

»Fünf Minuten, nicht länger«. Die erste Frage zu ihrer Verhaftung beantwortet sie so kurz wie möglich. Bei der zweiten Frage ermutigt Harald Krassnitzer sie, länger zu sprechen.

»Und auf einmal, wir stehen da so, ich hab wegen der Kälte einen wärmeren Mantel angehabt, da spüre ich seine Hand auf meinem Rücken, spüre, wie er mir meinen Buckel wärmt. Da hab ich mit einem Mal das Gefühl gehabt, ich steh Appell und hab aus den versprochenen fünf Minuten fünfundzwanzig gemacht! So etwas kann dir nach mehr als 60 Jahren immer noch passieren. Nur einem Buckel eine Wärme geben, das hat oft alles bedeutet.«

»Ehrengräber für die Widerstandskämpfer«

Wofür sich Käthe Sasso einsetzt.

Käthe Sasso ist bis heute eine politisch und zivilgesellschaftlich engagierte Frau und setzt sich intensiv für zeitgeschichtliche und politische Bildung in Österreich ein. Ihr größtes Anliegen ist die Wahrung des Andenkens an jene etwa 2.700 österreichischen Widerstandskämpfer und Widerstandkämpferinnen, die unter dem nationalsozialistischen Regime hingerichtet worden sind. »Diese Menschen sind für Österreich gestorben, für ein freies und demokratisches Österreich«, sagt Käthe Sasso, »für mich ist die ›Gruppe 40‹ am Wiener Zentralfriedhof, wo die Schachtgräber sind, wirklich eine Erinnerungsstätte. Als ich vom KZ nach Hause gekommen bin, war einer meiner ersten Wege der zu den Gräbern der Ermordeten.« 2001 beschließt die Stadt Wien, aus Spargründen die Gräber der Hingerichteten in Kriegsgräber umzuwandeln. Durch den massiven Protest Käthe Sassos und anderer wird dieser Plan fallen gelassen und das Areal 2004 schließlich um einen Gedenkstein erweitert.

Käthe Sasso hat noch einen großen Wunsch, für den sie sich unermüdlich einsetzt: »Die Gräber der ›Gruppe 40‹ sollen zu Ehrengräbern erklärt werden. Dieser Kampf ist für mich einfach eine Verpflichtung gegenüber den Opfern des Nazi-Terrors in Österreich!“

Kaddisch für eine verlorene Jugend

Rosa Schatzberger, Gerty Jellinek, Leah Linton. Drei Mädchen, auseinandergerissen von den Nazis, 70 Jahre später wieder vereint.

Gerty Jellinek, Leah Linton, Rosa Schatzberger werden 1925 in Wien geboren, beim Anschluss sind sie 12 Jahre alt. Nach der Machtergreifung trennen sich ihre Wege. Gerty Jellinek flüchtet nach Australien, Leah Linton kann in die USA emigrieren, Rosa Schatzberger verschlägt es nach London. Erst im Mai 2008 sehen sich die drei Freundinnen wieder.

Die Journalistin **Katharina Schmidt** hat Gerty Jellinek, Leah Linton und Rosa Schatzberger in Wien begleitet und ihre Geschichte in der »**Wiener Zeitung**« veröffentlicht.
Im Projekt »A Letter To The Stars 38/08« wurde Gerty Jellinek von der **HLW Zwettl** und **Herta Freund-Klopf** eingeladen. Leah Linton besuchte das **Sacré Coeur Wien**, wo **Annemarie Schönberg** Gastgeberin war. Rosa Schatzberger wurde an der **HS Haslach** von **Elisabeth Reich** empfangen.

»Vergessen werde ich es nie, aber ich mache die heutige Generation nicht für die Taten ihrer Großeltern verantwortlich.« Rosl Schatzberger lehnt sich in ihrem roten Lehnsessel ein Stück vor, der blumig-herbe Duft von Chanel Nr. 5 breitet sich dezent im Raum aus, ihre grünen Augen wirken ein bisschen glasiger als noch kurz zuvor.

Aber vielleicht kommt das nur vom Licht. Der Dame in dem adretten, hellgrauen Kostüm sieht man ihre 82 Jahre höchstens an den schlohweißen Haaren an. Gemeinsam mit zwei Freundinnen sitzt sie in der Lobby des Hotel Ananas im fünften Bezirk. Die Szene wirkt wie ein gemütliches Pensionistinnen-Treffen an einem sonnigen Maitag. Dass an diesen drei Damen etwas anders ist, wird spätestens dann deutlich, wenn sie anfangen zu erzählen. Und sie haben viel zu erzählen – Rosl und ihre beiden Freundinnen. Alle drei kamen 1925 in Wien als Kinder jüdischer Eltern zur Welt. Im März 1938, als Österreich an NS-Deutschland angeschlossen wurde und auch hierzulande die nationalsozialistische Judenverfolgung einsetzte, waren sie noch nicht einmal dreizehn Jahre alt.

»Gerty und ich haben uns in der ersten Klasse Volksschule kennen gelernt. Ich war ein scheues Kind und eine schlechte Esserin«, erzählt Rosl, »deshalb hat die Gerty immer für mich gesprochen – und mein Gabelfrühstück gegessen«.

Und Gerty Jellinek, ebenfalls 82 und ebenfalls viel jünger wirkend, wirft – ebenfalls mit leicht anglikanischem Akzent – ein: »Uns hat immer eine innige Freundschaft verbunden. Bis zu dem Tag, als sich Rosl weinend von mir verabschiedet hat.«

In der Hauptschule stieß dann mit Leah Linton das dritte Mädel aus Wien-Landstraße zum Freundeskreis. »Wir waren jeden Nachmittag im Arenbergpark, haben mit den Burschen geflirtet – aber Gertys großer Bruder hat mich immer verhauen«, erzählt Leah. Sie sitzt zwischen den beiden anderen in der gemütlichen Couchlandschaft, immer wieder blickt sie versonnen in die Ferne, gerade so, als wollte sie ihre eigene Geschichte auf einer inneren Leinwand noch einmal abspulen.

Tatsächlich befinden sich die drei auf einer Art Reise in ihre Vergangenheit: Im Rahmen des Projekts »A Letter To The Stars« wurden Gerty und Rosl nach Wien eingeladen, um hier vor Schülern zu sprechen. Leah erfuhr

Leah Linton, Rosa Schatzberger und **Gerty Jellinek** (von links nach rechts) haben sich im Mai 2008 – 70 Jahre nach ihrer Vertreibung durch die Nazis – im Projekt »38/08« wieder getroffen.

durch Zufall davon und wollte auch dabei sein. Allerdings war das Projektbudget bereits erschöpft, also finanzierte sie die Reise für sich und ihre Kinder selbst – »koste es, was es wolle, es musste einfach sein«, meint Leah schmunzelnd.

»Jugend haben wir keine gehabt, man hat über Nacht erwachsen werden müssen.«

Im Rahmen dieses Schülerprojekts waren Linton, Schatzberger und Jellinek auch zur Gedenkveranstaltung »War nie Kind« ins Parlament eingeladen worden. »Für uns stimmt dieses Motto nicht ganz«, meint Gerty: »Wir hatten eine harmlose Kindheit.« »Aber Jugend haben wir keine gehabt, man hat über Nacht erwachsen werden müssen«, fügt Rosl hinzu. Und sie erzählt von ihrer Kindheit, damals im Wien der dreißiger Jahre. Die Familie sei nicht religiös gewesen, erst »der Hitler hat mich zur

Rosa Schatzberger. »Die Welt ist schön. Es gibt Menschen, die sie verderben. Gebt Acht, nicht solche Menschen zu werden!«

Jüdin gemacht«. In den Tempel habe sie aber schon gehen müssen – die jüdischen Kinder mussten einen Stempel über eine Teilnahme am Jugendgottesdienst in der Synagoge vorweisen. Rosl hat den Religionsunterricht aber lieber geschwänzt: »Ich habe oft anderen Kindern Zuckerln gegeben, damit sie für mich stempeln gehen.«

Die unbeschwerte Kindheit fand mit dem Anschluss ein jähes Ende. Oder wie es Leah ausdrückt: »Der Anschluss war der Abschluss unserer Freundschaft.« Denn plötzlich habe man gewusst, dass man in Gefahr sei, sagt Rosl. Gemeinsam mit Gerty war sie damals auf der Straße unterwegs. »Wir haben gesehen, wie sie die Menschen für die »Reibepartien« (Juden wurden von den Nationalsozialisten dazu gezwungen, die Wahlslogans der Vaterländischen Front von den Straßen zu entfernen – mit Bürsten, auf den Knien rutschend und unter dem Gejohle der Nazis, Anm.) auf die Straße geholt haben – Frauen mit Pelzmänteln oder schön lackierten Fingernägeln hatten sie besonders gerne«, berichtet Gerty. Auch die gemeinsame Zeit im Arenbergpark war vorbei: »Hunde und Juden durften ja nicht mehr in den Park«, erklärt Leah bitter.

Leah Linton. » Den Juden mit den langen Bärten haben sie in der Reichskristallnacht die Bärte weggebrannt.«

»Reichskristallnacht«

Und dann kam die Nacht vom 9. auf 10. November 1938, die als »Reichskristallnacht« (eigentlich: Reichspogromnacht) traurige Berühmtheit erlangen sollte. Rosl: »Es war der Geburtstag meiner Mutter, wir saßen zu sechst um den Tisch und aßen. Dann hörten wir das Trampeln auf der Stiege und wie unten nach Juden gefragt wurde. Die Hausmeisterin verwies die Männer an uns, sie stürmten in die Wohnung und nahmen die Männer – mein Vater war nicht da, er war zu der Zeit dienstlich in Prag – mit. Sie kamen sofort nach Dachau. Zu meiner Mutter sagten sie: »Sie haben ein Geschäft, her mit den Schlüsseln!« Als wir am nächsten Tag in den Laden kamen, waren alle Scheiben zerschlagen, das Geschäft war komplett ausgeräumt.« Auch aus ihrer Wohnung in der Erdbergstraße musste Rosls Familie ausziehen – sie zog zu einem Onkel an den Kai.

Die Lintons hatten die Traungasse im 3. Bezirk schon bald nach dem Anschluss verlassen müssen – Richtung Judenviertel in der Leopoldstadt. »Matzeninsel (nach Matze, dem ungesäuerten Brot der jüdischen Küche, Anm.) hat das geheißen. Unter uns war ein Geschäft, wo Heringe und Gurken verkauft wurden – es hat im ganzen Haus gestunken«, erinnert sich Leah. Im Nachbarhaus war eine Bäckerei, die chassidische Juden mit langen Bärten betrieben – »denen haben sie in der Reichskristallnacht die Bärte weggebrannt, die haben sicher nicht überlebt«, sagt sie. Am 10. November war Leah am Weg von der Schule nach Hause – »überall waren Chassiden

Gerty Jellinek. »Für mich ist es eine besondere Genugtuung, mit so vielen Schülern sprechen zu können. Ich hoffe, dass dieser Dialog zu Toleranz und Verständnis führt«.

(gläubige, bärtige Juden, Anm.), die das Trottoir putzen mussten«. Ihr Bruder war mit dem Rad zum Vater in die Tischlerwerkstatt gefahren – um ihn vor den Nazis zu warnen. Der Vater kam nach Hause, der Bruder Fredl aber nicht. Er war von den Nazis nach Dachau deportiert worden. Doch er hatte Glück im Unglück, sechs Monate später durfte er heimkehren. Leah weiß heute, was Fredls »Fehler« war: »Er hatte weiße Stutzen an und einen schwarzen Regenmantel, er hat eh ausgeschaut wie ein Nazi, aber als sie ihn gefragt haben, ob er Jude ist, hat er ›ja‹ gesagt.«

Auch die Jellineks begingen einen »Fehler«, nämlich den, Untermieter aufzunehmen: »Bei uns wohnte ein junges Paar. Am 13. März kam der Mann plötzlich in NS-Uniform aus seinem Zimmer. Mein Vater hat nur verwundert gefragt ›Sie auch?‹ Darauf er: ›Natürlich gibt es auch bei uns Illegale, ich bin schon seit zehn Jahren dabei‹.« Als dann in der »Reichskristallnacht« die Schergen kamen, hat ihnen der Mieter – »wir wollten auswandern und hatten ihm ohnehin schon die Wohnung versprochen« – bereitwillig den Weg zum Schlafzimmer von Gertys Eltern gewiesen. Der Vater wurde verhaftet und weggebracht, nach zehn Tagen aber freigelassen, »weil nicht genug Platz in Dachau war«, sagt Gerty. Sie musste zuschauen, wie »der eigene Vater weggeführt wurde, als wäre er ein Ver-

Der Untermieter kam am 13. März plötzlich in NS-Uniform aus seinem Zimmer.

brecher – als er zurückkam, hatte er sich zehn Tage nicht gewaschen und war ein gebrochener Mann.« Der liebe Untermieter hat die Familie aus der Wohnung geschmissen, erzählt die 82-Jährige sarkastisch. Gertys Familie ist gleich um die Ecke untergekommen – die Wohnung teilte man sich mit mehr als 20 Personen.

Flucht aus Wien.

Ein vorläufig endgültiges Ende der Dreier-Freundschaft bedeutete dann die Auswanderung: »An einem Tag im März 1939 hat meine Mutter um neun Uhr abends meine sechsjährige Schwester und mich genommen, mit einer Einkaufstasche und einem Kopftuch ist sie mit uns aus dem Haus«, erzählt Rosl.

Bei der Urania haben die drei ein Taxi an die tschechische Grenze genommen – von dort sind sie mit dem Zug nach Prag gefahren, wo der Vater mit gefälschten Pässen auf die Familie wartete. »Eine alte bucklige Jüdin aus unserem Haus konnte in England als Pfarrersköchin anheuern, sie hat auch für meine Eltern Stellen als Koch und Diener gefunden«, sagt Rosl – denn die Briten hätten nur Flüchtlinge mit einer Arbeitserlaubnis aufgenommen. Zwei Wochen vor dem Ausbruch des Zweiten Weltkriegs – und damit der Verschärfung der Repressalien gegen Juden – kam die Familie in England an. Über Stellenanzeigen hat die Pfarrersköchin übrigens an die 50 Menschen gerettet – »als sie starb, bekam sie ein katholisches Begräbnis, aber mein Mann und mein Schwager stellten sich an ihr Grab und sangen den Kaddisch (jüdisches Totengebet, Anm.) für sie«.

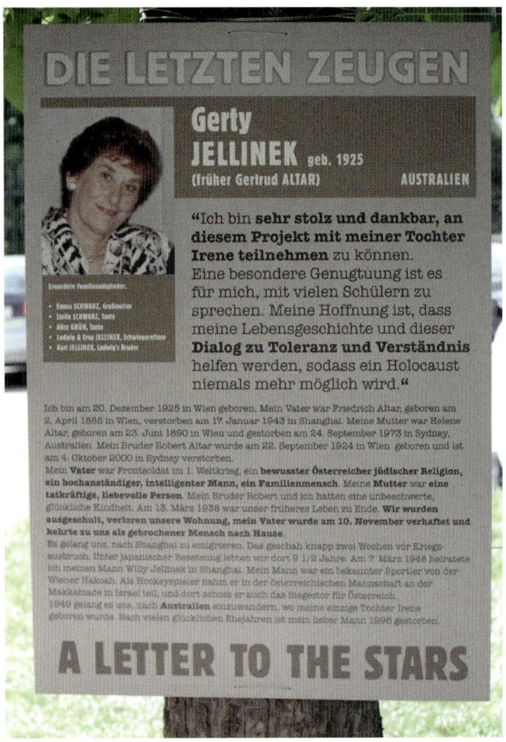

Denk.Mal. Oben: Das »Vermächtnis« von Rosa Schatzberger (sie wollte vor dem Besuch anonym bleiben). Unten: Botschaft von Gerty Jellinek.

Fast jeden Tag war Leah Lintons Mutter auf der Gestapo und bat darum, ihren Sohn freizulassen – immerhin hätte er ja ein Visum in die USA. Als er aus Dachau kam, hatte er zwei Wochen Zeit, das Land zu verlassen, über verschlungene Wege kam er tatsächlich in die USA, obwohl das Visum nur im Kopf der verzweifelten Mutter existierte. Irgendwie habe sie es aber geschafft, für die ganze Familie Visa zu besorgen – außer für eine Schwester, die schon zuvor nach Palästina ausgewandert war, und für den Vater. Der stand als geborener Ungar auf einer kontingentierten Liste an Personen, die in die USA ausreisen durften – »aber das Kontingent war erschöpft und er wollte nicht ohne seine Familie fahren«, erzählt Leah. Als sie im Frühjahr 1939 in New York ankamen, war Leahs Vater immer noch in Wien – erst zwei Jahre danach sei das Kontingent aufgestockt worden, zwei Jahre, die »mein Vater einsam und heartbroken verbracht hat«, sagt die alte Dame. Und plötzlich kann sie die Tränen nicht mehr zurückhalten. Sie schnäuzt sich, stützt den dunklen Pagenkopf in die faltigen Hände und erzählt – davon, wie sie dem Vater Tickets geschickt haben, davon, wie der Vater nicht gekommen ist, und davon, wie sie später erfahren hat, dass auch sie einen Kaddisch beten musste – für den Vater, der in Auschwitz ermordet wurde.

Gerty lebt heute in Australien, über verschlungene Wege ist sie dorthin geraten. Als der Vater aus dem Gefängnis heimkam, war klar, dass die Auswanderung unvermeidlich war. Also zog die Familie von einem Konsulat zum nächsten – »aber zur Schande der ganzen Welt wollte uns niemand haben«, sagt Gerty trocken. Nur für Shanghai brauchte man kein Visum, daher waren auch die Schiffe dorthin voll. Von Februar bis Ende Juli 1939 wartete die Familie von Gerty Jellinek in Wien auf Plätze für die Reise – sechs Monate, »in denen man nicht gewusst hat, ob man es schaffen wird«. Am 31. Juli war es dann so weit – »mein Vater, meine Mutter, mein Bruder und ich fuhren nach Italien, wo wir noch einmal 14 Tage auf das Schiff warten mussten«. Als man dann schließlich auf hoher See war, brach der Krieg aus – englische Häfen konnten nicht mehr angefahren werden. »Also steuerten wir nur holländische Häfen wie Sumatra und Batavia an, bis wir endlich, zwölf Tage nach Kriegsbeginn, in Shanghai ankamen«, erzählt Gerty. Neuneinhalb Jahre lebte sie mit ihrer Familie in der chinesischen Metropole, bevor sie 1949 nach Australien kam und dort eine eigene Familie gründete.

Ein Anruf mit Folgen

Mehr als 50 Jahre später, Anfang der 1990er, klingelte bei Leah Linton in Connecticut um drei Uhr morgens das Telefon. »Mein Mann sprang aus dem Bett und wetterte "Wissen Sie eigentlich, wie spät es ist?"« – »Das ist mir egal, ich will Leah sprechen«, sagte die Frauenstimme am anderen Ende der Leitung. Es war Gerty Jellinek, die aus Australien anrief und nicht daran gedacht hatte, dass sie die Nachtruhe ihrer verschollenen Freundin störte. Schon ein Jahr zuvor hatte Gerty über eine Anzeige in einer britischen Vertriebenenzeitung Rosl Schatzberger im britischen York aufgetrieben – seither sind die drei in ständigem Kontakt.

Bei ihrem Besuch in Wien haben auch Kinder und Enkel einander kennen gelernt – »es ist wie ein Roman«, meint Rosl verträumt lächelnd. Und berichtet von einem Erlebnis in der Schule, in der sie für »A Letter To The Stars« ihre Geschichte erzählt hat: »Der 89-jährige Vater einer Lehrerin war in der Wehrmacht. Als wir mit ihm essen waren, hat er darauf bestanden, zu bezahlen, als kleine Wiedergutmachung – obwohl er gar nichts gemacht hat, damals.«

Während Gerty bereits zum vierten Mal »zurück in Wien« ist, wie sie sagt, ist es für Leah erst das zweite Mal. »Vor zehn oder zwölf Jahren war ich schon einmal hier, mit meinem Mann. Damals war mir die Stadt noch ganz unsympathisch«.

Doch die Mischung aus Trauer und Wut sei nun vergangen – weil sich endlich so viele Menschen für ihr Schicksal interessieren.

»Wir fühlten uns alle miteinander verbunden ...«

Wie Leah Linton die Rückkehr in ihre alte Heimat erlebt hat.

Ich denke an euch alle sehr liebevoll, die Erfahrungen, die ich in Wien gemacht habe, haben in mir einen starken Eindruck hinterlassen, ebenso bei meiner Tochter und meinem Sohn. Seit ich zurückgekommen bin, habe ich immer wieder darüber gesprochen und geschrieben. Ich kann es noch gar nicht glauben: Als ich Wien 1939 verlassen musste, da hasste ich die Stadt und ihre Menschen und ich dachte, dass ich niemals wieder zurück kommen möchte, und dass mich alles an die schreckliche Zeit unter Hitler erinnern würde. Als ich nun zurück gekommen bin, habe ich mich sehr wohl gefühlt, weil euer Projekt etwas begonnen und abgeschlossen hat. Ich wurde an der Schule Sacré Coeur so herzlich empfangen, die Schülerinnen und Mrs. Schönberg waren einfach großartig. Mrs. Schönberg hat mich vor meiner Abreise in das Haus ihrer Schwester zum Dinner eingeladen, und meine Freundin Gerty Jellinek und ich durften einen wunderbaren Abend miteinander verbringen.

Am 5. Mai 2008 fuhren wir mit Bussen zum Parlament, wo wir zu den Ehrenplätzen geführt wurden. Ich bin zuvor nie im Parlament gewesen und hätte mir nie erwartet, dort einmal unter 300 Ehrengästen zu sein. Diese Veranstaltung fand im Gedenken an den 70. Jahrestag des Anschlusses statt, daran, dass Hitler Österreich »judenrein« wollte. Nun sind wir zurück gekommen, um der Vergangenheit gegenüber zu treten und es war gut zu hören, dass die Politiker über die Verantwortung Österreichs gesprochen haben. Nach einigen Reden und Musikstücken wurden wir auf den Heldenplatz begleitet, wo Hitler 1938 ein stürmischer Empfang bereitet worden war. Und wiederwurden wir zu unseren Ehrenplätzen geführt. Vor uns war eine große Bühne, hinter uns Tausende Schüler, die aus allen Teilen Österreichs gekommen sind. Alte Menschen erzählten auf der Bühne mit gebrochenen Stimmen über ihre Schicksale 1938. Es gab kaum jemanden, der nicht weinte und für meine eigenen Kinder war es das erste Mal, dass sie so viele Geschichten gehört haben, außer der meines Mannes und meiner.

Ein paar Tage bevor ich für meine Reise nach Österreich gepackt habe, stieß ich auf ein in Plastik verpacktes altes Gebetsbuch, dass ich schon seit vielen Jahren nicht mehr gesehen hatte. Augenscheinlich war es sehr alt, der Umschlag war zerknittert, und die Seiten waren vergilbt. Es war in Hebräisch und in Deutsch, und gedruckt in Wien 1929, muss es wohl meiner Mutter oder meiner Großmutter gehört haben. Ich entschied mich rasch,

dass ich dieses Gebetsbuch mitnehmen und es dorthin zurückbringen sollte, woher es stammte. Am Freitagabend fuhren wir zum Tempel in die Seitenstettengasse, der einzigen Synagoge, die den Holocaust und den Krieg »überlebt« hatte. Als wir hineingingen, übergab ich mein wertvolles Gebetsbuch dem Schames und teilte ihm mit, dass es aus dieser Synagoge stammte und ich es nun zurück gäbe. Der Tempel war voll, unten die Männer, oben die Frauen, wo die Sitze hart und unbequem sind, und auf mich stürzten Emotionen ein, ich dachte an jene Zeiten, da ich mit meiner Familie hierher gekommen war. Es war ein orthodoxer Gottesdienst, kaum ein vertrautes Lied, und keine Predigt. Auf einmal riss mich meine Tochter aus meiner traurigen Stimmung, indem sie sagte: »Mom, der Rabbi spricht über dein Gebetsbuch in Englisch!«. Und wirklich, das tat er. Er sagte, dass eine unbekannte Frau dieses Gebetsbuch heute abend zurück gebracht habe, dass es 1929 gedruckt worden war, dass es alt und verletzt sei, aber dass es überlebt habe, so wie die jüdischen Menschen überlebt haben, und wie geziemend dies gerade an Yom Hashoa, dem Holocaust-Gedenktag, sei. Zwischen meinem schlechten Gehör und den Tränen hätte ich diese Szene beinahe versäumt. Nach dem Service suchte ich den Rabbi, um mich ihm vorzustellen, aber er war bereits gegangen.

Vielleicht sollte ich an diesem Abend als die »unbekannte Frau« in die Geschichte eingehen. Anschließend wurden wir zu einem Shabbes Dinner im Lauder-Chabad-Haus eingeladen, und wir, die Überlebenden, saßen um wunderschön gedeckte Tische, zwei Chassidim sangen und feierten mit uns. Wir fühlten uns alle miteinander verbunden, durch unsere Vergangenheit, und jetzt, durch diese neue Erfahrung. Es war eine unvergessliche Nacht.

Ich habe den Schülern erzählt, dass meine beste Freundin 1938 am Tag nach dem Anschluss zu mir gekommen ist und gesagt hat, dass sie nun nicht mehr länger meine Freundin sein könnte – wir waren damals 12 Jahre alt. Ich habe sie gefragt: »Warum?« Sie hat gesagt: »Du bist Jüdin«. Und ich habe gesagt, das war ich auch schon gestern, und vorgestern. Es schien mir unvorstellbar, dass meine Welt sich aufzulösen begann, aber es passierte tatsächlich. Als ich dies im Sacré Coeur erzählte, war es so still im Raum, dass ich mein eigenes Herz schlagen hörte. Zum Abschluss sagte ich diesen höchst ansprechenden Jugendlichen, dass sie sich nicht zu schämen bräuchten, dass sie keine Schuld treffe ... Es waren die Menschen während dieser dunklen Periode der Geschichte, die ihre Menschlichkeit verloren hatten ... Eure Aufgabe ist es, dass so etwas nicht wieder passieren kann ... Nachdem ich ein paar Tränen geweint hatte und von allen herzlich umarmt wurde, spürte ich auf einmal, dass mein Herz weich geworden ist und dass ich zu diesen jungen Leuten, deren Urgroßväter aller Voraussicht nach meine Feinde gewesen sind, eine sehr enge Beziehung spüre.

»Mein Schmerz braucht dein Verständnis«

Inge Schwarcz konnte mit ihrer Mutter mitten im Krieg durch die halbe Welt von Berlin nach Argentinien flüchten – zu ihrem Bruder.

Inge Schwarcz wird 1921 in Berlin geboren. Ihr Bruder kann 1938 nach Argentinien flüchten. Sie schafft es, gemeinsam mit ihrer Mutter 1940 ebenfalls nach Argentinien ausreisen zu dürfen. Doch zu diesem Zeitpunkt herrscht bereits Krieg, es gibt keine Schiffe mehr nach Südamerika. So bleibt Inge Schwarcz nur der Weg durch die halbe Welt.

Die **Hauptschule Grieskirchen** in Oberösterreich war im Mai 2008 im Projekt »38/08« Gastgeber für Inge Schwarcz. Das Team um Lehrer **Rudolf Jung** hat gemeinsam mit dem Linzer Künstler **Roland Haider** ein Gedicht aus dem Tagebuch der Anne Frank in großformatige Acrylbilder umgesetzt und diese im »Denk.Mal«-Projekt den ermordeten Familienmitgliedern von Inge Schwarcz gewidmet.

Nun werde ich versuchen, Ihnen so kurz wie möglich – um Ihnen nicht zu viel Ihrer kostbaren Zeit zu stehlen – meine Lebensgeschichte zu erzählen.

Ich wurde am 9. Mai 1921 in Berlin geboren. Wie Sie daraus entnehmen können, bin ich Deutsche. Ich war 60 Jahre lang glücklich mit einem Wiener verheiratet und bin in dessen Familie – nachdem ich meine eigene früh verloren habe – aufgegangen. Es ging soweit, dass er manchmal deutsche Wörter und ich österreichische gebraucht habe und die Kinder Schwierigkeiten hatten, welchen der beiden Dialekte sie benutzen sollten.

Meine bewusste Kindheit und Jugend habe ich in der Hitlerzeit verbracht. Als gute Sportlerin – ich erlangte einige Medaillen bei Schulsportfesten – konnte ich die Obersekundarreife in der städtischen »Fürstin Bismarckschule« erhalten. Meine jüdischen Mitschülerinnen wurden fast alle ausgeschult und in jüdische Schulen geschickt. Ich hatte es mir jedoch in den Kopf gesetzt, mein Einjähriges in einer städtischen Schule zu machen. Ich hatte das große Glück – ein Umstand, der mir später das Leben retten sollte – neben Französisch und Englisch freiwillig Spanisch zu lernen, allerdings bei einer deutschen Lehrerin, die einige Jahre in Barcelona gelebt hatte und der ich meinen deutschen Akzent verdanke, den ich nie mehr ablegen konnte. Anschließend ging ich auf die Sprachenschule der jüdischen Gemeinde, wo Spanisch, Englisch, Deutsch, Schreibmaschine und Stenografie gelehrt wurde. Diesem Sprachinstitut verdanke ich meine Anstellung als fremdsprachige Sekretärin am zweiten Tag meiner Ankunft in Buenos Aires, mit gutem Gehalt, besser als mein Bruder, der bei General Motors arbeitete und während des Krieges als Deutscher gekündigt wurde. Damals schrieb er uns »in Deutschland war ich kein Deutscher und hier wirft man mich als ›Deutscher‹ hinaus.«

Nachdem wir Anfang 1938 aus unserer Wohnung in der Wielandstrasse 33 hinausgeworfen worden sind, zogen wir zu meinem Onkel, Zahnarzt Dr. Paul Landsberger, in die Kantstrasse, wo wir auch bald hinaus mussten und in einer Notwohnung, einem ausgebauten Laden, endeten: meine Großmutter, meine Mutter, Onkel und Tante und Cousine in zwei kleinen Zimmern. Wir mussten zuschauen, wie unsere Möbel versteigert wurden. Mein Bruder hatte mir noch ans Herz gelegt: »Alles kann man dir nehmen,

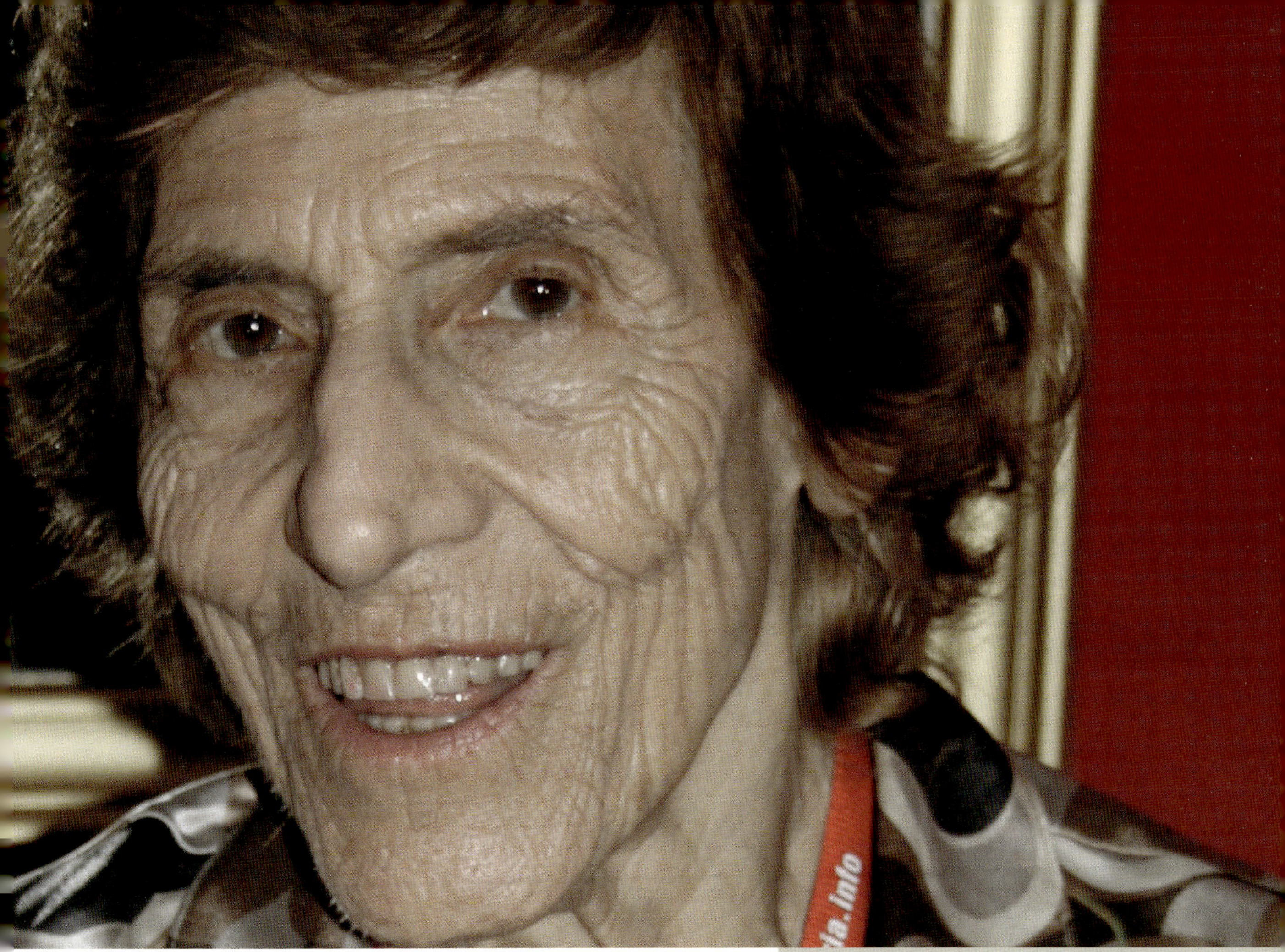

Inge Schwarcz lebt heute mit ihrer Familie in Argentinien. »Dann können wir uns umarmen und von Vorurteilen befreien!«

aber mein Klavier und die Bücher nicht.« Ich musste nun hilflos zusehen, wie alles unter den Hammer ging. Dies ist wohl der Grund, warum ich nie mehr an materiellem Gut gehangen bin, nur an ideellem, das einem keiner wegnehmen kann.

Ich hing nie mehr an materiellem Gut, nur an ideellem, das einem keiner wegnehmen kann.

Im Jahre 1938 wanderte mein Bruder nach Argentinien aus. Da er acht Jahre älter war als ich und mein Vater starb, als ich zwei Jahre alt war, nahm er für meine Mutter und mich eine wichtige Rolle ein. Wir waren einerseits glücklich, dass er sich retten konnte, andererseits stimmte es uns sehr traurig, ihn zu verlieren. Im Jahr 1940 durfte er schließlich seine Mutter anfordern. Die Gesetze waren allerdings sehr streng in Argentinien – Geschwisteranforderungen gab es zu dieser Zeit keine mehr. Ich verlor den

Tagebuch der Anne Frank. Die SchülerInnen gestalteten für das Denk.Mal Acryl-Bilder zu einem Gedicht von Anne Frank.

Mut trotzdem nicht. Ich war jung, ich wollte leben und so ging ich zum argentinischen Konsulat in Berlin – obwohl der Konsul als großer Antisemit bekannt war. Er war sehr erstaunt, eine junge Berlinerin zu treffen, die so gut Spanisch mit ihm sprach. Ich erzählte ihm mein Schicksal, weinte traurig, und zum Schluss saßen wir beide auf seinem Sofa mit einem großen Taschentuch und heulten um die Wette.

Am Ende fertigte er mir eine so genannte »llamada« (eine Anforderung) aus, mit der mein Bruder mich gemeinsam mit der Mutter anfordern konnte. Die einzige Geschwisteranforderung im Jahr 1940!

Unsere Schwierigkeit lag nun darin, russisches Visa zu erlangen und da lernte ich zum ersten Mal, was »bestechen« ist. Man sagte uns, dass wir 10 Mark in den Pass legen müssten, um das Visum zu bekommen. Sie fragen sicher, warum das russische Visum? Nun, es war ja bereits Krieg und deshalb liefen keine europäischen Schiffe mehr nach Südamerika aus. Russland war zu diesem Zeitpunkt mit Deutschland befreundet.

Wir fuhren mit dem Zug, zwei Wochen lang auf harten Bänken, über Polen und Russland bis nach Sibirien, wo wir in einem kleinen Schiff bei bewegtem Seegang über das japanische Meer übersetzten, um in Yokohama, Japan, die »Brasil Maru« zu nehmen, die uns über Los Angeles und den Panamakanal nach Buenos Aires brachte.

Meine Mutter und ich waren auf dieser Reise sehr leichtsinnig. Wir trennten uns einmal von der Gruppe, um meinen Onkel Dr. Walter Wolffenstein – ein bekannter Hausarzt in Berlin, der auch nach Asien ausgewandert war – zu besuchen. Er war mit seinen Kindern und der Erzieherin – seine katholische Frau hatte sich von ihm getrennt – dort. Die katholische Kirche wollte ihm damals die zwei Kinder aus dem Zug holen, aber es gelang ihm, sie mitzunehmen. Wir verbrachten einen schönen Tag mit unseren Verwandten, aßen Kukuruz mit den Händen – etwas, das wir in Berlin nicht kannten – und fuhren Rikscha. Wir nahmen Abschied und jetzt kam die Schwierigkeit, an die keiner gedacht hatte. Wir verstanden kein Wort, alle sprachen nur Russisch, bis ich eine Touristenführerin fand, die ein wenig Deutsch sprach und uns zum richtigen Zug nach Moskau führte, wo wir, blass vor Schreck und schon ungeduldig von der Gruppe erwartet, ankamen. Wir hatten laut Erzählung der anderen viel versäumt, eine Rundfahrt durch Moskau, mit herrlichen breiten Strassen, dem Kreml, der Untergrundbahn mit einer 47 Meter tiefen Rolltreppe. Man hatte ihnen das

Nie vergessen. Inge Schwarcz bedankt sich bei den SchülerInnen der HS Grieskirchen, die weiße T-Shirts mit dem Aufdruck tragen: »erzählen – weitererzählen – nie vergessen.«

Modell des damals, im Jahre 1940, größten Baues der Welt, gezeigt, 400 Meter hoch und oben eine 100 Meter hohe Statue von Lenin.

Es ging weiter nach Sibirien, in schmutzigen Zügen. Dabei muss ich noch von einem traurigen Erlebnis erzählen, das uns zutiefst erschütterte: In Omsk wurde der Zug von einer Schar zerlumpter, verwahrlost aussehender Männer, Frauen und Kinder umringt – jüdische Flüchtlinge aus Polen, die dort in ausrangierten Eisenbahnwagons kampierten und nichts zu essen hatten. Sie flehten uns um Essen an, und wir gaben ihnen von dem wenigen, was wir hatten.

Nachdem wir die russische Steppe passiert hatten – von Städten sahen wir nichts, da der Zug immer nur kurz hielt – ging es weiter nach Irkutsk, wo die Gegend schöner wurde, am Baikalsee entlang mit herrlich klarem Wasser, von Bergen umgeben. Die Gegend war dünn besiedelt, nur wenige elende Hütten. Dann über die russisch-mandschurische Grenze mit sehr strengen Zollrevisionen. Danach ging es übers Japanische Meer, bei bewegtem Seegang und mit vielen Seekranken. Die Überfahrt dauerte ungefähr acht Stunden – von Fusan nach Shimoniseki. Und weiter mit dem Zug nach Kobe. Es war ein gewaltiger Unterschied zwischen den schmutzigen russischen Zügen und der japanischen Eisenbahn, die tipp

Von einer Schar zerlumpter, verwahrlost aussehender Männer, Frauen und Kinder umringt.

Gastfreundschaft. SchülerInnen der HS Grieskirchen tragen T-Shirts für die »Liebe Oma Inge«. Während des Besuchs in Österreich wurde Inge Schwarcz vom Projektteam mit einer Torte zum 87. Geburtstag überrascht.

topp in Ordnung war. In Kobe angekommen stellte sich heraus, dass die Hälfte der Gruppe ihre Dokumente nicht in Ordnung hatte und eine Freundin und ich – beide Sekretärinnen – wurden beauftragt, diese in drei Tagen (wir arbeiteten Tag und Nacht) in Ordnung zu bringen. Und wir schafften es, dass alle sich in die »Brasil Maru« einschiffen konnten. Die »Brasil Maru« war ein 10-Tonnen- Schiff, die 1. und 2. Klasse sehr schön, unsere natürlich sehr primitiv, das Essen knapp und schlecht. Unsere Kabine war so klein, dass erst die einzig Dicke hinein musste, damit die anderen Platz hatten. In Yokohama schiffte sich ein junger Mann ein, der Englisch und Japanisch sprach und uns während der Schiffsreise oft half. Er erklärte uns zum Beispiel, dass das einzige freie Waschbecken auf dem Deck – wir mussten uns daraus waschen – für Trachomkranke war und wir uns auf keinen Fall daraus waschen sollten. Unsere Reisetour ging über Los Angeles, den Panamakanal, Maracaibo (Venezuela), wo wir ausnahmsweise an Land durften, vorbei an Georgetown, Paramaribo, Fortaleza (Brasilien), Recife, Salvador, Rio de Janeiro, Santos, Porto Alegre, Montevideo und endlich Buenos Aires, wo uns mein Bruder erwartete.

In Buenos Aires lernte ich meinen Mann kennen. Er war Mediziner und da er im Hospital in Österreich nicht angenommen wurde – er pflegte zu sagen »mein positives Pech« – folgte er seinem Bruder nach Mailand und

»Vermächtnis der Omi Inge: Liebe und Respekt«

Der Lehrer Rudolf Jung über das Projekt und die Begegnung mit Inge Schwarcz.

Im Juli 2007 erfolgte die Anmeldung zum Projekt und wir suchten aus einer Liste der Letzten Zeugen auf der Web-Site www.lettertothestars.at die Überlebende des Holocaust, Frau Inge Schwarcz aus Buenos Aires, Argentinien, aus. Mit dieser liebenswürdigen 87-jährigen Dame, welcher wir ein Jahr später, am 5. Mai 2008 am Heldenplatz in Wien zum ersten Mal begegnen sollten, entwickelten die SchülerInnen der 4c und der 4b Klasse einen intensiven Schriftverkehr, der bis heute andauert und hoffentlich nie endet. Inge Schwarcz bat die Kinder schon bald, sie mit »Omi Inge« anzusprechen. Auf diese Weise entstand eine sehr persönliche und berührende Beziehung.

In einem Malprojekt mit dem Künstler Roland Haider aus Linz gestalteten die SchülerInnen der 4c Klasse großformatige Acrylbilder. Dabei wurde ein Gedicht mit 27 Verszeilen aus dem Tagebuch der Anne Frank bildnerisch umgesetzt. Jedes dieser Bilder widmeten wir einem Opfer der Familie Inge Schwarcz, indem wir es am 5. Mai 2008 nach Wien mitnahmen und dort (im Rahmen der Denk.Mal Aktion am Heldenplatz) ausstellten. Am 5. Mai fuhren alle SchülerInnen der 4. Klassen (100 Jugendliche) auf Einladung der Organisation »A Letter To The Stars« nach Wien, wo am Heldenplatz eine Feier stattfand, an der der Bundespräsident, der Bundeskanzler, Vertreter mehrerer politischer Lager, die eingeladenen Zeitzeugen und SchülerInnen aus ganz Österreich teilnahmen. An dieser Stelle begegneten wir zum ersten Mal unserer lieben »Omi Inge«. Es war im wahrsten Sinne des Wortes be-rührend. Inge umarmte und küsste jeden Schüler und jede Schülerin und jeder hatte das Gefühl, einer großartigen Persönlichkeit begegnet zu sein. Wir begleiteten sie zu unserem »DENK.MAL-Projekt«, dem Bilder-Zyklus »IF« und erklärten ihr unsere Absicht damit. Inge war total überrascht, dass jeder Schüler ein T-Shirt trug mit der Aufschrift »Liebe Oma Inge« auf der Vorderseite und mit dem Druck »Erzählen – weitererzählen – nie vergessen« auf der Rückseite. Natürlich hatten wir auch solche T-Shirts für sie, ihre Söhne Alfredo und Tommi und deren Frauen. Am nächsten Tag reiste Inge mit ihrem Sohn Tommi und dessen Frau Monika mit dem Zug nach Grieskirchen an. Im Pfarrsaal erzählte sie vor allen SchülerInnen der 4. Klassen der HS1 und am Nachmittag vor den SchülerInnen der 4. Klassen unserer Schule aus ihrem bewegten Leben. Die Schilderungen von der gemeinsamen Flucht mit ihrer Mutter aus Berlin durch mehr als die halbe Welt, von den Ängsten vor dem Unbekannten und von den vielen Zufälligkeiten, von denen ihr Leben abhing, hielt alle Anwesenden in Atem. Trotz der vielen Schicksalsschläge vermittelte Oma Inge ein Bild einer Verfolgten, der es gelungen ist, ohne Hass weiterzuleben und in ein Land zurückzukehren, welches sie auf Grund ihrer jüdischen Familienbande verlassen musste.

Inges Wunsch und Vermächtnis an die Jugend:
Nur Liebe und Respekt zählen!

rettete sich so vor der Gestapo, die ihn einen Tag nach seiner Abreise abholen wollte, weil er in der sozialistischen Studentenbewegung tätig gewesen war. Statt ihm wurde mein Schwiegervater mitgenommen, der aber wieder freigelassen wurde, da er beweisen konnte, dass er Auswanderungsmöglichkeiten hatte. Wir arbeiteten beide in all den Jahren schwer. Er studierte und machte die Rivaldia für Odontologie, da dieses Studium kürzer war als das für Medizin, und verdiente sein Geld mit technischen Übersetzungen. Ich arbeitete als Sekretärin im Hochschild-Minenkonzern.

Wir waren jung und schafften es, haben zwei wunderbare Söhne, reizende tüchtige Schwiegertöchter und vier besonders liebe Enkelkinder – davon ist die älteste verheiratet. Es tut mir sehr leid, dass mein Mann die liebenswürdige Einladung nach Wien nicht mehr erleben konnte, er wäre sicherlich froh, wenn er wüsste, dass ich noch einmal sein geliebtes Wien miterleben kann.

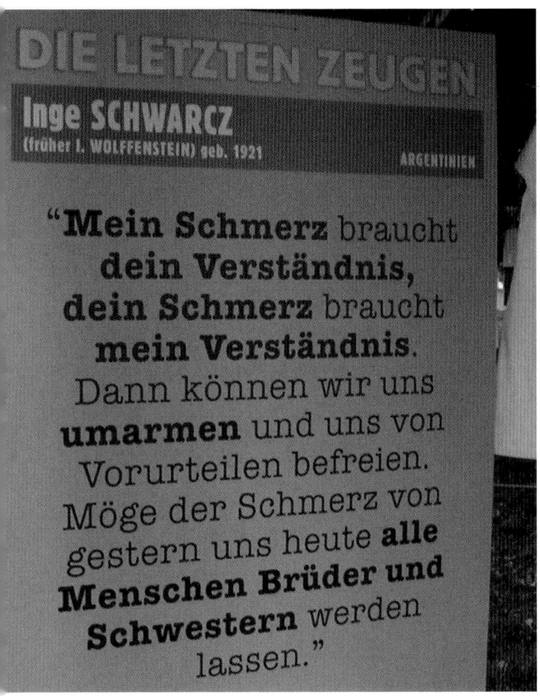

Spaziergang mit Vater

Diesen Text hat Tomas Schwarz bei seinem Besuch in Wien geschrieben.

Erinnerung an meinen Vater Bernhard Schwarz – geschrieben mit der Inspiration von Wien und der herrlichen Liebe und Zuneigung, die mir »A Letter To The Stars« bezeugten.

Ich spaziere durch die Wiener Gassen
Das alles ist für mich nicht neu
Ich fühle mich, als ob ich einmal hier war
Ich suche dich in jedem Stück von Wien
Die Palatschinken mit Marmelade
Sind heute ein Geist für meine Seele
Ich höre die Überlebenden sprechen
Und glaube, dass es eine schöne Musik ist
Wie es war als Kind und die Sidi-Großmama
So mit Erstaunen hörte
Deine Erzählungen sind heute die Realität
Und ich kann jetzt verstehen wie du deine Heimat geliebt hast
Vielleicht warst du auch in diesem Cafe
Wo ich Wienerisch sprach und hörte
Das Kaddisch in der Wiener Synagoge
War für dich, geliebter Vater
Warst du auch einmal dort?
Also ich bin nicht alleine gegangen
Ich habe dein »na ja« gehört
Das mich in jeder Ecke gut begleitete

»Wir wurden in herzlichster Weise empfangen!«

Inge Schwarcz beschreibt, wie sie ihre Reise in die Vergangenheit erlebt hat.

Ich möchte unsere Eindrücke und Gedanken schildern, die wir bei Eurer großzügigen Einladung nach Wien hatten. Ich muss Euch berichten, dass ich bis zum letzten Moment Zweifel hatte, ob ich fahren sollte oder nicht. Ich bin in Berlin geboren und konnte erst im letzten Moment, im August 1940, auswandern, sodass ich viel Hässliches erlebt habe, da ja bei uns in Deutschland Hitler schon im Jahre 1933 an die Macht gekommen war. Ich wurde eingeladen – als Witwe des Wieners Dr. Bernardo Schwarcz. Wir waren einige Male in Deutschland und Österreich, und ich habe mich nie wirklich wohl gefühlt, denn mir fehlte der Glaube, dass die Menschen sich wirklich geändert und den schrecklichen Hass gegen die Juden vergessen haben. Dieses Mal jedoch – die alte Generation lebt kaum mehr – zeigte uns die neue Generation, dass sie kein Verständnis für die Untaten ihrer Vorfahren hat und alles tun will, um dies zu beweisen und zu verhindern, dass sich der schreckliche Holocaust wiederholen könnte.

Meine Familie und ich wurden in herzlichster Weise von Euch allen empfangen und während unseres Aufenthalts dort so verwöhnt, dass meine Zweifel langsam verschwanden, und ich mich sehr wohl mit Euch allen gefühlt habe. Besonders erwähnen möchte ich Herrn Rudolf Jung, Lehrer der Hauptschule 2 in Grieskirchen, der alles tat, um uns den Aufenthalt so angenehm als möglich zu machen. In mühsamer Vorarbeit bereitete er seine Schüler vor, die schon Monate vorher – wie auch Lehrer Jung – mit mir in brieflicher Verbindung waren und mich als »Oma Inge« gern akzeptierten. Bei meiner Lebenserzählung mit Fotografien lernten wir das sympathische Lehrer-Team in Grieskirchen kennen.

Ich war mit meiner Mutter im Jahre 1940, während des Zweiten Weltkrieges, ausgewandert. Es war dies eine Odyssee durch die halbe Welt. Wir zeigten dies alles den Kindern mit Fotos, die mein Sohn Tomas in mühseliger Arbeit – er ist vielbeschäftigter Kinderarzt –zusammengestellt hatte. Zum Schluss gratulierte uns der Direktor: »Sie haben uns heute eine geschichtliche, geografische und kulturelle Lehrstunde gegeben, für die wir Ihnen sehr danken«.

Nach gastfreundlicher und herzlicher Aufnahme im Hause von Herrn Rudolf Jung und seiner sympathischen Frau Pauli kehrten wir zufrieden und glücklich nach Wien zurück. Auch die Versammlung am 5. Mai am Heldenplatz mit den Reden und musikalischen und poetischen Vorträgen beeindruckte uns sehr, ebenso wie die phantasievollen Plakate mit ihren Botschaften »Nie wieder«, teilweise auf aufgespannten Regenschirmen, die die Phantasie der Schüler – besonders ihrer Lehrer – wirklich bewiesen.

Ich versichere Euch, dass die große Arbeit, die Ihr alle geleistet habt, nicht umsonst war und danke Euch noch einmal - auch im Namen meiner Familie - für alles.

Ein Wiener, der nie unterging ...

Karl Akiva Schwarz wollte auf dem Donauschiff »Pentcho« nach Palästina entkommen. Eine Flucht, das mehr als fünf Jahre dauerte.

Karl Akiva Schwarz wird 1921 in Wien als Karl Hermann geboren. Im April 1938 flüchtet er nach Bratislava, wird Mitglied einer zionistischen Organisation und geht 1941 an Bord des Raddampfers »Pentcho«, auf dem er nach Palästina entkommen möchte. Doch die Schifffahrt wird zur Odyssee nach Griechenland und Italien. Erst 1945 kommt Karl Schwarz mit seiner Frau in Palästina an. Sein Vater war in Prag versteckt im Widerstand, seine Mutter und seine Geschwister werden in Maly Trostinec bzw. Auschwitz ermordet. Karl Schwarz lebt heute in Israel.

Im Projekt »38/08« war Karl Schwarz im Mai 2008 zu Gast an der **NMS 20** in der Wiener Greiseneckerstraße sowie an der **Berufsschule Mollardgasse** bei Lehrer **Robert Patocka**, jenen zwei Schulen, die er als Kind und Jugendlicher selbst besucht hat. Die Lebensgeschichte von Karl Schwarz wurde von **Marie-Christine Hartig** vom Team »A Letter To The Stars« verfasst.

Karl Hermann Schwarz wurde am 21. August 1921 in Wien geboren. Sein Vater, Veterinärarzt Josef Erich Schwarz, war tschechischer Staatsbürger. So hatte die ganze Familie tschechische Pässe. Seine Mutter Erna Fleissig-Schwarz war Mutter und Hausfrau und kümmerte sich um ihre drei Kinder. Karl hatte eine ältere Schwester, Henrietta (Rita) und einen jüngeren Bruder namens Heinrich (Heini). Sie sind in Brigittenau in der Bäuerlegasse 21 aufgewachsen, in ihrem näheren Umfeld wohnten Tanten und Großeltern – so kam die Familie regelmäßig zusammen. Seine Eltern waren nicht fromm und auch Karl wurde nicht religiös erzogen. Die Feiertage begingen sie dennoch, bei diversen Tanten. »Wir freuten uns immer auf unsere Geschenke«, sagt Karl Schwarz, »wir waren ja ganz normale Kinder!« Die Straße, in der sie wohnten, verwandelten sie in einen Fußballplatz und dem Zuckerbäcker in der Rauscherstraße halfen sie gegen etwas Süßes, dessen Cremeschnitten und Indianerkrapfen auszutragen. Karl Schwarz und sein Bruder Heini besuchten die Hauptschule in der Greiseneckergasse, die Karl bei seinem Wien-Besuch im Mai 2008 besuchte.

Karl Schwarz wollte nach Israel und bekam die Erlaubnis seiner Eltern, der zionistischen Bewegung »Betar« beizutreten. Nach der Hauptschule musste ein weiterer Bildungsweg für ihn gefunden werden. Nachdem sein Wunsch nach Israel zu gehen groß war, beschloss der Vater, dass Karl ein Handwerk erlernen sollte, da in Israel »Männer vom Fach« gebraucht würden. Demnach besuchte Karl Schwarz die Technische Schule in der Mollardgasse und lernte dort Werkzeugschlosserei. Einmal pro Woche musste er zum Theorieunterricht und zu technischen Übungen in die Schule gehen, den Rest der Woche arbeitete er in der Metallwarenfabrik »Wälder & Company« am Rennweg, wo er fast 5 Schilling pro Woche verdiente.

Im März 1938 wurde die Fabrik geschlossen, der Besitzer war ein Jude und Freund von Erich Schwarz, und auch in der Schule war Karl Schwarz nicht mehr erwünscht. Er erhielt einen Arbeitslosen-Ausweis und musste sich wöchentlich beim Arbeitsamt melden. Eines Tages sagte ihm der Beamte, wäre er, Karl Schwarz, Jude, so würde er ihn nach Deutschland schicken, zur Zwangsarbeit. Aufgrund der Papiere, die damals noch nicht den Eintrag »J« für Jude enthielten, ging der Beamte davon aus, dass Karl Schwarz Tscheche sei und kam nicht auf den Gedanken, dass er auch Jude sein könnte. Karl

Karl Schwarz ist im Projekt 38/08 in Begleitung seiner Tochter und seines Schwiegersohnes nach Österreich gekommen.

Schwarz sagte kein Wort und ging wieder nach Hause. Er wusste, dass er sobald als möglich aus Österreich, ja aus Europa, fliehen müsse.

Im April 1938 ging Karl Schwarz nach Bratislava. Sein Vater händigte ihm seinen tschechischen Pass aus, organisierte ihm eine Wohnung und einen Job in einer Fabrik für technische Messgeräte, ebenfalls bei einem Freund, Erwin Winter. Karl Schwarz hatte nämlich von einem Schiff gehört, das von Bratislava nach Palästina gehen sollte. Doch das Schiff fuhr nie ab. Erst zwei Jahre später organisierte sich die zionistische Bewegung einen Raddampfer, um nach Palästina zu gelangen – die »Pentcho«. Karl Schwarz war als Mitglied der Organisation zuständig für die Transportabteilung und stark in die Koordination eingebunden. In Bratislava ging es ihm gut, er meint, er konnte sich nicht beklagen, hat recht gut verdient und ist jeden Abend »drah'n« gegangen, und »Mädels gabs' auch genug«.

Er wusste, dass er sobald als möglich aus Österreich, ja aus Europa, fliehen müsse.

In der Organisation traf Karl Schwarz im Dezember 1939 seine zukünftige Frau Elvira Huppert, die ebenfalls vom Schiff nach Palästina gehört hatte und von Polen über das Tatra-Gebirge in die Tschechoslowakei gekommen war. Karl Schwarz hatte sie im Haus der Bewegung »Betar« empfangen. Es entstand eine innige Freundschaft und Liebe zwischen den beiden, die nicht so bald erlosch.

Dokumente. Das Bild oben zeigt die Schwester von Karl Schwarz mit ihrem Mann, die in Auschwitz ermordet wurden. Die Bilder darunter wurden im kalabrischen Lager Ferramonti aufgenommen.

Im September 1939 brach der Krieg mit Polen aus. Da Karl Schwarz tschechischer Staatbürger war, erhielt er den Einberufungsbefehl durch die Tschechoslowakei. Er wusste, dass er, würde er jetzt in den Krieg ziehen, nicht mehr viel Chancen hätte, nach Israel zu kommen oder gar zu überleben. Zoltan Schalk, sein Agent aus der zionistischen Bewegung, schickte ihn und einen Freund nach Piestany, einem Kurort in der heutigen Slowakei. Dort sollten sie sich für zwei Monate verstecken. Am 16. 5. 1940, einem kalten, regnerischen Tag, wurde das lang erwartete Schiff in Bratislava eingeschifft. Zwei Tage später machte sich der Raddampfer »Pentcho« auf den Weg nach Palästina. Sie fuhren die Donau entlang, um zum Schwarzen Meer zu kommen und weiter über den Bosporus ins Ägäische Meer zu gelangen. In Bezdan kamen weitere 100, meist ältere, Leute an Bord. Sie waren aus dem KZ Dachau gekommen und mussten auf direktestem Weg weg aus Europa. Schlussendlich waren sie nun 500 Leute auf dem Raddampfer, der für 300 geplant war.

Die nächsten Stationen waren Dobra, Vidin, Lom, Bechet, Orekhovo und Giurgiu. Giurgiu liegt in Rumänien, die Besatzung hatte die internationale Hungerfahne gehisst, aber die Rumänen wollten sie nicht durch das Eiserne Tor lassen. Als die Besatzung mit ein wenig Geld winkte, gaben sie nach und ließen die »Pentcho« weiterfahren. Am 25. 9. hielten sie in Mytilene auf der griechischen Insel Lesbos. Karl Schwarz erinnert sich noch gut an die Insel. Er tauschte mit den Fischern von Mytilene seine Uhr und ein paar Stiefel gegen Feigen und Trauben, Öl und Oliven. Danach hielten sie im Hafen von Piräus, wo sie von der dortigen jüdischen Gemeinde Öl bekamen und wieder Proviant tauschten. Am 6. 10. passierten sie die Insel Stampalia und Karl Schwarz erzählt, dass die Matrosen statt Süßwasser Salzwasser in die Kessel des Dampfers füllten. Das hatte zur Folge, dass die Kesselwände zerfressen wurden und die Maschinen zu arbeiten aufhörten, nachdem einer der Boiler explodiert war. Der Kapitän erteilte daraufhin den Befehl, alle Leintücher und Textilien abzugeben, und die Frauen nähten ein Segel. So schafften sie es noch bis zur Insel Kamilanisi, wo die »Pentcho« strandete. Die Insel war karg und hatte nichts zu bieten. Alle Passagiere holten ihre Sachen vom Schiff und bauten sich kleine Hütten. Zwei Tage nach ihrer Ankunft, am 10. 10., ging die »Pentcho« endgültig unter. Fünf Männer der Organisation machten sich mit dem Rettungsboot auf den Weg, Hilfe zu holen. Sie stießen auf ein Schiff der britischen Armee. Die Briten schickten einen Notruf an das Internationale Rote Kreuz. Der Funkspruch wurde von den Italienern abgefangen und so kamen ihnen diese zu Hilfe und brachten sie nach zehn harten Tagen nach Rhodos. Dort wurden sie in kleinen Zelten in einem Fußballstadion untergebracht. Da die Zustände dort unzumutbar waren, wurden die Passagiere der »Pentcho« in die Kaserne »Campo San Giovanni« gebracht. Es waren insgesamt 500 Passagiere, die jetzt in der Kaserne lebten. Die Italiener teilten sie in zwei Gruppen und überführten die erste am 12. 1. 1942 nach Ferramonti in Kalabrien. In der zweiten Gruppe, am 3. 3., waren auch Karl Schwarz und Ella Huppert dabei. In Ferramonti waren um die 2.000 Menschen interniert. Es war das größte italienische Lager, 1938 erbaut, als Mussolini die Anti-Judengesetze verabschiedete. In einem Haus wohnten ca. dreißig Männer oder Frauen, und es gab eigene Häuser für Verheiratete. Am 12. Oktober 1942 wurden Karl Schwarz und Ella Huppert von einem Rabbi im Camp verheiratet und so konnten sie in ein gemeinsames Haus ziehen. Karl Schwarz bekam auch einen Job. Er wurde als Offizier tätig und kümmerte sich um die Verpflegung im Camp. Ein Mal pro Woche bekam er ein Auto zu Verfügung gestellt und besorgte außerhalb des Lagers Öl, Zucker, Zigaretten, Mehl und diverse Konserven. Am 5. Juli 1943 wurde ihr erster Sohn Peter geboren, welcher 1949 an Kinderlähmung verstorben ist. Am 8. 9. 1943 landeten die Alliierten auf Sizilien und britische Gesandte besuchten wenig später das Lager. Die erste Gruppe wurde daraufhin am 28. 5. 1944 auf dem Schiff »Batori« nach Palästina gebracht. Karl und Ella Schwarz mussten noch ein Jahr warten und kamen erst im April 1945 ins langersehnte Israel. Im Auffanglager in der Nähe von Haifa arbeitete Karl Schwarz für die Stadtgemeinde und reparierte Wasseruhren.

Zwei Tage nach ihrer Ankunft kamen drei elegant gekleidete Männer in das Auffanglager und fragten nach Karl Schwarz. Sie kamen ebenfalls aus Österreich, ein Industrieller, ein Geschäftsmann und einer von der »Palestine Electric Gesellschaft«. Sie gehörten der Vereinigung österreichischer Einwanderer an und boten ihm einen Job als Schlosser und Elektriker an. Als er sich in der Personalabteilung vorstellen ging, sprach er mit einem Herrn Bloch und es stellte sich heraus, dass dieser ums Eck von Karl Schwarz in der Wiener Brigittenau gelebt hatte – »das Eis war gebrochen!« Karl Schwarz stieg bis zum Leiter für das Versorgungsbüro eines Kraftwerkes auf, konnte sich und seiner Familie ein gutes Leben bieten und musste endlich nicht mehr darüber nachdenken, wie man die nächste Mahlzeit sicherstellen könnte.

Heute lebt Karl Schwarz in Haifa, seine Tochter Esther und ihre Familie wohnen ganz in seiner Nähe. Innerlich ist Karl ein echter Wiener geblieben, der wienerisch spricht und so auch seine E-Mails schreibt.

Sein Vater hatte in Prag den Bescheid erhalten, dass er deportiert wird. Er weigerte sich, schloss sich dem Widerstand an und musste sich von nun an in Prag verstecken. So überlebte Erich Josef Schwarz den Krieg und hat bei der Befreiung von Prag mitgeholfen. Er versteckte sich im Keller der Christin Esther Schultz. Nach dem Krieg heiratete er diese Frau und starb 1949 an »gebrochenem Herzen«, wie Karl Schwarz sagt.

Seine Mutter Erna und sein Bruder Heini wurden am 2. Juli 1942 durch die geheime Staatspolizei in Prag gefangen genommen, nach Theresienstadt deportiert und von dort aus am 20. August nach Maly Trostinec überstellt, wo sie ermordet wurden. Seine Schwester Henrietta und ihr Mann Pavel Beran wurden in Auschwitz ermordet.

Bilder einer Flucht. Nachdem das Schiff »Pentcho« (ganz oben) gestrandet war, kam Karl Schwarz in ein Lager auf Rhodos (Bild Mitte). Im italienischen Konzentrationslager Ferramonti (unten) heiratete er schließlich Ella.

Der Kreis in meinem Leben hat sich geschlossen

Peretz Shaked musste mit 12 Jahren auf einem Schiff nach Palästina flüchten. Der Besuch der alten Heimat hat ihn versöhnt.

Peretz Shaked wird 1927 als Kurt Paul Mandler in Wien geboren. Sein Vater, Arthur Mandler, war Frontkämpfer im 1. Weltkrieg, hat die silberne Tapferkeitsmedaille erhalten. Von März 1938 bis Dezember 1939 lebt Shaked Peretz im Nazi-Regime und kann mit dem letzten Kindertransport über den Brennerpass nach Triest und von dort per Schiff in seine neue Heimat Palästina fliehen. Seine Mutter Margarethe, die nach Palästina nachkommt, wird von den Engländern fünf Jahre in einem Lager auf Mauritius interniert. Peretz Shaked wird Feinmechaniker. Er baut sich ein neues Leben auf und gründet eine Familie, hat heute zwei Töchter und fünf Enkelkinder.

Die **HS II/RS Leibnitz** aus der Steiermark war im Mai 2008 Gastgeber für Peretz Shaked. Die Lehrerin **Edith Reichl** hat den Besuch mit KollegInnen und SchülerInnen organisiert.

ERSTER TEIL: Meine Zeit in Wien

Wir waren eine ganz gewöhnliche österreichische Familie jüdischen Glaubens. Wir feierten zwei bis drei Mal im Jahr Feiertage und am wichtigsten, Jom Kippur, ging ich mit meinem Vater in die Synagoge. Ich lernte in der Volksschule Sechskrügelgasse im 3. Bezirk, wo ganz in der Nähe, in der Neulinggasse 22, auch unsere Wohnung lag. Ich war Mitglied im Österreichischen Pfadfinder Bund. Meine Mittelschule war die »Radetzky-Realschule«.

Die Sommerferien verbrachten wir immer auf einem Bauernhof, wo meine Schwester Susi und ich mit den Bauernkindern spielten. Meine Mutter nannte das immer »Sommerfrische«. Mit ihr, die sehr naturliebend war, machten wir jeden Tag mit Proviant ausgerüstet Wanderungen zu nahen und ferneren Zielen. Wir suchten in den Wäldern Steinpilze und Eierschwammerl, und meine Mutter wusste genau, welche giftig oder essbar sind. Zurück nach Wien kamen wir dann immer mit Kilo schweren Säcken getrockneter Schwämme. Mein Vater kam nur an Wochenenden, um mit uns wandern zu gehen und alles mitzumachen. Beide meine Eltern liebten die Natur, meine Mutter war auch begeisterte Bergsteigerin. Von ihr lernten wir viel, auch wie man sich in der Natur verhält. Ich kann mich erinnern, als es bei einem unserer Ausflüge plötzlich zu regnen, donnern und blitzen begann. Wir eilten sofort auf eine offene Wiese, legten uns auf den nassen Boden und Mutti deckte uns mit dem Regenmantel zu. Später, als ich älter wurde, habe ich öfters über Unglücke gelesen, bei denen Menschen durch Blitze getötet wurden.

Ein anderes Mal stand plötzlich auf einem Waldweg, nicht weit von einem Gehöft, ein Zähne fletschender, knurrender Hund und versperrte uns den Weg. Meine Mutter sagte ganz ruhig und leise »Nicht rühren, nicht weglaufen!« und begann mit dem Hund ganz ruhig zu sprechen. Es waren immer verschiedene Silben und Laute, halbe Worte, monoton und der Hund beruhigte sich langsam. Plötzlich drehte er sich um und lief zu seinem Gehöft zurück. Diese Geschichte ist ein anderes Beispiel für das Wissen meiner Mutter über Tiere und die Natur.

Den zweiten Teil unserer Sommerfrische verweilten wir am Plattensee in

Peretz Shaked konnte mit einem Kindertransport aus der »Ostmark« emigrieren. Bei seiner Rückkehr im Mai 2008 hat er »Frieden geschlossen«.

Ungarn auch bei einer Bauernfamilie. Der Bauer brachte uns jeden Morgen zum Badestrand, wo wir für zwei bis drei Wochen eine Kabine gemietet hatten. Für die Woche bekam der Kutscher, einer seiner Söhne, er war 15 oder 16, eine Schachtel Zigaretten und alle waren glücklich. Die Verbindung zu Ungarn war die: Mein Vater hatte eine Schwester, Tante Paula, die ihr Glück in Budapest fand und Onkel Nandor heiratete und mit ihm einen Sohn, Djurka, hatte. So waren wir jedes Jahr bei ihnen zu Gast und fuhren von dort weiter zum Plattensee. Sie waren offenbar wohlhabend, denn mein Vater wohnte als Junggeselle einige Jahre bei Ihnen auf Kost und Quartier, studierte und absolvierte die Handelsakademie in Budapest. Dort erreichte ihn der erste Weltkrieg und er meldete sich sofort als einjähriger Freiwilliger bei der Österreichisch-Ungarischen Armee der Monarchie.

> Mein Vater meldete sich im Ersten Weltkrieg sofort als Freiwilliger zur Armee.

Ich glaube Mitte 1915 wurde mein Vater nach schweren Kämpfen Kriegsgefangener und war für fünfeinhalb Jahre in Sibirien. Später bekam er die Silberne Tapferkeitsmedaille. Ich bin noch im Besitz einer seiner Briefe an seine Schwester, datiert 1921 in Wladiwostok: »Wir warten noch immer auf ein Schiff.« Aber kurz danach kam das lang ersehnte Schiff und Tausende Kriegsgefangene kehrten in ihre alte Heimat zurück. Sein Bruder arbeitete bereits als Spediteur, hatte eine Firma und nahm meinen Vater als Kompagnon auf. Beide vergrößerten die Firma und erst als seine Existenz gesichert war – so wie es damals üblich war – bat er um die Hand meiner Mutter. Wie schon erzählt, waren wir eine kleine, glückliche Durchschnittsfamilie in Wien bis zum 13. März 1938, als wie ein Blitz Österreich zu bestehen aufhörte und wir die »Ostmark« mit einem Nazi-Gauleiter wurden.

ZWEITER TEIL: 13.März 1938 – 10.Dezember 1939

Wir hörten noch mit unserem Radioapparat in der Wohnung die letzten Worte des Bundeskanzlers Schuschnigg: »Rot-Weiss-Rot bis in den Tod« und »Gott schütze Österreich«. Dann brach für uns die heile Welt zusammen. Nach einigen Wochen stürmten einige SA-Männer in Uniform in unsere Wohnung und beschlagnahmten sie. Es wurde ein Inventar aufgenommen und alles, was sich in der Wohnung befand, aufgeschrieben. Mein Vater musste unterschreiben. Wir konnten unsere persönlichen Gegenstände, wie Bekleidung und Schuhe in einige Koffer packen. Innerhalb kurzer Zeit – vielleicht 48 Stunden – wurde die Wohnung mit einem Nazi-Siegel und dem Hakenkreuz verschlossen. Meinen Eltern wurde mit der Todesstrafe gedroht, falls wir es wagen sollten, das Siegel zu brechen.

»Gott schütze Österreich«. Dann brach für uns die heile Welt zusammen.

Alles blieb in der Wohnung, alle Möbel, Betten, Tische, das Klavier,

Glas und Porzellanservice, Teppiche, Lampen ... alles.

Wir wohnten provisorisch bei einer Tante, bis wir nach rund vier Monaten eine sogenannte Sammelwohnung am Franz Josefs Kai 45 zugewiesen bekamen. Dort wohnten drei Familien in einer Wohnung zusammen. Jede Familie hatte ein Zimmer, Küche und Bad wurden geteilt und gemeinsam benützt.

Die ersten Monate konnte mein Vater noch seine Spedition in der Ferdinandstraße 24 im 2. Bezirk betreiben, aber eines Abends kam er nicht nach Hause. Er wurde von der Zollbehörde verhaftet, natürlich unschuldig. Er kam nach vier Tagen unrasiert nach Hause. Wir konnten aufatmen. Er war ein redlicher Mann, der nie beim Zoll Probleme hatte. Man kannte ihn dort gut. Es waren ein oder zwei alte Kumpel, Kriegskameraden, die sich für ihn einsetzten.

In der Zwischenzeit kamen vier »Riesenlackeln« in schwarzer SS-Uniform und hämmerten mit ihren Fäusten gegen die Tür – Aufmachen! Meine Mutter, etwas blass, aber unerschrocken, hielt eine Platte mit allen Kriegsmedaillen meines Vaters vor ihrer Brust. Wir beiden Kinder standen erschrocken hinter ihr. Einer der Nazis schlug mit seinem bestiefelten Fuß alle Medaillen in alle Richtungen, murmelte einen Fluch und verließ uns. Dann wurde die Spedition arisiert. Mein Vater musste einem der Angestellten eine Generalvollmacht unterschreiben und futsch war alles Einkommen, von einem Tag auf den anderen.

Meine Mutter besaß mit weiteren drei Geschwistern ein Haus in der Favoritenstraße im 10. Bezirk. Sie bekam ihren Teil als Mitgift ihrer Eltern. Das Haus wurde zwangsverkauft und der Erlös, der nur ein kleiner Teil des wirklichen Wertes war, wurde sofort als Sperrkonto in den Banken eingefroren. Möglicherweise zum Überleben durfte man mit Erlaubnis vom eigenen Konto ein paar Reichsmark abheben. Zum Überleben.

Dann im April 1938 wurde ich von der Schule verjagt, einige Klassenkameraden jaulten: »Saujud, geh` nach Palästina!« und warfen meine Schultasche durch das Fenster auf den Gehsteig. Keiner der Lehrer war im Korridor zu sehen, ich will hoffen, dass sich wenigstens ein oder zwei schämten. Es war natürlich alles vorbereitet gewesen und man wollte die Schule »judenrein« haben. Riesige Hakenkreuzfahnen hingen vom Dach bis zum Gehsteig. Ich nahm meinen Mantel, ging hinunter, sammelte wieder alles ein, was von der aufgeplatzten Schultasche verstreut herum lag und ging nach Hause.

Dann kam ich in eine jüdische Schule, eine Art Sammelschule, wo Buben

Kindheitsbilder. Oben: Susi, die Schwester von Peretz Shaked, vor einer Plakatwand in Wien mit Nazi-Propaganda – aufgenommen 1939 mit der eigenen Kodak Box.
Unten: Peretz Shaked 1937 vor seinem Wohnhaus in der Neulinggasse 22.

»Ehre, mit einem Zeitzeugen zu sprechen.«

SchülerInnen der HS II / RS Leibnitz über die Begegnung mit Peretz Shaked.

Ich habe anfangs ziemlich negativ über unser Projekt gedacht. Doch als Herr Shaked bei uns zu Besuch war, begann ich erst zu begreifen, welche „Ehre" wir hatten, mit einem Zeitzeugen der damaligen Zeit zu sprechen.

Mir hat es gut gefallen, einen Zeitzeugen, Herrn Shaked, in unserer Schule als Gast gehabt zu haben – mit ihm zu reden, was er alles durchgemacht hat. Meine Oma erlebte das auch, aber ich habe nie darüber nachgedacht und sprach nie mit meiner Oma darüber. Jetzt, da wir das Projekt gemacht haben, würde ich sie über die Geschehnisse in der Nazizeit befragen wollen, aber leider ist sie schon verstorben. Ich denke, es ist wichtig, darüber Bescheid zu wissen, was damals geschehen ist.

Ich fand es spannend, einen Zeitzeugen kennen zu lernen. Ich glaube nicht, dass viele Schüler diese Chance haben. Mir persönlich hat besonders gefallen, dass wir sehr viel selbständig recherchierten, denn daraus konnten wir viel lernen.

Am besten hat mir gefallen, als Herr Shaked über seine Kindheitserlebnisse erzählt hat. Ich fand auch die Erzählungen anderer Zeitzeugen am Wiener Heldenplatz sehr interessant.

Ich fand es gut, dass wir dieses Projekt gemacht haben. Wir haben sehr viel über den Holocaust und den Nationalsozialismus, aber auch über Menschen und deren Verhalten in einer Gruppe gelernt. Ich fand es toll, dass wir die Möglichkeit hatten, einem Zeitzeugen zuzuhören.

und Mädchen unterschiedlichen Alters in Klassen gepfercht wurden. Selten kannte ich irgendein Kind oder einen Lehrer. Die wechselten jede Woche, manchmal jeden Tag. Einer wurde verhaftet, dem zweiten gelang die Flucht ins Ausland und wir hörten auch von Selbstmord.

1939 begann der Krieg mit Polen und mit ihm wurde die Lebensmittel-Karte eingeführt. Alles wurde rationiert, Brot, Mehl, Zucker, Eier, Fleisch, Butter, Fett, einfach alles. Wir bekamen weniger als unsere arischen Nachbarn. Und doch waren »im Netz einige Löcher«. Im Zuckergeschäft konnte man noch ohne Marken kaufen und man bekam dort auch Sardinenschachteln. Und so ging ich einige Male in der Woche 5 oder 10 dag Zuckerln kaufen und nahm immer nur eine Sardinenschachtel, damit ich nicht auffalle. Alles zu Fuß und immer in verschiedene Geschäfte. Radioapparate und Fahrräder hatten wir schon längst abgeben müssen und öffentliche Verkehrsmittel waren für uns strengstens verboten. Und so habe ich langsam gesammelt, um Proviant für die Reise bzw. Flucht meiner Eltern vorzubereiten. Meine Schwester, drei Jahre älter als ich, fuhr bereits im März 1939 mit einer Jugendgruppe nach Palästina.

> Die Mitschüler wechselten manchmal jeden Tag: Verhaftet, auf der Flucht, Selbstmord.

Ich konnte am 10.Dezember 1939 mit dem letzten Kindertransport Wien verlassen und gelangte über den Brennerpass, Triest und von dort per Schiff mit der »Galilea« nach Haifa, wo damals der größte Hafen in Palästina war (auch englischer Kriegshafen).

Klassenfoto mit Gästen. Peretz Shaked und seine Frau Neomi in der 4c-Klasse der Realschule Leibnitz, wo sie vom Schulleiter, LehrerInnen und SchülerInnen empfangen wurden.

Noch eine kleine Geschichte. Zu meinem 10. Geburtstag bekam ich als Geschenk meiner Eltern einen sehr einfachen Fotoapparat, eine Kodak Box, die ich mir schon lange gewünscht hatte. Ich »schoss« sehr gute Bilder mit ihr von Menschen, Tieren und Blumen. Als die Nazis an die Macht kamen, machte ich auch verschiedene Bilder, die uns gefährden könnten. Mein Vater bat mich daher, nicht mehr mit dem Fotoapparat auf die Straße zu gehen. Es sind mir jedoch einige Bilder übrig geblieben. Eines davon lege ich bei und zwar die Fotografie unserer besten Freundin Gretl Deutsch, die ich vor einer Wand mit aufgemalten und aufgeklebten Nazi-Parolen aufgenommen habe.

Heute heißt Gretl Leah Linton und wurde im Mai 2008 auch vom Projekt »A Letter To The Stars« nach Wien eingeladen. Wir umarmten uns jeden Tag im Hotel Ananas in Wien, wo wir glücklicherweise beide logiert waren und alte Erinnerungen austauschten. Ich lernte auch ihre Tochter und ihren Sohn kennen und sie meine Frau. Sie wohnen heute in den USA.

»Herr Shaked konnte Schüler für sich gewinnen«

Wie die Lehrerin Edith Reichl den Besuch aus Israel erlebte.

Die 4c Klasse nahm an beiden Projekten, dem Denk.Mal-Projekt und dem Einladungsprojekt eines Zeitzeugen teil. Für das Denk.Mal-Projekt gestalteten die SchülerInnen zur Erinnerung an österreichische Holocaust-Opfer T-Shirts, die sie am 5. Mai 2008 am Wiener Heldenplatz präsentierten.

Seit Dezember 2007 hatten wir schon brieflichen Kontakt mit Herrn Peretz Shaked aus Israel. In den Briefen erfuhren wir bereits einige Daten zu seiner Person. Im Laufe unserer Korrespondenz stellte sich heraus, dass zwei Onkel von Herrn Shaked während des 1. Weltkrieges in Leibnitz stationiert waren.

Ich hatte mit Herrn Shaked bald auch telefonischen Kontakt, um noch die letzten Einzelheiten bezüglich seines Besuches bei uns zu besprechen. Wir waren uns sofort sehr sympathisch. Dieses Gefühl verstärkte sich noch bei unserem erstmaligen persönlichen Zusammentreffen am Wiener Heldenplatz – es war sehr herzlich. Wir trafen einen sehr rüstigen und aufgeschlossenen 81-jährigen Mann. Herr Shaked und seine Frau konnten auch die SchülerInnen der 4c sofort für sich gewinnen. Erste Gespräche fanden bereits am Heldenplatz statt, weitere auf der anschließenden Bahnfahrt nach Leibnitz. Den Tag ließen wir bei einer gemütlichen Jause in einem Buschenschank in der Südsteiermark ausklingen, wo Herr Shaked meinem Schulleiter, meiner Kollegin und mir bereits einiges aus seinem Leben erzählte.

Am nächsten Vormittag brachte ich unsere Gäste in die Schule, wo Herr Shaked zwei Stunden mit den SchülerInnen der 4c verbrachte und ihnen seine Lebensgeschichte erzählte. Es war seine erste Begegnung mit österreichischen SchülerInnen und auch das erste Mal, dass er vor so vielen Menschen seine Lebensgeschichte erzählt hatte. Die SchülerInnen waren dabei sehr aufmerksam und interessiert. Besonders beeindruckt hat sie jener Teil der Erzählung, als Herr Shaked von seiner alleinigen Flucht als Zwölfjähriger aus Wien nach Haifa sprach. Zum Abschluss stellten sie Herrn Shaked jede Menge Fragen, auf die er sehr gut eingegangen ist.

Herr Shaked hatte für jede/n Schüler/in ein kleines Geschenk aus Israel mitgebracht – dies überreichte er am Schluss seiner Erzählung jedem Jugendlichen persönlich. Das war eine wunderschöne Geste – die SchülerInnen freuten sich sehr darüber. Nach einem kurzen Besichtigungsprogramm von Schloss Seggau und einem gemeinsamen Mittagessen fuhren unsere Gäste am Nachmittag desselben Tages wieder nach Wien zurück.

Mich persönlich hat folgender Satz sehr berührt, den Herr Shaked kurz vor seiner Abreise sagte: »Nun hat sich der Kreis in meinem Leben geschlossen.«

Er hat mit seiner tragischen Vergangenheit Frieden schließen können. Mein Empfinden war – für Hass und Schuldzuweisungen ist kein Platz mehr da.

Jede/r Einzelne von uns hat die Aufgabe, ein Stück dazu beizutragen, dass Menschen auf Grund ihrer Andersartigkeit nicht mehr ausgegrenzt werden und ein friedvolles Miteinander möglich wird.

Ich kam am 20. Dezember 1939 im Hafen von Haifa an und zog in einen Kibbuz bei Jerusalem. Ich lebte dort für zwei Jahre und absolvierte die 7. und 8. Klasse. Zuerst lernten wir Hebräisch, dies war unsere neue Sprache. Wir waren zwölf Kinder zwischen 12 und 13 Jahren. Die meisten kamen ebenfalls aus Wien, manche aus Tschechien und Berlin. Schon nach kurzer Zeit beteiligten wir uns in der Schulklasse rege an allen Problemen unserer Klasse.

Mein Vater konnte im Februar 1940 Wien mit einem Donaudampfer über die Tschechei, Ungarn, Jugoslawien und Rumänien verlassen. Dort wurden 700 bis 800 Flüchtlinge auf einen etwas größeren, schäbigen Lastfrachter überwiesen und der »illegale« Transport fing an sich Richtung Palästina zu bewegen. Illegal deshalb, weil er ohne die Erlaubnis der englischen Oberherrschaft fuhr und Israel ein englisches Mandat war. Das Schiff wurde von einigen englischen Kriegsschiffen gestellt und mein Vater mit all den anderen Flüchtlingen in ein Internierungslager gesperrt. Dort empfingen sie bereits andere hunderte Insassen mit demselben Schicksal.

Ich im Kibbuz Kirjath Anarim und meine Schwester im Kibbuz Naan wussten die ersten Wochen überhaupt nicht, dass unsere Eltern noch am Leben waren, bis man uns von unserem Vater erzählte. Erst nach 13 Wochen wurde er entlassen.

Meine Mutter auf ein Lastauto verladen und fünf Jahre auf Mauritius interniert.

Da davor kein Platz für meine Mutter frei war, fuhr sie erst im September 1940, mit demselben »illegalen« Transport wie zuvor mein Vater, von Wien weg. Auch dieses Schiff, die »Atlantik« mit 1200 Flüchtlingen, wurde von englischen Zerstörern gefasst und meine Mutter kam in dasselbe Lager wie mein Vater, aber in ein anderes Unterlager. Der ganze Komplex war in verschiedene kleinere, mit Stacheldraht abgezäunte Lager geteilt. Keiner der beiden wusste vom anderen. Alles war mit Stacheldraht und Wachtürmen abgesperrt. Heute steht auf demselben Platz ein Museum und es gibt noch originale Baracken und Wachtürme.

Nach zwei Wochen wurden die »Illegalen« mit Gewalt auf Lastautos verladen und zum Hafen von Haifa gebracht, wo sie auf zwei holländische Frachter geschleppt wurden. Es gab dort herzzerreißende Szenen. Um nur eine zu nennen: Frauen zogen sich nackt aus und wurden von der englischen Polizei in Decken gewickelt und auf das Schiff gebracht. Nach einigen Wochen im Indischen Ozean kamen beide Schiffe in Mauritius an. Dort waren meine Mutter, ihre Schwester Tante Irma und deren Tochter Trude fünf Jahre interniert. Die ersten Jahre Wellblechbaracken, Stacheldrahtverhau und Wachtürme mit schwarzen Polizistinnen. Für die Europäer herrschte ein schreckliches Tropenklima und fast alle bekamen Malaria. Meine Mutter überlebte, meine Tante jedoch nicht. Sie ist auf dem jüdischen Friedhof in Mauritius begraben. Ihre Tochter bekam einen schrecklichen Nerven-

zusammenbruch und wurde für ihr kurzes restlichen Leben in eine Nervenklinik eingeliefert. Sie starb dort bald. Ich habe sie dort noch vor ihrem Tod besucht.

Nach dem V-Day, dem Siegestag der Alliierten, wurden die Insassen frei gelassen und meine Mutter kam mit ihrer armen, kranken Nichte Ende August 1945 in Tel Aviv an, wo mein Vater wohnte. Mitte August verließ ich den Kibbuz Jagur, wo ich drei Jahre Maschinenschlosser gelernt hatte, um meinen Eltern zu helfen. Ich war 18 Jahre alt, fand bald Arbeit und wurde langsam Schnitt- und Stanzenmacher. Der Inhaber war ein netter Mann namens Konas. Auch er war Ex-Wiener, wahrscheinlich war das der Grund dafür, dass er mich aufnahm. Als ich mich nach zehn Jahren verabschiedete, sagte er, er habe es nicht bereut und gab mir auch ein schönes Zeugnis.

1948 brach unser Freiheitskrieg aus. Nach dem Beschluss der Vereinten Nationen, einen jüdischen Staat Israel zu gründen, griffen uns fünf arabische Staaten, darunter auch Mitglieder der Vereinten Nationen, an. In meinem Infanterieregiment in der Telefonzentrale traf ich ein hübsches und freches Mädchen an: Neomi. Wir heirateten eineinhalb Jahre später, 1950, hatten bald zwei Töchter und haben heute fünf Enkerln, mit denen wir sehr verbunden sind. Im Oktober 2008 werden wir unseren 58. Hochzeitstag feiern. Die Zeit vergeht schnell.

Im Freiheitskrieg traf ich ein hübsches und freches Mädchen an. Wir heirateten 1950.

Herr Shlomo beantwortet sein Leben

Shlomo Shaked hat seine Lebensgeschichte in einer berührenden, einzigartigen Korrespondenz mit SchülerInnen niedergeschrieben.

Shlomo Shaked wird 1924 als Siegfried Tschmul in Wien geboren, im Schuljahr 1937/38 ist er Schüler am RG18, Schopenhauerstraße 49, im April 1939 kann er ohne Eltern nach Schweden flüchten und emigriert 1941 nach Palästina. 1945 kehrt Shlomo Shaked als Soldat der Britischen Armee zurück nach Österreich. Er lebt heute in Haifa in Israel.

Das **BRG 18** in der Schopenhauerstraße in Wien 1 war im Mai 2008 Gastgeber für Shlomo Shaked, der hier vor 70 Jahren zur Schule ging. In den Monaten vor dem Besuch haben SchülerInnen Dutzende E-mails mit Shlomo Shaked ausgetauscht, die Professor **Kurt Herlt** dokumentiert hat.

Im Schuljahr 2005/06 nahm das BRG18, Schopenhauerstraße 49, erstmals am Projekt »A Letter To The Stars« teil.

Damals hieß das Projekt »Blumen der Erinnerung«, dabei erhoben die SchülerInnen der beiden Projektklassen, eine 4. und eine 1. Klasse, die Namen und Schicksale der Opfer der Shoa, die in der näheren Umgebung gewohnt hatten. Im Rahmen einer Gedenkveranstaltung am Stephansplatz nahmen wir dann weiße Rosen und Erinnerungsschleifen in Empfang, versahen die Schleifen mit den Namen »unserer« Nachbarn und legten die Rosen vor die Türen der Opfer. Die damalige 1. Klasse war mit großem Engagement dabei und ihre Trauer im Gedenken an die Opfer, die oft auch in ihrem Alter oder jünger waren, war echt.

Als wir in diesem Jahr eingeladen wurden, am Projekt »38/08« teilzunehmen, entschied sich die jetzt 3. Klasse sofort dafür. Junge Menschen werden nicht mehr allzu lange Gelegenheit haben, mit Zeitzeugen ins Gespräch zu kommen. Nach einer kurzen Einführung in die persönliche Geschichte von Siegfried Tschmul, 1924 in Wien geboren und bis 1938 Schüler am RG18, Schopenhauerstraße 49, damals wohnhaft am Währinger Gürtel 137, und nach einer kurzen Einführung in die Zeit des Anschlusses und die damit verbundene Verfolgung, Vertreibung und Ermordung der jüdischen Bevölkerung lud ich die Klasse ein, mit Herrn Shlomo Shaked, heute 84-jährig und wohnhaft in Haifa, Israel, in E-mail Kontakt zu treten.

Der Kontakt war von mir wenig gesteuert. Ich ließ mir lediglich die ersten geplanten Mails auf Papier vorlegen, um sicher zu gehen, dass die SchülerInnen den richtigen Ton treffen, merkte aber bald, dass ich auf jegliche Zensur verzichten konnte. Aufgrund der sehr persönlichen Antworten von Herrn Shlomo Shaked entwickelte der Kontakt bald eine Dynamik, die mir für beide Seiten äußerst fruchtbar schien.

Zwischenzeitlich erhob ich aus den Katalogen der betreffenden Jahre die Daten des Schülers Siegfried Tschmul und seines Bruders Kurt und versuchte auch, überlebende Mitschüler von Siegfried, heute Shlomo Shaked, zu finden. Es gelang mir sogar, einen nichtjüdischen Mitschüler zu kontaktieren, aber er hatte mit der Vergangenheit abgeschlossen und wollte nicht mehr daran erinnert werden. Schade, meine SchülerInnen, die nun über das Erleben der jüdischen Schüler Bescheid wussten, haben sich öfter gefragt,

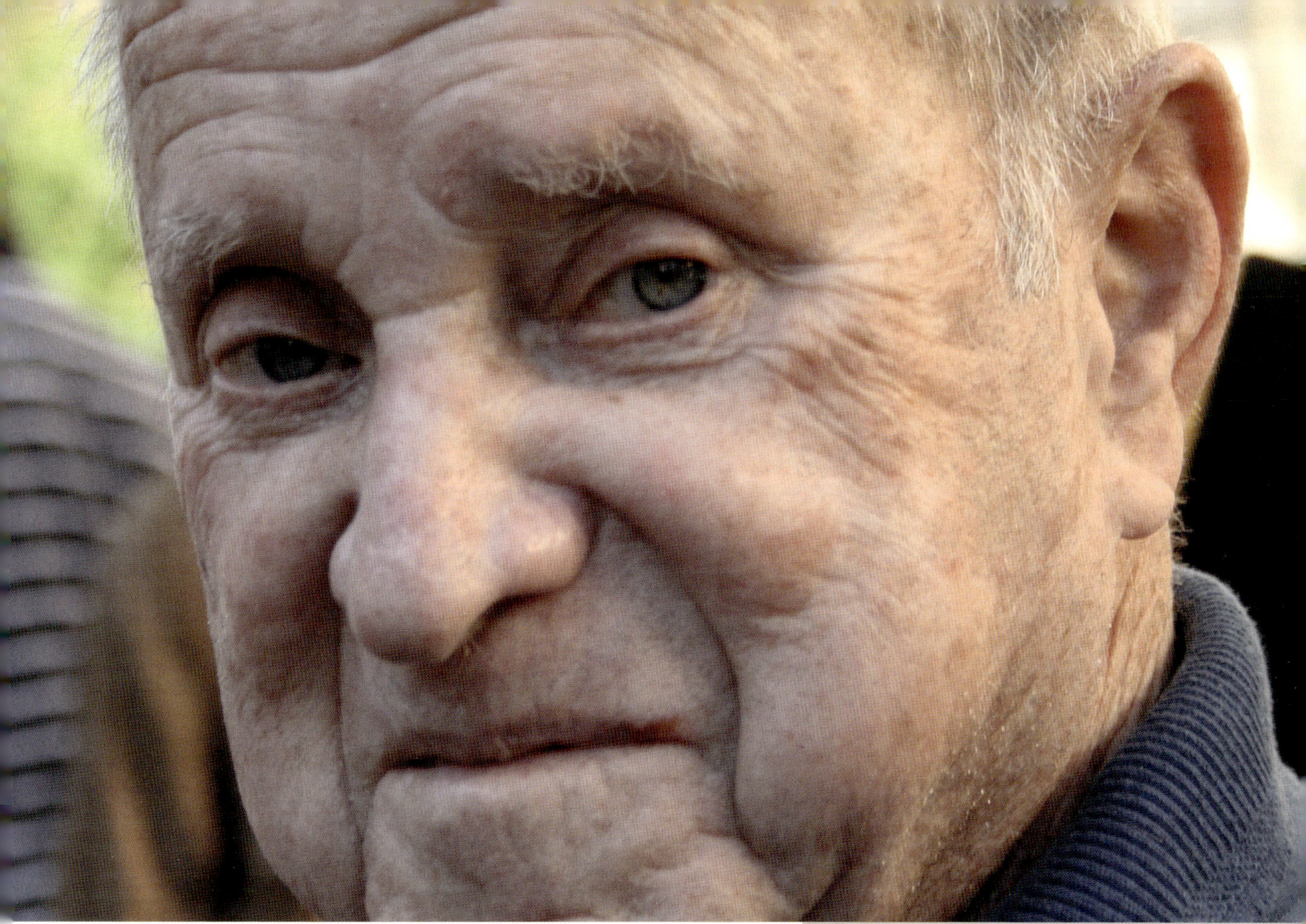

Shlomo Shaked sagt: »Wie hätte ich gehandelt? Ich hoffe, dass ich unter allen Umständen ein Mensch geblieben wäre und demnach gehandelt hätte.«

wie denn »die anderen« diese Zeit erlebt hatten. Im Deutschunterricht lasen wir Auszüge aus dem »Tagebuch der Anne Frank«, Stellen aus »Die Welle« und versetzten uns in die Rolle der Figuren, sahen jene Ausschnitte aus dem Film »Stealing Klimt«, die die Atmosphäre von Wien 1938 zeigten, und begannen in vielen kleinen Gesprächen zu verstehen, was für Überlebende der Shoa, aber auch für deren Nachkommen die gläserne Wand bedeutet, die sie von nichtjüdischen Menschen trennt (Robert Schindel).

> Die SchülerInnen der 3a haben am Schicksal von Herrn Shlomo Shaked Anteil genommen ...

Die SchülerInnen der 3 a haben am Schicksal von Herrn Shlomo Shaked Anteil genommen, ohne ihn noch persönlich zu kennen. Auch Herrn Shakeds Interesse an diesen jungen Menschen ist geweckt.

Wir erwarten nun gespannt das persönliche Zusammentreffen. Geplant sind außer der offiziellen Veranstaltung am Heldenplatz am 5. Mai 2008 informelle Treffen außerhalb der Schule, bei denen sich kleine Gruppen von

SchülerInnen mit Herrn Shaked in Wien bewegen, natürlich die Einladung von Herrn Shaked an unsere (und seine alte) Schule, organisiert von der 3 a, und eine Veranstaltung im Amtshaus gemeinsam mit dem BG18, Haizingergasse, dessen SchülerInnen ebenfalls mit Herrn Shaked in Kontakt sind.

Ich danke Herrn Shlomo Shaked für die viele Zeit, die er meinen SchülerInnen geschenkt hat, und wünsche ihm einen angenehmen Aufenthalt in Wien in dem Bewusstsein, wirklich willkommen zu sein.

Ich erinnere mich an einen Satz, den Herr Shaked in unserem allerersten Telefongespräch über seine geplante Reise nach Wien gesagt hat: »Jetzt schließt sich der Kreis«.

Alles Gute, Shlomo Shaked, und vielen Dank, Kurt Herlt

17. 12.

Lieber Herr Shlomo Shaked,

Mein Name ist Felix Sperl und ich bin Mitglied beim Projekt »A Letter To The Stars«. Ich gehöre zu der Klasse, die Sie in der Woche im Mai besuchen möchten. Ich hätte einige Fragen zu Ihrem Leben, bevor Sie aus Wien flohen. Ich weiß, dass ihr Vater eine Schneiderei hatte und würde gerne wissen, ob sich, nachdem Wien zum »Deutschen Reich« gehörte, etwas bei den Kunden änderte? Was hat sich an der Schule geändert? Wie verhielten sich Lehrer und Schüler nun Ihnen gegenüber? Nachdem Sie aus Wien flohen, wo wollten Sie dann hin? Welche Stationen hatten Sie auf Ihrem Weg? Wollten Sie nach Palästina oder ergab es sich einfach? Auch würde ich gerne wissen, wer mit Ihnen floh, oder gingen Sie alleine? Wer musste zurück bleiben? Ich weiß, dass Sie 1942 der Armee beitraten. Was bewegte Sie dazu? Gingen Sie alleine oder waren Freunde/Bekannte dabei? Was sagte Ihre Familie zu der Entscheidung? Ich weiß, auch, dass Sie 1945 mit der britischen Armee über Italien nach Villach vorrückten. Welche Gefühle hatten Sie bei dem Vormarsch und welche Gefühle hatten Sie, als Sie wieder auf österreichischem Boden standen? Und wie erging es Ihnen, als Sie nach Kriegsende wieder in Wien waren? Was empfanden Sie? Das alles würde mich brennend interessieren. Bitte antworten sie bald.

Alles Gute wünscht Ihnen aus Wien, Felix Sperl

Lieber Herr Shlomo Shaked, ich hätte einige Fragen zu Ihrem Leben, bevor sie flohen.

18.12.

Lieber Herr Shlomo Shaked!

Wir heißen Stephan Grabuschnigg und Martin Baumgartner. Wir sind 13 Jahre und Schüler bei Professor Herlt. Wir sind sehr interessiert an Geschichte, besonders am 2. Weltkrieg. Die Zeugen von damals können uns viel Wichtiges, Interessantes, aber auch Lehrreiches erzählen. Sie haben es ja geschafft zu fliehen, und schafften es auch, in die Stadt Wien zurückzukehren. Wir wissen ein bisschen etwas von dieser schlimmen Zeit von der Taufpatin von Stephans

egfried Tschmul, geb. am 17.2.1924, Schuljahr 1937/38 noch Schüler am G18, Schopenhauerstr. 49, April 1939 Flucht nach Schweden d April 1941 nach Palästina

Siegfried Tschmul mit seinem Bruder Kurt, im Schuljahr 1937/38 noch Schüler am RG18, Schopenhauerstr. 49, inzwischen verstorben

Shlomo Shaked, 1945 Soldat der Britischen Armee, kehrt über Villach als Befreier nach Österreich zurück

Vater, die 87 Jahre alt ist. (...) Wir haben jetzt aber genug erzählt und würden gerne ein paar Fragen stellen.

MFG und alles Gute wünschen Ihnen Stephan und Martin

18.12.

Lieber Martin und Stephan, Shalom!

Shalom ist der übliche Gruß in Israel und bedeutet Frieden. Danke für Euren lieben Brief, es wird mir Freude bereiten, Euch alle Fragen zu beantworten.

Ich bin am 17. 02. 1924 in Wien geboren und seit Ende 1929 wohnten wir am Währingergürtel 137, mein Vater hatte einen Maßschneidersalon im Nebenhaus (139). Zuerst besuchte ich die Volksschule in der Michaelerstraße und dann trat ich über ins RG XVIII, in dem mein Bruder Kurt schon vor mir lernte. Wie Ihr Euch ausrechnen könnt, war ich ungefähr in Eurem Alter, als die Nazis in Österreich einmarschierten. In aller Kürze: mein Vater wurde in der »Kristallnacht« verhaftet, im Geschäft wurde noch vorher ein Kommissar eingesetzt, unser Vater kam nach Dachau ins Konzentrationslager. Der Kommissar wurde zum Abwickler ernannt und mein Vater kam nach »Hause«, nachdem er sich in Dachau verpflichtete, das

»Ich bedaure wirklich das Schicksal deines Opas«

Wie Shlomo Shaked auf ganz sensible Fragen der SchülerInnen antwortete.

Über zwei gänzlich verschiedene Briefe von SchülerInnen aus meinem ehemaligen BRG in Wien, die mich sehr berührt haben, und die ich nicht erwartet hatte und bei denen ich zuerst auch nicht wusste, wie ich antworten könnte, denn die SchülerInnen waren ja sehr jung (14-15 Jahre):

Der eine war von einem Schüler, der mir schon vorher geschrieben hatte, und mir in seinem dritten Brief über das Schicksal seines Großvaters erzählte, der, als er 15 Jahre alt war, zur Front geschickt wurde, mehrmals verwundet wurde und dem es gelang zu fliehen, bevor er gefangen genommen worden wäre und im letzten Jahre gestorben ist. Darauf schrieb ich: »Ich bedaure wirklich das Schicksal Deines geliebten Opas. Krieg ist immer sehr grausam und es ist schade, dass so viele Menschen den schweren Preis bezahlen müssen. Zum Frieden braucht man immer zwei Seiten, zum Krieg genügt leider nur eine Seite. Wir müssen alles unternehmen, Kriege zu vermeiden. Wichtig ist, dass Du Deinem Opa in Liebe gedenkst.« Denn ich glaube, nur, wenn man bereit ist, das Leiden des Anderen zu verstehen, kann man erwarten, dass man sein eigenes wahrnimmt und anerkennt.

Der zweite Brief kam von zwei Schülerinnen, die mir eine Aufmerksamkeit oder vielleicht eine Freude bereiten wollten, indem sie das Haus, in dem wir bis Ende 1938 wohnten von außen und innen aufnahmen, und mir 11 Fotos schickten. Ich war so aufgeregt, da unter den Fotos sogar ein Teil unserer ehemaligen Wohnungstür zu sehen war, was sie bestimmt nicht wissen konnten und einige Tage fiel es mir schwer, ihren Brief mit den vielen Fragen zu beantworten. Nach zwei Wochen schickte ich ihnen diese Antwort: Danke für die Fotos von dem Hause, in dem wir gewohnt haben.

Deutsche Reich innerhalb eines Monats zu verlassen, auf sein Vermögen zu verzichten und im Ausland nicht gegen das Deutsche Reich zu hetzen und auch keine »Gräuelmärchen« zu verbreiten. Noch bevor mein Vater aus Dachau entlassen wurde, mussten wir aus unserer Wohnung ausziehen, und so hatten wir, als mein Vater zurückkam, keine eigene Wohnung mehr, das Geschäft war beschlagnahmt und wir wohnten bei einer alten Tante in der Oberen Donaustraße. Meinem Bruder, der älter als ich war, gelang es noch vorher, mit einem Kindertransport nach England zu flüchten.

Da Ihr doch ungefähr in meinem Alter seid, versucht darüber nachzudenken, wie ich mich damals als Kind gefühlt habe nach dem Anschluss, als sich alles über Nacht veränderte. Wir durften nur noch mit jüdischen Mitschülern auf einer Bank sitzen, man musste mit »Heil Hitler« grüßen, wir nicht. Plötzlich wussten wir, wer die »Nichtarier« sind. Im RG XVIII waren 88 (14%) der Schüler Juden und Nichtarier. Freundschaften wurden abgebrochen und ein Teil der Mitschüler und Lehrer waren uns von heute auf morgen feindlich gesinnt.

ersucht darüber nachzudenken, wie ich mich
amals als Kind gefühlt habe nach dem Anschluss.

Aber nicht alle, manche von ihnen trauten sich, wenn unbemerkt, den Kontakt aufrecht zu halten. Nicht nur die Schule, unser ganzes Leben ist zusammengebrochen. Nach kurzer Zeit teilte man uns mit, wir müssten am Ende des Schuljahres die Schule verlassen und unsere Eltern sollten sich um eine jüdische Schule für uns sorgen. Es gab aber nur ein jüdisches Gymnasium, das Chajes-Gymnasium, das überfüllt war und keine neuen Schüler mehr aufnehmen konnte, außerdem verfügten die Eltern über kein Geld, um das Schulgeld zu bezahlen.

Aber nicht nur das, mein Bruder und ich waren bei der Pfadfinder-Bewegung, und auch dort wurden die jüdischen Pfadfinder von den übrigen getrennt. Man gründete eine jüdische Gruppe, die später auch aufgelöst wurde, und wir traten in einen jüdischen Jugendverein ein, den Makkabi Hazair, der zuerst eine Jugendbewegung des Sportklubs Makkabi war, aber dann ein zionistischer Jugendverein wurde.

Meinen Eltern gelang es mit den letzten Mitteln Schiffskarten nach Shanghai zu kaufen, aber sie beschlossen, mich nicht ins Ungewisse mitzunehmen. Es ergab sich, dass ich nach Schweden kommen konnte, und so blieb ich nach der Abfahrt meiner Eltern noch einen Monat bei Onkel und Tante, bis ich im April 1939 nach Schweden fuhr. (...) Ich war bei einer jüdischen Familie in Schweden. Als sich eine Möglichkeit bot, fuhr ich mit einer Gruppe über Finnland, Sowjetunion (Leningrad-Odessa), Istanbul und Beirut mit Eisenbahnen und Schiffen und zum Schluss mit einem Taxi nach Haifa (Palästina). (...)

In Wien blieben von den näheren Verwandten ein Onkel und zwei Tanten, viele Nichten und Großtanten, die alle während der Naziperiode umkamen. Ein Onkel, Tante und Tochter, denen es gelang, nach Belgien zu flüchten, wurden einige Zeit später von den Deutschen nach dem Osten deportiert und ihr weiteres Schicksal ist unbekannt.

Da der Brief schon lange geworden ist, denke ich hier aufzuhören, und verspreche über die Frage, warum ich mich freiwillig zum englischen Militär meldete, das nächste Mal, wie auf alle anderen Fragen, die Ihr an mich stellen möchtet, zu antworten.

Shlomo Shaked

19.12.

Lieber Herr Shaked!

Stephan und ich haben uns sehr über die lange E-Mail gefreut. Professor Herlt hat die E-Mail laut der Klasse vorgelesen, die Geschichte war traurig. Uns ist es natürlich recht, wenn wir uns duzen, da wir fast alle Leute mit ›du‹ ansprechen. Dein Deutsch ist sehr bewundernswert, weil du ja so lange Zeit nicht in Wien warst und du schon lange nicht mehr Deutsch gesprochen hast. Du hast gesagt, wir sollen dir was über uns erzählen! Das werden wir machen.

> Uns ist es natürlich recht, wenn wir uns duzen.
> Dein Deutsch ist sehr bewundernswert …

MFG aus Wien und alles Gute wünschen dir

Stephan und Martin!

20.12.

Lieber Martin und Stephan, Shalom!

Danke für Euren Brief und besonders dafür, dass Ihr mir einiges über Euch selbst und Eure Familien erzählt habt. Es freute mich zu hören, dass Ihr sehr an Euren Familie hängt und das ist sehr gut, denn die Familie ist unsere beste Stütze in Notfällen und der wichtigste Grundstein unserer Gesellschaft.

Zu Eurer Frage: Nach Palästina kam ich im Mai 1941 mit einer Gruppe von jüdischen Jugendlichen, die meisten von Deutschland. Diese Gruppe war zionistisch gesinnt und kam in einen Kibbutz (»Degania A« – der erste Kibbutz im Lande), um dort zu lernen und in der Landwirtschaft zu arbeiten (ich arbeitete im Hühnerstall und in den Bananenplantagen). Ihr denkt Euch, in den Bananenplantagen hätte ich auch gerne gearbeitet und den ganzen Tag Bananen gegessen, das ist aber nicht so. Bananen pflückt man grün und ihre Reife muss erst künstlich gefördert werden und außerdem ist es sehr heiß zwischen den Bananenpflanzen. Wir arbeiteten vormittags von 6:00 bis 12:00 und nachmittags lernten wir (nach einer Mittagspause wegen der Hitze). Aber wir waren glücklich.

Ich versuchte schnell die hebräische Sprache zu lernen, deshalb ging ich oft in den Kindergarten, setzte mich an den Sandkasten und versuchte mit den kleinen Kindern Hebräisch zu sprechen, die glaubten, dass ich mit Absicht Fehler mache, um sie zu belustigen. Sie korrigierten mich und ich musste mich nicht schämen.

Unter den Schülern fühlte ich mich wie »zu Hause«.

Wie Shlomo Shaked den Besuch in seiner ehemaligen Schule in Wien erlebte.

Gut, dass Herr Kurt Herlt mich am Flughafen empfing, so konnten wir einige Worte wechseln, und ich wusste wenigstens, wie er aussieht und wir konnten die letzten Verabredungen besprechen über unser erstes Treffen mit den SchülerInnen in der Albertina am Samstag. Schön, dass sich eine Gelegenheit geboten hatte, die Schülerinnen noch vor unserem offiziellen Besuch in der Schule persönlich kennen zu lernen. Wir haben uns sehr gefreut über die Treffen, die wir mit den SchülerInnen hatten, in der Albertina, im Museumsquartier, wo wir sehen konnten, wie sie sich unter sich verhalten und wie brav sie sind, und auf dem Heldenplatz, als sie nach stundenlangem Stehen ihre natürliche Freude zeigten, als Herr Kurt Herlt ihnen mitteilte, dass sie nun nach Hause fahren könnten.

Der Höhepunkt war in der Schule, mit welchem Stolz sie uns durch die Schule führten und sich bemühten, uns alles zu erklären und so viel wie möglich zu zeigen und dann im Klassenzimmer die Gesprächsstunde. Sowohl in der Klasse, als auch in der ganzen Schule spürten wir die Vorbereitungen und den freundlichen Empfang, die uns sehr berührten und wir, als ehemalige Erzieher, wissen und können es schätzen, wie viel Arbeit dahinter steckt und wir wissen auch, wer dafür verantwortlich war. Meine Frau machte folgende Bemerkung: Zwischen den SchülerInnen fühlte ich mich wie »zu Hause«. Ihr Benehmen hat mich beeindruckt und mir gefallen.

Ich konnte ihnen von meinen Erfahrungen und Erinnerungen im Realgymnasium erzählen und es freute mich besonders, dass sich viel verändert hat seither, dass nicht mehr wie früher (auch vor dem Anschluss) eine düstere Atmosphäre herrschte, sondern eine lebensfrohe, offenherzige und fröhliche Stimmung.

Am Anfang der Gesprächsstunde konnte ich Mag. Kurt Herlt eine Urkunde verleihen, dass anlässlich der gemeinsamen Teilnahme am Projekt »A Letter To The Stars« auf seinen Namen und den seiner SchülerInnen 10 Bäume im Wald in Galiläa gepflanzt wurden. Nach der Gesprächsstunde verteilten wir unter den 15 SchülerInnen, mit denen wir im Briefkontakt waren, für jeden einen kleinen armenischen Kunstteller. Wir freuten uns sehr, dass unsere Aufmerksamkeiten so gut aufgenommen wurden, denn wir haben uns viele Gedanken gemacht, wie wir uns bedanken können für das Verständnis und das Interesse, das die SchülerInnen für mein persönliches Schicksal und das meiner Familie gezeigt haben.

Hoffentlich werden die SchülerInnen auch weiter Interesse und Verständnis zeigen für die Geschehnisse und daraus die richtigen Schlüsse ziehen. Ein Denkmal ist wichtig, aber »denk mal darüber nach« ist noch wichtiger.

Auch der Besuch beim Direktor berührte uns sehr, wir überreichten auch ihm eine Urkunde, die bestätigt, dass anlässlich der Wiederbegegnung nach 70 Jahren in Freundschaft und Hoffnung im Wald von Galiläa 18 Bäume auf den Namen des BRG18 gepflanzt wurde. Es freute mich zu hören, dass der Direktor sogar die besondere Bedeutung der 18 (Chai) im Hebräischen wusste – und zum Abschied sagte: »Herr Shaked, das BRG18 war Ihre Schule, ist Ihre Schule, und wird es immer bleiben!« Auf was mehr konnte ich hoffen?

Nach einem Jahr war ich schon 18 Jahre alt und die militärische Lage hatte sich verändert. (...) Über das Schicksal der Juden in Europa kamen nur selten Nachrichten heraus. Die Geschichten über das Schicksal der Juden und deren Verfolgung waren schrecklich und niemand konnte damals ahnen, dass es noch viel schlimmer werden würde. Keiner wusste von der Wannsee-Konferenz.

Ich war so schockiert von den Berichten, dass ich beschloss, ich müsste persönlich etwas unternehmen. Da gab es eine Möglichkeit, sich freiwillig zur englischen Armee zu melden und drei Jungs von uns beschlossen, sich zu melden. (...) So rückte ich ein und kam nach meiner Ausbildung zum Einsatz in Alexandrien, auf Malta, bei der Invasion Italiens und zum Schluss in Villach (in einem Wirtshaus auf der rechten Seite der Straße zum Wörthersee.)

Herzliche Grüße an Euch, Prof. Kurt Herlt und Eure Mitschüler,
Shlomo Shaked

20.12.

Lieber Herr Shaked!

Ich hoffe es interessiert dich, was mein Opa durchgemacht hat, denn ich möchte es dir erzählen. Er war ungefähr so alt wie du und hat zur gleichen Zeit gelebt. Ich muss »war« schreiben, denn er ist vor 9 Monaten verstorben ... ich hätte gerne noch etwas mehr erfahren, aber ich erzähle Ihnen, was ich weiß:

Seine Mutter hat ihn und einen Zwillingsbruder geboren, ist aber leider gleich nach der Geburt verblutet ... Der Vater, also mein Ur-Großvater, war Schuster. Als sie 5 Jahre alt waren, ist der Vater auch verstorben. Die Jungen haben ihn eines Nachts tot aufgefunden. Sie sind dann ins Waisenhaus gekommen. Dort wurde er nicht adoptiert. Als er 14 war, er hatte gerade die 4. Klasse hinter sich, wurde er in den Krieg berufen und stand mit 15 an der Front. Er hat einen Schuss durch die Wange bekommen, der auf der anderen Seite der Wange wieder hinausgeschossen ist. In seinem Mund ist nichts passiert... Er erlitt während des Krieges noch weitere Verletzungen, und als der Krieg aus war, hatte er nichts mehr als seine alte Kleidung.

Ich hoffe, es interessiert dich, was mein Opa durchgemacht hat. Möchte es dir erzählen.

Er verbrannte alle seine Papiere, denn er hatte Angst, dass ihn ein feindlicher Soldat erkennen könnte. Eines Nachts schwamm er über die Thaya zu seinem Heimathaus, um wenigstens noch seinen letzten Koffer mit neuer Kleidung zu holen. Hätte ihn wer erwischt, könnte ich das heute nicht schreiben ...

Ich hoffe, ich habe Sie mit der Geschichte meines Opas nicht belästigt.
MFG aus Wien: Martin

20.12.

Lieber Martin!

Ich bedaure wirklich das Schicksal Deines geliebten Opas. Krieg ist immer sehr grausam und es ist schade, dass so viele Menschen den schweren Preis bezahlen müssen. Zum Frieden braucht man immer zwei Seiten, zum Krieg genügt leider nur eine Seite. Wir müssen alles unternehmen, Kriege zu vermeiden.

Wichtig ist, dass Du Deinem Opa in Liebe gedenkst.

Gute Nacht, Shlomo Shaked

21.12.

Lieber Felix!

Habe Deinen Brief vom 19. Dezember erhalten und danke Dir für die interessanten Fragen, die Du gestellt hast. Ich werde versuchen auf alle zu antworten, wenn vielleicht heute nicht auf alle.

Im April 1938 wurde in das Geschäft ein kommissarischer Verwalter von der Partei eingesetzt, der alle Vollmachten erhielt und seinen Gehalt von den Einnahmen und dem Kapital des Geschäftes bezog. Mein Vater erhielt von nun an RM 7,50 pro Tag und nur arische Arbeiter wurden von nun an beschäftigt und die anderen entlassen. Viele arische Kunden trauten sich nicht mehr ins Geschäft und diejenigen, die Schulden hatten, wollten so schnell wie möglich aus der Kundenliste gestrichen werden.

Ich bedaure wirklich das Schicksal deines geliebten Opas. Krieg ist immer sehr grausam.

Die Kundschaft, die aus jetzt ehemaligen Regierungsmitgliedern, Beamten, Rechtsanwälten, Ärzten und vielen in- und ausländischen Studenten bestand, wusste, dass einige der jüdischen Angestellten und auch ein »Sozi« entlassen worden sind, so nahmen sie lieber Abstand vom Geschäft, denn das war ja nicht mehr derselbe Betrieb. Mein Vater war früher auch offizieller Schneider der Studentenburschenschaften und der Hochschule für Landwirtschaft, Bodenkultur und Forstwirtschaft. Auch die kamen nicht mehr ins Geschäft. Einige jüdische Kunden kamen, die sich, bevor sie auswanderten, noch schnell etwas bestellen wollten, wie z.B. leichte tropische Anzüge für das Land, in das sie zu flüchten planten.

In meiner (unserer) Schule änderte sich viel und das von heute auf morgen. Immer wenn der Klassenvorstand oder der Direktor nach dem Anschluss plötzlich in die Klasse kam, wussten wir, dass es eine neue Verordnung gab. So wurden uns die neuen Verhaltensregeln vorgelesen, wie z.B. der Hitlergruß. Das Schlimme war, dass alle den Vorschriften sofort folgten, denn der Druck auf die Lehrer, Schüler und sogar auf den Direktor war enorm stark und wehe dem, der dagegen widerstanden hätte oder sich dagegen geäußert hätte. Es gab ja auch viele fanatische Nazi-Idealisten, die bestrebt waren die Ideen auszuführen und in jedem, der nicht folgte, einen Verräter sahen.

Wie ich schon geschrieben hatte, wurde mein Vater in der »Kristallnacht« im November 1938 verhaftet und nach Dachau ins Konzentrationslager gebracht.

Auf der ersten Karte nach einigen Wochen schrieb er unserer Mutter: »Liebe Anna, schicke die Kinder weg, jeden alleine«. Meiner Mutter gelang es meinen Bruder Kurt, der älter als ich war und an Asthma litt, mit einem Kindertransport nach Schottland zu schicken. Die einzige Möglichkeit, die sich für meine Eltern ergab, war, nach Shanghai zu flüchten. Da meine Eltern mich nicht dorthin nehmen wollten, versuchte meine Mutter für mich ein anderes Ziel zu finden. Nach England kam nicht in Frage, dann kam eine andere Möglichkeit in Betracht, denn eine Frau kam aus Schweden und diese interviewte einige Kinder für einen Aufenthalt in Schweden. Die Kinder sollten von schwedischen Familien aufgenommen werden und so kam ich zu einer jüdischen schwedischen Familie. Die Abreise verzögerte sich, so dass meine Eltern noch vor mir aus Wien nach Triest und von dort nach Shanghai fuhren. (...) Mit mir waren noch einige Jungs und Mädchen, die ich nicht von früher kannte. Ich kann mich nur an weniges von dieser Reise erinnern, wahrscheinlich war ich zu sehr beschäftigt in meinen Gedanken mit mir und meinem Schicksal und war gespannt wo, bei wem werde ich sein, und was werde ich machen und wann werden wir alle wieder zusammen sein. Es war eine traurige Fahrt ins Unbekannte, Ungewisse.

Wann werden wir alle wieder zusammen sein? Es war eine traurige Fahrt ins Unbekannte, Ungewisse.

Das ist schon ein langer Brief geworden, auf die anderen Fragen antworte ich bald. Da ich nicht weiß, wann Eure Ferien beginnen, wünsche ich dir schon jetzt schöne, interessante Ferien mit gutem Wetter und vielen Geschenken und dasselbe auch Deinen Eltern und Geschwistern (wenn es sie gibt). Bis zum Neuen Jahr werde ich noch Gelegenheit haben Euch das Beste zu wünschen.

Shlomo Shaked

23.12.

Herr Shlomo Shaked, Danke für die interessanten Antworten. Es war wirklich sehr aufschlussreich. Ich hätte nur eine Frage: Was war Ihr Lieblingsfach in der Schule?

Mit den besten Wünschen FELIX SPERL

PS: Ich hoffe es ist bei Ihnen wärmer als in Wien.

24.12.

Lieber Felix, Shalom!

Danke, dass Du Zeit gefunden hast, mir trotz der Feiertage (da gibt es sicher auch viele Familientreffen) zu antworten. Meine Lieblingsfächer waren Geographie und Geschichte und Sprachen (außer Latein), dazu lernte ich noch privat Italienisch, denn die Eltern hatten uns einen längeren Besuch in Italien versprochen (vor dem Anschluss natürlich).

Nun zum 2. Teil:

In Schweden lebte ich zuerst bei einer Familie in der Nähe von Stockholm auf der Insel Kaggeholm (die Familie hatte noch 3 jüngere Kinder, die älteste war 9 Jahre alt), und im Dezember 1940 wurde mir vorgeschlagen, eine Gruppe von jüdischen deutschen Flüchtlingskindern, die in der Nähe von Falun (Selma Lagerlöf lebte dort) in einem Kinderheim wohnten, während Hannukka zu besuchen. Ich war einverstanden, denn manchmal sehnte ich mich danach, mich mit gleichaltrigen Jungen und Mädchen zu treffen und zu unterhalten, vor allem da sie den selben Hintergrund wie ich hatten (zwar nicht aus Österreich, aber aus Deutschland). (...) Kurz nachdem ich nach Stockholm zurück gekommen war, sprach ich mit meiner »Pflegemutter« und sie stimmte zu, dass ich ganz dorthin übersiedeln dürfe, unter einer Bedingung, weiter in Kontakt mit ihr zu bleiben und, falls ich enttäuscht sein würde, könne ich jeder Zeit zurück kommen.

In Hälsinggarden gab es zwei Gruppen (in jeder 20-30 Jungs und Mädchen), wir arbeiteten im Wald, im Gemüsegarten und bei Bauern. Außerdem lernten wir und es gab wie in Jugendbewegungen Gespräche, Spiele, Wettbewerbe usw. Im März teilte man uns mit, dass eine Gruppe von uns die Einwanderungserlaubnis nach Palästina bekommen wird. Die Frage war nur welche? Man beschloss zwischen den Gruppen ein Los zu ziehen und die Gruppe, in der ich mich befand, gewann. Alle Entscheidungen nach der Trennung unserer Familie musste ich allein treffen, mit der Familie gab es keinen Kontakt mehr. Der Krieg machte ihn unmöglich. Natürlich gab es meistens Freunde, mit denen ich darüber sprechen konnte, aber am Ende war es meine Entscheidung. Da ich schon immer vom heiligen Land, Palästina, geträumt hatte, war der Entschluss, dorthin zu fahren, sobald es nur möglich ist, selbstverständlich.

Nach der Trennung unserer Familie musste ich alle Entscheidungen alleine treffen, es gab keinen Kontakt.

(...) Wir fuhren mit dem Schiff nach Finnland, mit der Eisenbahn nach Helsinki (Übernachtung), weiter nach Leningrad (...) und dann in zwei abgeschlossenen Eisenbahnwaggons nach Odessa (wir durften nicht aussteigen, wenn der Zug anhielt oder mit jemanden außerhalb des Zuges sprechen). Übernachtung und Sightseeing (...), dann mit einem sowjetischen Schiff nach Varna, Konstantinopel (Übernachtung).

Mit der Eisenbahn nach Beirut, dort sollten wir auch übernachten, aber da die Gefahr bestand, dass jeden Moment Feindseligkeiten zwischen den Franzosen und den Briten ausbrechen könnten, nahmen wir einige Taxis und fuhren schnell über die Grenze nach Haifa.

Felix, ich habe alle Stationen erwähnt, dann könntest Du, wenn Du Google Earth hast, nachfolgen, aber viel schneller. Unsere Reise dauerte mehr als 14 Tage und die Ostsee überquerten wir mit einem Eisbrecher vor dem Schiff, knapp vor Odessa blühten schon die ersten Bäume und in Haifa gab es schon einen heißen Hamsin Wind (ein trockener, heißer Wind, der von der Wüste im Osten kommt).

Jetzt ist noch eine große Frage offen geblieben, über die Armee und darüber möchte ich ein anderes Mal schreiben. Schließlich soll Dir noch Zeit bleiben zum Feiern und zum Amüsieren und sogar manchmal zum Zeit Vergeuden.

Schöne Feiertage und Ferien Deiner Familie und Dir besonders,
wünscht Shlomo.

28.12.

Lieber Felix, Shalom!!!

Warum ich zur Armee gegangen bin? (...) Der wohl entscheidende Grund war, dass es mir vielleicht gelingen würde, Verwandte oder Bekannte zu retten und vor allem meinen bescheidenen Anteil dazu beizutragen, dass der Krieg schneller und erfolgreich beendet wird.

(...) Schon in Italien, als wir vorrückten, kamen wir in Kontakt mit der Zivilbevölkerung und konnten die Folgen des Krieges auf die armen Bauern und Familien sehen. Wir versuchten ihnen zu helfen, soweit wir es mit unseren Mitteln tun konnten. Vor allem den Kindern. (...) Das wichtigste war, sie menschlich zu behandeln und zu verstehen, in welcher Notlage sie sich befanden. Hass und Rache kann man leicht aufschüren und es ist nicht schwer, eine Menge aufzuhetzen gegen den Schwächeren, Anderen.

Hass und Rache kann man leicht aufschüren und es ist nicht schwer, eine Menge aufzuhetzen ...

Deshalb ist es wichtig, dass man versucht, ein Mensch zu bleiben in allen Situationen und den Mitmenschen zu helfen und sich die Frage stellt: wie hätte ich mich in seiner Lage verhalten und diese Frage sich selbst ehrlich zu beantworten.

(...) Als der Krieg endete und wir nach Österreich kamen, hatte ich keine anderen Gefühle als bisher. Vielleicht war ich zu optimistisch/naiv, denn ich dachte, hoffte, dass die Deutschen/ Österreicher /Italiener usw. in ihrem eigenen Interesse beschließen würden, wie die Anführer zu bestrafen sind.

Sofort nachdem wir die Nachricht bekommen hatten, dass die Russen, die Wien schon erobert hatten, die Alliierten nach Wien hereinlassen, sprach ich mit dem Kommandant meiner Einheit, dass ich nach Wien fahren möchte, mit dem Ziel, Verwandte oder Auskunft über deren Schicksal zu finden. Offiziell konnte er mir keine Erlaubnis für eine Einreise nach Wien geben, da nach den Vereinbarungen zwischen den Alliierten nur eine bestimmte Anzahl von Besatzungstruppen nach Wien durfte. Der Kommandant gab mir Urlaub und bat mich, auch von meinen Kameraden, die aus Wien stammten, Namen und Daten ihrer Verwandten mitzunehmen und auf eigene Faust zu versuchen, nach Wien zu kommen. Nachdem ich erfuhr, wo sich der erste britische Konvoi versammelt hatte, fuhr ich hin und fand einen Chauffeur, dem ich die Wahrheit über mein Unternehmen erzählte, und er erklärte sich bereit mir zu helfen und mich mitzu-nehmen. (...)

> Dir das alles zu schildern habe ich vor allem gemacht, weil mich deine Fragen sehr gerührt haben.

In Wien habe ich mich ausgekannt und das erste Ziel war »unser« Haus. Ich hoffte, dass es noch steht und jemanden von unseren Bekannten anzutreffen. Ich hatte Glück, im Hause wohnte ein älteres Paar, das »halbarisch« war und das uns Kinder immer sehr gut behandelt hatte. Sie erkannten mich sofort, trotz der Uniform, und erklärten sich bereit, dass ich bei Ihnen übernachten kann. Ich erzählte Ihnen über meine Familie und sie mir über die Zeit während des Krieges und die Tage gleich nach der Besatzung durch die russischen Soldaten. Wir feierten die Begegnung und sie öffneten eine Champagnerflasche, dies war das erste Mal für mich, dass ich Champagner trank. Außer ihnen sprach ich mit niemandem im Haus.

Am nächsten Tag begann ich mit meiner Aufgabe. Ich fand heraus, wo sich die Kartei der vertriebenen Juden befand und konnte dort sofort hineinkommen. Leider war ich nicht erfolgreich, ich fand keinen Verwandten von mir oder meinen Freunden. Das war eine riesige Kartei auf vielen Tischen verteilt, alphabetisch eingeordnet. Auf jeder Karte stand das Datum der Deportation in den Osten und meistens eine Zeile darunter der Vermerk: abgemeldet am ... oder tot gemeldet am ...

Nach vier traurigen Tagen beschloss ich Wien zu verlassen. (...)

Das war keine leichte Aufgabe, Dir das alles zu schildern (ich hab natürlich nicht alles erzählt), aber ich habe dies vor allem gemacht, weil mich Deine Fragen über meine Gefühle sehr gerührt haben und ich mich darüber freute, dass ein junger Mensch Interesse daran hat, was ich empfand während dieser dunklen Epoche im Leben so vieler Menschen. Eines möchte ich nochmals betonen, ich hatte nie Rachegefühle, ich wollte eigentlich nur, dass die wirklich Schuldigen bestraft werden.

Zum Schluss wünsche Euch ein schönes weekend und verbleibe mit freundlichen Grüßen,

Shlomo Shaked

29.12.

Sehr geehrter Herr Shlomo Shaked!

Wir sind zwei Schülerinnen aus Ihrer ehemaligen Schule, dem BRG 18 Schopenhauerstraße. Wir würden gerne mehr Information über Ihren Aufenthalt in Wien in

Erfahrung bringen. (...) Liebe Grüße von Magdalena Hampl und Konstanze Müller vom BRG 18 aus Wien

P.S.: Im Anhang sind noch mehrere Bilder von Ihrem alten Haus (Währinger Straße 137). Auf zwei Bildern sind auch wir beide zu sehen.

12.1.

Liebe Konstanze und Magdalena, Shalom!

Ich wollte schon einige Male antworten auf eure Fragen, aber immer kamen mir neue Gedanken, welche Weise ich wählen solle, um es euch am besten zu erklären.

Danke für die Fotos von dem Haus, in dem wir gewohnt haben. Das letzte Mal, dass ich im Haus 137 war, war während meines »illegalen« Aufenthaltes als englischer Soldat in Wien nach Kriegsende. (...) Damals machte ich keinen Versuch, die Wohnung, in der wir gewohnt hatten, nochmals zu sehen. Wer darin wohnte, wusste ich, und da sie viele Möbel von uns hatten und einen Teil der Einrichtung, wollte ich nicht meine Erinnerungen an unsere Wohnung und unser Leben dort zerstören, sondern so im Gedächtnis behalten, wie es in den Tagen vor dem Anschluss war.

(...) Das nächste Mal besuchte ich Wien im Jahre 1991, auf Wunsch meiner Gattin, die einmal Wien sehen wollte, nachdem sie schon so viel über Wien von ihrem Vater und von uns gehört hatte. Wir stiegen im Hotel ab und wollten uns ausruhen nach der Reise, aber ich fühlte mich angezogen, wie von einem Magnet. Wir kamen hin, blieben aber gegenüber dem Haus stehen und schauten uns alles von außen an, gingen hinüber zum Geschäft, das gerade in ein Cafe umgewandelt wurde, die jetzigen Eigentümer fragten uns, was wir wollen, und da erzählte ich ihnen kurz, dass da mein Vater einmal einen Schneidersalon hatte. Sie waren höflich und haben uns eingeladen zu einem Kaffee, wenn wir nochmals zu Besuch kommen und der Umbau schon fertig sein wird. Das war das letzte Mal, dass wir dort waren, obwohl wir seither noch drei Mal in Wien waren. (...)

Jeder Mensch beschließt irgendwo seine Grenzen zu ziehen, und das ist manchmal nicht erklärbar ...

Einen schönen Sonntag und eine interessante Woche in der Schule wünscht, Shlomo Shaked

15.1.

Liebe Konstanze und Magdalene, Shalom!

Meine Eltern waren von Mai 1939 an in Shanghai und überlebten dort alle Kriege und Feindseligkeiten und Schwierigkeiten, die sich dort abspielten. Im Februar 1949 kamen sie über Cape Town mit einem Schiff nach Israel, denn der Suez Kanal war für jüdische Passagiere geschlossen. Danach lebten sie in Haifa und mein Vater konnte seinen Beruf noch bis zu seinem Tode im Jahr 1978 ausüben. Was aber noch wichtiger war, unsere Eltern erlebten noch einige Jahre mit ihren Kindern und unseren Kindern und meine

Mutter sogar mit ihren ersten Urenkeln, sie starb im Jahre 1986. Ich bin verheiratet und wir haben zwei Kinder, Sohn und Tochter und fünf Enkel.

Der älteste Bruder meines Vaters, Abraham, und seine Frau wurden nach dem Osten deportiert und kamen nicht zurück. Ihre Tochter konnte knapp nach Kriegsbeginn nach Palästina flüchten, sie feierte vor einem Jahr ihren 80. Geburtstag mit ihrer kinderreichen Familie. Der jüngere Bruder Jakob konnte nach Palästina flüchten, aber seine Frau, sein Schwager und seine Schwiegermutter konnten zuerst in Wien bleiben, bis sie nach dem Osten transportiert wurden und dort ihr Ende fanden. Die jüngste Schwester, Mirjam, Mann und Kind (6 Jahre alt) flüchteten zuerst über die Grenze nach Belgien, nach der Besetzung von Belgien wurden sie in ein Konzentrationslager nach Frankreich gebracht und von dort mit einem der Züge in den Osten gebracht und dort vernichtet.

Einer Schwester meiner Mutter, Sali, gelang es mit ihrem Mann und zwei Töchtern nach Polen zu flüchten. Nach der Besetzung durch die deutsche Armee flüchteten sie in den russischen Teil Polens und nach 1941 immer weiter bis nach Sibirien. Die Eltern starben während des Krieges, aber die zwei Töchter kamen einige Jahre nach Kriegsende nach Israel, eine von ihnen lebt noch heute. Einer anderen Schwester meiner Mutter, Golda, gelang es, ihre zwei Kinder mit einem der Kindertransporte nach England zu schicken und später bekamen ihr Mann und sie ein Affidavit (Einreiseerlaubnis in die USA) und konnten in die USA einwandern. Ihre Kinder, die gleich alt wie wir sind, leben noch – der Sohn in England mit seiner Familie und die Tochter mit ihrer Familie in den USA.

Das ist das traurige Schicksal einer jüdischen Familie aus Wien, zerstreut, vernichtet, gerettet.

Das ist das traurige Schicksal einer jüdischen Familie aus Wien, von der ein Teil zerstreut wurde, ein Teil vernichtet wurde und von der es einem Teil gelang sich zu retten, sich in Israel wieder zu vereinigen und Familien zu gründen und von Neuem anzufangen.

Mit freundlichen Grüßen, Shlomo Shaked

17.1.

Liebe Magdalena und Konstanze, Shalom!

Nicht der Krieg hat mein/unser Leben verändert, der Krieg hat alles nur schlimmer gemacht; sondern der Anschluss mit seinen Folgen und vielleicht schon knapp vorher ... (...) Bis dahin habe ich persönlich von Antisemitismus nichts mitbekommen. Es gab zwar manchmal einige Schüler, die sich über Juden lustig machten und sie verspotteten, aber welche Minderheit wurde nicht durch den »Dreck« gezogen. Den ersten schweren antisemitischen Angriff auf uns persönlich erlebten mein Bruder und ich, als wir die Sommerferien 1934 in Zakopane in Polen verbrachten. Wir spielten in der Nähe der Pension, in der wir wohnten, und ein Besoffener beschimpfte uns mit »Saujud« usw., griff uns mit einem Messer an und versuchte uns zu erstechen. Es gelang uns zur Pension zurückzulaufen, leider war der Haupteingang geschlossen, so versuchten wir durch die Küchentür hineinzukommen, was uns auch im letzten Augenblick gelang. Dieser Vorfall machte auf uns einen sehr schweren Eindruck, aber das war in Polen.

In Österreich fühlten wir uns als Österreicher jüdischen Glaubens, die nie fromm, aber immer bewusste Juden waren und glaubten, gute treue Bürger zu sein. Nach dem Anschluss fingen die Verfolgungen an und die Schikanen und die neuen Ver-ordnungen, die unser Leben von Tag zu Tag schlimmer und zum Schluss unmöglich machten.

Mit freundlichen Grüßen an Euch und Eure Familien, Shlomo Shaked

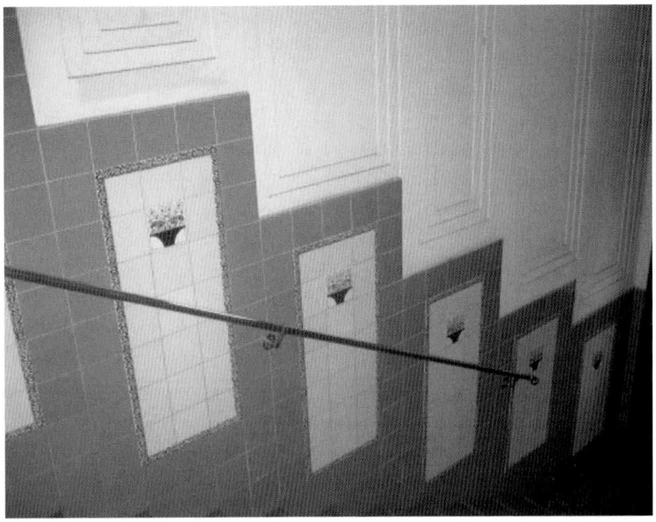

18.1.

Liebe Konstanze und liebe Magdalena, Shalom!

Natürlich erinnere ich mich in den letzten Jahren viel an Wien, aber meistens ziehe ich es vor, über die guten Tage zu sprechen und weniger über die schwierigen und traurigen Ereignisse. Aber wie ich bereits geschrieben habe, der Anfang des Versöhnungsprozesse hat begonnen und wir begegnen immer mehr jungen Menschen, die offenherzig sind und versuchen, uns auf persönlicher Ebene zu verstehen. Da ich die Ereignisse in Österreich verfolge, konnte ich feststellen, dass sich in Österreich die Atmosphäre sehr verändert hat und dass es eine junge Generation gibt, die interessiert ist, sich mit den Fragen der österreichischen Geschichte nach dem Anschluss zu befassen und nicht bereit ist, den Anteil Österreichs zu vertuschen, sondern sich damit auseinandersetzt. Das hat mich gefreut und hat meine Einstellung gegenüber Wien/ Österreich verändert ... (...)

Shlomo Shaked

Das hat mich gefreut und hat meine Einstellung gegenüber Wien/Österreich verändert.

21.1.

Sehr geehrter Herr Shlomo Shaked!

Ich möchte mich sehr bedanken, dass Sie unsere Fragen so ausführlich beantwortet haben. Sie haben sich sicher sehr viel Zeit dafür genommen, damit

wir uns das alles besser vorstellen können. Das, was geschehen ist, finde ich sehr traurig, aber es ist schön, dass Sie jetzt fünf Enkelkinder haben.

Liebe Grüße Konstanze

27.1.

Lieber Herr Shlomo Shaked,

wir haben von unserem Deutsch-Professor erfahren, dass Sie uns nächstes Jahr besuchen kommen. Wir haben schon viel über sie gehört, aber sicherlich werden wir noch viel Interessantes von Ihnen erfahren. Es freut uns, dass wir so die Möglichkeit bekommen, über diesen Teil der jüngeren Geschichte mit einem Zeitzeugen zu sprechen. Vielleicht gelingt es uns dadurch, diesen unbegreifbaren Teil unserer Vergangenheit besser zu verstehen. Jedenfalls wird uns dies behilflich sein, die Grausamkeiten der Zeit nicht zu vergessen, um auch in Zukunft so einen Fehler nicht zu wiederholen. Wir haben auch einige Fragen vorbereitet, über deren Beantwortung wir uns freuen würden. (...)

Wir freuen uns schon auf Ihren Besuch

Liebe Grüße aus Wien

Max Ritter, Matthias Altmutter

29.1.

Herr Shlomo Shaked.

Unser Herr Professor Herlt hat uns ein Video gezeigt, wo das "Pflasterschrubben" vorkam. Nun würde ich gerne wissen, ob Sie auch einmal die Straße schrubben mussten. Auch würde ich gerne wissen, wie Sie damals die "Kristallnacht" erlebt haben. Was haben Sie in der Nacht mitbekommen?

FELIX

31.1.

Lieber Felix, Shalom!

Es freute mich zu lesen, dass Du Dich außer dem Kontakt mit mir mit dem Thema beschäftigst und versuchst, mehr darüber zu erfahren.

Nun zu deiner Frage: Erst am Abend des 10.November hörten wir im Radio, dass man alle Aktionen gegen Juden sofort einzustellen hat, wir wussten von nichts, denn am Währingergürtel wohnten fast keine Juden und es gab auch keine jüdischen Institutionen außer dem Rotschildspital und das war weit von uns entfernt. Mein Vater kam gerade nach Hause, als es an der Tür klopfte und einige SA-Leute in Begleitung des Hausmeisters P. und des Kommissars Ignaz G. erschienen (später sollte sich herausstellen, dass P. vor dem Haustor stand und sich, als er die SA-Männer sah, beeilte, bekannt zu geben, »in meinem Haus wohnt auch a Jud«).

Die SA-Männer machten eine Hausdurchsuchung, nahmen allen Schmuck, Teppiche, Pelzmäntel und Wertgegenstände (darunter auch unsere goldenen Taschenuhren und Zeisskameras, die mein Bruder und ich zu unserer Bar Mitzwa als Geschenke bekommen hatten) und Bargeld von

RM 3000 (über diese habe ich noch heute einige Dokumente) mit. Man kann klar daraus sehen, dass nicht alles unter den Nazi-Behörden reibungslos ablief und die einzelnen SA-Männer nicht immer alles, was sie konfiszierten, angegeben haben und die Behörden sich unter sich stritten, welcher Behörde das geraubte Gut gehören soll.

Das Schlimmste von allem war, sie nahmen unseren Vater mit und wir wussten auch nicht wohin. Eigentlich geschah all dies schon, nachdem der Befehl erlassen worden war, alle Aktionen einzustellen, aber wen interessierte das, und bei wem hätte man sich beschweren können?

Am nächsten Tag erfuhr meine Mutter in der Kultusgemeinde, dass unser Vater wahrscheinlich in der Pramergasse mit vielen anderen Häftlingen ist. Ich nahm mein Fahrrad und fuhr dorthin, konnte jedoch nichts sehen, weil die Häftlinge sich im Innenhof befanden, aber ich kam immer wieder zurück, bis es mir zufällig gelang zu sehen, dass die Häftlinge in geschlossenen Lastwagen überführt werden. Ich versuchte diesen Lastautos zu folgen und es gelang mir, da die Lastwagen alle gleich waren und in Abständen auf der selben Route fuhren. So fand ich heraus, dass alle Häftlinge in die Kenyongasse gebracht wurden, ich konnte nicht wissen, ob unser Vater unter ihnen war, denn ich habe ihn nicht gesehen.

Von dort wurde er nach Dachau transportiert. Ende November erhielten wir das erste Lebenszeichen von unserem Vater, eine Postkarte, in der er schrieb: »Liebe Anna und Kinder, mir geht es gut, ich bin gesund und hoffe Euch bald zu sehen. Liebe Anna, schick jedes Kind einzeln. Benno«.

(...) Als mein Vater zurückkam, befand er sich in einem erbärmlichen Zustand, seelisch zerbrochen, seine Hände und Füße waren gefroren, er hatte Kopfwunden, Spuren von Schlägen am ganzen Körper und ein Auge war verletzt. Er hatte kurz geschorene Haare, einen starren Blick und war unfähig etwas zu tun.

Er musste sich täglich bis zum 30. März 1939 am Gestapo-Hauptquartier melden. Das Komische daran war, dass man keinen Vermerk machte, dass er erschienen ist. Man gab ihm nur die Anweisung, er soll sich als letzter eingliedern im Korridor und mit dem Kopf zur Wand stellen. Wenn ein SS-Mann vorbeiging, konnte dieser seinen Zorn an den Juden auslassen oder bei gutem Gemüt nach Hause schicken. Trotzdem ging er täglich hin, weil man ja nie sicher sein konnte, ob vielleicht heute doch die Liste überprüft wird. Oft begleitete ich meinen Vater und er sagte immer zu mir: warte nicht auf mich, Sigi, geh nach Hause, ich weiß ja nicht, wann ich entlassen werde. Alles kommt ja auf die Laune eines SS-Mannes an.

Wenn ich so nachdenke, bin ich mir sicher, dass meine Eltern bestimmt Wien verlassen hätten, auch ohne die Kristallnacht und Dachau, denn die Demütigungen, unter denen wir nach dem Anschluss leiden mussten, waren schwer zu ertragen. Niemand möchte in einer Gesellschaft leben, von der er erniedrigt, verfolgt und ausgeschlossen wird und in der seine Kinder wie Aussätzige behandelt werden. Was für einen Sinn gäbe es dafür, dort weiter zu bleiben? Was für eine Zukunft erwartet die nächste Generation? Ich glaube, dass für meine Eltern entscheidend war, dass ihre Kinder nicht mehr gleichberechtigt waren, nicht weiter studieren durften und diskriminiert wurden. Das traf sie schwerer als ihr eigenes Schicksal, ihre ganze Welt war zusammengebrochen.

Über das Pflasterschrubben: Dies war bestimmt eine Aktion, welche die Juden in den Augen der restlichen Bevölkerung demütigen sollte. Ja, auch meine Familie hatte darunter gelitten. Mein Vater erhielt an einem Vormittag einen Telefonanruf, in dem er gebeten wurde, in ein Ministerium zu kommen und sich bei der Information zu melden und dort würde er Bescheid bekommen, an wen er sich zu wenden hatte. Mein Vater war im Glauben, dass jemand eine Bestellung machen wollte, so machte er sich auf den Weg, wie üblich. Als er dort erschien, forderte man ihn wie auch andere Juden auf, den Fußboden zu schrubben. Die Atmosphäre und seine Gefühle, glaube ich, sind unnötig zu beschreiben.

31.1.

Lieber Max und Matthias, Shalom!

Danke für Euren Brief und die Fragen, die ihr mir gestellt habt. Mein Name in Österreich war Siegfried Tschmul, aber ich hatte schon immer einen hebräischen Vornamen: Shlomo. Shlomo ist Salomon (wie der König) und dieser Namen ist abgeleitet von Shalom, das Frieden bedeutet. Den Familiennamen änderte ich nach der Gründung des Staates Israel, der Grund dafür war, dass man in Hebräisch den Familiennamen schwer aussprechen konnte und nie wusste, wie man ihn schreiben soll. So beschlossen mein Bruder und ich den Familiennamen zu ändern. Eigentlich wählten wir Shoked, was eifrig, fleißig bedeutet. Aber da man im hebräischen keinerlei Vokale schreibt (also Shkd), und jeder das Wort aussprechen kann, wie er es versteht und es ein bekanntes Wort Shaked (Mandel) gibt, neigten die meisten Leute dazu, mich Shaked zu nennen und ich beließ es dabei.

Als mein Vater aus Dachau zurückkam, befand er sich in einem erbärmlichen Zustand, seelisch zerbrochen.

13.2.

Lieber Shlomo, Shalom!

Ich habe ein E-Mail vom „A Letter To The Stars"-Team bekommen, in dem angeregt wird, dass die Kontaktpersonen, in diesem Fall Sie, lieber Shlomo, die Information über Verwandte, Bekannte, Nachbarn oder Freunde, die der Shoa zum Opfer gefallen sind, an uns weitergeben, damit wir möglicherweise diese

Opfer vor dem Vergessen bewahren. Darf ich Sie darum bitten? Ich habe gestern die Kataloge der Jahre 37/38 und 38/39 ausgehoben und Sie und Ihren Bruder Kurt gefunden. Ich habe Fotokopien angelegt und manches herausgeschrieben. Ich lege die Lehrerliste der damaligen 4 b und die Schülerliste bei. Verzeihen Sie bitte, dass ich auch Ihre Noten erhoben habe, ich finde sie den Umständen entsprechend nicht so schlecht. Mir fiel auch auf, dass der Turnlehrer ursprünglich eine 1 eingetragen hatte, die dann korrigiert und schließlich auf 4 heruntergestuft hat. Ich habe auch versucht herauszufinden, ob manche Ihrer Mitschüler noch am Leben und erreichbar sind. Dabei habe ich mit der Witwe von Herbert P. gesprochen, sowie mit Johann R. persönlich, der sich aber nicht mit der Vergangenheit auseinander setzen wollte. Ich habe das respektiert, auch wenn ich es für Sie und für meine SchülerInnen ganz toll gefunden hätte, wenn jemand bereit gewesen wäre, sich dieser Vergangenheit zu stellen. Viele meiner Lehrer in den 50er-Jahren waren Mitläufer, manche auch noch immer Nazis, aber keiner war bereit, mit uns darüber zu sprechen.

Vorerst überlasse ich Ihnen die beiliegenden Unterlagen zur Begutachtung, alles Liebe Kurt Herlt

15.2.

Lieber Herr Herlt, Shalom!

(...) Vielen Dank für den Auszug aus dem Schulkatalog Jahre 37/38. Es freute mich die Namen meiner Lehrer wieder zu lesen und die der Mitschüler, wie immer kommen mir plötzlich verschiedene Namen bekannt vor und ich beginne mich dann an verschiedene Episoden und Personen zu erinnern. Irgendwo ist alles aufgespeichert, es muss nur eine Gelegenheit und einen Trigger geben, und schon wird die Vergangenheit wach. (...)

Es gab nur wenige, die stark genug waren, um gegen den Strom zu »schwimmen« ...

Ich glaube es ist besser, dass Sie keinen Mitschüler von damals gefunden haben, denn es wäre ja nicht fair, sich jetzt mit ihm auseinander zu setzen, was könnte man sich erhoffen von so einem Gespräch.

Er war doch damals so jung und es gab nur wenige, die stark genug waren, um gegen den Strom zu »schwimmen«. Ich selber habe, mir allein, die Frage gestellt, wie hätte ich gehandelt, wenn ich ein geborener »Arier« gewesen wäre? Ich bin mir nicht sicher, was ich unternommen hätte, aber ich hoffe, dass ich unter allen Umständen ein Mensch geblieben wäre und demnach gehandelt hätte.

Ihr/Euer Shlomo

ADLER

»Die Fledermaus« im KZ Theresienstadt

Robert Singer hat die Konzentrationslager Theresienstadt, Auschwitz und Dachau überlebt: »Es war der Eingang zur Hölle auf Erden«.

Robert Singer wird 1928 in Wien geboren. Er lebt mit seinen Eltern und seinem Bruder in der Zirkusgasse 39. Nach dem Anschluss und der »Kristallnacht« erlebt Robert Singer als Kind die Demütigungen, Verfolgung und Deportation. Er selbst wird zunächst nach Theresienstadt verschickt, kommt dann ins KZ Auschwitz, nach Dachau und auf den Todesmarsch. Sein Bruder wird auf dem »Kladovo«-Transport erschossen, seine Eltern im KZ ermordet. Seit 1946 lebt Robert Singer in Israel, wohin er illegal einwandern musste.

Im April 2008 war **Christoph Mixanig** im Projekt »Botschafter der Erinnerung« zu Gast bei Robert Singer in Israel. Die Lebensgeschichte hat Robert Singer handschriftlich verfasst.

Ich bin am 15. Mai 1928 in Wien geboren. Mein Vater Kurt und meine Mutter Rosa Singer wohnten in der Zirkusgasse 39/23. Mein Bruder Friedrich war sechs Jahre älter. Mein Vater war Beamter, meine Mutter Hausfrau.

Unsere Fenster waren gegenüber vom Renz-Gebäude, und wenn ein Zirkus gastierte, ist es immer lustig zugegangen. Ich erinnere mich an Zirkus Krone, Sarassani, Hagenbeck und so weiter. Mein Kindergarten war im Augarten, im rückwärtigen Teil vom Augarten-Palais. Meine Schule war in der Blumauergasse 23, nahe unserer Wohnung. Meine Spielplätze waren der Prater und die Hauptallee. Bis zum Anschluss hatte ich eine glückliche und frohe Kindheit.

Im März 1938 begann eine grausame Zeit. Menschen wurden in den Straßen Wiens gezwungen, die Pflastersteine zu waschen, wurden misshandelt und geschlagen. Ich sah als Zehnjähriger dem Treiben dieses Pöbels zu. Nach einigen Wochen des Naziregimes wurden wir jüdische Kinder in der Schule auf die hinteren Bänke verwiesen. Mein Vater, welcher Soldat im Ersten Weltkrieg gewesen war, wurde grundlos entlassen. Alle paar Tage wurden neue Gesetze veröffentlicht, zum Beispiel mussten Fotoapparate, Fahrräder, Ski, optische Geräte usw. abgegeben werden, ansonsten gab es schwere Strafen.

Nach den Ferien wurden wir in den Schulen der Israelitischen Kultusgemeinde unterrichtet, was sehr zu unserem Vorteil war, da die Lehrer zum größten Teil Universitätsabsolventen waren, welche vom Staatsdienst entlassen wurden, und das Lehrniveau so sehr hoch war.

Am 9. November, in der sogenannten Kristallnacht, wurden sämtliche Synagogen in Wien vernichtet, unzählige Geschäfte geplündert, tausende Menschen grundlos verhaftet. Da meine Großeltern väterlicherseits in der Tivoligasse in Wien-Meidling lebten, wo es ruhig war, haben mein Vater und mein Bruder bei ihnen Unterkunft gefunden und diese Tage überlebt. Ende 1938 mussten wir unsere Wohnung verlassen und in einem Zimmer Untermieter sein.

Als mein Bruder von einem Nazi angepöbelt wurde und diesem Nazi das Nasenbein brach, wurde er verhaftet und kam ins Polizeigefängnis Rossauerlände. Es waren furchtbare Wochen, da meine Eltern nicht

Robert Singer hat im Holocaust Mutter, Vater und Bruder verloren. Er hat mehrere KZ überlebt. Die Einladung nach Österreich im Projekt »38/08« hat »meine Einstellung etwas geändert.«

wussten, ob er in ein KZ deportiert wird. Meine Eltern konnten mit viel Mühe erreichen, dass er einen Platz auf einem Transport nach Palästina erhielt. Aufgrund der Einreihung im Transport wurde er entlassen. Mit der Bahn und einem Donauschiff gelangte der Transport nach Jugoslawien, blieb aber aus verschiedenen Umständen dort stecken. Nach der Invasion und Eroberung von Jugoslawien wurde mein Bruder mit 800 weiteren Transportteilnehmern erschossen.

Als mein Bruder von einem Nazi angepöbelt wurde, brach er diesem das Nasenbein.

Ich als 11- bis 12-Jähriger sah die Welt anders, nicht mit den Augen der Erwachsenen. Mit einigen Kameraden besuchten wir ohne Wissen unserer Eltern das Stadion im Prater, und bei den Gedenkminuten an gefallene Soldaten während der Spiele grüßten wir, so wie alle, mit dem Hitlergruß.

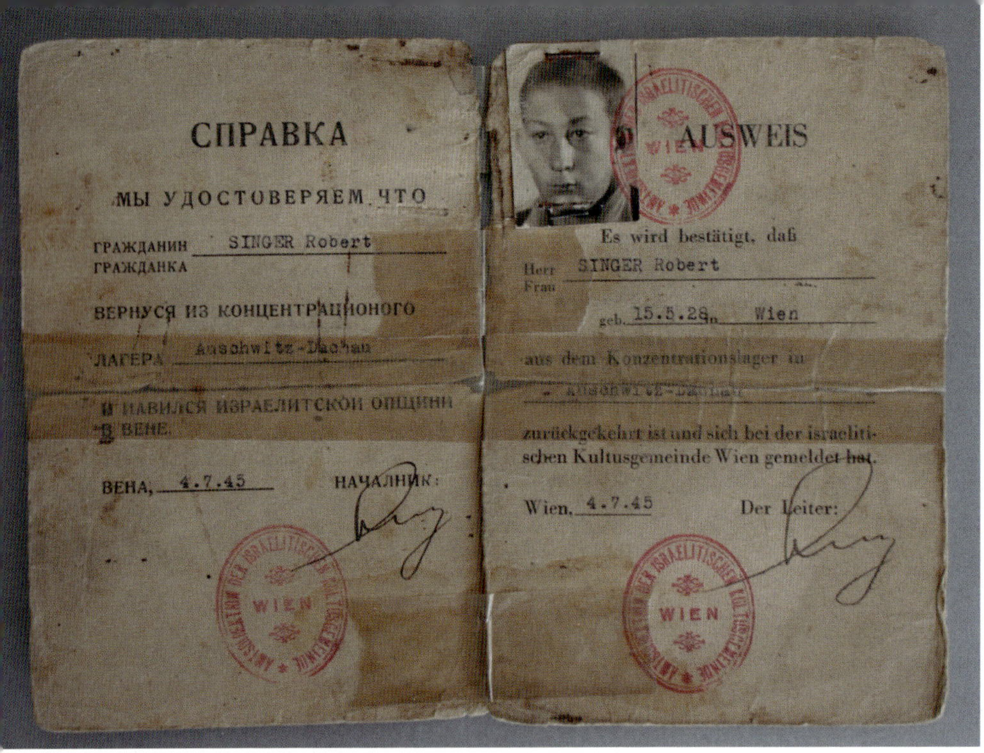
СПРАВКА

МЫ УДОСТОВЕРЯЕМ ЧТО

ГРАЖДАНИН SINGER Robert
ГРАЖДАНКА

ВЕРНУСЯ ИЗ КОНЦЕНТРАЦИОНОГО
ЛАГЕРА Auschwitz-Dachau

И ЯВИЛСЯ ИЗРАЕЛИТСКОЙ ОПЩИНИ
В ВЕНЕ

ВЕНА, 4.7.45 НАЧАЛНИК:

WIEN

AUSWEIS

Es wird bestätigt, daß

Herr
Frau SINGER Robert

geb. 15.5.28, Wien

aus dem Konzentrationslager in
Auschwitz-Dachau

zurückgekehrt ist und sich bei der israelitischen Kultusgemeinde Wien gemeldet hat.

Wien, 4.7.45 Der Leiter:

WIEN

Wir gingen öfters zum Bootfahren auf die Alte Donau. In unzähligen Grünanlagen in Wien schmierten die Nazis »Nur für Arier« auf die Bänke. Bei vielen Lokalen hingen Tafeln »Für Juden und Hunde Eintritt verboten«, das war sehr beleidigend. In den Geschäften in Wien waren die Einkaufsstunden für Juden nur von elf bis drei Uhr nachmittags. Auf den Rationierungskarten war ein »J« aufgedruckt und viele Artikel wurden nicht an Juden verkauft.

Die Israelitische Kultusgemeinde errichtete eine Küche in der »Große Pfarrgasse«, wo zu Mittag Mahlzeiten verteilt wurden. Meine Mutter war dort als Köchin angestellt. Als in der Sperl-Volksschule ein Sammellager für die zum Transport bestimmten Menschen errichtet wurde, versorgte diese Küche das Lager mit Mahlzeiten. Die Menschen wurden dazu aus ihren Wohnungen ausgehoben und binnen zwei Stunden mit etwas Gepäck in die Sperlgasse überführt. Die Wohnungen wurden versiegelt und danach ausgeräumt. Durch den Arbeitsplatz meiner Mutter waren wir einstweilen von der Deportation befreit. Sobald die Sperlschule voll belegt war, wurden die Deportierten auf offenen Lastwägen durch die Straßen Wiens zum Aspern-Bahnhof transportiert, um von dort in Viehwaggons nach dem Osten deportiert zu werden.

Als der Judenstern verordnet wurde, änderte sich mein Leben. Wir wurden auf der Straße angepöbelt und auch misshandelt. Um uns Jugendliche von der Straße zu entfernen, fuhren wir mit der Tram Nr. 71 zum Zentralfriedhof, 4. Tor, wo ein großes Feld war und Gemüse angebaut wurde. Wir wurden in der Gärtnerei beschäftigt. Jedoch, als 12- bis 13-Jährige spielten wir dort auch Fußball und plünderten zu dessen Verdruss die Erdbeeren des Obergärtners. Im Winter, bei starken Schneefällen, meldeten wir uns zum Schneeschaufeln und erhielten durch die Gemeinde Wien für acht Stunden Arbeit 5 Mark und 30 Pfennig bar bezahlt, für jeden Tag der Beschäftigung. Ich war sehr stolz über meinen ersten Verdienst.

Wir wurden gewarnt, wenig auf den Straßen zu sein, und konnten auch nicht mehr wie früher an öffentlichen Veranstaltungen teilnehmen. Als der Schulbesuch schließlich gänzlich untersagt wurde, verbrachte ich tagsüber in der Küche, in welcher meine Mutter beschäftigt war. Ich lernte privat mit einer Lehrerin in einer Ecke des Speiseraums täglich ein bis zwei

KZ-Überlebender. Das Dokument (oben) bestätigte Robert Singer, dass er Auschwitz und Dachau überlebt hatte.

Stunden. Als Ende 1942 nur noch sehr wenig Juden in Wien waren, wurden meine Eltern und ich angewiesen, uns in einer Schule in der Malzgasse einzufinden, um am 1. Oktober nach Theresienstadt deportiert zu werden. Ich muss anführen, in Personenwaggons und nicht in Viehwagen, vom Aspern-Bahnhof. Wir kamen am nächsten Tag in Bauschowitz an, sind auf einem Feld ausgestiegen und wurden von der tschechischen Gendarmerie drei Kilometer zu Fuß nach Theresienstadt eskortiert. Theresienstadt, ungefähr eine Stunde von Prag entfernt, eine frühere Garnisonsstadt mit großen Kasernen, umschlossen von roten Ziegelmauern. Es machte einen deprimierenden Eindruck, in den Straßen, welche menschenleer waren – in einer Geisterstadt zu sein. Bei jedem Transport wurden die Straßen gesperrt. Ursprünglich hatte Theresienstadt 7.000 Einwohner, nun wurden über 55.000 Menschen unter katastrophalen Wohnbedingungen eingepfercht. Meine Mutter wurde in ein Zimmer mit noch elf Frauen eingewiesen. Sie schliefen auf Matratzen, welche bei Tag zu Sitzgelegenheit wurden. Das wenige Gepäck diente als Polster. Mein Vater wurde in die Hannover-Kaserne eingewiesen und schlief auf einer Holzetage, welche zu Hunderten in einem Saal aufgebaut waren. Ich wurde ins Jugendheim L 218 eingewiesen, mit noch 12 Wiener Jugendlichen im Zimmer, schlief auch ich auf Holzetagen. Zur Arbeit wurde ich durch die Jugendhundertschaft eingeteilt. Als Straßenkehrer, beim Teeren von Dächern, in einem Heilmittellager, auch für sechs Wochen in der Bäckerei, dort bekamen wir für jede Schicht 1/3 Brot Prämie. Nach einiger Zeit wurde ich Tischler bei der Gebäudeverwaltung der Dresdner Kaserne.

Verlorene Familie. Das Bild unten zeigt Robert Singers Eltern Rosa und Kurt und seinen Bruder Friedrich. Alle wurden von den Nazis ermordet. Oben: Die Familie 1934 in Wien.

Ein Filmregisseur aus Prag, Arnold Reiman, erhielt den Auftrag, auf dem Dresdner Dachboden eine Bühne aufzubauen. Er ersuchte mich, ihm behilflich zu sein. Ich wurde zur Freizeitstallung beordert und arbeitete mit ihm. Wir bauten die Bühne und ich machte aus Brettern ohne Rückenlehnen nummerierte Sitzreihen. Auf der Bühne wurden deutschsprachige Vorstellungen gegeben. Zum Beispiel »Die Fledermaus«, »Spiel im Schloss« von Molnar u.s.w. Wir bekamen ein Klavier auf Holzklötzen, und da in Theresienstadt Schauspieler mit Weltruf interniert waren, standen die Vorstellungen trotz der primitiven Ausstattung auf hohem Niveau und Hunderte Menschen vergaßen für zwei Stunden das Elend, das Leiden und den Hunger.

Im September 1944 wurde ich zu einem angeblichen Arbeitstransport eingereiht, jedoch kamen wir in Auschwitz an. Das war der Eingang zur Hölle auf Erden. Wir wurden nummeriert und wie Vieh mit Stockhieben herumgetrieben. Von Auschwitz wurde ich schließlich nach Landsberg am Lech in ein Zweiglager des KZ Dachau überwiesen, um Zwangsarbeit zu leisten. Zuerst im Lager 7 und später im Lager 11. Wir mussten schwere Bau-

Besuch. Katja Seidel vom Team »A Letter To The Stars« beim Besuch von Robert Singer in Israel.

»Vertrieben, nicht hineingelassen, ermordet«

Robert Singer über die Ermordung seines Bruders auf dem »Kladovo«-Transport«.

Bis zum Einmarsch der Wehrmacht in Jugoslawien erhielten wir Post von meinem Bruder Friedrich. Bei Kriegsende wusste ich nichts von seinem Verbleib. Erst im Laufe der Jahre wurden Einzelheiten über den sogenannten »Kladovo«-Transport bekannt, und es sind Bücher darüber erschienen. Eines davon hieß: »Die Tragödie von Kladovo«. Und auf einem der Gruppenbilder im Buch erkannte ich meinen Bruder.

Im November 1939 organisierte der »Mossad le Alija Bet« (eine in Palästina gegründete Organisation zur Rettung europäischer Juden) für etwa tausend Flüchtlinge auf Donauschiffen einen illegalen Transport nach Palästina. Sie kamen bis an die rumänische Grenze, wo die Schiffe im Dreiländereck Rumänien, Jugoslawien, Bulgarien erstmals gestoppt wurden. Im kleinen Donauhafen Kladovo sollte die Eisschmelze abgewartet werden.

Aus dem kurzen Aufenthalt wurden jedoch Monate des Wartens. Erst im September 1940 ging die Fahrt weiter, zum Entsetzen der Flüchtlinge jedoch stromaufwärts, auf Kohlenschleppern, bis ins kleine serbische Städtchen Šabac nahe Belgrad, wo sie erneut warten mussten. Zu Beginn des Jahres 1941 erhielten etwa 200 Jugendliche des »Kladovo«-Transports ein Zertifikat für die Einreise nach Palästina und konnten somit, wenige Wochen vor dem Einfall der deutschen Truppen in Jugoslawien, gerettet werden.

Am 17. April 1941 marschierte die Wehrmacht in Jugoslawien ein, die Kladovo-Flüchtlinge saßen in der Falle. Im Frühjahr 1941 fielen sie in Šabac in die Hände der Nationalsozialisten, vor denen sie seit achtzehn Monaten auf der Flucht waren. Schon bald nach der Besetzung Jugoslawiens formierten sich Tito-Partisanen zum bewaffneten Widerstand, worauf Hitler zusätzliche Truppen unter der Führung des Österreichers Franz Böhme nach Jugoslawien entsandte. Dieser ließ sogenannte Sühnemaßnahmen durchführen: für jeden verwundeten deutschen Soldaten sollten 50, für jeden gefallenen 100 Zivilisten erschossen werden. Anfang Oktober 1941 wurden bei einem Gefecht mit Partisanen 21 Soldaten getötet. General Böhme ordnete an, zur »Sühne« insgesamt 2100 Menschen zu erschießen.

Zu den Opfern zählten 805 Juden, Sinti und Roma aus dem Lager in Šabac – unter ihnen alle Männer des Kladovo-Transports. Die Frauen des Kladovo-Transports wurden zum Jahreswechsel 1941/42 in das KZ Sajmiste bei Belgrad überstellt, in dem bereits tausende serbische jüdische Frauen und Kinder unter dem österreichischen Lagerkommandanten Herbert Andorfer interniert waren.

Ab März 1942 holten von dort jeden Tag zwei LKW 50 bis 80 Menschen ab. Auf der Fahrt wurde Gas eingeleitet, bis zum Ende der Aktion im Mai 1942 wurden auf diese Weise die rund 7.500 Jüdinnen aus Sajmiste, darunter alle Frauen des Kladovo-Transports, vergast.

(Quelle: haGalil.com; Die Gazette, Judith Brandner)

arbeiten leisten, schliefen in feuchten Erdhütten, waren verlaust und immer hungrig. Im April 1945, als die Amerikaner das Baugebiet bombardierten, wurden wir zu Fuß von Landsberg nach Dachau getrieben.

Beim Einmarsch ins KZ Dachau standen Waggons mit Hunderten Menschenleichen herum und wir verstanden, was uns erwartete. Wir wurden von ukrainischen Wehrmachtssoldaten mit bissigen Hunden begleitet. Nach einer Nacht am Appellplatz in Dachau sind wir wieder zu Fuß in Richtung Tirol aufgebrochen. Wer nicht mitkonnte, wurde erschossen. Am 3. Mai 1945 wurden wir hinter Bad Tölz von den Amerikanern befreit.

Mit einer Gruppe österreichischer ehemaliger Spanienkämpfer, welche von den Nazis in Dachau interniert waren, kam ich Anfang Juni 1945 abends am verbrannten Wiener Westbahnhof an. Wir wurden vom damaligen Wiener Bürgermeister empfangen und ins Marienschlössel im 16. Bezirk eingeladen. Morgens nach dem Aufwachen kamen die Angehörigen der ehemaligen Häftlinge zu Besuch, zu mir ist jedoch niemand gekommen.

Nach einigen Monaten in Wien, nachdem niemand meiner Angehörigen und Bekannten zurück gekehrt war, bin ich nach Italien gekommen. Von Italien bin ich im Juni 1946 illegal in Palästina eingewandert, wo ich von den Engländern für einen Monat als illegaler Einwanderer interniert wurde.

Vertrieben. Oben: Robert Singer im Mai 2008 beim Besuch des Landes, aus dem er 1938 hinausgeworfen wurde. Unten: Mit seinem Bruder Friedrich 1934 in Wien.

»Meine Hochachtung für Ihren Mut«

Was **Robert** Singer nach seinem Besuch in Österreich dem Projektteam schrieb.

Vielen Dank für die Tage in Wien, welche Sie und Ihre Kolleginnen und Kollegen von „A Letter To The Stars“ so menschenfreundlich und herzlich organisierten.

Nachdem ich in den Jahren 1938-1942 im Alter von 10-14 Jahren die Verfolgungen in Wien erlitt, hat dieser Besuch durch Sie und ihre Mitarbeiter meine Einstellung zu Wien etwas geändert.

Ich denke auch an die folgenden Jahre von Oktober 1942 - 1945 mit der Deportation meiner Eltern und mir nach Theresienstadt, von dort weiter ins KZ Auschwitz, im September 1944 nach Dachau, wo ich Zwangsarbeit verrichten musste. Daran, dass ich am 3. Mai 1945 beim Todesmarsch von Dachau in Richtung Tirol von den Amerikanern befreit wurde. Ich kam nach Wien im Juni 1945 und lebte einige Monate im Nachkriegs-Wien, wo Hunger und die Russen herrschten. Nachdem meine Eltern, Bekannte und Verwandte nicht zurückkehrten, weil alle ermordet worden waren – auch mein Bruder wurde in Jugoslawien erschossen - flüchtete ich nach Italien, um nach Palästina zu gelangen, wo Brüder meiner Mutter lebten.

Ich spreche Ihnen und Ihren Kollegen meine Hochachtung aus, für Ihren Mut, die Schandtaten der Nazis anzuprangern und zu verbreiten, auch wenn es viele Jahre dauerte.

Fußballspielen gegen Deutsche in New York

Kurt Sonnenfeld wuchs in sozialdemokratischem Umfeld auf, konnte dem NS-Regime entkommen und wurde Sozialarbeiter in New York.

Kurt Sonnenfeld wird 1925 in Wien geboren, wo er im Bezirk Brigittenau aufwächst. Sein Vater arbeitet in der Sozialdemokratischen Partei. Nach dem Anschluss versucht die Familie, auszuwandern, was schließlich auch gelingt. Kurt Sonnenfeld kann mit seinen Eltern über Frankreich, Spanien und Portugal nach Amerika entkommen. Dort studiert er, wird Sozialarbeiter und engagiert sich in der Jugendbetreuung. Er lebt heute in N.Y. und hat vier Kinder.

Als ehemaliger Schüler des **Wasagymnasiums** im 9. Wiener Bezirk war Kurt Sonnenfeld im Mai 2008 auch an seiner früheren Schule eingeladen.

Meine Familie war sich ihrer jüdischen Herkunft bewusst, aber nicht religiös. Ich war vielmehr vom sozialistischen Glauben meines Vaters und seiner Kollegen sowie den Aktivitäten in der sozialdemokratischen Partei umgeben.

Meine erste Erinnerung ist der Blick aus dem Wohnzimmerfenster auf den Gemeindebau auf der anderen Seite der Straße, es war dies der spätere Georg Schmiedl-Hof.

Ich bin im 20. Wiener Bezirk, Brigittenau, aufgewachsen und dort in die Volksschule in der Greiseneckergasse gegangen. In der ersten Klasse fragte der Lehrer jeden in der Klasse, was sein Vater sei oder was er mache. Die Schüler haben gesagt: Tischler, Schneider, Kaufmann ... Als ich an die Reihe kam, habe ich, ohne mit der Wimper zu zucken, gesagt: »Mein Vater ist ein Sozialdemokrat«.

Meine Eltern wollten, dass ich ins Gymnasium in der Wasagasse im 9. Bezirk gehe, in der Hoffnung, dass ich dann vielleicht weniger im Dialekt sprechen würde. Außerdem arbeitete mein Vater um die Ecke des Gymnasiums in der Kolingasse als Abteilungsleiter in der Krankenkasse. Ich ging mit dem anderen Brigittenauer meiner Klasse jeden Tag zu Fuß über die Friedensbrücke zur Schule. Außer Latein, Griechisch und den anderen Gegenständen lernte ich an der Schule Violine und spielte im Schulorchester, einmal auch bei einem Elternabend sowie der Maturafeier der damaligen Oktavaner.

Ich hatte ein gutes Verhältnis zu allen Mitschülern, gleich welcher Herkunft, doch das brach nach dem 11. März 1938, der Kapitulation der österreichischen Regierung und dem darauf folgenden Anschluss an das Dritte Reich der Hitlermacht zusammen. Von diesem Zeitpunkt an, ich war gerade in der 3. Klasse, hatten sich die meisten der nicht-jüdischen Schüler von uns abgesondert und sprachen nicht mehr mit uns. Manche hatten sich auf Schimpfwörter verlegt, aber es gab auch einige wenige, die auf uns zugekommen sind und uns begrüßt haben – das hat uns natürlich gut getan.

Am 28. April wurden die nicht-jüdischen Schüler vom Wasagymnasium transferiert und zur gleichen Zeit jüdische Schüler von Gymnasien der Bezirke 13, 18 und 19 zugeschult. Im Mai wurde das Gymnasium schließlich für die Gestapo verwendet und alle Schüler in das damalige Gymnasium in

Kurt Sonnenfeld war im Mai 2008 im Projekt »38/08« zu Besuch in seiner alten Heimat Österreich: »Was wir heute brauchen, ist eine Schulung gegen Hass …«

der Kalvarienberggasse im 17. Bezirk verlegt. Nach dem Sommer hat es für jüdische Schüler nur noch ein einziges Gymnasium in Wien gegeben und das war das Chajes-Gymnasium, das damals im 20. Bezirk lag. Dort war aber nur Platz für etwa zwei Prozent der damaligen jüdischen Gymnasialschüler Wiens, mein Zeugnis hatte mich gerade noch hineingebracht. Bis zu unserer Emigration im Herbst 1938 bin ich zwei Wochen geblieben.

Es war höchst Zeit für uns auszuwandern, denn am nächsten Morgen standen plötzlich drei Männer vor der Tür unserer verlassenen Wohnung, um meinen Vater abzuholen. Aufgrund seiner jüdischen Abstammung und seiner politischen Vergangenheit war er immer gefährdet. Einer der drei Nazis war ein Hausbewohner, den wir kannten, und der hat gesagt: Dieser Vogel ist uns ausgeflogen. Meine Großeltern, die ja im selben Haus wohnten, haben das gesehen und gehört.

Es war höchste Zeit für uns auszuwandern, denn am nächsten Morgen standen drei Männer vor der Tür.

Wir konnten nicht früher weg, weil man ja Einreisebewilligungen brauchte und die waren nicht so leicht zu bekommen. Ein Kollege meines Vaters, ein früherer Obmann der sozialistischen Arbeiterjugend, Karl Heinz, der schon in Schweden war, wollte uns zu sich holen, aber das hätte noch etwas Zeit gebraucht. Und daher wurde mit Schweizer Parteibüros abgemacht, dass meine Eltern und ich an der Schweizer Grenze er-

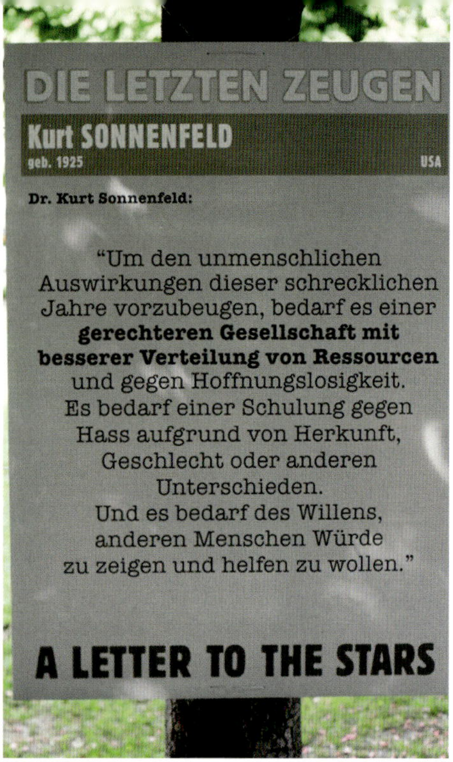

wartet würden, wo wir bei Basel über die Grenze geführt werden sollten. Aber nach einigen Tagen in Basel wurde uns gesagt, dass wir nicht in der Schweiz bleiben könnten, wir würden mit Sicherheit zurückgeschickt. So mussten wir nach Genf fahren, um den einzigen möglichen Weg aus der Schweiz zu nehmen, den illegalen Gang über die hohen Berge der französischen Grenze. Inmitten dieser hohen Alpenberge wurde es schon sehr dunkel, meine Mutter wollte ein Auto aufhalten, wovon mein Vater und ich sehr abrieten, aber dann hat sie es dennoch gemacht und das hat uns gerettet. Das Auto hat uns zur nächsten französischen Eisenbahnstation gebracht, aber davor ist ein Gendarm gestanden. Der junge Mann im Auto hatte verstanden, dass wir keine Einreisepapiere hatten, er hat uns die Bahnkarten besorgt und dem Gendarm gesagt, er solle auf sein Auto aufpassen, um ihn von uns abzulenken. So konnten wir ungestört die Zugfahrt nach Paris antreten.

In Paris ging ich in die Schule, ohne ein Wort Französisch zu können, aber mit der Zeit ging es immer besser. Wir mussten jeden Monat bei der Polizeistation, Prefecture, unsere Aufenthaltsbewilligung verlängern.

Im Dezember 1938 wurde für Kinder österreichischer Sozialdemokraten im französischen Exil eine Jugendgruppe gegründet, die sich zweimal pro Woche zu Diskussionen, Spielen, Ausflügen und Gesang traf und eine »Rote Falken«-Gruppe wurde. Im Sommer 1939 wurde dieser Gruppe ein mehrwöchiger Aufenthalt in einer Jugendherberge in der Nähe von Paris geboten, das tägliche Zusammensein hat die Gruppenmitglieder noch mehr verbunden. Als im September der Krieg erklärt wurde, ist diese Gruppe nicht mehr zurück nach Paris gefahren, sondern wurde vom früheren Wiener Gemeinderat und Pädagogen Ernst Papanek in ein Kinderheim einer jüdisch-französischen Hilfsorganisation gebracht.

Und es bedarf des Willens, anderen Menschen Würde zu zeigen und helfen zu wollen …

Zur gleichen Zeit wurde mein Vater – wie alle österreichischen und deutschen Männer – als sogenannter »feindlicher Ausländer« in Nordfrankreich interniert. Kurz vor dem Fall von Paris sind meine Mutter und ich so wie andere Österreicher, zumeist Sozialdemokraten, nach Montauban in Südfrankreich gefahren, da dieses Gebiet damals noch nicht besetzt war. Nach einiger Zeit konnte sich uns mein Vater in Montauban anschließen, nachdem er im Wissen um die vorrückenden deutschen Truppen aus dem Lager geflüchtet war und gehört hatte, dass sozialdemokratische Österreicher in Montauban waren.

Wir hatten bereits vor einiger Zeit von Parteifreunden ein amerikanisches Visum erhalten. So wie wir zwei Jahre zuvor illegal über die Grenze nach Frankreich gehen mussten, mussten wir nun wieder illegal über die Grenze aus Frankreich heraus, weil wir keine Ausreisebewilligung bekommen konnten. Nach mehreren Versuchen, am Tag über die Grenze nach Spanien gehen zu dürfen, hat sich der Grenzbeamte zu mir gewandt und gesagt:

»Laufts, ich habe euch nicht gesehen«. Es folgten weitere Abenteuer in Spanien, wo uns in Barcelona ein jüdischer Gepäcksträger sehr behilflich war, Pesos zu bekommen, die notwendig waren, weil französische Francs nicht angenommen wurden. Dann weiter nach Lissabon und auf einem griechischen Dampfer namens »Nea Hellas« nach Amerika.

In New York bin ich bis zum 17. Lebensjahr in die High School gegangen. Ich habe die Ausbildung ein Jahr vor dem üblichen 18. Jahr beenden können und bin dann vier Jahre lang in ein College und danach an eine Universität für Sozialarbeit besucht, die ich mit dem »Masters degree« abgeschlossen habe. In späteren Jahren habe ich an der Columbia University mein Doktorat in »Education« gemacht.

An der High School hatten wir genügend Flüchtlingsburschen, um Fußballspiele zwischen Österreichern und Deutschen veranstalten zu können. Im College hatten wir im Ess-Saal einen eigenen Wiener Tisch, an dem sich die vertriebenen Wiener getroffen haben und dann haben wir einen Klub gegründet, dessen Obmann ich war. Ich war auch Obmann der »Austrian Labor Youth«, die sich aus früheren Mitgliedern der Gruppe in Frankreich und neuen Mitgliedern zusammengesetzt hat. Ich war auch ein Mitglied der »Austro-American Youth«, die zwar progressive Ideen verfolgte, aber nicht spezifisch politisch war. Wir sind z.B. oft ins Naturfreundelager gefahren.

Als ausgebildeter Sozialarbeiter habe ich in Jugendcenters gearbeitet und war dann viele Jahre als Administrator und Ausbildungsdirektor im New Yorker Jugendamt tätig. Ich bin jetzt im Ruhestand, aber vor einigen Jahren wurde ich vom New Yorker Bürgermeister in die Jugendkommission berufen. Im Oktober 2007 erhielt ich von den Jugendämtern der Stadt sowie des Staates New York einen Lifetime Service Award. Ich habe vier Kinder, meine Frau, die auch Sozialarbeit betrieb, ist gestorben. Ich fahre oft zurück nach Wien, wo ich Cousins und deren Familien und Freunde habe und auch, um meine Wurzeln aufrecht zu erhalten, was sehr wichtig für mich ist. Ich habe auch die österreichische Staatsbürgerschaft wieder erhalten, neben der amerikanischen. Meine Großeltern, Onkeln und Tanten, die in Frankreich oder Belgien waren, haben den Holocaust nicht überlebt.

Kurt Sonnenfeld (im Bild mit Kimberly Harris vom Projektteam) besuchte in Wien die 1.Mai-Demo der Sozialdemokraten und zog sich dafür das Blauhemd der »Roten Falken« an.

Alter Mann von SS-Männern zu Tode getreten

Hans Spielmann wurde als Bub gedemütigt, musste einen Mord mit ansehen und entkam auf einem Kindertransport nach England.

Hans Spielmann wird 1929 in Himberg in Niederösterreich geboren. Nach dem Anschluss verliert die Familie ihr Geschäft sowie ihre Wohnung. Der Vater entzieht sich der Verhaftung durch die Gestapo durch die Flucht nach Brasilien. Hans Spielmann kann auf einem Kindertransport nach England flüchten, wohin seine Mutter nachkommt.
Nach dem Krieg übt er 25 verschiedene Berufe aus, gründet eine Familie, hat zwei Kinder, fünf Enkelkinder und lebt heute bei London.

Veronika Rad vom **BG/BRG Ramsauerstraße Linz** ist Hans Spielmann erstmals im Projekt »Botschafter der Erinnerung« im Oktober 2007 in London begegnet und hat seine Lebensgeschichte dokumentiert.
Im Mai 2008 war das BG/BRG Ramsauerstraße mit Lehrerin **Veronika Gstöttenmayr** im Projekt »38/08« Gastgeber.

Hans Spielmann wurde 1929 in Himberg bei Wien geboren. Sein Vater war Zahnarzt und hatte ein Atelier in Himberg. Er stammte aus Wien. Seine Mutter war aus Tulln. Hans hatte eine gute Beziehung zu seinem Großvater aus Tulln. Dieser hatte ein Geschäft und war sehr beliebt bei der Bevölkerung von Tulln. Durch ein Schreiben des Gauleiters durfte er sein Geschäft sogar nach dem Einmarsch der Nationalsozialisten behalten, aber trotzdem hatte die Bevölkerung nicht den Mut, bei ihm einzukaufen und so wurde das Geschäft von anderen übernommen.

Hans besuchte bis 1938 die Schule in Himberg. Er hatte viele Freunde, denn sein Vater war ein angesehener Mann. Doch nach dem Einmarsch der Nazis wurde sein Vater gezwungen, das Atelier zu verlassen und zog nach Wien. Die Familie musste auch ihre Wohnung hergeben und Hans und seine Mutter zogen dann auch nach Wien in den 2. Bezirk. Dort wohnten sie in der Krummbaumgasse 1. Hans sollte dort in die Schule gehen, doch jedes Mal, wenn er aus dem Haus ging, bewarfen ihn andere Jungen mit Steinen oder ähnlichem. So wurde es bald zu gefährlich, das Haus zu verlassen. Trotzdem ging seine Mutter manchmal auf den Markt, um Lebensmittel zu besorgen, doch das war nicht leicht, denn viele Menschen wollten ihr nichts verkaufen oder sie musste den doppelten Preis bezahlen.

Einmal begleitete Hans seine Mutter und wurde am Markt von einem Bub angepinkelt. Er durfte auch nicht beim Fenster hinausschauen, denn die Gefahr, von der Gestapo erschossen zu werden, war zu groß. Doch eines Tages hörte Hans großen Lärm und spähte vorsichtig aus dem Fenster. Er sah, wie ein alter Mann, der eine Sardinendose am Randstein aufmachen wollte, von SS-Männern zu Tode getreten wurde.

In der Kristallnacht kamen Soldaten in das Haus, in dem Hans Spielmann mit seiner Mutter und seinen Großeltern wohnte, und klopften an ihre Türe. Die Tür war aber vergittert und so konnte die SS sie nicht aufbrechen. Bei der Familie nebenan war kein Gitter vor der Tür, so konnten die Soldaten in die Wohnung. Am nächsten Tag schauten die Spielmanns nach, wie es ihren Nachbarn ging. Ein Bild ist Hans Spielmann dabei ganz besonders im Gedächtnis geblieben:

Inmitten all der Scherben kniete der Nachbar und betete.

Eines Tages wurde Hans` Vater von zwei Buben der Hitlerjugend aufge-

Hans Spielmann war im Mai 2008 zum ersten Mal seit der Vertreibung zurück in seinem Heimatort Himberg: »Ich ging in meine Heimat, doch erkenn ich meine Heimat nicht«.

fordert mit ihnen mitzukommen, doch er weigerte sich und sagte ihnen: »Für euch habe ich im letzten Krieg gekämpft!« und zeigte ihnen seine Medaillen. Die Buben wussten nicht, was sie tun sollten und meinten, dass sie am Abend wiederkommen würden. Natürlich wartete sein Vater nicht bis zum Abend, sondern floh mit einem Freund über die italienische Grenze und von dort nach Brasilien zu seinen Brüdern, die schon im Jahr 1933 ausgewandert waren. Hans` Vater wollte eigentlich die ganze Familie nach Brasilien holen, doch irgendwann brach er den Kontakt ab, vermutlich hatte er eine neue Familie in Brasilien gegründet. Hans sah seinen Vater, der 1971 in Brasilien starb, nie wieder.

Der Nachbar kniete inmitten all der Scherben der Kristallnacht und betete.

Die Schwester von Hans Spielmanns Mutter studierte in den 1920er-

Jahren in Cambridge und hatte dort auch Freunde. Diese konnten für Hans` Mutter und seine Großeltern bürgen.

Zuerst kam Hans, der damals 9 ½ Jahre alt war, mit einem Kindertransport nach einer zweitägigen Reise nach England. Er wohnte zunächst bei seiner Tante und kam dann zu einer Familie, die drei Töchter hatte. Seine Mutter kam später, im Juli 1939. Sie arbeitete als Haushälterin bei dieser Familie. Auch die Großeltern schafften es, nach England zu kommen.

Weil Hans nicht Englisch konnte, kam er in der Schule zu den Mädchen. Er lernte dann langsam die englische Sprache. Insgesamt besuchte er in England elf Schulen.

Dann kam der Krieg. Hans` Großeltern wurden interniert und kamen auf die Isle of Man. Hans, seine Mutter, Freunde von ihnen sowie eine Cousine überlebten den »Blitz«, die Bombenangriffe der Deutschen, in London, indem sie sich in den U-Bahn Stationen versteckten. Nach dem Ende des Krieges kamen die Großeltern von der Isle of Man zurück. Hans und seine Mutter zogen mehrmals um und kauften sich schließlich eine eigene Wohnung. Nachdem Hans mit der Schule fertig war machte er vier Jahre lang eine Lehre als Zahntechniker, da sie zu dieser Zeit noch hofften, zu seinem Vater nach Brasilien zu kommen.

Später bekam Hans einen Platz in der Firma eines Bekannten. Dort arbeitete er sich langsam nach oben bis er schließlich Projektleiter einer neuen Abteilung wurde. Auch hier fing er wieder ganz klein an - heute ist dieses »Projekt« eine große Firma (»Elliott Automation«).

Hans Spielmann übte in seinem Leben 25 Berufe aus, wobei er für fast keinen dieser Berufe eine Ausbildung gemacht hat. Er arbeitete unter anderem als Taxifahrer, in der Schmuckbranche, hatte eine Zeit lang ein Restaurant und war in vielen Firmen tätig. Auch nach seiner Pensionierung arbeitete er noch zehn Jahre lang als Berater für elektrische Geräte und führte Reparaturen in Häusern durch.

Begegnungen. Oben: Hans Spielmann in Wien mit Katja Seidel vom Projektteam. Mitte: In seinem Haus in Harrow mit der Schülerin Veronika Rad. Unten: In Veronika Rads Klasse am BG/BRG Ramsauerstraße in Linz.

Er wohnt jetzt in Harrow mit seiner Frau und hat einen 48 Jahre alten Sohn und eine Tochter, die 45 Jahre alt ist. Von beiden hat er fünf Enkelkinder.

Erlebnisbericht Londonreise

Ich hab mich so gefreut, als ich erfahren habe, dass ich nach London mitfahren darf. Doch erst als ich dann am Flughafen war, habe ich realisiert, dass ich wirklich nach London fliege. Vorher hat sich das alles einfach so unglaublich ange-

Gedenksitzung im Parlament. Hans Spielmann und sein Frau Edna bei der Gedenksitzung im Reichsrats-Sitzungssaal. »Völlig anderer Eindruck von heutigem Österreich …«

hört. Vor dem ersten Treffen als ganze Gruppe hatte ich einige Bedenken, wie das so sein würde mit den anderen, doch schon danach und erst recht in London verschwanden meine Sorgen. Wir verstanden uns alle so gut und das ist echt etwas Besonderes.

Wir sollten ja schon vorher mit dem Überlebenden, den wir treffen würden, Kontakt aufnehmen, und da ich von Herrn Spielmann keine Antwort auf meine E-Mails erhielt, rief ich ihn an. Ich war so nervös wie schon lange nicht mehr, doch als ich schließlich mit Herrn Spielmann sprach und merkte, wie nett er zu mir war und wie sehr er sich freute von mir zu hören, verflog meine Angst. Wir schrieben uns schon vor meinem Besuch einige E-Mails, doch als ich ihn dann zum ersten Mal treffen sollte, war ich wieder ziemlich aufgeregt. Aber das verflog schnell wieder. Als ich Herrn Spielmann zum ersten Mal sah, wusste ich sofort, dass das etwas Besonderes war – der Beginn einer ganz besonderen Freundschaft.

Herr Spielmann und seine Frau Edna haben mich wie eine Enkeltochter aufgenommen.

Herr Spielmann und seine Frau Edna haben mich wie eine Enkeltochter aufgenommen. Ich bin so froh, dass ich die beiden kennen lernen durfte und ich freue mich schon auf die Osterferien, wo ich nach London fliege und sie besuche und auf Mai, wo die beiden nach Österreich kommen.

»Gehören zur Familie«

Nachdem ich nun schon zwei Mal bei Hans Spielmann zu Besuch war, freute ich mich besonders darauf, ihn bei uns in Österreich wiederzusehen. Besonders gefiel mir auch, ihm meine Familie vorstellen zu können, nachdem ich schon die Möglichkeit hatte, seine Kinder und Enkelkinder kennen zu lernen. Am 5. Mai 2008 fuhr meine Klasse mit zwei Lehrerinnen nach Wien, wo wir nach der Veranstaltung von »A Letter To The Stars« Herrn Spielmann trafen. Ich freute mich sehr auf das Wiedersehen, und es war lustig, dass dieses fast wie in einem Film ablief. Hans stand auf der Bühne, und als ich ihn entdeckte, rannte ich so schnell wie möglich auf die Bühne, ihn zu begrüßen. Hans und seine Frau Edna kamen mit nach Linz. Am Vormittag besuchte Hans unsere Schule, um in meiner Klasse aus seinem Leben zu erzählen. Ich denke, dass alle SchülerInnen sehr interessiert und auch erschüttert waren. Edna besuchte indes mit zwei meiner Klassenkameradinnen das Lentos Kunstmuseum in Linz. Am Nachmittag besuchten die beiden mich und meine Familie bei uns zu Hause. Es war ein sehr schöner Nachmittag, der leider viel zu früh zu Ende war. Für mich waren beide Tage eine echt tolle Zeit, ich war froh, dass ich ihre Gastfreundschaft erwidern konnte und sie, wo sie eigentlich fast zu meiner Familie gehören, auch bei mir zu Hause sein konnten! *Veronika Rad*

»69 Jahre lang gesträubt, zurückzukehren!«

Das Wiedersehen mit meiner Heimat. 69 Jahre lang habe ich mich dagegen gesträubt, an meinen Geburtsort Himberg bei Wien, in Österreich, zurückzugehen. Obwohl ich manchmal Heimweh hatte, stellte ich mir immer wieder die Frage: Warum zurückkehren?

Du hast dort keine Familie. Vergiss nicht – die Leute dort haben dich hinaus geworfen, deine Familie getrennt, deine Schulbildung zerstört und jede Aussicht auf einen Beruf, dem du vielleicht nachgehen wolltest, ruiniert.

Als mich jedoch mein guter Freund und Landsmann George Vulkan einlud, an einem Projekt namens »A Letter To The Stars« teilzunehmen – das ist eine Organisation, die Schüler aus ganz Österreich einbezieht, die interessiert sind, die Lebensgeschichten von Holocaust Überlebenden aufzuzeichnen – habe ich zugestimmt. Im Oktober 2007 traf ich meine Interviewerin, eine entzückende, reizende junge Dame, Veronika Rad, die mir mit großem Taktgefühl und Rücksicht auf meine Gefühle Fragen stellte, als ich meine Lebensgeschichte erzählte. Auch die anderen Mitglieder dieses Teams von Interviewern ließen mich durch ihr Benehmen erkennen, dass vielleicht die alte Verhaltensweise, die ich in meiner Kindheit erlebt hatte, von einer völlig anderen Generation überlagert worden war, die versuchte, etwas von den Erfahrungen, die Leute wie ich in ihrer Jugend gemacht hatten, wieder gut zu machen.

Als meine Frau und ich dann eine Einladung von »A Letter To The Stars« erhielten, Wien im Mai 08 zu besuchen und unsere Interviewerin Veronika wieder zu treffen (die uns im März 2008 bei uns zu Hause besuchte und deren Familie uns zu sich nach Hause einlud, als wir in Österreich waren) und auch meinen Geburtsort Himberg wieder zu sehen, den ich meiner Frau gerne zeigen wollte, nahm ich an.

Als der Zeitpunkt kam, nach Himberg zu fahren, war mein Herz voller gemischter Gefühle. Ich war besorgt und darauf gefasst, dass nach beinahe 70 Jahren unweigerlich große Veränderungen in meinem Dorf stattgefunden hätten. Ich erwartete auch starke Emotionen, wenn ich mit Orten konfrontiert sein würde, an denen ich mit meiner Mutter, meinem Vater usw. so glücklich gewesen war.

Als wir jedoch an dem Ort ankamen, wo mein Geburtshaus gestanden hatte, sah ich mich einem großen Wohnblock gegenüber. Die Straßen waren mit moderner Beleuchtung ausgestattet (anstelle einer Glühbirne an beiden Enden der Hauptstraße), das Kopfsteinpflaster, über das ich meist barfuß in die Schule getrottet war, hatte einer ordentlich asphaltierten Straße Platz gemacht. Ich konnte meiner Frau noch verschiedene Orientierungspunkte zeigen, obwohl sich so viel verändert hatte, sogar in meiner kleinen Dorfschule. Diese war zu meiner Zeit ein kleines Gebäude mit vielleicht 8 oder 9 Klassenzimmern gewesen. Nun war sie zu einem großen Gebäude ausgebaut worden, in dem Volksschule, Hauptschule und Gymnasium Platz fanden mit verschiedenen weiteren Gebäuden anderer Fachbereiche.

Welche Gefühle hatte ich dabei?

Die Leute, mit denen wir sprachen, waren einfach wunderbar, höflich, hilfreich und wir fühlten uns in ihrer Gesellschaft wirklich wohl. Ich war verständlicherweise traurig, die unvermeidlichen Veränderungen an den Häusern und der Landschaft der Umgebung zu sehen, die großen Industriegeländen gewichen waren. Dort war ich früher in die Maisfelder gelaufen, um Maiskolben für mein Abendessen zu holen. Ich empfand und empfinde keine Trauer darüber, dass ich den Ort, wo ich mit meiner Mutter und meinem Vater gelebt hatte, nicht mehr vorfand. Wahrscheinlich bin ich, wie man sagt, »darüber hinweg« gekommen. In meiner Erinnerung trage ich auch jetzt noch immer das Bild des Himberg, das ich in meiner Jugend kannte und nicht das, das ich zuletzt mit all seinen Veränderungen gesehen habe. Ein Psychiater hätte wahrscheinlich einen Namen dafür.

Ich kann dem Team von »A Letter To The Stars«, das meine Frau und mich während meines Besuchs in Österreich betreut hat, nicht genug danken, besonders meinem Schutzengel Katja Seidel, die keine Mühe scheute, die unsere Wünsche von unseren Augen ablas und unseren Besuch zu einem solch denkwürdigen Ereignis machte. Die Aufmerksamkeit und Rücksicht aller Mitglieder des Teams waren wirklich außergewöhnlich.

Auch die Vertreter der Öffentlichkeit, die wir bei verschiedenen Gelegenheiten trafen, vermittelten uns einen völlig anderen Eindruck des heutigen Österreich. Unser Treffen mit Veronika Rads wunderbarer Familie, die uns so ins Herz geschlossen hat wie wir sie, bekräftigt nur alles, was ich schon über die Jugend von heute gesagt habe. Ich zitiere ein paar Zeilen, die, wie ich hoffe, alles oben Gesagte zusammenfassen:

Ich ging in meine Heimat, doch erkenn ich meine Heimat nicht.
Sie hat sich so verändert, ich glaub`, dass mir mein Herz zerbricht.

Die Jugend aber denkt ganz neu und scheint den alten Werten treu.
Es liegt in ihren jungen Händen, endlich den Rassenhass zu enden.

Deutsche Soldaten schützten uns vor der HJ

George Vulkan wurde als 9-Jähriger gedemütigt und misshandelt. Die Flucht war ihm Erleichterung, Abenteuer und Beginn eines neuen Lebens.

George Vulkan wird 1929 in Wien geboren, wohnt im 9. Bezirk, Schlickplatz 4. Aus der Schottenschule wird er im März 1938 hinausgeworfen. Als jüdisches Kind ist ihm fortan alles verboten, die Hitler-Jugend misshandelt ihn. Im September 1938 vor der Verhaftung des Vaters Flucht über Paris nach England. George Vulkan geht in London zur Schule, besucht später die Universität, absolviert zwei Jahre Militärdienst und arbeitet danach als Wissenschaftler für die Stadt London.

Im Projekt »Botschafter der Erinnerung« ist **Thomas Reichel** im November 2007 George Vulkan in London begegnet. Das **Gymnasium Billrothstraße** in Wien mit Lehrer **Franz Lux** sowie das **BRG 7** mit Lehrerin **Vera Karin Cerha** waren im Projekt »38/08« Gastgeber für George Vulkan.

Ich wurde im Jahr 1929 in Wien geboren, wo ich gemeinsam mit meinen Eltern und Großeltern in einer schönen, großen Wohnung am Schlickplatz im 9. Bezirk lebte. Meine Familie gehörte dem Wiener Mittelstand an und mein Vater hatte gemeinsam mit seinem Bruder ein Holzlager in der Nähe des Nordwestbahnhofs. Mein Vater war eines von zehn Kindern und seine Schwestern und Brüder lebten gemeinsam mit den Eltern ebenfalls im 9. Bezirk. Meine Mutter hatte eine Schwester, die im ersten Bezirk wohnte, ihre zwei Brüder sind im Ersten Weltkrieg gefallen.

So wie in vielen Familien zu jener Zeit üblich, hatte auch ich ein Kinderfräulein, Frau Olga Grill, die wir aber immer nur Beule nannten, warum, das weiß ich nicht. Sie gehörte ganz zur Familie und blieb auch in den schwersten Zeiten treu bei uns. Ich hatte eine sehr schöne Kindheit und kann mich erinnern, dass ich oft mit Beule in den Park ging und später auch zu Kindervorführungen ins Kino oder in den Zirkus. Ich spielte gerne im Schlickpark, wohin mich mein Großvater begleitete. Zuhause hatte ich viele Spielsachen sowie einen Hasen und einen Kanarienvogel. Jeden Mittwoch unternahmen wir eine Schifffahrt auf der Donau, das war ein spezielles Angebot für Kinder, vielleicht aber auch, weil der Kapitän der »boyfriend« von Beule war.

Wir waren Juden, aber sehr assimiliert, und ich bemerkte kaum, dass ich jüdisch war. Ich hatte viele Freunde, wurde bei anderen Kindern eingeladen, und auch sie kamen gerne zu uns nach Hause. Es machte für mich keinen Unterschied, ob jemand jüdisch oder christlich war.

Im Jahr 1936 wurde ich in die Schottenschule eingeschult, wo ich mich sehr wohl fühlte. Ich wusste nichts von der Politik, aber meine Eltern sprachen oft über einen schlechten Mann, Hitler, der viel gegen die Juden in Deutschland machte, aber natürlich hätte das nichts mit uns in Österreich zu tun. Zu Beginn des Jahres 1938 hörte ich auch über Hitler in der Schule, aber wir wussten, dass wir patriotische Österreicher waren. Wir lernten das Kruckenkreuz zu zeichnen und begannen das neue Schulheft mit rot-weiß-roten Fahnen und dem patriotischen Spruch »*Sei gesegnet (*unleserlich*) Gott mit dir mein Österreich*«. Wir trugen auch rot-weiß-rote Abzeichen.

Am 24. Februar schrieben wir ins Heft: »*Gestern hielt unser Bundeskanzler Dr. Kurt von Schuschnigg eine bedeutsame Rede. Die wurde von der*

George Vulkan lebt heute in London: »Der Abschied von Wien 1938 war für mich als Bub eine Erleichterung.«

ganzen Welt gehört. Der Sinn der Rede war: Deutscher Friede und Österreichs Unabhängigkeit.« Der Lehrer schrieb in Rot darunter: »*Gelobt!*«

Am Freitag, dem 11. März 1938, schrieben wir einen Absatz über unseren Bezirk, Wien-Alsergrund.

Dann änderte sich unser Leben.

Auf der selben Seite mussten wir ein paar Tage später schreiben: »*Deutschösterreich. Deutschösterreich ist ein Teil des deutschen Reiches geworden. Der Reichskanzler, unser Führer, ist Adolf Hitler.*« Dieser Absatz wurde später von mir oder meinem Vater kräftig durchgestrichen.

»Der Reichskanzler, unser Führer, ist Adolf Hitler«. Die Notiz im Schulheft später durchgestrichen.

Ich ging weiter in die Schule, aber als Jude musste ich hinten in der Klasse sitzen. Warum, konnte ich nicht verstehen. Plötzlich durfte ich nicht mehr mit nicht-jüdischen Kindern spielen und außerhalb der Schule gab es nun überhaupt keinen Kontakt mehr. Kurz danach war es Juden verboten, in

Parks zu gehen, und ich konnte auch nicht mehr auf den Spielplatz oder ins Kino. Mein Vater verlor sein Geschäft und musste zuhause bleiben. Meine Mutter sagte mir später, dass sie zu dieser Zeit am stärksten getroffen hatte, dass sie von christlichen Bekannten, mit denen sie zuvor oft ins Kaffeehaus gegangen war, einfach ignoriert wurde und diese sie nicht einmal erkennen wollten, wenn sie ihr auf der Straße begegneten.

In April 1938 wurde ich plötzlich aus der Schule hinausgeworfen und musste in eine Schule wechseln, die nur für Juden war. Wir hatten dort auch jüdische Lehrer. Jeden Tag nach der Schule wurden wir von der HJ, der Hitler-Jugend »begrüßt«, die uns mit Steinen und altem Obst bewarfen und anschrieen: *Saujuden, zurück nach Palästina!* usw. Zwei Polizisten waren immer dabei und lachten. Wir waren kleiner als die HJ-ler, hatten Angst, konnten nur so rasch wie möglich wegrennen. Nach ein paar Tagen hatten wir einen neuen Schreck, da eine Patrouille von deutschen Soldaten um die Ecke kam. Zu unserer Überraschung trieben sie die HJ weg, fragten die Polizei, warum die nichts machten um uns zu helfen und kamen dann sehr freundlich zu uns, um uns zu beruhigen. Sie sagten, das werde nicht mehr geschehen, und so war es auch.

Nach ein paar Wochen wurde die Schule gesperrt und für mich begannen sehr lange, aber keine schönen Ferien. Ich konnte fast nirgendwo hingehen, hatte keine Freunde und wusste, dass meine Eltern sehr unglücklich waren. Manchmal riskierte Beule, mit mir in einen Park zu gehen, aber meine Eltern hatten dabei immer Angst. Beide Großeltern, die bei uns

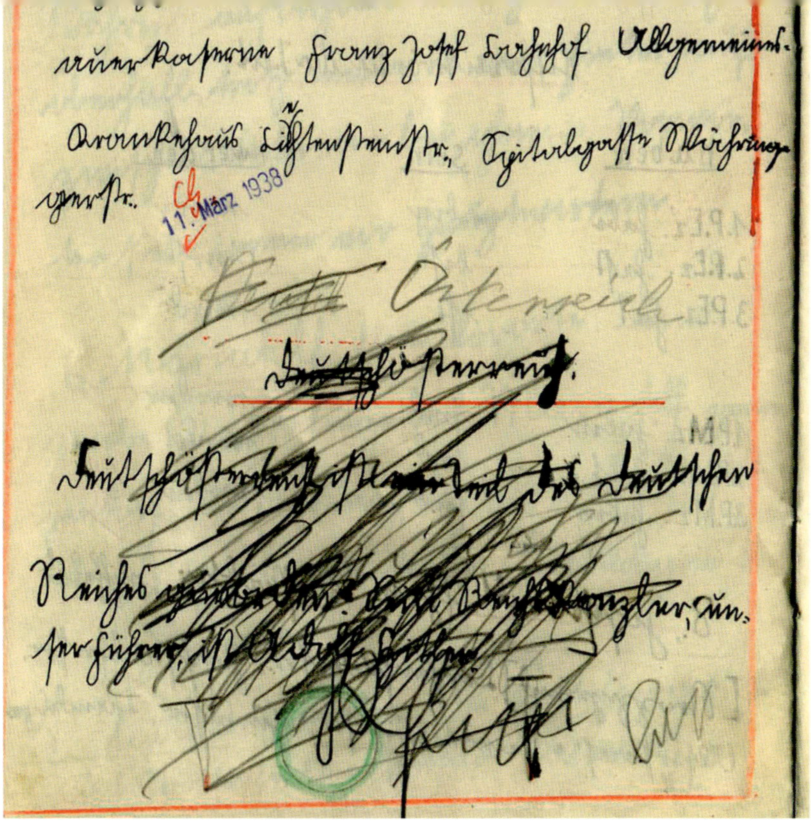

wohnten, starben in dieser Zeit.

Meine nächste klare Erinnerung habe ich an den September 1938. Ich war alleine mit Beule zuhause, da meine Eltern die Schwester und den Schwager meiner Mutter besuchten. Es kam ein Telefonanruf, und Beule war sehr aufgeregt, sagte mir, ich müsse gleich ins Bett gehen, sie müsse meine Eltern abholen. Am nächsten Morgen wurde ich früh aufgeweckt, und mein Vater sagte mir, wir würden auf Ferien nach Frankreich fahren. Zwei kleine Koffer waren schon gepackt. Ich fragte, was ich mitnehmen kann, aber mein Vater sagte: »*Nichts, nur einen Teddybär – wir kommen ja bald wieder zurück.*«

Meinen Eltern blieb nicht einmal mehr die Zeit, von ihrer Familie Abschied zu nehmen. Die meisten Verwandten sahen wir nie wieder. Der Telefonanruf war eine anonyme Warnung, dass mein Vater am kommenden Tag, dem 20. September 1938, verhaftet werden würde.

George Vulkan kam mit seiner Frau Mary (oben links) im Mai 2008 nach Wien, die Stadt, aus der er als Bub (oben) vertrieben wurde. Im Schulheft vom März 1938 (ganz oben) ist der Eintrag über Adolf Hitler nachträglich durchgestrichen.

Wir fuhren mit dem Zug nach Paris, wo wir frei waren.

Und doch war es eine schwere Zeit, da wir fast kein Geld hatten, und viele Sorgen über die Familie in Wien. Für mich aber war es ein Abenteuer und ich hatte weiter Ferien. Im Februar 1939 reisten wir nach England, wo wir zuerst nur eine Aufenthalts-Erlaubnis für zwei Wochen erhielten, diese wurde später aber mehrere Male verlängert. Zuerst wohnten wir in London bei fernen Verwandten. Da mein Vater nicht arbeiten durfte, erhielten wir Unterstützung durch die jüdische Gemeinde. Ich ging für zwei Wochen in eine Volksschule, aber ich konnte kein Wort Englisch und niemand in der Schule sprach auch nur ein Wort Deutsch. Nach zwei Monaten übersiedelten wir nach Hove bei Brighton, wo das Leben billiger war, und dort war auch eine jüdische Schule, die Klassen für »Refugees« hatte.

Wir blieben bis August 1940 in Hove und gingen dann zurück nach London. Ich konnte zu diesem Zeitpunkt schon Englisch sprechen, und mein Vater arbeitete in einer Fabrik. Wir waren während des »Blitz« – der verheerenden deutschen Bombenangriffe 1940/41 – in London, durchlitten die Flugangriffe, aber wenigstens mit Menschen auf der selben Seite.

Ich ging auf eine nette englische Schule, hatte viele Freunde, besuchte danach eine Secondary School und nach dem Krieg die »London-University«. So wie alle in meinem Alter war auch ich zwei Jahre auf »National Service«

Gastgeber. Die LehrerInnen des Wiener Gymnasiums Billrothstraße (Bild oben rechts) haben George Vulkan und seine Gattin Mary im Mai 2008 an ihre Schule eingeladen.

»Von den heutigen Bewohnern unserer Wohnung herzlich empfangen ...«

George Vulkan über seine ganz persönliche Rückkehr nach Wien.

Obwohl ich seit dem Krieg einige Male wieder in Wien gewesen bin, hatte ich jedes Mal ziemlich gemischte Gefühle dabei. Es ist eine schöne Stadt, in der es viel zu sehen und zu tun gibt und in der man gut essen kann. Dennoch hat sie eine dunkle Geschichte. Als wir Wien im September 1938 verlassen haben, gingen wir in großer Eile, da mein Vater gewarnt wurde, dass er in Kürze verhaftet würde, und so hatten meine Eltern nicht einmal Zeit, ihren Familienmitgliedern, die sie zurückließen, Lebewohl zu sagen. Die meisten von ihnen haben sie nie wieder gesehen.

Für mich als 8-jährigen Bub war es eine große Erleichterung, einer Stadt den Rücken zu kehren, in der ich nicht mehr in den Park oder auf den Spielplatz gehen durfte, in der ich aus einer Schule hinausgeschmissen wurde und nach jedem Tag an der neuen Schule misshandelt und mit Steinen beworfen wurde, und in der ich keine Freunde mehr hatte. Ich war traurig, meine Spielsachen und Haustiere zurücklassen zu müssen, aber meine Eltern sagten, wir würden ja bald wiederkommen und alles würde wieder gut werden. Als ich von »A Letter To The Stars« die Einladung erhielt, 2008 – 70 Jahre nach dem Anschluss – nach Wien zu kommen, war ich sehr erfreut, weil ich bereits wusste, dass dieses Projekt eine sehr gute Arbeit leistet, indem es sich mit der Vergangenheit Österreichs auseinandersetzt und für eine weitere Aussöhnung zwischen den vertriebenen und heutigen Österreichern sorgt. Sowohl die Organisation des Besuchs als auch die Warmherzigkeit und Freundlichkeit der jungen Menschen, die uns betreuten, übertrafen alle unsere Erwartungen. Einer der bewegendsten Momente dieser an Erinnerungen so reichen Woche war die Rückkehr zu unserer früheren Wohnung, die ich vor beinahe 70 Jahre verlassen hatte. Meine Frau und ich wurden von den heutigen Bewohnern herzlich empfangen, die sogar weitere Nachbarn eingeladen hatten. Es war ein äußerst rührendes Erlebnis, welche Erinnerungen hier zurückgekommen sind. Viele Fotos wurden gezeigt und neue gemacht. Wir haben auch an einer Gedenkveranstaltung für Vertriebene des 9. Bezirks teilgenommen, bei der uns auch Stolpersteine gezeigt wurden. Die gesamte Woche war denkwürdig und hat vielen, auch mir, geholfen, der Gegenwart beinahe mehr Gewicht als der Vergangenheit zu geben, obwohl diese nicht vergessen werden darf und nie vergeben werden kann.

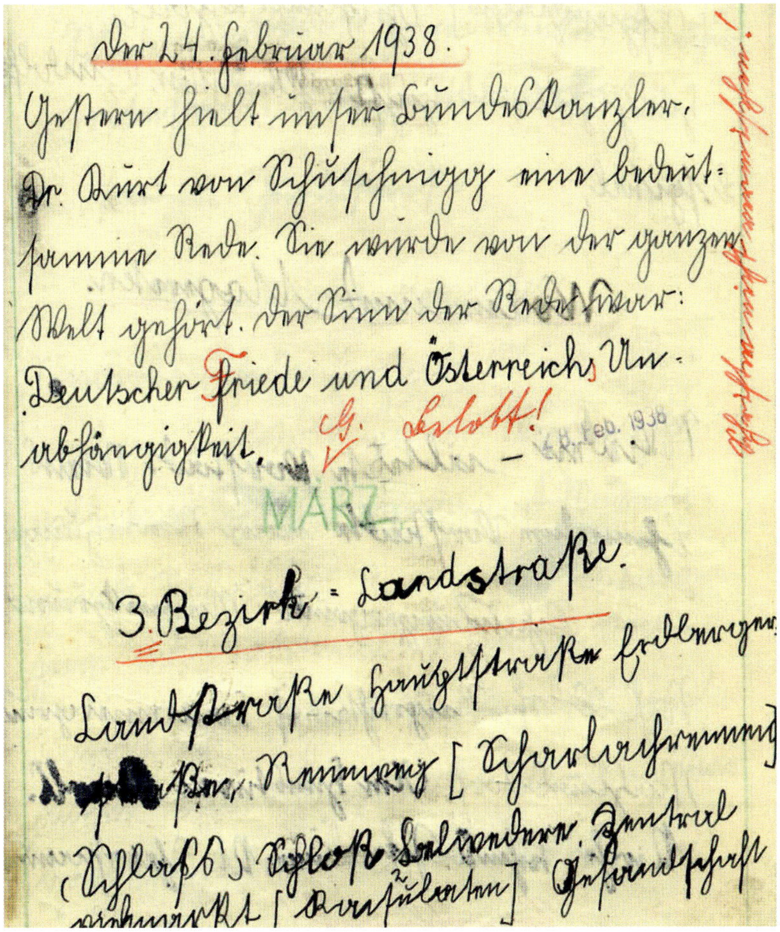

Den 24. Februar 1938.

Gestern hielt unser Bundeskanzler Dr. Kurt von Schuschnigg eine bedeutsame Rede. Sie wurde von der ganzen Welt gehört. Der Sinn der Rede war: Deutscher Friede und Österreichs Unabhängigkeit. G. Gelobt!

24. Feb. 1938

MÄRZ

3. Bezirk - Landstraße.

Diese Seite aus dem Schulheft von George Vulkan aus dem Februar 1938 dokumentiert die Rede von Kurt Schuschnigg, der gefordert hatte: »Deutscher Friede und Österreichs Unabhängigkeit«. Der Lehrer schreibt darunter: »Gelobt!«

in der Armee und arbeitete dann als »Environmental Scientist«.

Das Leben für meine Eltern war aber weiterhin sehr schwer – erst seitdem mein Vater gestorben ist, weiß ich von seiner verzweifelten Korrespondenz, den Briefen aus Wien und Kopien seiner Briefe, wie viel er probiert hat, die Familie zu retten. Drei seiner Schwestern kamen als Dienstmädchen nach England (in Wien arbeiteten zwei Schwestern als Schneiderinnen, eine war Sekretärin), zwei Onkel flüchteten illegal.

Von all denen, die zu Kriegsbeginn noch in Wien waren, hat niemand überlebt. Die Eltern meines Vaters, ein Bruder, drei Schwestern sowie eine Schwester und ein Schwager meiner Mutter wurden ermordet.

Obwohl ich das Verbrechen der Nazizeit nie vergessen oder vergeben kann, habe ich nichts gegen die jetzige Generation in Österreich oder Deutschland und fühle mich durch die jüngsten Erfahrungen mit vielen netten Menschen darin bestärkt.

Die einzigen Überlebenden ihrer Familie

Miriam Wallach ist mit ihren Kindern nach Wien gekommen. Ihr Sohn Zeev berichtet die Geschichte seiner Eltern Herman und Miriam.

Miriam Wallach wird 1924 während eines geschäftlichen Aufenthalts ihrer Eltern in Porto als Miriam »Minni« Reichert geboren. Kurz darauf kehrt die Familie nach Berlin zurück. 1939 wird Miriam Reichert alleine nach Portugal geschickt. Sie überlebt als einzige ihrer Familie und geht nach dem Krieg nach Israel. Dort lernt sie ihren späteren Mann, **Herman Wallach**, kennen. Er, 1922 in Wien geboren, wurde 1939 von seinem Vater gezwungen, nach London zu flüchten.

Im Mai 2008 war Miriam Wallach im Rahmen des Projekts 38/08 zu Gast am **BORG Wiener Neustadt** mit Schülerin **Elisabeth Dorfstetter** sowie an der **PHS Sta. Christiana Frohsdorf** mit Lehrerin **Manuela Dorfstetter**.

Mein Vater Herman wurde am 12. April 1922 als Sohn von Wolf und Malka Wallach in Wien geboren. Er hatte zwei Schwestern, Chawa und Lotte, und war selbst ein hübscher und sportlicher blonder Junge, der seine Zeit beim Fußball und im berühmten jüdischen Chajes-Gymnasium verbrachte. Sein Traum war es damals, Arzt zu werden.

In seinen Erinnerungen beschrieb Herman den Anschluss als einen Tag, an dem er Tausenden Österreichern zusah, wie sie Hitler voll Freude willkommen hießen, nicht wissend, welche Katastrophe dieser kleine verrückte Mann über die Welt und ganz besonders das jüdische Volk bringen würde. Nach dem Anschluss wurde mein Vater – wie viele andere jüdische Jugendliche – gezwungen, niedrige Aufgaben zu verrichten. Unter anderem musste er mit einer Bürste die Gehsteige putzen. Dies war sehr entwürdigend für meinen Vater, einen Wiener Bürger, der nur ein Jahr zuvor noch ein stolzer österreichischer Student war und nun auf den Knien rutschend die Gehsteige schrubben musste.

Chawa wurde schon 1938 nach Israel geschickt, und am 23. August 1939 zwang mein Großvater Wolf Wallach meinen Vater Herman, Wien zu verlassen und nach London zu flüchten. Die Zeiten waren schlecht für Juden, Menschen versuchten zu fliehen, obwohl das nicht leicht war. Mein Vater beschrieb später die letzten Minuten mit seinem Vater auf dem Bahnhof – keiner der beiden konnte damals ahnen, dass dies ihr letztes Treffen sein würde. Plötzlich nahm mein Großvater seine silberne Omega-Taschenuhr und bat Herman, sie aufzubewahren. Diese silberne Uhr arbeitet noch immer, sozusagen wie das Herz der Familie Wallach, im Wohnzimmer meiner Mutter Miriam und sie zieht die Uhr jeden Tag von Neuem auf.

Eine Woche nach der Flucht meines Vaters brach der Krieg aus. Mein Großvater wurde kurz darauf verhaftet und nach Dachau geschickt, wo er auch umgebracht wurde. Meine Großmutter Malka und meine Tante Lotte, ein zwölf Jahre altes unschuldiges Mädchen, blieben alleine zurück – sie wurden gezwungen, ihre Wohnung zu verlassen und in den Keller des Hauses zu ziehen, während der Hauswart ihre Wohnung mit dem gesamten Inhalt stahl.

Mein Vater blieb bei Verwandten in London, bis er 1940 von den Engländern gemeinsam mit 2000 weiteren jungen jüdischen Männern aus

Miriam Wallach konnte mit 15 Jahren aus Deutschland nach Portugal fliehen. Erst nach dem Krieg erfuhr sie, dass alle ihre Familienmitglieder ermordet wurden.

Deutschland, Österreich und Holland in ein geschlossenes Lager in Australien geschickt wurde . Der Grund dafür war, dass die Engländer annahmen, einige dieser blonden, Deutsch sprechenden Juden könnten Spione sein. Einige Jahre später entschuldigte sich der englische König für diese unnötigen Leiden, die einige Männer das Leben kosteten.

Mein Vater bekam durch das Rote Kreuz einige Briefe von seiner Mutter Malka, und auch Chawa erhielt in Israel einige Briefe. Doch dann brach der Briefverkehr ab und ein fürchterliches Gefühl der Stille und Informationslosigkeit brach an. Jahre später erfuhren Herman und Chawa, dass ihre Mutter Malka und die kleine Schwester Lotte in Minsk ermordet worden waren.

Dann brach der Briefverkehr ab und ein fürchterliches Gefühl der Stille brach an.

1942 – also noch während des Krieges – wurde mein Vater auf seinen

Wunsch nach Israel geschickt, um nach seiner einzigen überlebenden nahen Verwandten zu suchen – seiner Schwester Chawa. Israel war damals eigentlich noch Palästina, eine britische Kolonie mit nur etwa 500.000 Juden, viele von ihnen hatten Verwandte in Europa. Während dieser Zeit konnte sich niemand vorstellen, wie schlimm und fürchterlich die Lage der Juden in Europa war.

Ich versuche mir meinen Vater vorzustellen: 20 Jahre alt, zwei Jahre im geschlossenen Camp in Australien hinter sich, keine Neuigkeiten von seinen Eltern, das gesamte bisherige Leben zerbrochen und keine realistischen Träume für die Zukunft, denn in Israel hatte man große Angst, dass die Deutschen auch hierher kommen könnten. Das Beste, was dem jungen Herman damals passieren konnte, war, dass er Miriam kennen lernte und sie ihn am 18. November 1945 heiratete.

Zum Glück ist das Leben stärker als der Tod und entgegen aller Pläne Hitlers, die Juden auf dieser Welt verschwinden zu lassen, heirateten diese zwei jungen Überlebenden wie tausende andere Paare ... und mittlerweile sind wir schon eine Großfamilie mit zwei Kindern, Vered und mir, sechs Enkelkindern und zwei Urenkeltöchtern ...

> Erst nach dem Krieg erfuhr Miriam, dass ihre Schwester in Polen ermordet worden war.

Meine Mutter Miriam »Minni« Reichert wurde am 15. August 1924 während eines zweijährigen geschäftlichen Aufenthalts ihrer Eltern sowie ihrer Schwester Hella in Porto, Portugal, geboren. Als Miriam ein Jahr alt war, kehrte die Familie Reichert wieder in ihre »Heimatstadt« Berlin zurück. Mein Großvater Avraham besaß eine kleine Textilfabrik, meine Großmutter Rosa war eine Full-Time-Mutter und half ihrem Mann zusätzlich im Geschäft. Hella war zu diesem Zeitpunkt drei und Miriam ein Jahr alt – beide waren eingebettet in eine Großfamilie mit vielen Onkeln und Tanten. Die Reicherts waren nicht unbedingt religiös, aber sie führten einen zionistischen Haushalt mit traditionellem jüdischen Leben. Meine Mutter erinnert sich heute noch an die große Synagoge, in der ihr Onkel 1927 heiratete und an die netten Kaffeehäuser, in die ihr Onkel seine jungen Neffen und Nichten immer wieder ausführte. Die Familie war nicht reich, aber sie führten ein gutes Leben in der Mittelschicht.

Als die Nazi-Zeit begann, machten sich viele Menschen große Sorgen, aber mein Großvater pflegte zu sagen, dass er schließlich Deutscher sei und die schlechten Zeiten schon vorübergehen würden. Das Schimpfen gegen die Juden sei nur leeres Gerede, meinte er. Meine Mutter erinnert sich noch, dass ihre Familie den ärmeren Verwandten half, Fahrkarten nach Uruguay oder Argentinien zu besorgen. Bevor diese die Flucht antreten konnten, verbrachten sie oft noch einige Nächte bei ihnen im Haus.

Im September 1938 wurde meine 16jährige Tante Hella von ihren Eltern in ein jüdisch organisiertes Camp außerhalb von Berlin geschickt, wo Jugendliche sich für ein Leben in Israel und die landwirtschaftliche Arbeit

Gastgeber. Miriam Wallach mit »ihren« Gastgebern, Manuela und Werner Dorfstetter: »Die Begegnung war für uns alle sehr berührend und bereichernd.«

dort vorbereiten wollten. In der Kristallnacht vom 9. auf den 10. November wurden diese jungen Leute jedoch alle von den Nazis verhaftet und nach Polen transportiert. Die Familie sah Hella danach nicht mehr wieder. Sie erhielten noch einige Briefe, in denen Hella schrieb, dass sie nichts zu Essen und keine Schuhe mehr hatte. Erst nach dem Krieg erfuhr Miriam, dass ihre Schwester in Polen ermordet worden war.

Meinem Großvater Avraham gelang es, aus Deutschland nach Antwerpen zu fliehen, von wo aus er eine Möglichkeit suchte, seine Frau Rosa und Minni zu retten. Das stellte sich jedoch als besonders schwierig heraus und er verlor viel Geld aufgrund falscher Versprechungen ...

Ich versuche mir die Gefühle meiner Großmutter vorzustellen, die wusste, dass sehr schlechte Zeiten kommen würden – ihre ältere Tochter war irgendwo in Polen, hungernd und in Gefahr und ihr Mann schrieb Briefe, in denen er erklärte, dass er nach Brüssel ziehen würde, da ihm ein Verwandter einen Job angeboten hatte, damit er überleben könne. Meine Großmutter entschied gemeinsam mit ihrer Schwester Anna, die mit ihrer Familie in Lissabon lebte, dass der einzige Weg, Minnis Leben zu retten, sei, sie nach Lissabon zu schicken und sie der Obhut ihrer Tante anzuvertrauen. Dabei konnten sie mit Miriams portugiesischer Geburtsurkunde einen portugiesischen Pass für sie lösen.

Meine Großmutter musste schließlich aus Berlin Richtung Brüssel fliehen und ließ die junge Minni alleine im Elternhaus in Berlin zurück. Es war Jänner 1939, Berlin war voller Nazis, viele Juden hatten die Stadt verlassen, die Polizei und die Nazi-Truppen verhafteten immer mehr Juden ... Minni war alleine zuhause und keiner ihrer nichtjüdischen Nachbarn wusste,

Reise nach Wien. Miriam Wallach mit ihren Kindern Vered (links) und Zeev beim Shabat-Essen im Wiener Lauder Chabat-Zentrum.

dass ihre Eltern geflüchtet waren. Sie verließ die Wohnung nur ein einziges Mal, nämlich als sie ihre Schiffskarte, die von der Tante von Lissabon aus reserviert worden war, abholte. Unterwegs begegnete sie einem jungen Nachbarn in Nazi-Uniform, der sie noch fragte, ob sie Hilfe brauche.

Drei Wochen später kam endlich der Tag der Überfahrt. Minni versperrte die Wohnungstür und fuhr mit dem Zug nach Hamburg. Zu Fuß überquerte sie die große »Übersee-Brücke« und kam an Bord eines großen deutschen Passagierschiffes. Die Reise dauerte eine Woche mit Stürmen in der Biskaya-Bucht. Minni hatte eine Privatkabine und einen Tisch in der ersten Klasse gemeinsam mit zwei deutschen Passagieren. Natürlich wusste niemand, dass sie Jüdin war! Sie wurde immer wieder gefragt, warum sie alleine reise, und aus Angst entdeckt zu werden, ging sie kaum zum gemeinsamen Essen und sperrte sich in ihrer Kabine ein.

Das Treffen zwischen Minni und ihrer Tante Anna war voller Tränen. Meine Mutter erzählte mir, dass sie im ersten Moment dachte, ihre Mutter warte am Ufer auf sie, da ihre Tante ihrer Mutter so ähnlich sah.

Die Neuigkeiten aus Belgien waren sehr schlecht: Avraham konnte kein Visum auftreiben, das eine Flucht ermöglicht hätte, das Geld schmolz dahin und Rosa wurde krank – außerdem gab es keinerlei Nachrichten von Hella aus Polen. Als der Krieg in Belgien ausbrach, wurde Avraham sofort verhaftet und in ein KZ geschickt, was für ihn den Tod bedeutete. Jahre später erfuhr meine Mutter aus deutschen Archiven, dass ihre Schwester Hella ebenfalls verhaftet und in einem Konzentrationslager ermordet worden war – ein siebzehnjähriges, unschuldiges Mädchen! Rosa schrieb ihrer Tochter noch bis zum Jahre 1943, aber dann wurde auch sie im Konzentrationslager Dachau umgebracht.

Die Tatsache, dass die gesamte Familie ermordet worden war, begriff meine Mutter eigentlich erst nach dem Krieg. Drei Mal versuchte sie ein Visum für Belgien zu beantragen und mit ihrem portugiesischen Pass einzureisen, weil sie hoffte, ihre Eltern retten zu können. Doch ihre Tante Anna hinderte sie jedes Mal daran, da sie wusste, dass Minni nichts ausrichten konnte.

Die schönsten Jahre im Leben eines jungen Mädchens, die zwischen 15 und 19, verstrichen in Miriams Leben mit Sorge um die Familie, mit Weinen und Schuldgefühlen, da sie ihre eigene Familie nicht retten konnte. Doch im Grunde wagte es niemand, sich das wahre Ausmaß der Katastrophe vorzustellen, das den geliebten Angehörigen widerfahren war.

Im Jänner 1944 besuchte Frau Vera Weizmann, die Gattin des späteren ersten Präsidenten Israels, Lissabon und warnte viele der einheimischen

»Wir teilten den Schmerz unserer Freunde«.

Manuela **Dorfstetter** über ihre Begegnung mit den Schwägerinnen Miriam und Chawa.

Joffi, joffi!« meinten Chawa, Miriam, Naomi, Vered und Zeev immer wieder, als wir mit ihnen im Mai 2008 in Wien und Umgebung unterwegs waren. Joffi, was so viel wie „wunderschön, herrlich" bedeutet, fällt auch uns ein, wenn wir an die Zeit denken, die wir mit unseren israelischen Gästen verbringen durften. Mit Hilfe der Betreuerinnen von „A Letter To The Stars" war es für meine Tochter Elisabeth, Schülerin des BORG Wiener Neustadt, und mich, Lehrerin an der PHS Sta. Christiana Frohsdorf, möglich, Miriam und Chawa, zwei Schwägerinnen aus Haifa, einzuladen, sie an »unsere« Schulen zu holen (wobei auch der Klassenvorstand meiner Tochter, Frau Prof. Vogl, tatkräftig mithalf), Ausflüge zu unternehmen, Zeit miteinander zu verbringen und so zwei wunderbare Familien kennen zu lernen. Im Vorfeld waren wir natürlich sehr aufgeregt und ein wenig angespannt, wussten wir doch nicht, was auf uns zukommen würde, doch sobald wir den Fünf gegenüberstanden, war jede Anspannung sofort verflogen und wir hatten das Gefühl, einander schon ewig zu kennen.

Glücklicherweise hatte mein Mann Werner für eine knappe Woche Urlaub bekommen, und so hatte er ausreichend Zeit, unsere Gäste abzuholen, in die beiden Schulen zu chauffieren, zu kochen. Er stand auch am Wochenende zur Verfügung, als wir Miriam und Chawa gemeinsam mit ihren Kindern die Wachau sowie die Hohe Wand zeigten und ein wenig Zeit in Wien verbrachten, wo wir auf Wunsch unserer Gäste das Mahnmal auf dem Judenplatz besuchten und zu den ehemaligen Wohnungen von Chawa bzw. Miriams Gatten Zwi fuhren, was für uns alle besonders berührend war.

Die Schwägerinnen. Miriam Wallach ist gemeinsam mit ihrer Schwägerin Chawa Kornreich (ganz links) aus Haifa nach Österreich gekommen. Die Lebensgeschichte von Chawa Kornreich finden Sie auf Seite 118 in diesem Buch.

Besonders hier, wo Chawa die ersten Jahre ihres Lebens verbracht hatte, brach viel von den alten Verletzungen auf, wir erfuhren Teile der Lebensgeschichte und gewannen Einblick in das Schicksal einer großartigen Familie, die uns innerhalb kürzester Zeit so ans Herz gewachsen war, als ob es unsere eigene wäre. Wir teilten den Schmerz unserer Freunde um die grausam ermordeten Angehörigen, aber auch die Dankbarkeit darüber, dass Chawa ihren Bruder Zwi in Israel wieder treffen konnte und es beiden möglich war, eine neue Existenz aufzubauen und eine neue Familie zu gründen. Besonders Zwi, der vor einigen Jahres verstorben ist, aber in den Erzählungen seiner Schwester Chawa und ganz besonders denen seiner Gattin Miriam weiterlebt, wurde uns so vertraut, als ob wir ihn persönlich gekannt hätten! Und so haben wir Zeev Wallach, den Sohn von Zwi und Miriam Wallach, gebeten, uns vom Leben seiner Eltern zu erzählen.

Juden sowie der jüdischen Flüchtlinge, dass Hitler auch in Portugal einmarschieren könne. Juden waren somit auch im neutralen Portugal nicht sicher. Frau Weizmann versuchte sie alle zu überzeugen, nach Palästina, das spätere Israel, auszuwandern. Minni entschied sich daraufhin, nach Israel zu gehen und bestieg gemeinsam mit zwei jüdischen Freundinnen ein argentinisches Frachtschiff in Richtung Palästina. Es war Kriegszeit und deutsche U-Boote waren nahezu überall. Meine Mutter war (und ist noch immer) ein besonders hübsches, gut aussehendes Mädchen von 19 Jahren und erinnert sich heute, dass ein argentinischer Marine-Offizier sie an Bord fragte: »Warum gehst du nach Palästina, dort gibt es nur Araber, Orangen und ein paar Juden – komm, lass uns lieber den Kapitän fragen, ob er uns traut.«

Minni und ihre Freunde hatten oft von Israel geträumt, nun, als das Schiff in Haifa anlegte, sah Miriam den wunderschönen Karmel und spürte, dass hier nun ihr neues Zuhause sein würde! Das Tel Aviv dieser Tage war klein, aber trotzdem schon voll von Kunst und Kultur. Immer wieder begegnete Miriam Freunden aus Berlin, die rechtzeitig vor dem Krieg ausgewandert oder geflüchtet waren. Die Juden, die aus Berlin oder anderen Teilen Deutschlands stammten und überlebt hatten, waren entweder aus sehr armen Familien, sodass die Deutschen sie in den Jahren bis 1936 schleunigst los werden wollten, oder sie kamen aus sehr reichen Familien, die ihr Geschäft verkaufen und rechtzeitig aus Deutschland fliehen konnten. Der Großteil der jüdischen Mittelschicht wurde jedoch in den KZ ermordet.

Am 18. 11. 1945 heirateten meine Eltern Minni und Herman – beide alleine und ohne Eltern. Die einzigen nahen Verwandten, die noch lebten, waren Chawa und Zvika Kornreich. Es war eine sehr kleine Hochzeit mit 16 Gästen, zwei Kuchen und einer Flasche Wein. Die Hochzeit war am Nachmittag, denn die englische Polizei verbot Juden, sich während der Nacht auf den Straßen aufzuhalten. Aber all das kümmerte niemanden, schließlich hatten der gut aussehende, blonde Herman und die hübsche Minni, die einander sechs Wochen zuvor auf der Straße begegnet waren, beschlossen, eine Familie zu gründen.

Es war eine wunderbare Ehe, die bis zum 6. März 2002 andauerte, dem Tag, an dem mein Vater verstarb. Mit den Jahren hatten meine Eltern beide langsam realisiert, dass sie ihre Familien in der Nazi-Zeit verloren hatten, aber diese Tatsache gab ihrem neuen Leben in Israel wahrscheinlich so viel Bedeutung und Kraft.

Ich wurde im Juni 1947 in Israel geboren und nach meinem Großvater Zeev (Wolf), dem Vater meines Vaters, benannt. Meine Schwester wurde am 10. Mai 1952 geboren und erhielt den Namen meiner Großmutter Vered (Rosa), der Mutter meiner Mutter.

Ohne Unterstützung ihrer Eltern und trotz aller Kriege, die sie durchstehen mussten, gelang es Miriam und Herman eine neue Familie in Israel zu gründen. Meine Schwester und ihr Mann Yoram haben drei gemeinsame

Töchter: Limor, Hila (benannt nach Miriams Schwester Hella) und Liat (benannt nach Hermans kleiner Schwester Lotte). Meine Frau Rina und ich haben drei Kinder: Sharon, Gilad und Einat, die jüngste Enkeltochter von Herman und Minni, die gerade ihren Militärdienst beendet. Unsere Tochter Sharon und ihr Mann Chen haben selbst schon zwei Töchter, Rotem und Shir – die Urenkelinnen von Herman und Minni.

Meine Schwester Vered und ich wuchsen auf, ohne viel über die furchtbare Vergangenheit unserer Eltern zu wissen. Unsere Eltern sprachen kaum über ihre Jugend – die verletzenden Erinnerungen waren noch zu nahe. Außerdem waren sie auch sehr damit beschäftigt, sich ein neues Leben aufzubauen und uns Kindern eine Zukunft zu ermöglichen und die Chance auf ein Studium zu bieten, wozu sie selbst nie die Möglichkeit hatten.

Wir fanden es nicht allzu verwunderlich, ohne Großeltern aufzuwachsen, hatten doch fast alle Mitschüler eine ähnliche Situation wie wir. Erst als wir beide selbst Kinder groß zogen und dabei so viel Unterstützung von unseren Eltern erhielten, wurde uns bewusst, wie schwierig das Leben von Herman und Minni auch noch in Israel gewesen sein muss.

Vered und ich hörten die Lebensgeschichte unserer Eltern eigentlich erst, als unsere eigenen Kinder für die Schule einen Familienstammbaum zeichnen sollten und ihre Großeltern deshalb zu ihrer Vergangenheit befragten. Da begannen meine Eltern ihre traurige Geschichten zu erzählen.

Wenn ich an diese Jahre im Leben meiner Eltern denke, kann ich nur sagen: Nie wieder! Und lasst uns nicht vergessen! Es ist unglaublich, dass solche Gräuel in Ländern wie Deutschland und Österreich geschehen konnten – Ländern der Kunst, Kultur und Wissenschaft.

Ich danke unseren Freunden von »A Letter To The Stars« voller Anerkennung, sie sind mutig und menschlich und versuchen nicht, Tatsachen zu verbergen. Sie sagen: »Ja, all das ist wirklich passiert, aber lasst uns daraus lernen, lasst uns nicht vergessen, sondern versuchen wir, eine neue Welt aufzubauen.«

Meine Eltern pflegten daheim – so wie viele ihrer Freunde – weiterhin die deutsche Sprache und verwendeten Hebräisch für das öffentliche Leben, so haben wir, die zweite Generation der »Yekes«, Deutsch gelernt. Nach und nach sterben immer mehr dieser deutschen Einwanderer und deshalb danke ich unseren Wiener Freunden von »A Letter To The Stars« und allen, die in diesem Projekt im Mai 2008 mitgearbeitet haben, wie Manuela und Werner Dorfstetter und ihren Kindern, deren warmherzige Art uns spüren ließ, dass das, was sie tun, wirklich von Herzen kommt.

In dieser Woche wurden erfolgreich Brücken gebaut zwischen den Überlebenden und ihren Kinder und der neuen Generation. Niemand sprach von Vergeben oder Vergessen, im Gegenteil, niemand hat in all den Gedenkveranstaltungen und Reden den Versuch unternommen, etwas zu verdecken – das Motto war vielmehr: Erinnern wir uns, damit so etwas nie wieder passiert, nicht gegen Juden und nicht gegen andere Menschen.

Die Angst der Widerstandskämpferin

Renée Wiener half nach ihrer Vertreibung aus Österreich Kindern bei der Flucht aus Frankreich – ihr Vater kam nie in Auschwitz an.

Renée Wiener wird 1924 in Wien geboren. Sie lebt mit ihren Eltern und ihrer Schwester in der Zollamtsstraße 9 im 3. Bezirk. Von einem Urlaub in Italien nach dem Anschluss flüchtet die Familie nach Belgien und später weiter nach Frankreich. Der Vater wird mehrmals verhaftet und letztlich nach Auschwitz deportiert. Renée Wiener kämpft aus Verstecken im französischen Widerstand gegen das NS-Regime und hilft Kindern bei der Flucht. Nach dem Krieg emigriert sie in die USA, wo sie heute in Great Neck lebt.

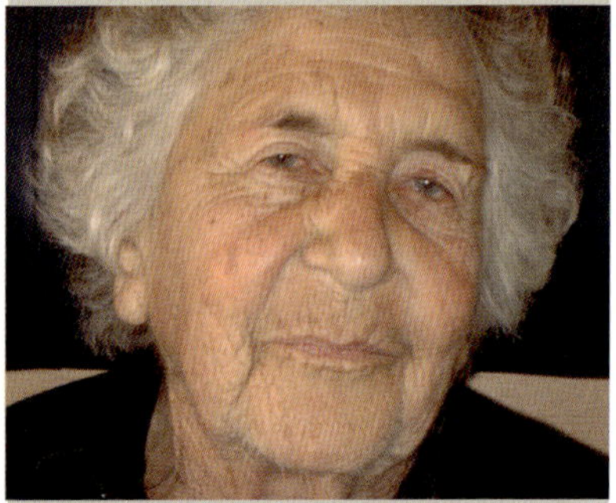

Im April 2007 war **Barbara Neussl**, Schülerin der **Gesundheits- und Krankenpflegeschule Reutte** in Tirol, im Projekt »Botschafter der Erinnerung« zu Gast bei Renée Wiener in Great Neck bei New York, wo sie ihre Lebensgeschichte dokumentiert hat. Im Mai 2008 war Renée Wiener im Projekt »38/08« zu Gast in der Gesundheits- und Krankenpflegeschule sowie am **BRG/RG Reutte.**

Alles, was ich zu Beginn hatte, waren ihr Name, ihr Geburtsdatum, ihre ehemalige Adresse in Wien und ihre derzeitige Wohnadresse in New York. Das war mein ganzes Wissen über Renée Wiener.

So machte ich mich an die Arbeit, ihr einen Brief zu schreiben, worin ich ihr erzählt habe, wer ich bin und warum ich an diesem Projekt teilnehme. Weil ich mir aber mehr vorstellen wollte als einen Namen, habe ich sie angerufen und wir haben zwanzig Minuten telefoniert. Dabei ist mir schon aufgefallen, wie viel Lebenslust und Freude in ihrer Stimme steckt. Nach diesem Gespräch wollte ich am liebsten gleich nach New York fliegen, um mit ihr persönlich zu sprechen.

Jedoch musste ich mich noch in Geduld üben bis zum 10. April 2007. Nun war der große Tag gekommen, an dem ich mich mit 29 weiteren SchülerInnen auf den Weg nach New York City machte!

Mit Neugierde wartete ich auf Donnerstag, jenen Tag, an dem ich sie endlich treffen würde. Das Treffen war im »Museum of Jewish Heritage« bei einem Empfang geplant. Ich war schon fast verzweifelt, weil ich Renée lange nicht finden konnte und hatte schon Angst, dass sie aus irgendeinem Grund nicht kommen würde.

Plötzlich wurde ich von einem unserer Betreuer gerufen und da stand sie vor mir. Vom ersten Augenblick an haben wir uns gut verstanden. Das erste, was wir vereinbarten, war, wann und wo unser nächstes Treffen stattfinden sollte. Als die nächste Verabredung fixiert war, wurde ich sogleich mit Fragen über mein Leben gelöchert, dabei hatte ich gedacht, dass ich interviewen sollte. Schon bald aber hat sich herausgestellt, dass dies kein Interview, sondern eine freundschaftliche Unterhaltung werden würde.

Bei unserer zweiten Begegnung erzählte sie mir dann bei Mozartkugeln und Tee ihre Lebensgeschichte.

Renée Wiener, geb. Kurz, wurde am 14. 05. 1924 in Wien geboren, wo sie dann auch im 3. Bezirk vierzehn Jahre ihres Lebens verbrachte. Sie lebte mit ihren Eltern und ihrer sieben Jahre jüngeren Schwester in einer Wohnung, genauer gesagt in der Zollamtstraße Nr. 9.

Sie erzählte mir von einer glücklichen Kindheit. Ihr Vater, Leopold Kurz, war als Kaufmann oft die ganze Woche geschäftlich unterwegs. Umso mehr genoss sie die Wochenenden, an denen sich der Vater seinen Kindern

Renée Wiener wollte bei ihrem Besuch in Österreich »unbedingt auf einen Berg. Egal wie«. Im NS-Regime hat sie Kinder über die Berge illegal in die Schweiz geschleust.

widmete und ihnen keinen Wunsch abschlagen konnte.

Schon von klein auf ging Renée mit ihren Eltern in den Wiener Stadtpark, um dort zu spielen. Sie hatte diesen Platz so lieb gewonnen, dass sie als Kind fast jeden Tag dort verbrachte, um sich mit Kindern zu treffen und zu spielen.

Renées Vater hoffte nach dem Anschluss, dass nach zwei Wochen wieder alles wäre wie zuvor.

Als es 1938 zum Anschluss an das Deutsche Reich kam, wollte Renées Vater nicht wahr haben, welche Auswirkungen das für seine Familie haben würde. Leopold beschloss, seine Familie zusammenzupacken und nach Italien zu fahren, um dort eine oder vielleicht zwei Wochen Urlaub zu machen. Er hoffte darauf, dass sich in dieser Zeit die politische Situation so ändern würde, dass sie wieder nach Hause gehen könnten und alles so wäre wie zuvor.

Renée war zu dieser Zeit 14 Jahre alt und war sich der Gefahr, in der sie sich befand, nicht bewusst. Ohne dass ihre Eltern es wussten, hat sie sich einmal zu einer Rede von Adolf Hitler am Heldenplatz geschlichen. Sie gestand mir, dass sie inhaltlich nichts verstanden hatte, jedoch auch nicht ging, bevor die Rede zu Ende war. Erst heute ist ihr klar, in welche Gefahr sie sich damals gebracht hatte.

Ein Volk, ein Reich, ein Führer.

Schon kurz darauf wurden die Schulklassen, so auch ihre, nach Rassen getrennt. Allerdings erzählte sie mir auch von einer Freundin, die sich nichts daraus machte und die Freundschaft weiterhin, allerdings heimlich, fortführte.

Letzte Zeugin. Renée Wiener zu Besuch am BRG/RG Reutte und auf einer Alm.

Das Schlimmste für sie war, dass sie nicht mehr in ihren geliebten Stadtpark gehen durfte. Als sie nach dem Anschluss, wie jeden Tag, in den Stadtpark wollte, um dort zu spielen, entdeckte sie ein Schild, auf dem stand: »Eintritt für Hunde und Juden verboten!«. Ab diesem Moment begriff Renée, welche Veränderungen der Einzug Hitlers in ihrem Leben bringen sollte.

In Italien angekommen wartete die Familie Kurz vergeblich auf eine Änderung der antisemitischen Politik.

Aus einer Woche »Urlaub« in Italien wurden schließlich sechs Monate. Dem Vater Leopold wurde schlussendlich bewusst, dass sie nicht wieder nach Österreich zurückkehren konnten. Die Familie beschloss daraufhin, nach Belgien auszuwandern.

Zu Beginn reiste der Vater allein, illegal, nach Belgien, um dort Arbeit und eine Wohnmöglichkeit zu finden. Renée kann sich an diese Zeit nicht mehr genau erinnern, aber sie weiß noch, dass ihr Vater aufgrund des fehlenden Visums eingesperrt wurde. Sie konnte mir nicht mehr erklären, wie und warum ihr Vater wieder aus dem Arrest entlassen wurde. Tatsache ist aber, dass die ganze Familie letztlich legal nach Belgien reisen durfte.

In Belgien verbrachte Renée eine schöne Zeit. Sie wohnte dort mit ihrer Familie in einer kleinen Pension und besuchte sogar die Schule und lernte Französisch. Ihrem Vater war es möglich Arbeit zu finden und so hatten sie dort kein schlechtes Leben. Allerdings dauerte diese Idylle nicht lange an. Ihre ganze Familie wurde verhaftet. Der Grund dafür war, dass sie deutschsprachig waren und vermutet wurde, dass sie Spione für das Deutsche Reich waren.

Wiederum ist es Renée unklar, wie ihr Vater es geschafft hatte, sie aus dem Gefängnis zu befreien. Sie kann sich aber noch genau daran erinnern, dass ihre Mutter sie aufgefordert hatte, schnell das Nötigste in einen Koffer zu packen. Mit einem Lächeln im Gesicht erklärte mir Renée, was sie mitge-

Freundschaft. Barbara Neussl und Renée Wiener verbindet mittlerweile eine innige Freundschaft: »Sie ist ein faszinierender Mensch mit so viel Lebensenergie!«

nommen hatte: »Einen Badeanzug, ein Buch und meine Zahnbürste!« Im Nachhinein erklärt sie mir, dass sie ihren Badeanzug sehr gerne mochte, doch auf der Flucht war er ihr nicht besonders nützlich.

Mit Kind und Kegel machte sich die Familie im Mai 1940 zu Fuß auf den Weg Richtung Frankreich. Renée kann sich weder an die Dauer des Fußmarsches noch an die Verpflegung erinnern. Als sie mir davon erzählte, meinte sie nur, dass sie nie Hunger leiden musste, aber dass sie keinerlei Ahnung habe, woher ihre Eltern die Nahrung für die Familie genommen hatten.

An Frankreich erinnert sich Renée nicht besonders gerne zurück, da dies ihre »schlimmste« Zeit war. Vielleicht sind ihre Erinnerungen an Frankreich deshalb so einprägend, weil ihr Vater abermals verhaftet wurde, doch diesmal kam er nicht mehr zurück.

Renée sollte die wichtigsten Sachen einpacken. Sie nahm Badeanzug, Buch und Zahnbürste.

Sie lebten dort in einer Pension mit einigen anderen Juden zusammen. Renée war mit ihrer Mutter und der Schwester einkaufen und sie hatten sich mit dem Vater in der Pension zu einer bestimmten Zeitpunkt verabredet. Leopold war ein sehr pünktlicher Mensch – im Gegensatz zu seiner Gattin, was ihr und den Kindern in diesem Fall das Leben gerettet hat. Als sie mit Verspätung zur Pension kamen, war diese von der französischen Polizei um-

stellt. Renée versteckte sich mit ihrer Familie und konnte nichts anderes tun als warten und zusehen, bis sie wieder abzogen.

Voller Angst machte sie sich auf die Suche nach ihrem Vater. Mit Entsetzen erfuhr sie vom Portier, dass die Soldaten Männer mitgenommen hatten und ihr Vater unter ihnen war.

Renée und ihre Familie erhielten noch Briefe von Leopold. Sie gründete darauf immer die Hoffnung, dass sie ihren Vater wieder sehen und er überleben würde. Doch irgendwann kam kein Brief mehr, aber sie hatte auch nie die Gewissheit, was nun wirklich mit ihrem geliebten Vater passiert war.

Erst nach dem Krieg hat sie heraus gefunden, dass Leopold nach Auschwitz gebracht, jedoch dort nie registriert wurde. Renée lebt bis heute mit der Ungewissheit über den genauen Tod ihres Vaters. Sie vermutet, dass er den Transport nicht überlebt hat, aber warum und wieso weiß sie bis heute nicht, obwohl sie schon oft versucht hat, Antworten auf all diese Fragen zu finden.

Behütete Kindheit. Renée Wiener im Bild oben mit 4 Jahren. Unten: Als Baby mit ihren Eltern auf Ausflug in Abbazia.

Man muss für jeden Atemzug jemanden schmieren.

Nachdem ihr Vater nun nicht mehr als Familienbeschützer tätig sein konnte, übernahm Renée diese Rolle. Sie versteckte ihre kleine Schwester und ihre Mutter bei einer französischen Familie. Ihre Schwester konnte zwar ein gutes Französisch, war aber noch sehr jung, neun Jahre. Um ihre Mutter machte sie sich besonders Sorgen, da diese kein akzentfreies Französisch sprach, wusste jeder sofort, dass sie eine Ausländerin beziehungsweise ein Flüchtling war.

Renée selbst schloss sich der Widerstandsbewegung unter den jüdischen Pfadfindern an, die sich später mit einer weiteren Widerstandsgruppe vereinigte. Später wurden sie ein Teil der Resistance, deren Mitglieder gegen die deutsche und italienische Besatzungsmacht kämpften.

Bei der Entführung ihres Vaters waren auch sämtliche Ausweise der Familie mitgenommen worden, somit konnten sich weder die Mutter noch die Geschwister auf irgendeine Art ausweisen. Da es in Frankreich aber sowieso nicht klug war, einen deutschen Pass zu besitzen, hat Renée sich selbst und ihrer Familie gefälschte Ausweise besorgt.

Dazu muss ich erwähnen, dass Renées Taufname Renate Kurz lautete. In ihrem »neuen« französischen Ausweis trug sie den Namen Renée Chauvier. Diesen Namen wollte sie auch nach dem Ende des Krieges, als sie neue österreichische Pässe bekamen, nicht ablegen.

Mittlerweile war Renée 19 Jahre alt und als Mitglied der Resistance sehr aktiv. Sie verhalf nicht nur ihrer Familie zu französischen Papieren, sondern auch vielen anderen Flüchtlingen.

Außerdem versuchte sie mit der Hilfe französischer Einwohner Kinder in Familien oder Klöstern zu verstecken. Um diese Kinder versorgen zu können, war es nötig, Essensmarken zu fälschen. Sie kann sich noch genau erinnern, dass sie sich mit allen Tricks beholfen hatten, um an den Stempel zu kommen, der die Gültigkeit der Marken bestätigte. Einmal wurde Renée zu einer Inspektion aufgehalten. Sie erzählte mir mit zitternder Stimme, dass sie wahnsinnige Angst hatte, gefangen genommen und gefoltert zu werden.

Es war keine Seltenheit, dass jemand aus der Widerstandsgruppe verhaftet wurde und versucht wurde, denjenigen unter Folter zum Reden zu bringen. Nicht vor dem Tod, sondern vor der Folterung, die unter anderem aus Ziehen von Fingernägeln und Ausstechen von Augen bestand, hatte Renée Angst.

Weiters half sie bei der Organisation und Durchführung von Kindertransporten in die Schweiz. Sie erklärte mir, dass sie nicht genau weiß, woher sie das Geld dafür bekamen, sie glaubt teils aus amerikanischen Organisationen, teils aus der Schweiz.

Diese Transporte wurden nur für 6- bis 16-jährige Jugendliche gewährt. Ältere oder jüngere Menschen wurden wieder zurückgeschickt. Die Mitglieder der Widerstandsbewegung taten so, als ob sie mit den Kindern Wanderungen über die Berge machten. Wenn sie nahe genug an der Grenze waren, spielten sie mit den Kindern Spiele und brachten sie nach und nach über die Grenze – immer zwei bis drei Kinder. Dort wurden diese von Schweizern in Empfang genommen.

Renée selbst lebte einmal hier und einmal dort. Zwei Jahre lang floh sie alle zwei Wochen von einem Wohnort zum nächsten, aus Angst gesehen und erwischt zu werden.

Nach dem Krieg lernte sie einen nichtjüdischen Soldaten aus Dänemark kennen, an den sie ihr Herz verlor. Sie heirateten bereits 1946 in Belgien und zogen dann gemeinsam nach New York. Ihre Mutter und ihre Schwester blieben noch in Frankreich zurück, da sie kein Visum bekamen. Renées fester Vorsatz war aber, sie nachzuholen, was ihr Jahre später auch gelang.

Leider war ihre Liebe zu ihrem Mann nicht groß genug und bereits nach zwei Jahren zog sie zu seinen Eltern, mit denen sie sich ausgezeichnet verstand. Aus Angst vor der Ausweisung blieben sie aber trotzdem verheiratet. Die Scheidung fand erst auf Umwegen im Jahre 1950 statt.

Doch bereits zwei Jahre später fand sie ihr großes Glück in einem jüdischen Polen, der allerdings nicht sehr religiös war. Trotzdem fand kurz darauf die Hochzeit statt.

Renée brachte einen Sohn zur Welt, der nun bereits selbst verheiratet und stolzer Vater von drei Kindern ist.

Ihr Mann, mit dem sie glücklich zusammen lebte, verstarb bereits mit 58 Jahren an einem Herzinfarkt. Mittlerweile lebt Renée in einem kleinen

»Wir haben viel geredet und gelacht ...«

Wie Barbara Neussl die Rückkehr von Renée Wiener in ihre alte Heimat erlebt hat.

Ich bin am 5. Mai nach Wien gefahren, um Renée nach ziemlich genau einem Jahr wieder zu treffen. Schon seit Wochen hatten wir telefoniert und Briefe geschrieben, um zu planen, was wir in den drei Tagen, die sie in Tirol verbringen würde, alles machen wollten.

Das Wiedersehen auf dem Wiener Heldenplatz war sehr beeindruckend. Leider habe ich Renée zuerst nur kurz gesehen und wartete ungeduldig das Ende der Veranstaltung ab, bis ich sie endlich in die Arme schließen konnte. Wir haben uns gleich auf den Weg zum Bahnhof gemacht, um noch den nächsten Zug zu erwischen. In den fünf Stunden Zugfahrt hatten wir jede Menge Zeit, Neuigkeiten und Interessantes auszutauschen.

In Tirol angekommen war Renée ganz begeistert von den Bergen und der Landluft. Man muss natürlich auch erwähnen, dass Renée die Berge liebt und es ihr großer Wunsch war auf einen Berg zu kommen – egal wie.

Am nächsten Tag sind wir in die Gesundheits- und Krankenpflegeschule Reutte gefahren. Dort wurde sie von Direktor Peter Mittermayr empfangen. Renée freute sich sehr darauf, ihn kennen zulernen, da sie mit ihm bereits in Briefkontakt gestanden hatte. Renée hielt einen beeindruckenden Vortrag über ihre persönliche Geschichte vor den Schülern, die ihr ihre ganze Aufmerksamkeit schenkten und danach bei Kaffee und Kuchen noch jede Menge Fragen stellten.

Am Nachmittag sollte der Wunsch von Renée in Erfüllung gehen. Wir sind gemeinsam mit meinem Freund und Direktor Peter Mittermayr mit dem Auto auf die „Dürren Berg Alm“ gefahren und haben von dort oben den Ausblick über den Talkessel genossen. Renée war sichtlich begeistert von der Bergkulisse. Nachdem wir ganz viele Panoramaphotos geknipst haben, haben wir den Begrüßungsschnaps gekostet und es uns einfach gut gehen lassen.

Am darauf folgenden Tag haben wir die Klasse 4 des Realgymnasiums Reutte besucht. Auch hier sind wir ganz freundlich begrüßt und empfangen worden. Der Tag war so wunderschön, dass wir beschlossen, zum Plansee zu fahren. Zum Schwimmen war es leider noch zu kalt, aber zum Entspannen genau richtig. Anschließend habe ich Renée noch meinem Arbeitsplatz gezeigt. Den Abend ließen wir noch mit einem guten Essen ausklingen.

Am nächsten Tag musste Renée auch schon wieder die Rückreise antreten. Auf dem Weg zum Bahnhof hat sie noch Innsbruck und das Goldene Dachl besichtigt.

Die Zeit mit Renée ist viel zu schnell vergangen. Wir haben viel geredet, gelacht und es uns einfach gut gehen lassen.

Es ist sehr schade, dass die Entfernung zwischen uns so groß ist, aber wir werden ihrer Einladung nach New York bestimmt bald folgen und bis dahin wohl noch einige Male telefonieren.

Appartement außerhalb von New York, genauer gesagt in Great Neck, wo ich sie auch besucht habe.

Jahre später ist sie wieder nach Wien und auch nach Frankreich zurückgekehrt. Die erste Reise nach Europa ist ihr sehr schwer gefallen, weil sie nicht wusste, wie die Menschen auf sie reagieren würden. Sie war allerdings sehr positiv überrascht und Renée hat noch heute Freunde in Wien und Frankreich, die sie regelmäßig besucht.

Renée und ich haben allerdings nicht nur über die Vergangenheit, sondern auch über die Zukunft geplaudert. Sie ist ein sehr faszinierender Mensch mit so viel Lebensenergie. Ich bin überglücklich, dass ich die Gelegenheit bekommen habe, sie kennen zu lernen und hoffe sehr, dass wir uns bald wieder sehen, vielleicht sogar in Österreich!

»Erstaunt, eine ›echte‹ Jüdin zu sehen …«

Dei Lehrerin Christine Raffl berichtet über den Zeitzeugen-Besuch an ihrer Schule.

Am 7. Mai besuchte die 84-jährige New Yorkerin Renée Wiener im Rahmen des Projekts »A Letter To The Stars« das BRG/RG Reutte. Im Geschichteunterricht der 4b erzählte sie von ihren Erlebnissen vor und nach dem Anschluss Österreichs an das Deutsche Reich 1938. Als Jüdin musste sie mit ihrer Familie aus Wien über Italien, Frankreich bis in die USA flüchten. Auf berührende, frische und lebendige Weise erzählte sie von diesem dramatischen Lebensweg. Die SchülerInnen folgten ihren Ausführungen mit großem Interesse und nutzten die Möglichkeit, Frau Renée Wiener zahlreiche Fragen zu ihren Erlebnissen zu stellen.

Der Besuch war für alle Beteiligten ein Gewinn, Frau Renée Wiener war von der Qualität der Fragen und der Aufmerksamkeit der Klasse 4B sehr angetan und fühlte sich 70 Jahre nach ihrer Flucht aus ihrer alten Heimat in Reutte wohl.

Dank gebührt der ehemaligen Schülerin des BRG/RG Reutte, Barbara Neussl, die Frau Renée Wiener über das Projekt »A Letter To The Stars« kennen gelernt hatte und diesen Besuch anlässlich der Gedenkfeiern »70 Jahre nach 1938« vermittelte. (Mag. Christine Raffl)

Die Reaktionen der SchülerInnen:

Sie waren erstaunt, eine »echte« Jüdin zu sehen. Das Vorurteil, Juden würde man ihre Religionszugehörigkeit ansehen, wurde zuerst erkannt und dann ausgeräumt. Den Schülern wurde bewusst, dass der Holocaust noch nicht so lange vergangen ist. Sie haben großes Interesse an der persönlichen Geschichte von Frau Renée Wiener gezeigt.

Die Spurensuche des Jona Jakob Spiegel

Jackie Young ist auf der Suche nach seiner Geschichte. Seine Mutter wurde kurz nach seiner Geburt ermordet, er als Baby ins KZ gebracht.

Jackie Young wird im Dezember 1941 als Jona Jakob Spiegel in Wien geboren. Im Juli 1942 wird seine Mutter Elsa deportiert und in Maly Trostinec ermordet. Im September 1942 wird das Baby ins KZ Theresienstadt gebracht, wo Jona Jakob Spiegel bis zur Befreiung überleben kann. Im August 1945 gelangt er über die damalige Tschechoslowakei nach England, kommt in Kinderheime und wird schließlich vom Ehepaar Yanofsky (später Young) adoptiert, die ihm seine wahre Herkunft bis zur Hochzeit verschweigen.

Im Mai 2008 war **Jackie Young** im Projekt »38/08« zu Gast in Österreich bei Lehrerin **Doris Neuhofer** von der **Hauptschule Bad Schallerbach**.

Hochzeitsvorbereitungen. Nur noch drei Monate bis zum großen Tag. Die Vorbereitungen laufen, es soll ein schönes Fest werden. Das Brautpaar ist unterwegs, die letzten Dokumente zu besorgen, damit die Hochzeit auch in der Synagoge stattfinden kann. Die beiden werden begleitet von der Adoptivmutter des Bräutigams und von der Mutter der Braut. Jacks Adoptivmutter hat die nötigen Papiere dabei, unter anderem auch eine Kurzfassung der Geburtsurkunde von Jack.

»Sie sind gebürtiger Österreicher?«, meint der zuständige Beamte zu Jack und wendet sich mit dieser Frage gleichzeitig auch an Jacks Adoptivmutter. »Warum erzählst du ihm nicht, dass ihr mich adoptiert habt?« Mit dieser Frage löst Jack eine Lawine aus, die sein Leben nachhaltig verändern wird.

Aufgrund der Adoption wird es notwendig, dass Jack nachweisen kann, dass seine leibliche Mutter Jüdin war. Jacks Adoptivmutter versucht den Beamten zu überzeugen, dass dem auf alle Fälle so sei und er die Dokumente ausstellen könne. Sie weigert sich zunächst, die Originaldokumente herauszugeben, sie seien sicher in einem Schließfach verwahrt und ihr Wort müsse doch als Bestätigung reichen. Doch alle Versuche nützen nichts, der Beamte besteht auf den Originaldokumenten, es kommt zu heftigen Auseinandersetzungen, Jacks Adoptivmutter wehrt sich mit allen ihr zur Verfügung stehenden Argumenten, die Dokumente zu zeigen. Lita, die Braut, wäre schließlich sogar bereit auf eine Hochzeit in der Synagoge zu verzichten, um dem Streit ein Ende zu bereiten. Schließlich willigt Mrs. Young doch ein, die Dokumente zu holen und so macht die Familie sich zu besagtem Schließfach auf.

Jack kann kaum erwarten, endlich dieses so energisch verteidigte Dokument in Händen zu halten, aber seine Adoptivmutter gibt das Papier keine Sekunde aus ihren Händen und wehrt voller Emotion und Tränen alle Versuche Jacks, an dieses Papier zu gelangen, ab. Einzig dem Beamten will sie die Geburtsurkunde zeigen. Irgendwie gelingt es Jack, dem Beamten das Dokument abzunehmen, um endlich selber sehen zu können, was darin steht, und vor allem, was es für seine Adoptivmutter zu verstecken galt.

Sprachlosigkeit. Den Boden unter den Füßen verlieren. Fallen.

Nichts steht hier von einem Jack, die Papiere erklären vielmehr, dass der 19-jährige Bräutigam, der hier als Jack Young vor dem Beamten steht, als

Jackie Young ist im Mai 2008 mit seiner Familie nach Wien gekommen, um gemeinsam der verschütteten Geschichte nachzugehen.

Jona Jakob Spiegel am 18. Dezember 1941 im Rothschildspital in Wien als Sohn von Elsa Spiegel geboren wurde.

Elsa Spiegel wurde im Juli 1942 nach Maly Trostinec deportiert, Jona kommt zunächst in ein jüdisches Kinderheim in Wien, von wo aus er am 24. September 1942 nach Theresienstadt gebracht wird und dort etwa zweieinhalb Jahre verbleibt.

Im August 1945 kommt er von der damaligen Tschechoslowakei aus nach England, dort zunächst für ein Jahr in das Kinderheim »Bulldogs Bank« in Essex und von dort 1946 nach Lingfield in ein weiteres Kinderheim, aus dem er schließlich noch im selben Jahr von dem jüdischen Ehepaar Yanofsky (später umbenannt in Young) geholt und 1950 offiziell adoptiert wird.

Unendlich viele Fragen tun sich für Jack auf, manche davon sind bis heute unbeantwortet.

Unendlich viele Fragen tun sich für Jack von diesem Moment an auf, manche davon sind für ihn bis zum heutigen Tag unbeantwortet.

Jack begibt sich auf eine lange Reise, eine Reise, die auch heute noch kein Ende gefunden hat.

Die Spurensuche beginnt.

In mühsamer Kleinarbeit und dank der großen Unterstützung seiner Frau Lita findet Jack nach und nach Details seiner Familiengeschichte heraus. Jacks Mutter Elsa wurde am 24. Juni 1909 geboren und lebte in Wien, von wo aus sie 1942 nach Maly Trostinec (Minsk) deportiert wurde und von dort nicht wieder zurückkehrte. Jack erfährt, dass auch sein Großvater Leopold Spiegel nach Theresienstadt deportiert wurde, von wo er nicht mehr zurückkehrte. Viele andere Spuren von Familienmitgliedern enden mit den Worten »Todeszeitpunkt und Todesort sind unbekannt«.

Vielleicht mag das mit eine Rolle gespielt haben, warum es ein so bedeutsames Ereignis für Jack war, herauszufinden, dass seine Großmutter Emilie Spiegel 1939 in Wien verstorben und dort am Zentralfriedhof beigesetzt worden war. Jack findet den genauen Standort des Grabes heraus und auf sein Betreiben hin wird an dieser Stelle 2005 ein Grabstein errichtet.

Es gibt nun einen Ort, der symbolisch für die verlorene Familie steht. Einen Ort, der Verbindung schafft zwischen Vergangenheit und Gegenwart, ein Ort, der wichtig wird – nicht nur für Jack, sondern für die ganze Familie und auch für mich, die ich Jack ein Stück weit auf seiner Reise begleiten darf.

Unser gemeinsamer Reiseweg beginnt im März 2007 in London. Meine Kollegin Helga Pachner und ich sind mit einer Schülergruppe auf Intensivsprachwoche in England und treffen dort in unserem Hotel in London Jack und seine Frau Lita. Meine Schüler haben Jack quasi über einen Umweg kennengelernt. Im Englischunterricht stand das Kapitel »Growing up« an, indem es unter anderem darum geht, auch andere Lebenswelten und Lebenssituationen kennenzulernen. Ich lese der Gruppe eine Geschichte dazu vor – Jacks Geschichte – und frage sie im Anschluss daran, ob sie denken, dass das Gehörte nun Fiktion sei oder eine wahre Geschichte. Das könne keine wahre Geschichte sein, so etwas kann nur der Phantasie entspringen. Würdet ihr, wenn es die Möglichkeit dazu gäbe, diesen Jack gerne kennenlernen, war meine nächste Frage. Zunächst Unsicherheit und Unschlüssigkeit. Wie sollte man jemandem, der so eine Geschichte hat, begegnen, wie mit ihm sprechen, was fragen und wie mit ihm überhaupt umgehen. Will er uns überhaupt treffen und wenn ja, warum.

Das Interesse und die Neugier jedoch überwiegen, es werden Hintergrundinformationen eingeholt, viele Gespräche geführt. »Meine Großeltern haben mir gestern erzählt ...« so beginnt nun manche Stunde und viel wird ausgetauscht, was Eltern und Großeltern den Jugendlichen aus dem nun gegebenen Anlass alles an Vergangenheit erzählt haben.

An Jack's Geschichte ist die Frage nach Identität eine große Herausforderung für die Jugendlichen. Wie geht es einem 19-jährigen, der zwar wusste, dass er ein Adoptivkind war, der aber nicht wusste, dass er nicht Jack

Familien-Geschichte. Jackie Young ist mit seiner Familie nach Wien gekommen, gemeinsam gehen sie auch zum einzigen Grab, dem der Großmutter.

Young, sondern Jona Jakob Spiegel hieß. Warum hat er den Namen nicht behalten können? Warum haben seine Adoptiveltern ihm auch einen neuen Vornamen gegeben? Wie geht man dann mit seinen Adoptiveltern um? Würde Jack auch selbst Kinder adoptieren? Und noch vieles mehr.

Fragen, auf die wir in der Begegnung mit Jack so manche Antworten finden sollten.

Ein Wortspiel fiel uns auf in der Auseinandersetzung mit den Namen. Der Name Spiegel. Wir wussten, dass es ein großer Wunsch von Jack war und auch heute noch ist, ein Bild von seiner Mutter zu besitzen. Für viele von uns kaum vorstellbar, keinerlei Fotos oder persönliche Erinnerungsgegenstände an die Mutter, an die eigenen Familie zu haben, niemanden, der einem von diesen Menschen erzählen kann, sondern alles nur aus Dokumenten nachvollziehen zu müssen.

Jona Jakob Spiegel. Wenn man den Namen wörtlich nimmt, so hat man einen Spiegel, in den man hineinblicken kann. Es lag nahe, Jack nun einen Spiegel mitzubringen, stellvertretend für ein Foto, das nicht existiert und verbunden mit dem Wunsch, dass er bei dem Anblick seiner selbst in eben diesem Spiegel vielleicht auch die Züge seiner Mutter, seiner Familie erkennen könne.

In London warten wir gespannt auf das Treffen mit Jack und seiner Frau Lita. An der Rezeption begegne ich den beiden zum ersten Mal nun auch persönlich – ein schöner Moment einander nach all den vorangegangenen Mails und Telefonaten nun auch zu begegnen. Auch die Jugendlichen sind gespannt und nicht zuletzt aufgrund der Tatsache, dass Jack und seine Frau kaum Deutsch sprechen, nervös. Doch die Nervosität ist unbegründet und nach der ersten Scheu, in einer Fremdsprache zu kommunizieren, entsteht ein angeregtes Gespräch. Fragen, die zu Hause vorbereitet wurden, werden gestellt, doch nach und nach bekommt das Gespräch seine eigene Dynamik, und auch wenn es schwer fällt, so manche Frage, so manchen Gedanken im Englischen zu formulieren, gemeinsam gelingt es, das Vorbereitete tritt in den Hintergrund und das, was im gegenwärtigen Moment wichtig und bewegend ist, nimmt sich seinen Raum.

Ein intensives Gespräch erfüllt den Raum, Jack beantwortet mit viel Geduld und Feingefühl alle Fragen und er und seine Frau Lita lassen uns teilhaben an ihren Emotionen. Auch wir sind berührt und auch wir zeigen dies.

Viel wird in den jungen Menschen an diesem Vormittag bewegt, vieles, das sich erst im Lauf der nächsten Tage und Wochen in Gesprächen artiku-

Das Grabmal. Jack Young ist mit seiner Familie auf den Wiener Zentralfriedhof gekommen, wo er am Grab seiner Großmutter Steine aus Minsk und Auschwitz niedergelegt hat, den Orten, an denen seine Familie ermordet wurde.

liert. Die Begegnung hat ihnen mehr mitgegeben als jede noch so gute Geschichtsstunde das könnte, meinen manche von ihnen. Die Herzlichkeit und Offenheit uns gegenüber hat uns beeindruckt, meinen wieder andere. Niemand – auch ich nicht – weiß zu dem Zeitpunkt, dass es für Jack das erste Mal seit gut 30 Jahren war, dass er sich bereit erklärt hat, jungen Menschen seine Geschichte zu erzählen. »Because you are Austrian and I am Austrian, so it's good to share my story with you« ... heißt seine bescheidene Begründung dazu.

Wieder zurück in Österreich finde ich bereits Post von Jack und Lita vor. Der Spiegel hänge nun an ihrer Wand und sie freuen sich bei dem Anblick jedesmal über die positive Begegnung mit den Schülern und deren ehrlichem Interesse an Jacks Geschichte.

Oktober 2007. Wieder London.

Erneut kann ich Jack und Lita treffen, diesmal auch mit einer Einladung für die beiden im Gepäck, am Projekt 38/08 teilzunehmen und somit im Mai 2008 nach Wien zu kommen.

Zunächst ungläubiges Staunen und dann große Freude, gefolgt von der Frage, ob er seine Familie mitbringen könne – sein sehnlichster Wunsch sei es, Emilie (der verstorbenen Großmutter) die ganze Familie vorstellen zu können.

Reisepläne werden geschmiedet und in all den Gesprächen sollte auch mein eigener Weg eine entscheidende Veränderung erfahren.

So wie Jack seine leiblichen Eltern nicht kennt, kenne ich meinen leiblichen Vater nicht. Jack und Lita ermutigen mich, mich auf die Suche zu begeben, zeigen mir an Hand ihres eigenen Beispiels, wie viel herauszufinden möglich ist und stellen die Vermutung auf, dass es möglich wäre, dass ich Geschwister habe. Ein Aspekt, den ich bis dato noch nie bedacht habe.

Unterstützt und ermutigt kehre ich zurück nach Österreich und beginne meine eigene Spurensuche. Jack und Lita nehmen großen Anteil daran, lassen mich teilhaben an ihren Gedanken und versuchen mir somit auch zu helfen. Und das Unfassbare geschieht – ich finde zwar nicht meinen Vater, aber zu meiner großen Überraschung meine Schwester Alexandra.

Nach dem ersten Vertrautwerden mit dieser neuen Situation ist die Freude auf allen Seiten groß und vor allem Jack und Lita freuen sich so sehr mit uns und nehmen Anteil.

Wir sind einander nahe gekommen, berührt von den Geschichten des anderen begegnen wir uns mit großer Wertschätzung und Dankbarkeit über die Möglichkeit, einander kennengelernt zu haben. Umso mehr freuen wir uns alle auf die nächste Begegnung in Wien.

Wien 2008. 38/08.

Jack und Lita kommen gemeinsam mit ihrer Familie nach Wien. Im Hotel begegnet mir ein aufgeregter und auch angespannter Jack. Gemischt sind wohl die Gefühle – einerseits die große Freude, der Familie die Stadt seiner Geburt zu zeigen, mit den Enkelkindern in den Zoo und in den Prater gehen zu können aber auch die große Anspannung, sie endlich alle zu Emilie zu bringen, diesen einzigen Ort der Herkunftsfamilie am Zentralfriedhof aufzusuchen. Jack hat dort 2005 einen Stein abgelegt, den er aus Minsk mitgebracht hat und auf dem er die Namen seiner Mutter und seines Großvaters und weiterer Familienmitglieder eingeschrieben hat. Und auch heute hat er einen Stein dabei – diesmal hat er ihn von seiner Reise nach Auschwitz mitgebracht. Auch ihn will er am Grab ablegen und auch darin sind wieder die Namen eingeschrieben. Wie viel Kraft und Mühe mag das gekostet haben.

Kraft kostet es auch am nächsten Morgen, sich auf den Weg zu machen. Je näher wir dem Grab kommen, desto ruhiger werden wir, die Gespräche verstummen, jeder ist bei sich.

Jack kämpft mit seinen Emotionen, legt den Stein ab und versammelt seine Familie um sich. Jeden einzeln stellt er unter Tränen mit einigen sehr persönlichen Sätzen seiner Großmutter Emilie vor. Ich stehe etwas abseits, will die Familie in dem Moment nicht stören, als sie den Kreis öffnen und Jack mich herholt, um mich ebenfalls Emilie vorzustellen – als Freundin der Familie. Einander an den Händen halten, verbunden über Generationen und Geschichten hinweg, die Dankbarkeit für diesen ganz besonderen Augenblick wahrnehmen.

Ein schlichter Grabstein, der zu einem Manifest geworden ist. Der Ort, an dem Jack sich ganz konkret und spürbar mit all jenen verbunden fühlt, die er nie kennengelernt hat.

Wien war wichtig für Jack, aber auch für seine Familie.

Die Spurensuche, die noch immer kein wirkliches Ende gefunden hat, berührt die ganze Familie. Der verzweifelte Versuch der Kinder, zu ersetzen, was sie nie ersetzen können, berührt, die Zeit in Wien aber hilft allen zu erkennen, dass es nicht gilt, etwas zu ersetzen, sondern dass es gilt, als Familie im Hier und Jetzt zu leben und einander verstehen zu lernen. Jack bemüht sich darum ganz besonders, er will ganz bewusst nicht nur im Wien der Vergangenheit leben, sondern auch das Wien der Gegenwart genießen und mit seinen Enkelkindern Spaß haben.

Das fällt nicht immer leicht, Erinnerungen und Fragen überfallen Jack immer wieder, der Schmerz sitzt tief und raubt ihm manchmal scheinbar jede Energie. Und dennoch ist da diese ungeheure Kraft spürbar, die ihn immer wieder befähigt, sich gegen die Schatten der Vergangenheit zu stellen. Es wird eine Reise mit offenem Ausgang bleiben, die Suche nach Mosaiksteinen, die ihm helfen, sein Bild, seine Geschichte mehr und mehr zu vervollständigen.

Diese Suche geht weiter und Jack stellt sich diesen Herausforderungen, unterstützt von seiner Frau und Familie. Wir alle sind gespannt, wohin die Reise uns noch führen wird.

Third generation. Yasmin, die Enkeltochter von Jackie Young, ist ebenfalls mit nach Wien gekommen.

Die Narben sind unauslöschlich …

Helga Zitcer war 8, als Hitler in Linz einmarschierte, ihr Vater ins KZ kam und die Familie alles verlor. Heute lebt sie in London.

Helga Zitcer wird 1929 in Linz geboren, wo ihre Eltern ein Bekleidungsgeschäft führen. Nach dem Anschluss, den Helga in Linz beobachtet, wird ihr Vater ins KZ Dachau deportiert, die Familie verliert Wohnung und Geschäft. Helga Zitcer kann mit einem Kindertransport nach Schweden entkommen, wo sie bei Pflegefamilien aufwächst. Ihre Eltern – der Vater wird aus dem KZ entlassen – erhalten Visa für England, wohin Helga Zitcer nachkommt. Sie lebt seither in England, hat zwei Töchter und Enkelkinder.

Verena Ferstl vom **BORG Güssing** ist im Projekt »Botschafter der Erinnerung« im Oktober 2007 in London Helga Zitcer begegnet und hat ihre Lebensgeschichte dokumentiert. Im Mai 2008 war die **BAKIP** der **Kreuzschwestern** in Linz mit **Verena Wagner** Gastgeber für Helga Zitcer.

Ganz London ist längst auf den Beinen, als ich an diesem Oktobertag kurz vor Mittag mit großer Spannung und Neugierde Helga Zitcer treffe. Ich hatte eine alte Dame erwartet und bin vollkommen überrascht, als ich plötzlich einer unglaublich jung gebliebenen, dynamischen Frau gegenüber stehe.

Helga lädt mich zum Lunch zu »Fortnum & Mason« ein und erzählt mir vor der atemberaubenden Kulisse des Nobelrestaurants ihre Lebensgeschichte …

Helga Zitcer wurde im Juli 1929 geboren und wuchs bei ihren Eltern in Linz, Klostergasse 1, auf. Ihr Vater war Österreicher, ihre Mutter stammte aus Osteuropa. Die Familie war nicht sehr religiös.

Helgas Eltern hatten ein gut gehendes Geschäft für Herren-, Damen- und Kinderbekleidung. Helga wurde tagsüber von einem Kindermädchen betreut und bekam zunächst nur sehr wenig von Antisemitismus und Judenhass mit.

Als Hitler in Linz einmarschierte, wurde eine große Parade veranstaltet. Neugierig schaute die 8-jährige Helga aus dem geöffneten Fenster, um zu sehen, was draußen los war. Sie war beeindruckt von der großen Menschenmenge auf den Straßen und beobachtete alles aufmerksam. Plötzlich hörte sie jemanden rufen. Die Nachbarin aus dem Haus gegenüber hatte ebenfalls das Fenster geöffnet und steckte ihren Kopf heraus. Laut und drohend schrie sie hinüber: »Dreckiges Judenkind, mach das Fenster zu!«

In der Pogromnacht im November 1938 wurden die Schaufenster des elterlichen Geschäfts eingeschlagen und Christen durften fortan nicht mehr bei Juden arbeiten. Ihr Vater weigerte sich, sein hart erworbenes Geschäft aufzugeben und wurde deswegen im Winter 1938/39 ins Konzentrationslager Dachau geschickt.

Da Linz »judenrein« gemacht werden sollte, musste die Familie die Stadt verlassen. Glücklicherweise hatten sie Verwandte in Wien, bei denen Helga und ihre Mutter kurzfristig unterkommen konnten. In der kurzen Zeit, in der die Mutter für sie beide eine neue Unterkunft suchte, kam Helga in ein provisorisches Kinderheim.

In der neuen Wohnung klopfte eines Tages um 3 Uhr Früh jemand an der Tür. Helga ist sich nicht mehr sicher, ob es die SS oder die SA war, jedenfalls

Helga Zitcer konnte auf einem Kindertransport nach Schweden flüchten, von dort wurde sie von ihrem Vater nach London geholt, wo sie heute Kinder und Enkelkinder hat.

wollten sie die Wohnung inspizieren und befahlen ihnen, bis 7 Uhr die zwei Zimmer zu räumen, weil sie von ihnen gebraucht würden. Ganz aufgeregt und nervös machten sie sich daran, die Zimmer soweit als möglich von ihren Privatsachen zu befreien. Um 7 Uhr kam niemand. Das ist ein kleines Beispiel dafür, wie die jüdischen Menschen terrorisiert wurden.

Während Helgas Vater in Dachau war, stand sie mit ihrer Mutter täglich bei verschiedensten Fremdenkonsulaten Schlange, um Einreisevisa zu bekommen. Sie versuchten es in Australien, England und sogar in China. Bevor man jedoch in einem Land aufgenommen wurde, musste man Garanten in diesem Land finden. Das war für die kleine Familie nicht leicht, da sie ja alles verloren hatte.

Während Helgas Vater im KZ Dachau war, stand sie mit ihrer Mutter täglich um Visa Schlange.

Im März 1939 wurde Helgas Vater aus Dachau entlassen. Er bekam ein Visum nach England.

Helga kam 1939 mit einem Kindertransport nach Schweden. Ihre Mutter konnte als Dienstmädchen in London beginnen.

Helgas erste Pflegefamilie in Schweden war sehr liebevoll, sie wurde herzlich aufgenommen und verstand sich mit allen gut.

Nach einiger Zeit musste sie diese Familie aber verlassen und kam zu einer anderen. In der zweiten Familie traf Helga auf eine traurige und verbitterte Frau. Das Mädchen schrieb ständig Briefe an ihre Eltern, da aber nie einer zurückkam, sagte die Frau zu Helga, dass ihre Eltern sowieso schon tot seien und sie sich nichts vormachen solle.

Nach Kriegsausbruch ging ihr Vater freiwillig zum englischen Militär und konnte seine Tochter schließlich mit Hilfe des Roten Kreuzes nach England bringen. Aber nach fast vier Jahren in Schweden hatte sich Helga sehr von ihren Eltern entfremdet.

Die Familie hatte kaum noch darauf gehofft, dass sie sich alle jemals wieder sehen würden. Der größte Teil ihrer Verwandten wurde ermordet.

Verständlicherweise fällt es Helga Zitcer noch immer sehr schwer, über ihre grausamen Erinnerungen zu sprechen. »Die Narben sind unauslöschlich«, sagt sie.

»Wir werden immer dürrer, die Juden immer fetter, drum Hitler, unser Retter!«

Ein Gedicht aus der damaligen Zeit, das von Schulkindern auf den Straßen gesungen wurde, ist ihr bis heute in Erinnerung geblieben:

»Heil Schuschnigg unser Führer, wir werden immer dürrer,
Die Juden immer fetter, drum Hitler, unser Retter!«

Helga Zitcer war im Mai 2008 in Begleitung ihres Lebensgefährten Murray Hays in Wien und Linz, wo sie bis zur Flucht 1939 gelebt hat. Im Bild unten links ist sie mit Verena Ferstl in London.

Nach dem Krieg haben sich Helgas Eltern ein neues Geschäft aufgebaut – in London. Sie selbst hat drei Jahre lang eine Schneidereiakademie besucht und anschließend im Geschäft mitgearbeitet.

Ihr Vater konnte von seiner harten Arbeit nicht mehr viel profitieren. Er starb früh an einem Herzinfarkt. Helgas Mutter starb 18 Monate später.

Helga war 38 Jahre lang verheiratet, bis zum Tod ihres Mannes.

Danach hat sie begonnen, sich mit Kunst zu befassen und arbeitet jetzt als Bildhauerin. Sie hat schon an vielen Ausstellungen teilgenommen und viel Freude daran. Helga hat viele gute Freunde, betreibt regelmäßig Sport – sie fährt Ski und geht zwei Mal pro Woche ins Schwimmbad – und ist sehr selten allein. Obwohl ihr Leben dramatisch verlaufen ist, ist sie heute zufrieden und wäre sehr glücklich darüber, wenn sie »noch einmal 40« sein könnte …

Nach dem Krieg haben sich Helgas Eltern ein neues Geschäft aufgebaut – in London.

Helga lebt bis heute in London. Sie hat zwei Söhne. Einer davon ist verheiratet, hat zwei Töchter und lebt ganz in ihrer Nähe. Helgas zweiter Sohn hat Medizin studiert und lebt in den USA. Sie sehen sich nur zwei Mal jährlich, sind aber in regelmäßigem telefonischen Kontakt.

Ihre frühere Heimat Österreich hat Helga nie vergessen können und nie vergessen wollen. Vor einigen Jahren besuchte sie zusammen mit ihrem Sohn ihr Geburtshaus in Linz. Die Frau, die heute darin wohnt, empfing sie

DIE LETZTEN ZEUGEN
Helga ZITCER
(früher Helga EICHNER) geb. 1929
UNITED KINGDOM
Family members, who were murdered:
Olga EICHNER, 1942 Auschwitz
Anni EICHNER, 1942 Auschwitz
Ilse EICHNER, 1942 Auschwitz
Augusta LÖWUS, 1942 Theresienstadt
Berthold KOBLITZ, 1942 Treblinka
Ida KOBLITZ, 1942 Treblinka
Otto KOBLITZ, 1942 Izbica
Trudi BERMANN, 1939 Nisko
Victor BERMANN, 1939 Nisko
Erich BERMANN, 1942 Izbica
Lea EICHNER, Auschwitz
Anni EICHNER, Auschwitz
A LETTER TO THE STARS

und war sehr gastfreundlich. Sie führte Helga ins Wohnzimmer, wo sie an der Wand ein übergroßes Portrait ihres Mannes in Nazi-Uniform hängen hatte. Helgas Sohn wäre fast das Herz stehen geblieben, sie selbst konnte nur verständnislos den Kopf schütteln.

Aus der Sicht vieler Überlebender haben sich die Menschen im Vergleich zu damals nicht gebessert. Die Katastrophen und das Leiden von Millionen Menschen aufgrund von Machtdrang und Religionsverschiedenheiten sind für sie unbegreiflich. Auch die ständige Weiterentwicklung der Waffen bereitet Helga Zitcer große Sorgen, »aber so ist leider das Leben«.

Beim Besuch der früheren Wohnung in Linz hing im Wohnzimmer ein Portrait in Nazi-Uniform.

Auf die Frage, warum erst 50 Jahre vergehen mussten, bis Österreich begonnen hat, sich mit seiner Geschichte auseinander zu setzen, und warum auch viele Überlebende nicht von diesem Thema sprechen, antwortete sie, dass man zuerst alle Ereignisse verdrängen und die Vergangenheit zurücklassen wollte. Es musste auf beiden Seiten Zeit vergehen, bevor man über die schrecklichen Geschehnisse der damaligen Zeit sprechen konnte.

Von der Gestapo aus der Schulklasse geholt

Maria Zorec kam mit 14 Jahren in ein Lager, ihre Schwester musste bei Heinrich Himmler arbeiten – weil sie Sloweninnen waren.

Mira Zorec wird 1928 in Hermagor (Smohor) in Kärnten (Koroska) geboren. 1942 wird sie vom SS-Reichskommissariat zur »Festigung des deutschen Volkstums« ins Lager Frauenaurach deportiert. Mira Zorec muss als Zwangsarbeiterin im Lagerkindergarten arbeiten. 1944 Verlegung in die Küche einer SS-Adjutantur in München. Danach Arbeit in einer Textilfabrik in Freistadt bei Linz. Kurz nach Kriegsende stirbt der Vater an den Folgen des Krieges, Mira Zorec geht nach Jugoslawien, wo sie studiert. Sie lebt heute in Slowenien.

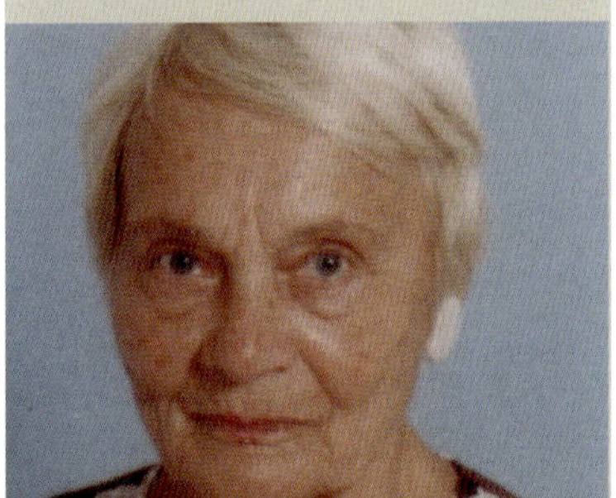

Das **BG/BRG für Slowenen** in Klagenfurt war im Projekt »38/08« Gastgeber für Mira Zorec. Die Schülerinnen **Sara Stroj** und **Julia Mistelbauer** haben die Lebensgeschichte von Mira Zorec in Deutsch und Slowenisch dokumentiert, Prof. **Stefan Pinter** hat die Einladung organisiert.

»Wir wurden vertrieben.« So hat Mira Wutti ihre Erinnerungen an die Zeit des Nationalsozialismus, die sie bald nach dem Krieg verfasst hat, betitelt.

Die Familie Wutti bewirtschaftete einen kleinen Bauernhof in Mellweg/Melviče bei Hermagor/Šmohor in Kärnten. Die Wuttis galten als bewusste Kärntner Slowenen und sahen sich seit dem Anschluss Österreichs an das Deutsche Reich einem verstärkten Druck ausgesetzt. Auch die feindseligen Blicke und Bemerkungen ihrer Nachbarn mehrten sich.

Nach dem deutschen Überfall auf Jugoslawien 1941 war sich die Familie sicher, dass schwere Zeiten auf sie zukommen würden. Noch im selben Monat wurde Miras Vater Gabrijel von der Gestapo verhaftet. Miras Mutter Cecilija bat Bekannte um Hilfe, und nach mehreren Tagen größter Angst wurde Miras Vater aus ungeklärten Gründen wieder nach Hause zurück geschickt.

Am 14. und 15. April 1942 wurde die gesamte Familie Wutti in ein Sammellager in Ebenthal/Žrelec bei Klagenfurt gebracht. Mira wurde von einem Gestapo-Mann direkt aus der 3. Klasse der Hauptschule in Hermagor/Šmohor geholt. Die Familie durfte nur das Notwendigste mitnehmen. In Ebenthal trafen sie viele bekannte Kärntner Slowenen, mit denen sie das Strohlager in den Baracken teilten. Nach einigen Tagen wurden die slowenischen Familien mit dem Zug in verschiedene Lager in Deutschland gebracht. Die meisten waren in Bayern: Hesselberg, Hagenbüchach, Schwarzenberg, Eichstätt u.a. Das Endziel für die Vertriebenen sollte die Ukraine sein, wo sie für die »nordische Herrenrasse« arbeiten sollten. Die Familie Wutti kam ins Lager Frauenaurach in der Nähe von Nürnberg.

Die Gemeinschaft mit Menschen, die das Schicksal teilten, machte die langen Tage im Lager erträglicher. Durch das gemeinsame Leid wuchsen die Vertriebenen noch mehr zusammen, konnten einander helfen und unterstützen.

Als besonders schmerzvoll und erniedrigend erlebten die Vertriebenen, dass ihnen ihr Besitz genommen wurde. Sie galten als »volks- und staatsfeindlich«. All die Dinge, für die sie lange und hart gearbeitet und die sie meist selbst aufgebaut hatten, wurden ihnen von einem Tag auf den anderen weggenommen.

Mira Zorec bei der Gedenkveranstaltung am 5. Mai 2008 auf dem Wiener Heldenplatz (mit ihrem Gastgeber, Prof. Stefan Pinter, links im Bild)

Mit der Familie Wutti kam auch Miras Großmutter ins Lager. Sie konnte die neuen Umstände nicht ertragen, erkrankte und wurde vom Lagerarzt mit einer Injektion getötet.

Nach zwei gemeinsamen Monaten im Lager wurden die arbeitsfähigen Insassen auf verschiedene Arbeitsplätze in Deutschland verteilt. Miras Vater musste Gläser waschen, ihr Zwillingsbruder France kam als Knecht an den Hof eines Nationalsozialisten. Mira arbeitete im Kindergarten des Lagers, wo sie, so weit sie konnte, den Kindern half, ihren traurigen Alltag zu vergessen.

Die meisten Mädchen mussten in den Häusern von hohen SS-Offizieren arbeiten ...

Die meisten Mädchen mussten in den Häusern von hohen SS-Offizieren und deren Freunden arbeiten. Auch Miras Schwester Lojzka wurde als Putzmädchen von einem Ort zum nächsten geschickt, bis sie schließlich im Hause Himmlers in Lindenfycht dienen musste. Lojzka befand sich im Haus

Mira Zorec besuchte in Wien mit den SchülerInnen des BG/BRG für Slowenen die Gedenkveranstaltung »38/08« am Heldenplatz, bei der auch die Rede des vermeintlichen Führers aus Charlie Chaplins Film »Der große Diktator« gezeigt wurde. Das Bild rechts oben zeigt Mira Zorec 1943 mit Kindern im Lager Frauenaurach. Im Bild darunter beim Singen slowenischer Lieder im Lager.

des Kommandanten aller deutschen Konzentrationslager, eines Menschen, der für den Tod von mehreren Millionen Menschen verantwortlich war!

Das Haus Himmlers gehörte früher einem reichen Juden. Im Haus wurde alles streng geheim gehalten, und Lojzka durfte bestimmte Zimmer nicht betreten. Sie arbeitete im Keller und im Garten, deshalb hatte sie des Öfteren die Gelegenheit, heimlich Kontakt mit Gefangenen aus dem KZ Dachau aufzunehmen, die auch in Himmlers Garten arbeiten mussten.

Weil ihre Vorgesetzten mit ihr nicht zufrieden waren, befürchtete sie, auch selber nach Dachau geschickt zu werden. Wie durch ein Wunder durfte sie jedoch zu ihrer Familie nach Frauenaurach zurückkehren.

Kurze Zeit später, am 8. Juli 1944, wurde Mira nach München, in die Karlstraße Nr. 10, gebracht. Dort arbeitete sie im Haushalt des SS-Hauptsturmführers Schnitzler, des Adjutanten von Himmler, der vor dem Krieg Chauffeur gewesen war. Auch er hatte sein Haus von einer reichen jüdischen Familie gestohlen und lebte ein verschwenderisches Leben. In seinem Haus befand sich die Telefonzentrale der SS, weshalb man vor den Angestellten äußerst vorsichtig sein musste.

Mira vertraute sich niemandem an, denn auch ihr wurde nicht vertraut. Im September 1944 wurde das Lager Frauenaurach aufgelöst und die Insassen wurden auf die verschiedenen umliegenden Lager aufgeteilt. Miras Eltern wurden in das Lager in Eichstätt geschickt, das nahe bei München lag, und dort durfte Mira sie auch einmal besuchen.

Die Alliierten rückten indes immer näher, der Krieg neigte sich dem Ende

zu. Das Geräusch der Sirenen, die einen weiteren Bombenangriff der Engländer ankündigten, gehörte mittlerweile schon zu Miras Alltag. Oft wünschte sie sich, dass doch das Haus von Herrn Schnitzler getroffen würde. Die Bomben trafen jedoch nur die umliegenden Häuser der Zivilbevölkerung.

In der Karlstrasse 10 herrschte eine zunehmend hektische Stimmung, was für Mira zwar noch mehr Arbeit bedeutete, sie aber gleichzeitig hoffen ließ, dass sie vielleicht doch zu ihrer Familie zurückkehren könnte.

Im Oktober 1944 war es endlich soweit. Nicht nur Mira, sondern auch ihre Schwester Lojzka sowie ihr Zwillingsbruder France konnten zu ihren Familie zurückkehren. Die Familie war nun endlich wieder vereint. Auch der Wunsch, nach Österreich versetzt zu werden, erfüllte sich. Die Familie musste nun in Freistadt im Textilbetrieb Haberkorn arbeiten. So vergingen die letzten Kriegsmonate. Je näher die Russen und Amerikaner rückten, desto mehr Soldaten sammelten sich in Freistadt. Die Grausamkeit der Nazis steigerte sich in den letzten Tagen ins Unermessliche. Sie nutzten die ihnen verbliebene Zeit noch dazu, »Verräter« und unzuverlässige Zivilisten zu erhängen oder zu erschießen. Am 9. Mai 1945 erreichten die Amerikaner Freistadt.

In weniger als zwei Tagen waren die letzten Nazis geflohen. Danach zogen die Russen in Freistadt ein. Leider zeigten sie sich nicht ganz als die erhofften Retter, denn sie machten keinen Unterschied zwischen den deutschen und den slowenischen Mädchen.

Nach drei Jahren und drei Monaten konnte sich die Familie Wutti endlich auf den Weg in ihre geliebte Heimat machen. Alle waren erfüllt von der Hoffnung auf ein neues Leben.

Nach langer und beschwerlicher Reise mit dem Zug kam die Familie in ihr leeres und verlassenes Haus zurück. Gemeinsam machten sie sich an die Arbeit, ihr Zuhause wieder aufzubauen. Auch die Nachbarn, die ihnen vorher mit Verachtung begegnet waren und schon früher von den Plänen der

Das Denk.Mal. Schülerinnen des BG/BRG für Slowenen aus Klagenfurt befestigen in der Allee des Wiener Heldenplatzes ihre Denk. Mal-Werke zur Erinnerung an slowenische Opfer des NS-Regimes.

»Die Gesichter und Geschichten hinter den Zahlen«

Gedanken von Sara Stroj zur Begegnung mit Mira Zorec.

Ich durfte dieses Jahr bereits zum zweiten Mal beim Projekt »A Letter To The Stars« mitarbeiten. Schon als ich das erste Mal von diesem Projekt gehört hatte, wollte ich Teil davon sein, weil ich es als großartige Gelegenheit für uns junge Menschen empfinde, uns gegen das Vergessen zu wehren. Die Schicksale des Zweiten Weltkriegs haben mich schon von klein auf sehr mitgenommen und es war eine Ehre für mich, persönlich jemanden kennen zu lernen, der von den Gräueltaten der Nazis betroffen war und die Erinnerung daran mit anderen Menschen teilt.

Ich habe es als unglaubliche Freude empfunden, Mira Zorec, geb. Wutti, deren Schicksal ich schon früher kennen lernen durfte, persönlich zu treffen. Sie ist für mich eine äußerst bewundernswerte Person. Nach all dem, was sie durchlebt hatte, schien sie mir nicht, was verständlich gewesen wäre, verbittert, sondern voller Freude am Leben. Sie war fröhlich, aufgeschlossen und sichtlich erfreut über uns Jugendliche, die wir Teil von »A Letter To The Stars« 2008 waren.

Gemeinsam besuchten wir die Veranstaltung am Heldenplatz, die wir als gesamte Gruppe als sehr schön empfanden. Es gab viele Beiträge, die uns dazu ermutigten nicht die Augen zu verschließen, auch heute nicht, und der Ungerechtigkeit keinen Raum zu geben. Wir wurden dazu aufgefordert, nicht zu vergessen, sondern aus der Vergangenheit zu lernen.

Meiner Meinung nach sollte es noch mehr solcher Veranstaltungen geben. Oft scheinen die Informationen über den Zweiten Weltkrieg und der Schicksale verschiedener Menschen, die wir im Geschichteunterricht oder aus dem Fernsehen erhalten, sehr weit entfernt. Projekte wie »A Letter To The Stars« zeigen die Gesichter und Geschichten hinter den vielen Zahlen. Es ist nicht mehr »nur« ein Opfer eines grausamen unmenschlichen Regimes, sondern der geliebte Vater oder die verehrte größere Schwester, die ihr Leben lassen mussten. Ich glaube durch solche Projekte können wir dazu beitragen, dass sich unsere Vergangenheit nicht wiederholen wird. Wir blickten gemeinsam mit vielen Überlebenden der NS-Verfolgung zurück, gingen dabei jedoch vorwärts in eine hoffentlich bessere Zukunft für uns alle.

Umsiedlung gewusst hatten, halfen mit. Nach all dem Leid, das der Familie zugestoßen war, quälte sie ihr schlechtes Gewissen.

Der schlimmste Schlag traf die Familie jedoch sechs Wochen nach ihrer Rückkehr. Am 15. September 1945 verstarb Miras Vater an den Folgen des Hungers und der harten Arbeit in Deutschland.

Diesen Schmerz konnte auch keine Wiedergutmachungskommission heilen. Mira entschloss sich zur Auswanderung nach Jugoslawien.

»Aus meiner Familie bin nur noch ich am Leben geblieben. Und das, was uns und anderen Kärntner Slowenen in der Nazi-Zeit zugestoßen ist, kann man nicht vergessen. Aber ich möchte denen, die uns so viele Schmerzen verursacht haben, alles vergeben.«

Mira Zorec

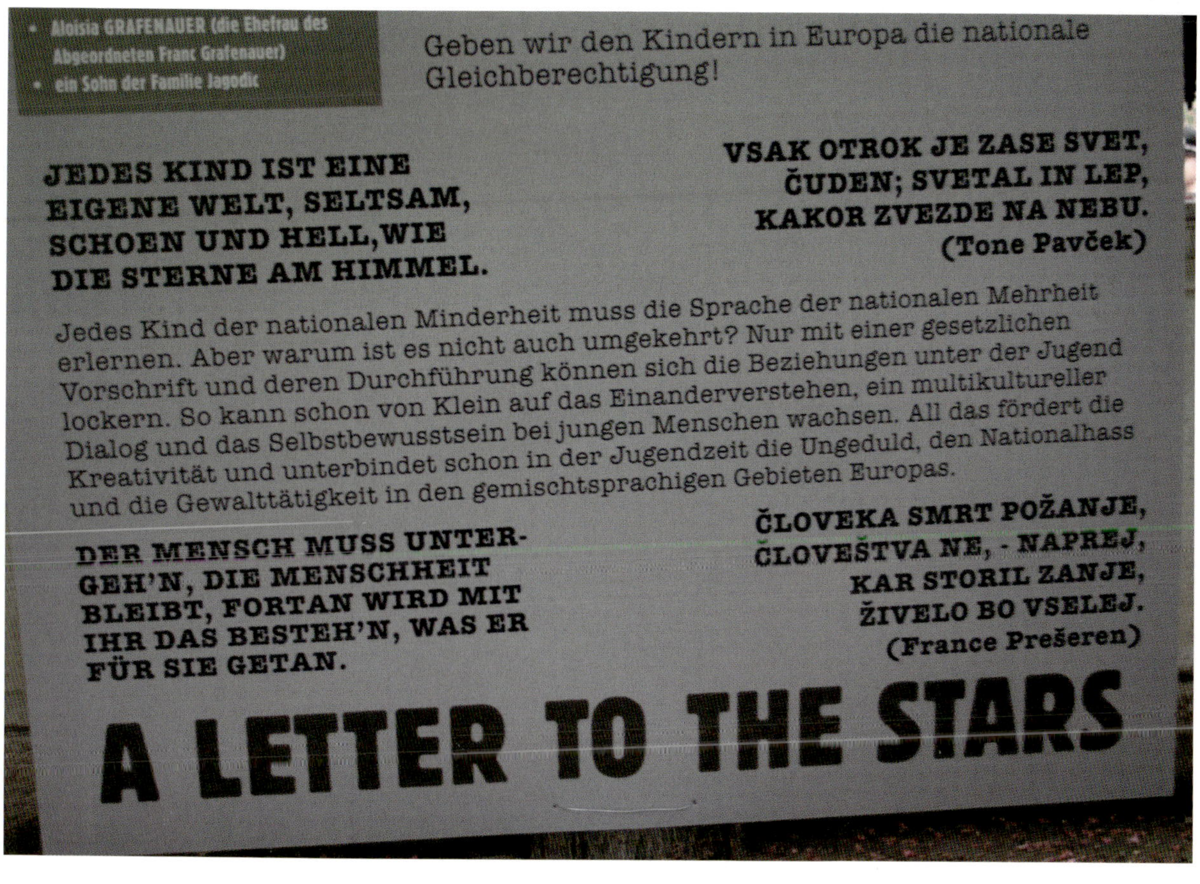

Das Vermächtnis der Holocaust-Überlebenden

Was uns die österreichischen Überlebenden der Shoa, die heute in aller Welt verstreut leben, sagen möchten.

Alice Adler
geb. 1923, lebt heute in den USA

»Memories – Good and bad are forever.
Life goes on – uncertain and changing.
The future is ›hope‹ for the good of humanity.«

Gerda Albert
geb. 1935, lebt heute in den USA

»So loved and respected by your children,
I never had the chance to really know you.«

Family members, who were murdered:
Cäcillia FÜRST
Markus FÜRST

Ludwig und Melitta Anderman
geb. 1928, geb. 1929, leben heute in den USA

»Erinnern, nicht entschuldigen.«

»Hut ab vor der 8B-Klasse des Gymnasiums der Franziskaner, Hall in Tirol. Und für das biographische Theaterstück, basierend auf unseren Erzählungen, zuerst in New York, dann in Wien. Es ist erfrischend, die neue Jugend Österreichs näher kennen zu lernen und ihre Maturität zu bewundern. Sie ist die Hoffnung für eine friedvolle Zukunft.«

Sonja Arnold
geb. 1926, lebt heute in England

»In Memory of my wonderful parents Anna and Rubin Breindler, who perished in the Nazi Concentration Camps of 1942.«

»My world was completely shattered. What did we Jewish people ever to deserve this? On the night of Kristallnacht (1938 in Vienna) my life changed forever as I witnessed with horror inhumanity of the worst kind happening to so many of my fellow Jews. At the young age of 13 years I was taken from my home and transported to England, never to see my Dear Parents again, no more hugs and kisses and warm family love for me. Facing a new language, new customs, and a totally new life I was absolutely devastated. I WAS ALONE.«

Ruth Wallaoh Bachner
geb. 1930, lebt hcute in den USA

»I was born in Vienna and fled illegally to Belgium in January 1939 to escape the horrors of the Nazis. In May 1940 the Germans occupied Belgium and two years later we had to go into hiding. Due to the kindness of a Catholic priest, I was placed in a convent, my brother in an orphanage and my parents on an estate and worked as domestics. Because some good people who had a heart of gold gave us shelter I shall never forget them.
I am here to tell my story only because some righteous gentiles jeopardized their lives to give me and my family shelter. I shall never forget them.«

Susanne Katz Balaban

geb. 1921, lebt heute in denUSA

»I am born in Vienna. It is my strongest desire to leave a message for everyone all over the world to remember for the rest of their lives and for them to hand down to future generations. No matter where we live, no matter what our ethnic persuasion or our religion, we pray to one God ... a God of goodness not evil...
If all of us would take time to learn about other religions and practices, we would not hate nor fear each other ...
If we do not hate one another we could possibly live in harmony and create a wonderful, safer and peaceful world for our children, grandchildren and great grandchildren ... A world without hunger, illness, global warming or ethnic cleansing ... A world content with itself. We must look into the future but not forget the past ... I am closing with a special wish for everyone ... Wishing you a wonderful day ... a wonderful life filled with joy and fond memories ... I ask you to join me in remembering my entire family who were killed during the Holocaust ...«

Malka Baruch

geb. 1927, lebt heute in Israel

»Im Gedenken an meine Eltern und Brüder, die von den Nazis ermordet wurden: Rosa, Chajim, Walter und Ernst ANTMAN und meinen Bruder Rudolf, der fast ein Jahr im Konzentrationslager Dachau gedemütigt und misshandelt wurde und in Erinnerung an alle anderen Opfer des Naziregimes.«

»Es ist unsere Pflicht, besonders die der Jugend, für eine bessere Welt zu kämpfen, für eine bessere Zukunft, dass so etwas nie wieder passiert. Eine Welt ohne Armut, eine Welt ohne Hunger, eine Welt ohne Rassenhass, ohne Fremdenhass, ohne Gewalt.«

Alfredo Bauer

geb. 1924, lebt heute in Argentinien

»Lasst uns stolz darauf sein, junge Menschen, dass wir nicht reinrassig sind; dass die österreichische Nation aus so vielen Völkern entstand: Deutschen, Slawen, Juden, Italienern, Ungarn ... Lasst uns auch stolz darauf sein, dass so viele Österreicher beitrugen zur gemeinsamen Kultur, zur gemeinsamen Moral der Menschheit.«

Bridget Angel Bogard
geb. 1923, lebt heute in den USA

»After the Anschluß we were no longer allowed to continue to go to school because we were Jewish – our education was stopped by the Nazis.«

»I would like sometime in the future – after my death – for my two grandchildren, Ben and Ethan, to return to Vienna and see the names of their great grand-parents displayed on the panel.«

Family members, who were murdered:
Bertha JEFROYKIN, mother
Siegfried ANGEL, grandfather
Helene ANGEL, grandmother
Tauba JEFROYKIN, aunt

Leo Bretholz
geb. 1921, lebt heute in den USA

»Wir müssen die Vergangenheit in die Gegenwart bringen, um ein Bewusstsein für die Zukunft zu schaffen.«

»Auf Drängen meiner Mutter flüchtete ich im Oktober 1938 aus Wien. Ich war 17 Jahre alt, meine verwitwete Mutter wollte mich in Sicherheit wissen. Ich verabschiedete mich von ihr und zwei jüngeren Schwestern mit den Worten: ›Wir sehen uns doch bald wieder.‹ Das war unsere Hoffnung. Ich habe meine Familie nie wieder gesehen. Sie wurde 1942 deportiert und ermordet.«

Ermordete Familienmitglieder: Dora BRETHOLZ, meine Mutter.
Henriette und Edith BRETHOLZ, meine Schwestern.

Hanna Cohen
geb. 1929, lebt heute in Israel

»Geboren in Wien, 1929. Im Juli 1938 Flucht über die Schweiz und Italien nach Palästina. 1952 Heirat mit David Cohen, geb. in Breslau 1926. Bin seit 1989 Witwe. Habe 2 Söhne und 10 Enkelkinder. Arbeite als Handarbeits-Lehrerin in einem Altersheim. Habe viele Hobbys, u.a. Stickerei.«

»Wir müssen alles tun, damit Menschen verschiedener Religionen, Abstammungen und Kulturen gleichberechtigt zusammen leben können, dass weder Hass noch Verfolgung weiter existieren. Dann wird es hoffentlich für die nächsten Generationen eine bessere Welt geben.«

Renee Companez
geb. 1929, lebt heute in Australien

»My father was a research scientist at Wilhelminenspital and Wiener Allgemeines Krankenhaus till November 1938. Early November 1938 before Kristallnacht, Dad arrived home around mid-day and said: ›I`ve lost my job.‹ When I asked why? ›Because I am a Jew.‹ That was the end of my childhood at 9 1/2 years. A few days later Jews were being picked up in our area and my mother liberally pushed him out of the apartment. As he was going down the stairs the Nazis passed him on their way up to our apartment, as the bell rang and there they stood! But he was gone. They went into the apartment and took valuables, locked my mother and me and seated the lock with wax. We stood there in only the clothes on our backs. Neighbours gave us shelter. We were allowed back into the apartment some days later, which by them had been ransacked. All Jewish children had been removed from their public schools and placed in ›Judenschulen‹. This was not a good experience for me, as the Austrian children pelted uns with stone along the way. Being 9 years old at the time, certain events are crystal clear in my mind – many others a total blank. How my mother managed to get a work permit to England where see worked as a maid for some months. I lived in the household with her. In early August 1939 we embarked on the ›SS Ormonde‹, arrived in Australia, September 1939, two weeks after declaration of World War II. Dad managed to escape to Trinidad, where he scroungend bananas from trees and gave science lessons at local institutions. The Melbourne Baker Medical Research Institute knew about his research and offered him a position. My parents and I found life difficult to adjust to the Australian way, but against all odds, with family losses, little money, strange language and customs. I grew up in Melbourne, was educated without discrimination, and qualified as a physiotherapist in 1950. To this day I still see patients, I am a respected member of the community. In conclusion I would like to mention that my mother never fully adjusted to her new life, and now, with the wisdom of hindsight I fully realized she had had enough at 39 years of each.«

Family members, who were murdered: Henrietta MÜNZ, Steffie MÜNZ, Dora MÜNZ, Cilli FANTL, Fritz FANTL, Rudolf WEINSTOCK, Charlotte WEINSTOCK, Familie Jellinek, Malvine FANTL, Arthur FANTL.

Alice Fisher
geb. 1922, lebt heute in England

»Ich hatte eine glückliche Kindheit in Wien, die durch den Anschluss 1938 vollkommen zerstört wurde. Ich hoffe, dass wir aus der Vergangenheit lernen werden und nie wieder solche Gräueltaten erlauben.«

Ernst Flesch
geb. 1928, lebt heute in England

»This project is one of the most positive things to come from Austria for many years and will not only help to create goodwill between the surviving refugees and important sections of the present generation of young austrians, but will also improve Austrias good name throughout the world.«

»I came to Great Britain with a Kindertransport in January 1939 and spent the next 4 years as a schoolchild in orphanages and hostels in Scotland. In 1943, at age 15, I left school and went down to live in London, where I had two aunts. I started work immediately in photography. During the last years of the war I was acitve in the youth section of the Free Austrian Movement in London but did not go back to Austria, mainly because my mother, who had survived Auschwitz and Bergen-Belsen, came to London in 1946 and did not want to return to Vienna with the terrible memories. I started teaching in secondary schools in 1959, but continued studying at evening classes at London University, gaining a top grade B.A. in German, and after that a Master`s Degree. A mixed career, but, like many of the refugees from Nazism, by steady hard work an study I managed to build a useful career from nothing in my adopted country.«

Susi Freeman
geb. 1937, lebt heute in Australien

»Despite the tragic events of 70 years ago I believe that Austria is making atonement.«

»I left Vienna in June 1939 with my parents Felix and Ida Schwarz, as refugees from the Nazi regime. I was just under two years of age and we were fortunate to be able to come to Australia and make a very good life there. I studied medicine and became a specialist dermatologist. I am married to Dr. Ron Freeman and have one son, Jeremy, and two grandchildren, Michael, 12, and Caroline, 9. My mother, Ida Schwarz, aged 97, is still alive and has told me many things about her life in Vienna. She loved it and says she would never have left if it hadn`t been for the Nazis.«
Unfortunately many of my family members were murdered by the Nazis and were not as fortunate as we were to escape. Their names are as follows:
Hermann & Kathy SCHWARZ. Steffi SCHWARZ. Grete & Rudolph KARPELES.
Fritzi & Robert BASSIST. Erich BASSIST.

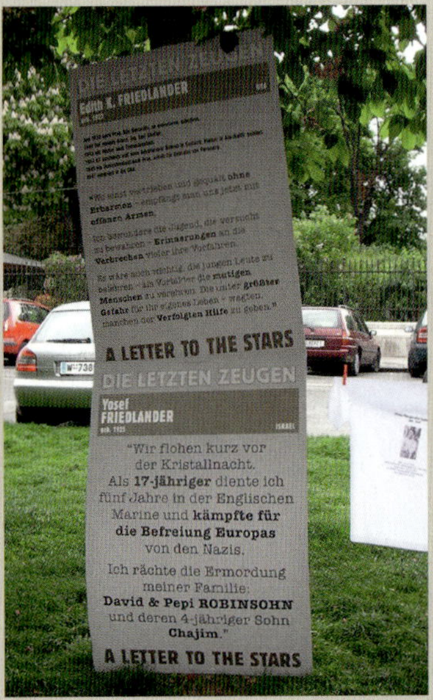

Edith K. Friedlander

geb. 1922, lebt heute in den USA

»Juni 1938 nach Prag. Alle Versuche, zu emigrieren, scheitern. 1940 Tod meines Vaters Ing. Karl Käufler. 1942 mit Mutter nach Theresienstadt. 1944 KZ Auschwitz und dann Arbeitslager Öderan in Sachsen. Mutter getötet. 1945 via Theresienstadt nach Prag. Arbeit für Konsulat von Paraguay. 1947 emigriert in die USA.«

»Wo einst vertrieben und gequält ohne Erbarmen –
empfängt man uns jetzt mit offenen Armen.
Ich bewundere die Jugend, die versucht zu bewahren –
Erinnerungen an die Verbrechen vieler ihrer Vorfahren.
Es wäre auch wichtig, die jungen Leute zu belehren –
als Vorbilder die mutigen Menschen zu verehren.
Die unter größter Gefahr für ihr eigenes Leben –
wagten, manchen der Verfolgten Hilfe zu geben.«

Karl Catriel Fuchs

geb. 1925, lebt heute in Israel

»Meine Botschaft? Was könnte ich Neues anbieten? Und wer sollte, würde sich meine Botschaft überhaupt anhören, geschweige denn auch ernst nehmen? Nun gut: erste freudlose Bilanz nach 82 Jahren – traue niemand blindlings. Nach Nestroy ›Der Mensch ist ja gut, aber die Leut` sind schlecht‹. Man hüte sich vor Glaubenslehren und Ideologien, welche die einzige Wahrheit für sich beanspruchen; und denjenigen, die Andersdenkenden oder Andersglaubenden das Existenzrecht absprechen und sie der ewigen Verdammnis preisgeben. Man hüte sich vor selbst ernannten Allesbesserwissern, selbstgekrönten Stellvertretern, Propheten und Aposteln irgendwelcher Gottheiten; vor den ›Übermenschen‹, die andere zu ›Untermenschen‹ relegieren, sie zu Freiwild erklären, um ihre Vernichtung als göttlich oder ideologisch gewollt und berechtigt zu sehen. Man versuche Toleranz und dogmenfreies Denken zu üben und zu leben; meide Vorurteile und starre Maxime.
Man respektiere Mensch, Tier und Natur – nicht unbedingt in dieser Reihenfolge, und lebe nach Rabbi Akiba`s Ratschlag, seit 2000 Jahren weiterhin als menschlich korrekt unübertroffen: ›Was du nicht willst, dass dir man tu, das füg` auch keinem andern zu.‹«

Eveline Goodman-Thau
geb. 1934, lebt heute in Israel

»An einen Ort zurückkehren heißt, ihm einen neuen Namen geben – es hat weniger zu tun mit dem Zeitraum, der zwischen dem einen und dem anderen Zurückkehren liegt, vielleicht mehr mit der Tatsache des Rückkehrens selbst. Orte der Erinnerung sind in dieser Hinsicht nicht nur Begegnungsstätten, die am Jahrestag begangen werden, sondern Geburtsorte des Neuanfangs. Orte, wo die Gegenwart sich im rückwärtsgewandten Blick für die Zukunft öffnet, wo die hypothetische Frage ›Welche Welt würde ich wohl durch mein Handeln schaffen, wenn es in meinem Vermögen stünde?‹ eine Bedeutung gewinnt. Es erinnert an ein altes rabbinisches Wort, welches im Namen von Rabbi Tarphon überliefert wird in den Sprüchen der Väter (2,2): ›Du brauchst die Arbeit nicht zu vollenden, aber du bist auch nicht frei, dich daraus zu entziehen.‹ Das Vertrauen auf die Kraft des Menschen, autonom zu handeln, wird zusammengehalten durch die Kette der Tradition, wo eine Generation der anderen die nicht vollbrachte Arbeit als Erbe weiterreicht. Geschichte als Aufgabe zu leben bedeutet, die Gabe des Lebens anzunehmen. ›Ich setze vor dir den Tod und das Leben… und du wählst das Leben‹. (Deuteronomium 30, 15-16). Das Leben zu wählen heißt, Wegbereiter zu sein, bereit zu sein, den Weg zurückzulegen, um über den Abgrund eine Brücke zu schlagen, die kein anderes Ufer hat, als die Aufgabe selbst.«

Lisa Hershan Grabell
geb. 1937, lebt heute in den USA

»Lisa (Anneliese) Hershan Grabell was born in Vienna on July 29, 1937. In 1939 her parents Stella and Rudolf Hershan fled to New York with her to an unknown future. Lisa lived in NY until 1979 when she moved to Tucson with her husband Allan, son Larry and daughter Sheryl. Lisa has been an educator all of her adult life. I am here to remember and honor all those who fled and survived and the millions who did not.«

Lily Gur-Ari
geb. 1924, lebt heute in Israel

»Die Shoa ist das dunkelste Kapitel Österreichs. Es war ein Massenmord, dem meine Mama Friedericke GELBEIN und meine Schwiegermutter Katharina SCHIFFMANN und deren einjährige Tochter Eva und ein Großteil meiner Familie zum Opfer gefallen sind. Möge diese Tafel als Warnung für die kommenden Generationen dienen. Dass solche unmenschlichen Taten nie wieder vorkommen.«

Fred Heilpern
geb. 1932, lebt heute in Australien

»Born Wien 1932. Left 1939 to Australia with parents and brother. Most relatives murdered by the NAZIS. Now I am an architect with 3 children and 6 grandchildren. Married Judy in 1960.«

»Always seek after the truth and don`t let old beliefs sway your presentations. Learn from your past mistakes and try not to repeat them. Always seek justice and do unto other what you would like them to do to you.«

Stella K. Hershan
geb. 1915, lebt heute in den USA

»I am now 93 years old and it was not easy for me to come to this very special memorial for the victims of the Holocaust. While I personally and my parents were fortunate to escape the murderous regime of the Nazis in 1939, but my grandmother, Elisa Pick, at the age of eighty-seven was killed in Theresienstadt in 1942. The Red Cross informed us of her death of pneumonia. I am here today to remember her. I do thank ›A Letter To The Stars‹, who made it possible for survivors to mourn their deceased who never had a burial.«

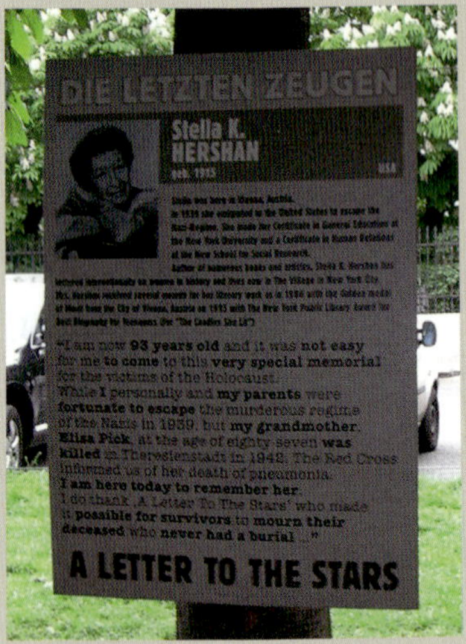

Martha Immerdauer
geb. 1930, lebt heute in England

»It is easy to arouse hate with dire consequences. I can only hope that the young people of today will have the courage to resist hatepropaganda. I was forced to leave WIEN, where I was born, at 9 years of age. I said goodbye to my parents in June 1939 and never saw them again. I had a good upbringing and education in England and worked for 25 years as a teacher. I still feel sad about the fate of my parents, good people, who did not deserve to be killed. My father served in the austrian army in World War I.«

Family members, who were murdered: Elias IMMERDAUER, Vater. Paula IMMERDAUER, Mutter. Martin NICK. Norbert NICK

Arthur O. Kern
geb. 1928, lebt heute in den USA

»In march 1939, I was sent with a Kindertransport to France. I spent 2 years in various children`s homes in France and was sent with another Kindertransport to the United States. In July 1941 my parents and brother were deported to Opole and perished.«

»Wenn die damaligen (1939) Österreicher so gewesen wären wie die heutigen (2008) Österreicher sind, wäre ich nie eine Waise geworden und wäre heute noch Österreicher!«

Berthold Klein
geb. 1928, lebt heute in Israel

»Geboren am 16. 11. 1928 in Wien, war wohnhaft im 8. Bezirk, Josefstädterstraße 105. Nach dem Anschluss 1938 von der Wohnung ausgewiesen, von der Schule in der Pfeilgasse als Jude rausgeschmissen. Umgezogen zu den Großeltern im 1. Bezirk, Tuchlauben 19. Schule Sperlgasse. Vater verhaftet und von der Gestapo am 22. 4. 1940 erfasst, am 27. 5. 1942 von Wien nach Maly Trostinec deportiert, bei Ankunft am 1. 6. 1942 ermordet. September 1940 mit Mutter geflüchtet nach Palästina, von den Engländern nach Mauritius deportiert und interniert bis August 1945. Mutter ist in den ersten Monaten an Typhus gestorben. Ich war damals 12 1/2 Jahre alt. 1945 zurückgebracht nach Palästina, im Kibuz Mechaniker gelernt, LKW-Fahrer, Gewerkschaftssekretär. Verheiratet. Habe 2 Söhne, 1 Tochter, 7 Enkelkinder. Heute bin ich Pensionist.«

»Diese grausame Zeit können wir als Überlebende nicht vergessen. Es darf auch in Zukunft nicht vergessen werden und daher ist es wichtig, dass die Jugend sich mit dieser Vergangenheit beschäftigt und es nie mehr zulässt, solche Schandtaten zu erdulden.«

Ermordete Familienmitglieder: Salomon KLEIN, Vater. Chana KLEIN, Tante.

Eva Kollisch
geb. 1925, lebt heute in den USA

»An die Jugendlichen Österreichs: Nicht vergessen! Aber Ihr seid eine neue Generation. Ihr seid nicht schuldig. Verantwortung habt Ihr, ja. Macht`s besser! Frieden, Freiheit, Menschlichkeit, Umweltschutz – die Welt braucht das. Ihr seid ein Anfang. Macht`s besser!«

Bertha Edith Kronenberger

geb. 1924, lebt heute in England

»Ich war das einzige Kind von Eltern, die in den Vierzigern waren, als ich geboren wurde. Da es keine Chance für uns alle gab, auszuwandern, schickten sie mich mit dem Kindertransport nach U.K. Mein Vater fand einen Sponsor durch seine Idee, an Namensvetter zu schreiben, die er im Londoner Telefonverzeichnis fand. Mein Sponsor erfuhr die Bitte von einem dieser Briefe. Ich dachte, die Trennung würde nicht auf lange Zeit sein – doch sah ich meine Eltern nie wieder. Es vergeht mir kein Tag, ohne an ihr Schicksal zu denken. Ich hatte das Glück, gute Freundschaften und Familienleben zu genießen. Als Sozialarbeiterin erlebte ich viel Anregendes und manch Zufriedenstellendes. Vor 13 Jahren traf ich mich mit alten Schulkollegen in Wien und es war wie eine Erlösung.«

»Gräuel und Mord bestehen weiter in der Welt, eine ständige Bedrohung gegen uns alle. Schützt Euch vor Propaganda und Pseudo-Wissenschaft, die unsere Menschlichkeit zerfressen kann. Hinterfragt alles, was man Euch sagt und lehrt. Mein Wunsch ist, dass Ihr niemals gezwungen sein werdet, Euren menschlichen Instinkten zu widerstehen, weil es die Mehrheit will.«

Ermordete Familienmitglieder: Richard & Regine WEISS, meine Eltern. Flora KOLLER, Tante. Max WEISS, Onkel. Robert WEISS, Onkel. Richard KOLLER, Cousin.

Erwin Lamm

geb. 1921, lebt heute in Australien

»Ich erinnere mich, da ich nicht vergessen kann. Damit das Böse siegt, benötigt es nur, dass gute Menschen schweigen.«

Ermordete Familienmitglieder: Emanuel LAMM, geb. 1884. Gisela LAMM, geb. 1892. Felix LAMM, geb. 1929. ERMORDET IN AUSCHWITZ am 15. 10. 1944

John Lampel
geb. 1920, lebt heute in den USA

»I hope my coming to Vienna and speaking to these young people we can explore the concept of prejudice and intolerance and show them how it can be recognized and stopped. I´m so proud of the Austrian youth and their commitments, they are going to be leaders of our Future.«

Family members, who were murdered: Gustaf LAMPL, gassed at Auschwitz, Aug. 14, 1942«

Charlotte Lang
geb. 1937, lebt heute in England

»How could such evil happen in a civilized country like Austria. The jewish people at the time enhanced the country in many ways. The pictures of what was done to the jews at the time of Kristallnacht and afterwards are beyond belief to look at. Living in London I know so many people who never saw parents, sisters and brothers ever again and had to live with this all their lives. But despite all that happened Hitler and his followers did not succeed in their evil intention of destroying the jewish people. I just hope and pray that such evil will never ever happen again.«

Family members, who were murdered: Rosa KOHN, my grandmother. Adolph KOHN, my grandfather. Norbert KOHN, my uncle.

Herta Lowy
geb. 1921, lebt heute in England

»Sie haben meine Eltern, meine kleine Schwester und den Großteil meiner Familie ermordet... Sie haben uns beraubt und gedemütigt... Sie haben mich aus meinem geliebten Wien vertrieben... Ich musste als halbes Kind, allein, in einem fremden Land, in einer Fremdsprache stotternd, mein geliebtes Deutsch eintauschen... Und dennoch sehnte ich mich immer wieder nach Wien und es zieht mich immer wieder hin...«

Marianne Löwenberg (heute Alexander)
geb. 1925, lebt heute in Argentinien

»Es ist für mich sehr traurig, jenes Land zu besuchen, wo meine Großeltern, meine Eltern und ich geboren wurden – der Holocaust hätte nie passieren dürfen. Es sollte selbstverständlich sein, dass ich in meine Heimat nie zu ‚Besuch' hätte kommen müssen. Wir mussten 1939, da war ich 3 Jahre alt, Österreich aus ‚religiösen' Gründen verlassen und sind nach Shanghai, China – die einzige Möglichkeit.«

Hana Melamed
geb. 1932, lebt heute in Israel

»EICHA (KLAGELIEDER) 3,20«

»DESSEN GEDENKE ICH
UND MEIN GEMÜT WIRD
NIEDERGEBEUGT.«

Ilse Hönigsberg Melamid
geb. 1928, lebt heute in den USA

»Ilse was rejected by her Hietzing school friends and Nazis for being Jewish. She lost her parents and her sister Linda, and her home. Ilse was lucky to find a place on a Kindertransport to England. Ilse still has warm feelings for the place of her birth, and hopes the readers of this panel show tolerance and friendship to others.«

Family members, who were murdered:
Hella HÖNIGSBERG. Linda HÖNIGSBERG.
Josef HÖNIGSBERG. Helene KOHN.

Robert Mentken
geb. 1934, lebt heute in den USA

Melanie Ölbaum
geb. 1928, lebt heute in den USA

»A Letter To The Stars is a noble and idealistic dream of a group of people who believe that the holocaust – the murder of 6 million Jews, the shame of the 20th century – must never happen again. I hope and pray that speaking to students whose grandparents may have been part of this horror will make a difference. The personal experience of meeting people like me, people whose families were murdered only because they were Jews, will hopefully create a realistic understanding in the minds of the young men and women of what really happened after the Anschluß to the entire Jewish community of Austria.«

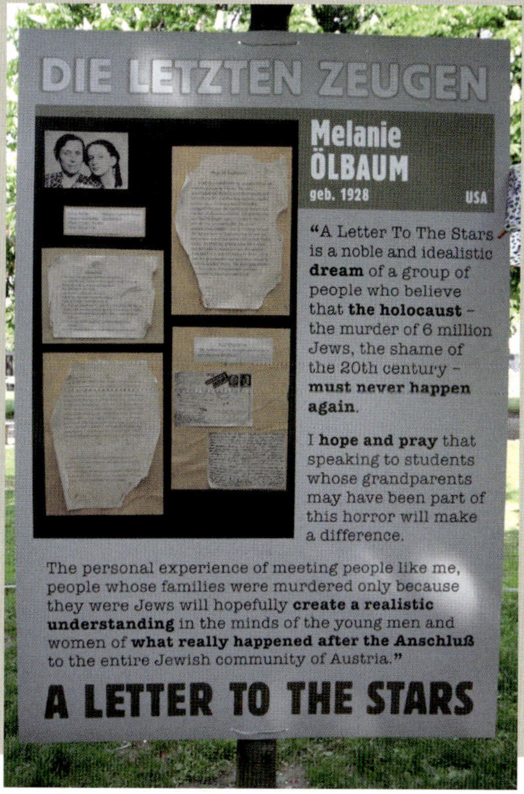

Siegbert Shlomo Pfennig
geb. 1920, lebt heute in Israel

»Ich war Widerstandskämpfer im 2. Weltkrieg, bei der belgisch-katholischen und wallonischen ›Armée Blanche‹. Ich beuge mein Haupt vor euch österreichischen Widerstandskämpfern, die ihr euer Leben gegeben habt für ein neues freies Österreich und für eine neue freie Welt. Ihr wurdet gefoltert und ermordet und erschossen. *Francois Doubois, heute Shlomo Pfennig.*«

Eric Richmond
geb. 1927, lebt heute in den USA

»Seit dem Herz zerreißenden Abschied am 12. Dezember 1938, als ich gezwungen wurde, im Alter von 14 Jahren meine Eltern auf dem Wiener Westbahnhof zu verlassen, hatte ich die folgenden zehn Jahre lang fürchterliches Heimweh und Sehnsucht nach meiner Familie. Ich war sehr einsam und unglücklich in dieser Zeit. Lasst niemals mehr zu, dass Menschen aufgrund ihrer Herkunft diskriminiert werden. Ihr dürft nie vergessen, was passiert ist.«

»Liebe Schulkolleginnen und Schulkollegen! Ich freue mich, dass ich heute wieder in meiner Geburtsstadt Wien bin. Als ich 1938 mit 14 Jahren gezwungen war, mein Leben zu retten, und alles, was ich liebte, schnellstens verlassen musste, war England das rettende Ziel. Ich hatte keine Englisch-Kenntnisse, war noch nie von meinen Eltern getrennt gewesen, als ihr einziges Kind sehr verwöhnt. Das Leben in England war schwer und mühsam. Viele meiner Kollegen haben sich ein gutes Leben eingerichtet, weil andere zugrunde gingen. Wieder andere sind im Krieg ums Leben gekommen. Ich hatte Glück, ich habe überlebt und bin heute 84 Jahre alt, aber ›I paid a high prize for it.‹«

Ermordete Familienmitglieder: Josephine (Pepi) REICHMANN, Mutter. Hermann HIRSCH-REICHMANN, Vater.

Olly Salzmann

geb. 1927, lebt heute in Israel

»Möge sich diese Katastrophe nie wiederholen«

Ermordete Familienmitglieder:
Katharina SACHS, Großmutter. Norbert SACHS, Onkel.
Margit SACHS, Tante. Judith SACHS, Cousine.
Karl Sachs, Onkel. Stefanie SACHS, Tante.
Rosa KOHN, Großtante.

Kitty Schneeweiss

geb. 1934, lebt heute in Australien

»I was only 4 years old, when my parents and my sister fled nazi persecution in march 1939. We settled in Australia. It is my fervent hope and prayer that the memory of the hell wrought by the NAZIS during the Holocaust will not only be the resting place for six million innocent souls but that it will serve as a constant reminder to all humanity of the evils of racism, bigotry and xenophobia.«

Aharon (Arnold) Schwager

geb. 1927, lebt heute in Israel

»Ich bin am 24. Juni 1927 in St. Pölten geboren, und im Alter von einem Jahr übersiedelte ich mit meinen Eltern nach Wien. Nach dem Anschluß 1938 wurde ich in der Radetzky- Realschule von älteren Schulkollegen verprügelt. Um dieselbe Zeit brachen mitten in der Nacht uniformierte SA-Leute in unsere Wohnung ein und suchten ›aus persönlichen Gründen‹ meinen Vater. Im September 1938 flüchteten wir ohne bestimmtes Ziel nach Italien, wo wir vier Monate als mittellose Flüchtlinge verbrachten. Schließlich hatten wir die Möglichkeit, uns nach Südamerika einzuschiffen und landeten (ohne Visa) in dem gastfreundlichen Land Uruguay. Nach mehreren schweren Jahren gelang es meinen Eltern, eine bescheidene Existenz aufzubauen. Ich selbst absolvierte eine Technische Mittelschule, und seit meinem 17. Lebensjahr widmete ich mich vollständig der erzieherischen und zionistischen Tätigkeit in verschiedenen südamerikanischen Ländern. 1951, im Alter von 24 Jahren, emigrierte ich zum zweiten Mal, diesmal nach Israel. Die ersten Jahre verstärkten wir im Rahmen meiner Bewegung eine bestehende Siedlung, und 1956 gründeten wir einen neuen Kibutz an der Gaza-Grenze. Heute lebe ich mit meiner Gattin in Natanya, wir haben 3 Kinder und 5 Enkel.«

»Österreich liegt an der Weltspitze kultureller und wissenschaftlicher Errungenschaften. Lasst uns hoffen, dass der österreichische Staat – Volk und Politiker – endlich den Weg findet, ohne Zweifeln zwischen Gut und Schlecht zu unterscheiden. Und den Mut aufbringt, sich eindeutig für das Gerechte einzusetzen. Nur wenn dies geschieht, wird die moralische Gegenwart Österreichs der kulturellen und wissenschaftlichen Erbschaft Ehre leisten.«

Lisa Seiden

geb. 1929, lebt heute in Argentinien

»Ach, diese Erinnerungen … Sie sind wie unartige Gnome. Sie spielen mit uns. Sie tauchen auf, ohne vorher zu fragen. Dann wiederum verstecken sie sich oder verblassen. Viele schmerzliche flüchten sich viele Jahre lang in beinahe völlige Vergessenheit. Sie respektieren weder Zeit noch Raum, sie springen von einer Lebensphase in eine andere. Sie verkleiden sich, werden winzig, spöttisch, verwirrend. Manchmal verschwinden sie nur, um als Riesen wieder zurückzukommen, bereit, uns zu zermalmen. Manche machen uns froh, andere traurig, sie drehen uns im Kreis, sie sind boshaft, hinterhältig und hartnäckig. Sie sind immer da, sie schlafen nie, sie rasten nie.
Ein lang vergessener Geruch beschwört sie herauf, ein flüchtiger Blick bringt sie zurück.
Sie sind in jedem Moment jeder Stunde jedes Tages unseres Lebens bei uns.
Es ist wesentlich zu lernen mit ihnen zu leben und nicht für sie.
Ich rücke näher, um sie eine nach der anderen zu befreien und ich werde es auf meine Weise tun, denn, nach allem was gesagt und getan wurde, kann ich es auf keine andere tun.«
(aus der unveröffentlichten Biografie von Lisa Seiden)

VERLORENE NACHBARSCHAFT

geschrieben von Lisa Seidens Tochter Susan Seiden de Roskyn für das Projekt »Buenos Aires / Wien 2008«

Die gleiche Sonne ist durch unsere Haut gedrungen
Der selbe Mond hat uns den Schlaf gebracht.
Unser Lachen und unsere Spiele vermischten sich
eines Tages. Deine Tür, mein Eingang,
blieb halb verschlossen, keine Rückkehr.
Sie öffnete sich nicht mehr.

Und ohne zu wollen, habe ich meine Puppe
dort drinnen vergessen, die mit den blonden
Locken, die dir so ähnlich war,
dein bläulicher Blick.

Das Echo von marschierenden Stiefeln
hat unsere Geschichte zerstört.
Sie wurde von innen heraus gebrochen.
Sie hat den Horizont eingesperrt und ich
blieb gefangen am anderen Ende, am
anderen Extrem.
Und sanft vergaß ich die Erde, ihren Duft,
meinen Weg und meine Stimme.
Ich ließ die Pflastersteine beiseite,
die Zukunft und die Musik.

Ich vermisse meine Puppe,
mit der ich redete, um ihr zu sagen,
dass ich meine Identität nie vergaß
und nicht die Adern meiner Abstammung.

Avraham Shomroni

geb. 1927, lebt heute in Israel

»Seventy years after the Anschluss, I would like to offer young Austrians some words I have learned and tried to live by.

a) Evil raises its head wherever good people remain quiet and passive in the face of injustice and cruelty.

b) To the question ›Am I my brother`s keeper?‹ I must answer ›Yes‹. Everyone`s death diminishes us and therefor we must not ask for whom the bell tolls: it tolls for uns (after John Donne)

c) From the Talmud, Hillel the Elder`s answer to the request ›Teach me the Torah while I stand on one leg‹: ›What is hateful to you, do not to others; all the rest is commentary; now go study‹. Also from Hillel: ›If I am not for me - who will be? And if not now - when? But if for myself only - what am I?‹

d) The words of Pastor Niemoeller who was a decorated U-boat captain in World War I, afterwards became a pastor and when the Nazis came to power, became an Anti-Nazi. As was their way, they threw him into a concentrationcamp like my father but unlike my father he was liberated at the end of the war and then said words to this effect: ›When they came for the communists, I did not speak up because I was not a communist. When they came for leaders of the trade-union, I did not speak up because I was not one of theirs ... When they came for the Jews, I did not speak up because I was not a Jew. When they came for me, there was none left to speak up.‹

Johanna Trescher

geb. 1933, lebt heute in den USA

»In 1938, when I was 5 years old, my mother, Camilla Guttmann Trescher, my grandfather, Karl Edgar Guttmann and I fled from our home in Vienna to escape the persecution and murder of the Jews. We settled in the United States. I still have a few memories of Vienna; the apartment where I lived; the park where my father used to take me; and most of all, my father (who was not Jewish) whom I had to leave behind.«

»Let there be peace on Earth, and let it begin with me.«

“Let there be **peace on Earth**, and let it **begin with me**.”

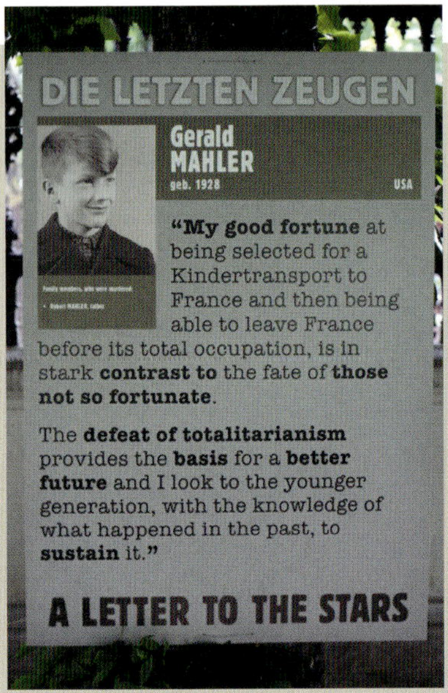

Gerald Watkins (Mahler)
geb. 1928, lebt heute in den USA

»My good fortune at being selected for a Kindertransport to France and then being able to leave France before its total occupation, is in stark contrast to the fate of those not so fortunate.«

»The defeat of totalitarianism provides the basis for a better future and I look to the younger generation, with the knowledge of what happened in the past, to sustain it.«

Anita Nagel Weisbord
geb. 1923, lebt heute in den USA

»Mein Name ist Anita Nagel Weisbord. Ich habe Wien am 13. März 1939 verlassen, auf einem Kindertransport nach England. Ich war allein – ohne Eltern und Geschwister. Bis 1938 hatte ich eine schöne, normale Kindheit in Wien, meinem Geburtsort, zusammen mit einer großen Familie. Nach der ›Kristallnacht‹ kamen schwere Zeiten für uns alle.«

»Jetzt, 70 Jahre später, bin ich wieder in Wien, mit guten und mit schlechten Erinnerungen. Ich sehe heute eine neue junge Generation. Sie haben mich mit Liebe empfangen, so kann ich jetzt die Vergangenheit zur Ruhe legen!«

Robert R. Weiss
geb. 1923, lebt heute in den USA

»Josef Schleich, ein Grazer, rettete 1939/41 Tausenden Menschen das Leben. 149 Kinder wurden so zu ›Joshko`s Children‹. Ich war eines davon. Er starb allein und in Armut, vergessen von allen!«

»85 Österreicher erhielten bisher die Auszeichnung ›Righteous of the Nations‹, Gerechte der Völker. Josef Schleich hätte sich diese Ehrung mehr als verdient! Ich verdanke ihm mein Leben und werde das niemals vergessen.«

12. März 2008. Die Nacht des Schweigens

70 Jahre nach dem Anschluss wurde auf dem Wiener Heldenplatz mit 80.000 Kerzen der 80.000 Ermordeten des NS-Regimes gedacht – und geschwiegen. Eine Nachbetrachtung von Elmar Walter, Katholische Jugend Wien.

Die »Nacht des Schweigens« war ein Projekt der Katholischen Jugend Wien & »A Letter To The Stars« – nach einer Idee von **Fritz Rubin-Bittmann**– in Kooperation mit Evangelischer Jugend Wien, Wiener Schülerunion, Muslimische Jugend Österreichs, Wiener Pfadfinder und Pfadfinderinnen, Junge ÖVP Wien, Die Kinderfreunde, Rote Falken, Katholische Jungschar Wien, Wiener Stadtverband (MKV), Jugend GCL, Hashomer Hatzair, Pensionistenverband Österreichs, Österreichischer Seniorenbund.

Denke an die Tage der Vergangenheit, lerne aus den Jahren der Geschichte. Ein Satz aus der Bibel, aus dem ersten Testament, aus der Thora. Ein Satz, zwei Aufforderungen, drei Zeitdimensionen: Eine Rückschau wird gefordert, ein Innehalten, ein Blick auf das Gestern für das Heute und Morgen.

Frühling 2007. Wir machen einen Blick in die Zukunft: Ein wichtiges Jahr steht bevor – 2008. Man wird daran denken und sich in Österreich noch lange daran erinnern. Schon lange wird davon berichtet, davon gesprochen, sind alle Medien voll davon: Es wird das Jahr mit dem größten Sportereignis der Geschichte des Landes werden. Die Fußball-Europameisterschaft wird (unter anderem) in Österreich stattfinden.

Sicher wichtig. Aber ist das alles? Im Jahr 2008 jährt sich der Einmarsch der deutschen Truppen in Österreich, deren unblutiger Empfang und der Anschluss Österreichs an das deutsche Reich zum 70. Mal. Im Jahr 2008 jährt sich der Beginn des wohl dunkelsten Kapitel unseres Landes, die Zeit der Verhetzung, der Verfolgung. Wir wollen auch daran denken, auch daran erinnern. Wir, das sind VertreterInnen der Katholischen Jugend Wien und die Organisatoren von »A Letter To The Stars«.

Wochenlang überlegen wir, ob ein solches Erinnern überhaupt »erwünscht« ist, ob die Organisation einer Gedenkveranstaltung überhaupt notwendig ist, weil »Gedenken« ohnehin selbstverständlich und allgegenwärtig in unserem Land ist oder sein sollte. Es wird Herbst. Wir versuchen herauszufinden, ob bereits Gedenkveranstaltungen geplant sind.

Sind sie nicht. Zumindest keine, die alle Opfer mit einschließen. Und so beginnen wir zu überlegen. Planen eine »Nacht des Schweigens«. In Erinnerung der vielen Opfer. Wir wählen den 12. März, das Datum des Einmarsches, und den Heldenplatz, den Ort, an

dem am 15. März 1938 der Anschluss verkündet wurde. In dieser Nacht wollen wir an die mehr als 80.000 Opfer des NS-Regimes erinnern: Juden, politische Gegner, Behinderte, Roma und Sinti, Homosexuelle und aus Glaubensgründen Verfolgte.

Die Zahl der Opfer. Von wie vielen Opfern kann man ausgehen? Welcher Opferbegriff ist angebracht? Welche Opferzahl ist historisch belegbar? Letztlich haben wir uns auf die Zahl 80.000 festgelegt im Bewusstsein, dass es weit mehr – vermutlich weit jenseits der 100.000 – Opfer des Nationalsozialismus in Österreich gab. Auch wissend, dass Tausende Menschen in den Jahren nach der Befreiung als Folge des zugefügten Leids starben – und somit ebenfalls zu den Opfern zu zählen sind. Aber es gibt – über 60 Jahre nach Kriegsende – noch immer keine gesamte Liste aller Opfer dieser Jahre des Schreckens in Österreich. Ein Forschungs-projekt läuft.

Eine Nacht des Schweigens. Ein bewusster Kontrapunkt zu den Nächten des Jubels 70 Jahre

80.000 Kerzen. Eine Nacht lang brannten 80.000 Kerzen – und auf vier weißen Leinwänden erschienen die Namen der Ermordeten des NS-Regimes.

Nacht des Schweigens.
Tausende Menschen sind auf den Heldenplatz gekommen, um der Opfer des NS-Regimes im Schweigen zu gedenken.

zuvor. Es ist eine Nacht des stillen Gedenkens. Eine Nacht der stillen Gedanken. Eine ganze Nacht lang werden die –bisher erfassten – Namen der Opfer projiziert. Im Zwei-Sekunden-Takt auf vier Leinwände bis 6.00 Uhr morgens. Jeder Name einzeln, weil jeder Name für ein ganzes Leben steht. Weil jeder Name für einen Menschen steht.

»Kol Nidrei«. Ein Musikstück erklingt an diesem Abend. Ein vertontes Gebet. Das »Kol Nidrei« ist ein jüdisches Gebet, welches vor dem Abendgebet des Versöhnungstages gesprochen wird. Max Bruch hat es vertont. Er galt deshalb den Nationalsozialisten als jüdischer Musiker, die Aufführung seiner Werke war verboten. Der Dirigent und Cellist Heinrich Schiff spielt als Solist mit dem Ensemble »Acht Cellisten der Wiener Symphoniker« das Stück, arrangiert von Christoph Stradner. Ein Musikstück wie ein Gebet.

Musik als Gebet. Und doch braucht es eine Einleitung. Eine Hinführung. In der Zeit der Dämmerung, zum Beginn der Nacht. Altkanzler Franz Vranitzky mahnt in seiner Rede: 1938 ist nicht einfach passiert. Der Anschluss sei nicht nur ein äußerer gewesen, sondern ein innerer sei in Österreich vorangegangen. Ex-Nationalratspräsident Andreas Kohl erinnert alle Anwesenden daran, dass man die ganze Wahrheit betrachten müsse: die Opfer und die TäterInnen.

Die Zeithistorikerin und Zeitzeugin Erika Weinzierl macht anhand von Einzelbeispielen die Verbrechen der Nazi-Diktatur anschaulich. »Ich glaube, dass mehr Österreicher gewusst haben, was mit den jüdischen Freunden geschehen ist«, hält sie fest. Die KZ-Überlebende Susanne Lamberg erzählt ihre Geschichte (*siehe auch nächste Seite*). Tief bewegend, kompromisslos.

Danach kehrt Stille ein. 80.000 Kerzen brennen, im Schweigen entzündet, bis in die frühen Morgenstunden.

Zehntausende gedenken in dieser »Nacht des Schweigens« auf dem Wiener Heldenplatz bis in die Morgenstunden der unzähligen Opfer des Nationalsozialismus. Die Leute bilden aus den Kerzenlichtern spontan Symbole und Schriftzüge, schreiben mit Licht die Namen Ermordeter. Viele Menschen kommen noch spät in der Nacht vorbei, nachdem sie in den Medien von der Veranstaltung gehört haben.

Einige Stimmen: »Es war ein wundervoll stimmiger Abend, und ich hätte mir nie gedacht, dass man tatsächlich eine ‚Nacht des Schweigens' so menschlich und emotional gestalten kann, in aller ‚Stille'.«

»Es war wunderschön zu sehen, wie so viele Menschen Anteil nahmen und man nicht der einzige junge Mensch war, dem es etwas zu bedeuten schien.«

»Gestern war ich auf dem Heldenplatz und ich war tief bewegt. Diese Gedenkveranstaltung war so gelungen, wie sie besser nicht hätte sein können.«

»Diese Veranstaltung hat es für mich persönlich geschafft, Schweigen (und auch Geschichte) beredt werden zu lassen. Danke euch dafür.«

»Jetzt weiß ich, wie viel 80.000 sind.«

Die Nacht des Schweigens: Eine Rückschau, ein Innehalten, ein Blick auf das Gestern für das Heute und Morgen. Denke an die Tage der Vergangenheit, lerne aus den Jahren der Geschichte.

Zeitzeugen. Historikerin Erika Weinzierl und Altkanzler Franz Vranitzky sprachen vor der »Nacht des Schweigens«.

»Kein Mensch soll aushalten müssen, was er aushalten kann«

Die Rede der Holocaust-Überlebenden Susanne Lamberg in der »Nacht des Schweigens«.

Susanne Lamberg hat fünf Konzentrationslager, darunter Auschwitz und Bergen-Belsen, überlebt – und ist nach dem Krieg nach Österreich zurückgekommen, wo sie auch heute lebt.

Mein Name ist Susanne Lamberg.Ich bin heute 82 Jahre alt – weil ich den Holocaust überlebt habe. Jener Mensch, ja, es war ein Mensch wie wir es sind, dem hier, vor 70 Jahren, auf diesem Platz, Hunderttausende Menschen zugejubelt haben, wollte, dass mein Leben als Kind ausgelöscht wird. Und viele, sehr viele Österreicher, die in diesen Tagen vor 70 Jahren gejubelt und sich gefreut haben, waren später an der Shoa beteiligt, haben am Massenmord mitgewirkt, ihn unterstützt, ihn gutgeheißen, haben weg geschaut oder verdrängt.

Dass ich an diesem 12. März 2008 zu Ihnen sprechen darf, ist nur deshalb möglich, weil ich an der Rampe des KZ Auschwitz nicht sofort ins Gas geschickt wurde – wie meine Mutter und so viele meiner Familienmit-glieder und Freunde. Ich habe fünf Konzentrationslager überlebt. Zu-fällig. Nur deshalb kann ich heute erzählen.

Wenn es wieder einmal dunkel wird, dann müssen wir neue Lichter entzünden.

März 1938.

Ich war ein Kind, 12 Jahre alt. Von meinen Eltern vor allem Schlechten behütet. Ich habe noch mit einer Puppe gespielt. Und doch habe ich gespürt, dass meine Mutter und mein Vater unruhig waren und angespannt.

Draußen wurde es immer lauter, herinnen immer leiser. Dann hat mich eine Mitschülerin „Judensau" geschimpft. Dabei hatte ich nicht einmal gewusst, dass ich jüdisch bin. Ich wurde aus der Ballettschule geschmissen. Ich musste die Schule verlassen. Ich durfte nicht mehr weggehen – nicht ins Kino, nicht in ein Lokal, nicht in den Park. Mich hat der Hausbesorger geholt, wenn Schnee geschaufelt werden musste. Uns haben sie einfach die Wohnung weggenommen. Dann musste ich den Judenstern tragen. Und mit einem Mal war ich endgültig gezeichnet.

Ein Mädchen, mit dem sich keiner mehr zu sprechen traut, das man demütigt und verhöhnt, das man meidet und erniedrigt, das man weg haben möchte. Wie lästiges Ungeziefer.

Die SS hat uns schließlich abgeholt. Ganz ruhig. Ohne Schläge. Ohne Schreie. Die Endlösung wurde nüchtern geplant, kühl kalkuliert und konsequent durchgezogen. Die Züge in die Konzentrationslager hatten immer Vorrang. Wir wurden nach Theresienstadt deportiert, ich, meine

Mutter, mein Vater, meine Großmutter. Doch das war erst der Beginn.

Nach zwei Jahren fuhr der nächste Zug – nach Auschwitz. Da war ich 17. Meine Mutter wurde noch an der Rampe von mir getrennt. Sie ist sofort ins Gas gegangen. »Dort brennen eure Eltern«, haben sie gesagt. Mein Vater ist später in Dachau umgekommen.

Ich habe überlebt.

1945 war ich 20 und am Ende. Ich war todkrank, wog 35 Kilogramm. Ich habe meine Familie verloren. Ich habe so viele Leichen gesehen wie kaum jemand. Doch ich wollte weiterleben. Und zurück nach Hause. Österreich und Wien waren mein Zuhause. Trotzdem. Und weil ich ja kein anderes Zuhause hatte. So bin ich zurückgekommen. Und geblieben.

März 2008.

Ich kann noch immer keine Schornsteine sehen. Ich beginne zu zittern, wenn jemand an der Haustür Sturm läutet. Ich bin stolz, dass Sie heute Abend hier sind. Es berührt mich sehr, dass sie gekommen sind, um all der Menschen zu gedenken, die ermordet wurden. Wir können keinen der Ermordeten wieder lebendig machen, ihr Leben wurde ausgelöscht.

Aber die Zehntausenden Lichter, die wir heute Nacht entzünden, können die Geschichte und die Geschichten dieser Menschen dem Vergessen entreissen. Es ist noch nicht einmal ein Menschenleben her, dass Menschen über Nacht zu Unmenschen gemacht wurden, zu Opfern. Und dass Menschen über Nacht zu Unmenschen wurden, zu Tätern.

Gedenken heißt für mich vor allem darüber nachzudenken: Haben wir etwas gelernt aus der Geschichte. Sind wir heute menschlicher? Zeigen wir heute mehr Zivilcourage? Stehen wir heute auf gegen Hass und Rassismus? Setzen wir uns heute ein, wo Mitmenschen ungerecht behandelt werden? Haben wir heute weniger Angst? Ich weiß es nicht. Aber ich habe erfahren, dass jeder von uns immer, in jeder Lebenssituation, die Möglichkeit hat, hilfreich oder niederträchtig, mutig oder feig, menschlich oder unmenschlich zu sein, hinzusehen oder wegzuschauen. Wir müssen jeden Tag aufs Neue lernen, Mensch zu sein. Jetzt, wenn es den meisten von uns gut geht, wenn wir in guten Zeiten leben, in Demokratie und Frieden.

Nur so können wir uns gegen neue Feindbilder, neue Aggressionen, neue Ausgrenzungen und gegen neue Führer immunisieren.

Wir brauchen keine besseren Menschen zu werden. Es reichte schon, wenn wir es schaffen, Menschen zu sein. Es geht ums Tun – und nicht ums Siegen. Und wenn die Lichter, die wir heute entzünden, morgen wieder ausgehen, wenn es wieder einmal dunkel wird, dann müssen wir neue entzünden. Immer und immer wieder. Das ist anstrengend. Aber es ist unsere einzige Chance.

Denn, was ich gelernt habe, ist: Kein Mensch soll das aushalten müssen, was er aushalten kann.

Intro zur Rede

Mein Name ist Julia Smetana, ich bin 19 Jahre alt und Schülerin der Höheren Lehranstalt für wirtschaftliche Berufe der Ordensschwestern in Wien. Ich bin heute hier am Heldenplatz, weil es mir wichtig ist, jener Menschen zu gedenken, die ermordet wurden. Allein in der Pappenheimgasse, in der ich wohne, sind 17 Juden ermordet wurden: Markus Brander, Scheindel Brander, Ernestine Dankner, Moses Dankner, Sure Dankner, Josef Diamant, Fanny Flaster, Siegfried Hamsel, Marianne Hauser, Oskar Hauser, Rosa Hauser, Rudolf Knotek, Hermann Mandel, Alfred Schireno, Markus Schönfeld, Regine Schüler, Max Seidl.

In der Erdbergstraße, wo ich zur Schule gehe, wurden 86 Menschen deportiert und getötet.

Im Rahmen des Projekts »A Letter To The Stars« versuchen wir Jugendliche, die Lebensgeschichte eines Ermordeten zu recherchieren – der damals so alt war wie wir heute sind, der im selben Ort, in der selben Straße gelebt hat, der zur selben Schule gegangen ist. Wir wollen den Opfern damit einen Teil ihrer Würde zurückgeben.

Und wir begegnen im Projekt jenen Menschen aus Österreich, die den Holocaust überlebt haben. Im Rahmen meiner Matura durfte ich so Susanne Lamberg treffen, die fünf Konzentrationslager überleben konnte und nun zu uns sprechen wird.

Das Projekt »A Letter To The Stars«

Der Historiker Markus Priller über die Geschichte und das »Wachsen« eines Projekts.

Im ersten Teil des Zeitgeschichte-Projekts »A Letter To The Stars« haben im Mai 2003 mehr als 15.000 SchülerInnen an einer Gedenkveranstaltung für die österreichischen Holocaust-Opfer teilgenommen. Eine überraschende Zahl in einem Land, das sich jahrzehntelang zum ersten Opfer der Nationalsozialisten stilisiert hat und in dem der begeisterte Empfang der Hitler-Truppen in manchen Teilen der Bevölkerung bis heute als ein »der Gewalt weichen« dargestellt wird.

Die Idee zu diesem Projekt wurde von zwei Journalisten – Andreas Kuba und Josef Neumayr – geboren, nachdem sie die Sammlung der Namen und letzten Adressen der jüdischen Opfer durch das »Dokumentationsarchiv des österreichischen Widerstands« (DÖW) auf einer CD-Rom zugesandt bekommen haben. Sie wollten mehr über die Ermordeten erfahren, ihnen ein Gesicht geben und möglichst vielen Menschen den Verlust veranschaulichen, den die Verfolgung und Ermordung dieser Menschen für das Land Österreich bedeutete. Der inzwischen verstorbene Alfred Worm war rasch für das Projekt zu begeistern und öffnete die Türen zu jenen UnterstützerInnen, die mit ihrer Hilfe neben dem größten Sponsor, der Stadt Wien, die Durchführung des Vorhabens möglich machten. Die Position des Sprachrohrs für das Projekt hat nach dem Tod Alfred Worms ohne Zögern Peter Rabl übernommen. Durch seinen beständigen Einsatz und das beharrliche Klopfen an die Türen öffentlicher Institutionen und privater Unternehmen konnten im Gedenkjahr 2008 – 70 Jahre nach dem Anschluss 1938 – mehr als 200 Überlebende aus aller Welt und ihre Begleitpersonen nach Österreich eingeladen werden.

Der Name des Projekts »A Letter To The Stars« entstand im Gespräch mit einem Überlebenden von Auschwitz, das in der Vorbereitungsphase des ersten Projekts geführt wurde. Er erzählte, wie er als Kind im KZ einen Funken Hoffnung bewahren konnte, indem er sich vorstellte, dass all jene Kinder, die um ihn herum verschwunden waren und im Rauch des Krematoriumkamins zum Himmel aufstiegen, ihn von dort mit dem Licht der Sterne in jeder klaren Nacht aufs Neue grüßten. Mit »Briefen an die Zukunft«, die an Ballons gehängt, »zu den Sternen« geschickt wurden, wurde der ermordeten Kinder und aller anderen Opfer

Gegen das Vergessen. 5. Mai 2003: 80.000 »Briefe an die Zukunft« steigen in den Himmel über Wien. Im Mai 2006 werden in ganz Österreich »Blumen der Erinnerung« an die letzten Adressen der Ermordeten gebracht. 2007 und 2008 besuchen SchülerInnen als »Botschafter der Erinnerung« Holocaust-Überlebende und laden sie ein, ihre alte Heimat zu besuchen.

des Nationalsozialismus gedacht. 80.000 Luftballons stiegen am 5. Mai 2003, dem österreichischen Gedenktag gegen Gewalt und Rassismus, in Erinnerung an die 80.000 österreichischen Holocaustopfer – Juden, politische Gegner, Behinderte, Roma und Sinti, Homosexuelle, aus Glaubensgründen Verfolgte – in den Himmel. Die Jugendlichen hatten Botschaften für eine Zukunft formuliert, in der Rassismus und Fremdenfeindlichkeit keinen Platz mehr haben sollten. Die Zahlen sind inzwischen überholt, nach jüngsten Forschungen waren es wohl über 100.000 österreichische Opfer, an die es zu erinnern gilt.

Bei den Recherchen zu Ermordeten sind einige der Jugendlichen auf die Namen von überlebenden Verwandten gestoßen, die sie per Brief, Mail oder mit einem Anruf kontaktiert haben, um ihre Recherchen zu ergänzen. Damit haben die SchülerInnen selbst den Grundstein für die Folgeprojekte gelegt, denn die Reaktionen der Überlebenden waren ausgesprochen positiv. Das Interesse der jungen Menschen barg für sie die Hoffnung, dass die Schicksale ihrer Familien in dem Land, in dem sie verfolgt wurden, nicht in Vergessenheit geraten. Mithilfe der von Leon Zelman und dem »Jewish Welcome Service« gesammelten Adressen von Verfolgten, Vertriebenen und Überlebenden konnte eine Datenbank hergestellt werden, über die nun ZeitzeugInnen in aller Welt kontaktiert werden können. Ein neues Netz von Verbindungen entstand, das manche anspornte, sich

auch persönlich kennen zu lernen. Die ersten Reisen begannen, Überlebende kamen nach Österreich um ihre „BrieffreundInnen" zu besuchen, die ersten Jugendlichen machten sich auf den Weg nach Übersee, um ihre neuen Kontaktpersonen, die ihnen so positiv begegnet waren, kennen zu lernen.

Zusammen mit dem »Jewish Welcome Service« konnte »A Letter To The Stars« im Mai 2006 auch einige Zeitzeugen zu einer neuen Gedenkveranstaltung einladen, die wiederum für großes Echo in Österreichs Schulen, aber auch in der restlichen Bevölkerung sorgte. Da Zahlen immer abstrakt bleiben, versuchte das Projekt »Blumen der Erinnerung« bewusst zu machen, wie viele, insbesondere jüdische MitbürgerInnen, mitten aus der österreichischen Gesellschaft heraus, verfolgt, verraten, deportiert und umgebracht worden waren. Am Stephansplatz wurden 80.000 weiße Rosen installiert, die von Menschen aus ganz Österreich mit den Namen der Opfer versehen und an jene letzten Adressen getragen wurden, an denen die Menschen vor ihrer Deportation gelebt hatten. 15.000 SchülerInnen kamen und verteilten mit weiteren 10.000 Interessierten die Blumen. An manchen Haustüren steckten zwei oder drei Rosen, an vielen damaligen »Sammelwohnungen« waren es Hunderte. Wer an diesen Tagen durch Wien ging, musste hinsehen, musste wahrnehmen, was in dieser Stadt an den ehemaligen NachbarInnen verbrochen worden war. Die »Blumen der Erinnerung« berührten und sorgten in manchen Häusern dafür, dass die BewohnerInnen begannen, die Geschichte ihrer Häuser zu recherchieren und in manchen Fällen neue Gedenkinitiativen zu starten.

Botschafter der Erinnerung. »A Letter To The Stars« war mit SchülerInnen und StudentInnen bei österreichischen Shoa-Überlebenden 2007 und 2008 in New York (Bild oben), England und Israel, um Lebensgeschichten zu erfahren und zu dokumentieren. Bild unten: Eines der Denk.Mal-Werke, mit denen SchülerInnen am 5. Mai 2008 auf dem Wiener Heldenplatz den Opfern des NS-Regimes gedachten.

Aus San Francisco angereist, erzählte die Überlebende Paula Ross auf der Bühne am Stephansplatz von ihrer Jugend als Widerstandskämpferin, und wie sie schließlich fliehen konnte, während ihre beste Freundin Frederike und ihre große Liebe Georg später ermordet wurden. Begleitet von der Schülerin Agnes legte Paula vor den letzten Adressen der beiden geliebten Menschen zwei Rosen nieder.

Neben Paula besuchten auch andere Zeitzeugen, die zum Teil auf eigene Kosten aus Australien, Israel, Amerika und England angereist waren, österreichische Schulen, um dort zu sprechen. Sie wurden zumeist intensiv von den LehrerInnen betreut und so entstand neben dem engen Kontakt zu den SchülerInnen, mit denen sie korrespondiert hatten, oft auch ein enger Kontakt zu deren Lehrkräften, die uns wiederum darauf hinwiesen, wie wichtig diese Erfahrung für sie persönlich und für ihren vertieften Zugang zur Thematik war und ist. Aus dieser Erfahrung heraus hat das Team des »Verein Lernen aus der Zeitgeschichte« das Projekt 38/08 entwickelt.

Wir wollten möglichst vielen Vertriebenen und Überlebenden noch einmal die Möglichkeit geben, nach Österreich zu kommen und hier vor Jugendlichen zu sprechen. SchülerInnen und LehrerInnen in ganz Österreich sollten einen dieser Menschen persönlich kennen lernen, eine Lebensgeschichte aus erster Hand hören und die Begegnung schriftlich, künstlerisch oder filmisch dokumentieren. 200 Holocaust-Überlebende aus Österreich, die heute in aller Welt leben, kamen schließlich unserer Einladung nach. Leider waren die finanziellen Mittel begrenzt und wir konnten bei weitem nicht all jene einladen, die gerne gekommen wären. Einige entschlossen sich deshalb auf eigene Kosten anzureisen, um die einmalige Gelegenheit zu nutzen, alte Bekannte aus der Schulzeit zu treffen, die jetzt aus vielen Kontinenten nach Wien zurück kamen. Manche hatten sich erst durch das Projekt »A Letter To The Stars« nach 70 Jahren wieder gefunden. Andere wollten jene SchülerInnen persönlich treffen, mit denen sie seit längerer Zeit Kontakt hatten. Für nicht wenige war es auch eine Gelegenheit, ihren mitgereisten Kindern und EnkelInnen die Stadt zu zeigen, in der sie ihre Kindheit und Jugend verbracht haben, auch im Wissen, dass es vielleicht die letzte Gelegenheit dazu sein könnte. Drei wichtige Ereignisse erwarteten die Gäste in dieser Woche: eine Gedenksitzung im Parlament, zu der sie als »Ehrengäste« eingeladen waren, eine Gedenkfeier am Heldenplatz, und der Besuch in der jeweiligen Gastgeber-Schule. Insbesondere beim Besuch der Veranstaltung am Heldenplatz gab es viele bewegte Gesichter. Neben den Tafeln, auf denen die Gäste den Jugendlichen ihr »Vermächtnis« hinterlassen hatten, waren Kunstwerke installiert, die den Ermordeten aus den Familien der Gäste gewidmet waren. Bei vielen der Beiträge wurde sichtbar, mit welchem Engagement und mit welchem Einfühlungsvermögen SchülerInnen und LehrerInnen sich dem Thema gewidmet haben. Ein großer Dank für das Gelingen dieser Woche gilt all unseren Gästen, die so offen und herzlich auf alle zugegangen sind, dem Team, das in professioneller wie liebevoller Zuwendung seine Arbeit geleistet hat, und insbesondere auch all den freiwilligen HelferInnen und TherapeutInnen, die es mit ihrer Spontanität und Flexibilität erst möglich gemacht haben, diese Woche zu dem zu machen, was einer der Gäste mit folgenden Worten beschreibt: »Obwohl ich schon etliche Male in Wien war, da mir die Stadt, in welcher ich meine Kindheit und einen Teil meiner Jugend verbracht habe, immer am Herzen lag, habe ich nie versucht, mit den dort lebenden Bewohnern in Verbindung zu kommen, da ich den Groll der Nazizeit noch immer in meinem Herzen trug. Das hat das Zusammensein mit Euch lieben Leuten, mit der Schule, den Schülern und dem Lehrpersonal geheilt. Ich kam als gelöster Mensch nach Israel zurück. Sigi Jehoshua Hoffmann«

Gedenkveranstaltungen. Am 12. März 2008 wurden – 70 Jahre nach dem Anschluss – 80.000 Kerzen auf dem Heldenplatz entzündet. Am 5. Mai 2008 zeigten Schüler ihre Werke.

»Der Kreis hat sich geschlossen!«

Die Psychologin Dorit B. Whiteman, selbst Holocaust-Überlebende, über die Wirkung des Projekts.

Dorit B. Whiteman, Ph.D. ist eine renommierte Psychologin, die heute in den USA lebt. Sie, die selbst aus Österreich vertrieben wurde, hat in Hunderten Interviews mit »Entwurzelten« die emotionalen Folgen des Überlebens erforscht und in zahlreichen Büchern beschrieben.

Die Woche, die ich als Gast von »A Letter to the Stars« in Wien verbracht habe, kann als die Apotheose einer langen emotionalen Reise beschrieben werden. Während meiner ersten Jahre in England und den USA löste ich mich von meiner früheren Heimat. Die Erinnerung daran führte nur zu Wut, Verbitterung und tiefer Trauer um all jene, die getötet worden waren. Ich wollte mit Österreich nichts zu tun haben. Es war mein Ziel, ein integrierter Bestandteil der amerikanischen Gemeinschaft zu werden. Der sehr langsame Weg zurück begann aus drei Gründen. Der erste war, meinen Kindern besser begreiflich zu machen, warum ich irgendwie anders als unsere Nachbarn und die Mütter ihrer Freunde war. Eine Reise nach Wien würde ihnen einen tieferen Einblick bieten. Der zweite Grund war, dass ich erst kürzlich begonnen hatte, mit Dr. Ella Lingens zu korrespondieren, einer christlichen Ärztin, die zwei Jahre in Ausschwitz verbrachte, weil sie ihren jüdischen Freunden geholfen hatte. Ich hegte den tiefen Wunsch, ihr persönlich meine enorme Bewunderung für ihre Menschlichkeit und ihren außergewöhnlichen Mut auszudrücken. Drittens hatte ich ein Kindermädchen namens Hella gehabt, die uns ihre Zuneigung bis zu unserer Abreise gezeigt und uns nicht verlassen hatte. Viele Jahre lang hatte ich keinen Kontakt zu ihr, und als ich unangemeldet vor ihrer Wohnung stand, waren dort Fotos meiner Eltern, meiner Schwester und von mir an prominenter Stelle aufgestellt. Diese Beziehung war die Grundlage dafür, dass ich akzeptieren konnte, dass nicht alle schlecht gewesen waren.

Der Besuch in Wien sollte mehr oder weniger das Ende meiner emotionalen Heimreise sein.

Die zweite Phase meiner Wandlung kam mit dem Wunsch, mehr über Leute wie mich zu erfahren, die vor der Endlösung geflohen waren. Dieses Interesse führte zur Publikation meines Buches »Die Entwurzelten. Jüdische Lebensgeschichten nach der Flucht 1933 bis heute.« Auf der Grundlage von 190 Interviews behandelte ich das Leben vor Hitler, wie Leuten die Flucht gelang und wie sie ihr Leben wieder aufbauten, sobald sie einen sicheren Ort erreicht hatten. Da ich Psychologin bin, betonte ich die emotionalen Folgen der Erfahrung. Auf mein Buch hin wurde ich eingeladen, an der Universität Wien einen Vortrag zu halten. Ich betrat die Universität mit großer Verbitterung, da ich an meine Eltern dachte, die beide hier ihre Doktorentitel erworben hatten, und daran, dass mein Vater aus der Ärztevereinigung hinausgeworfen worden war. Als ich jedoch diese jungen Gesichter sah, diese interessierten Studenten, die sich die Mühe machten zu kommen und mich sprechen zu hören, begann mein Zorn zu schmelzen. Diese jungen Leute konnten doch keine Feinde sein. Aber wer weiß? Als ich in Wien gewohnt hatte, war mir nicht in den Sinn gekommen, dass all diese freundlichen und gemütlichen Leute zu Jekyll und Hyde-Kreaturen werden könnten. Danach sprach ich an verschiedenen Universitäten und bei anderen wissenschaftlichen Veranstaltungen. Die Ernsthaftigkeit, der Einsatz und das Engagement der älteren Professoren, die diese Treffen organisierten und ihre Studenten über den Holocaust unterrichteten, beeindruckten mich sehr. Dann kam die nächste Generation von Geschichtsprofessoren, Psychologen und Humanisten, die ihre Studenten ein wahres Bild von Österreichs jüngerer Geschichte lehrten, die sie nach Auschwitz führten, die Bücher schrieben und Dokumentationen produzierten, um sie zu erläutern. Diese Welt unterschied sich erheblich von der, die ich kannte, als ich zuletzt in Österreich war.

Ich begann mich zu fragen: Wie echt war dieser Wandel? Inwieweit war er in die österreichische Gesinnung eingedrungen? Die Leute, die ich getroffen hatte, kamen zumeist aus einem kultivierten Umfeld. Sicher, ich hatte bemerkt, dass die Einstellung des »Mannes von der Straße« sich seit meinem ersten Besuch auch verändert hatte. Wenn eine Diskussion aufkam, hörte ich öfter wirkliches Bedauern und nicht das vage »Ja, das waren schlechte Zeiten«, das anzudeuten schien, dass es den Österreichern schlechter gegangen war als den Juden. Das frühere Schweigen über den Holocaust war durch Zeitungsartikel und Fernsehsendungen ersetzt worden. Aber konnte man diesen Veränderungen trauen?

Da hörte ich von der Existenz von »A Letter To The Stars«. Deren Aktivitäten in früheren Jahren berührten mich zutiefst. Hier gab es Gymnasiasten, die wissen wollten, was geschehen war und die die Initiative ergriffen hatten, die Geschichte sprechen zu lassen. Ich war begeistert von der Idee, nach Wien zu reisen und all die daran beteiligten Leute zu treffen. Ich war dankbar und aufgeregt. Das sollte mehr oder weniger das Ende meiner emotionalen Heimreise sein. Ich war oft nach Wien zurückgekommen, um Vorträge zu halten, daher war es nichts Neues für mich, die Stadt zu sehen. Jedoch die jungen Menschen zu treffen, die mit großer Hingabe, mit Interesse und mit enormem Geschick dieses wunderbare Erlebnis arrangiert hatten, war überwältigend. Die Mitarbeiter von „A Letter To The Stars" waren absolut erstaunlich. Es fehlen mir die Worte, um sie zu loben und ihnen zu danken. Alles war perfekt vorbereitet worden. Sie hatten an jede Einzelheit gedacht. Sie standen buchstäblich Tag und Nacht zur Verfügung, immer bereit zu informieren, zu führen oder zu helfen. Wir alle fühlten uns glücklich über die Annäherung zwischen unseren Generationen.

In dieser Woche war ich wieder eingeladen, an der Universität Wien zu sprechen, aber diesmal empfand ich weder Zorn noch Feindseligkeit. Ich *hatte Vertrauen zur neuen Generation gefasst. Natürlich ging ich nicht davon aus, dass alle idealistisch waren, doch die Gruppe, die jetzt daran teilnahm, war groß genug, um mir Hoffnung zu geben.*

Der Höhepunkt der Woche war der Empfang im Parlament und auf dem Heldenplatz. Als meine Familie Österreich mit nur einem kleinen Koffer und fünf Schilling verließ, wer hätte jemals daran gedacht, dass es eine Zeit geben würde, in der ehemalige Flüchtlinge von den Gesetzgebern empfangen würden, die öffentlich zugaben, dass schreckliches Unrecht geschehen war und dass Wiedergutmachung und Gedenken nötig waren? Dieser Gedanke wurde durch die Namen ermordeter jüdischer Kinder hervorgehoben, die über einen riesigen, schwarzen Bildschirm flackerten und im Nichts verschwanden.

Zum Abschluss des Empfangs gingen wir über den Heldenplatz. Der Eindruck war enorm. Jeder, der die Zeit des Anschlusses erlebte, erinnert sich an die Rede, die Hitler an dieser Stelle hielt und die von einer ekstatischen, hysterischen Masse aufgenommen wurde. Nun waren wir hier, so viele Jahre später, umgeben von Schülern, die uns mit frischen, jungen, eifrigen Gesichtern erwarteten. Ihr Interesse und Ihr Wunsch, Brücken zu bauen, waren ganz offensichtlich. Es kam mir unglaublich vor, zurück auf dem Heldenplatz zu sein und nicht Übel zu empfinden, sondern Wärme und Bewunderung für die Jugend. Unter anderen hatte man auch mich gebeten, eine kurze Stellungnahme abzugeben. Als ich auf der Bühne stand und die Schönheit des Platzes und die Hunderten Gesichter vor mir sah, kam es mir unwirklich vor, dass ich von dem gleichen Platz aus sprechen sollte, von dem Hitler gesprochen hatte und mehr noch: Er war tot und ich war lebendig. Die Symbolik des Anlasses war immens und ich wünschte, meine Eltern hätten daran teilnehmen können. Ich war mir sicher, dass Hitler sich im Grab umdrehte und erinnerte mich an das Sprichwort: »Wer zuletzt lacht, lacht am Besten.« Als ich meiner Tochter von diesem Heldenplatz-Erlebnis erzählte, sagte sie: »Jetzt hat sich der Kreis geschlossen. Auch wenn du nie mehr etwas tun wirst, hast du alles getan, was du tun musstest.«

Ich war mir sicher, dass Hitler sich im Grab umdrehte: Wer zuletzt lacht, lacht am Besten.

So komme ich an das Ende meiner emotionalen Reise.

Ich kann nicht sagen: »Ende gut, alles gut«, denn die schlechten und schmerzhaften Erinnerungen werden nie verschwinden. Aber was mich betrifft, so haben mich die Teilnehmer von „A Letter To The Stars" so weit gebracht, wie ich zu gehen vermochte.

Und dafür danke ich ihnen.

Danke an das Unterstützungskomitee von »A Letter To The Stars«

Ehren-Präsidium:
em. Univ. Prof. Dr. phil. Erika Weinzierl
Ing. Alfred Worm (1945–2007)

Sprecher des Unterstützungskomitees:
Peter Rabl

Mitglieder des Komitees:

Dr. Fritz Rubin-Bittmann
Dr. Susanne Brandsteidl
Dr. Emil Brix
Dr. Erhard Busek
Dr. T. Scarlett Epstein
GD Dr. Günter Geyer
Dr. Eva Glawischnig
Dr. Alfred Gusenbauer
Dr. Brigitte Hamann
GD Dr. Erich Hampel
DI Albert Hochleitner
Judith Hübner
Dr. Peter Huemer
Dr. Stefan Karner
Dr. Andreas Khol
Waltraud Klasnic
Dr. Franz König (1905–2004)
Dr. Christian Konrad
Prof. Harry Kopietz
Dr. Gabriel Lansky
Dr. Christoph Leitl
Mag.[a] Hannah Lessing
Mag. Wilhelm Molterer
Dr. Peter Muzik
KR Walter Nettig
Dr. Eva Nowotny
Dr. Hugo Portisch
Mag.[a] Barbara Prammer
GD Dr. Ludwig Scharinger
KR Herbert Schimetschek
BM Dr. Claudia Schmied
Dr. Christoph Schönborn
Dr. Michael Spindelegger
Dr. Ludwig Steiner
Mag. Herwig Sturm
KR Ing. Karl Svoboda
Dr. Franz Vranitzky
Dr. Dorit Bader Whiteman
Ing. Simon Wiesenthal (1908–2005)
Dr. Gerhard Wildmoser
Dr. Leon Zelman (1928–2007)
Dr. Helmut Zilk (1927–2008)

Danke an die Hauptsponsoren von »38/08 A Letter To The Stars«

Jugend & Bildung MA13 StaDt Wien

bm:uk

ZukunftsFonds der Republik Österreich

BUNDESKANZLERAMT ÖSTERREICH

Bank Austria UniCredit Group

ÖBB Zukunft am Zug

Raiffeisen Meine Bank

Danke an folgende Unternehmen, Institutionen und Einzelpersonen für ihre Unterstützung von »A Letter To The Stars«, »Botschafter der Erinnerung«, »Nacht des Schweigens« und »38/08 A Letter To The Stars«:

Agrana AG, Asset One Immobilienentwicklung AG, Austrian Airlines, AVMS audio video media service, Mag. Georg Bauer / Agatex, Blaguss, Mag. Herbert Bösch / Mitglied des Europäischen Parlaments, Böhler-Uddeholm AG, Dr. Josef Cap für den SPÖ-Klub, DDWS Corporate, Advisors GmbH, Mag. arch. Julius Eberhardt, KR Martin Essl / BauMax AG, Flughafen Wien AG, Generali, Dr. Günter Geyer / Wiener Städtische Versicherung, Dr. Alfred Gusenbauer für das Bundeskanzleramt, DI Wilfried Haertl / Heimat Österreich, Dr. Johann Hauf / Österreichische Beamtenversicherung, Investkredit Bank AG, Mag. Dietmar Ecker / Werbeagentur Ecker & Partners, Roman Haidinger / tischSieben werbeagentur GmbH, KR Dr. Stefan Hawla / ARWAG Holding-AG, Dr. Manfred Herzl / AFZ, Dr. Peter Hörschinger / IKP Kommunikationsplanung und Öffentlichkeitsarbeit GmbH, Industriellenvereinigung, Dkfm. Trude Kaindl-Hönig / Salzburger Nachrichten, Kapsch TrafficCom AG, Rudolf Kobza / FCB-Kobza, Friederike Koch / Rudolf Leiner GmbH, Dr. Christoph Kotanko / Kurier, Mag. Bernhard Krumpel / TETRON GmbH, Metro, Wolfgang Müller / Agentur für europäische Organisation und wirtschaftliche Entwicklung, Dr. Franz Modrian / Baulandentwicklungs GmbH, Christian Niedermeyer, Prof. Dr. Ewald Nowotny für die BAWAG-PSK, NÖM AG, Österreichisches Bundesheer, Österreichische Lotterien, Österreichische Nationalbank, Österreichischer Nationalfonds, Martin J. Pickert / Bavaria Grund Immobilien GmbH, Franz Pinkl / Österreichische Volksbanken-AG, Post.at, Christian Pöttler / Echo Medienhaus, Raiffeisen Bausparkasse, Raiffeisen Centrobank, Raiffeisen-Holding Niederösterreich-Wien, Raiffeisen Versicherung AG, RZB, Schöllerbank, Ernst Scholdan, Dr. Wolfgang Schüssel für den ÖVP-Klub, Silver Server, Dkfm. Renate Skoff / The Skills Group, SPAR AG, Dir. Michael Spiegl / Sparkasse Kufstein, Telekom Austria, Günther Tetzner / Timon AG, Dr. Alfred Trendl / Wirtschaftsprüfungs & Steuerberatungs GmbH, Uniqa, Dr. Ralph Vallon / Relations Event & Networking GmbH / Soziales Österreich, Verbund, Voest Alpine, Wiener Städtische Vienna Insurance Group, Wiener Stadtwerke, Dr. Gerhard Wildmoser / Wildmoser Koch & Partner Rechtsanwälte, Wirtschaftskammer Österreich, Dr. Alexander Wrabetz / ORF, Wüstenrot

Danke an die Kulturpartner im Rahmen von »38/08 A Letter To The Stars«

Albertina, Belvedere, Haus der Musik, Jüdisches Museum Wien, Josefstadt Theater, Klaviergalerie, Kunsthistorisches Museum, Leopold Museum, Liechtenstein Museum, MASN Austria, Schloss Schönbrunn, Spanische Hofreitschule, Tiergarten Schönbrunn, Volkstheater, Volksoper Wien, Wiener Staatsoper